汽车先进技术译丛
汽车技术经典手册

地 面 车 辆 原 理

［加］黄祖永（Jo-Yung Wong） 著

贾振中　李升波　胡晓松　译

机械工业出版社

《地面车辆原理》由车辆领域知名专家黄祖永（Jo-Yung Wong）教授编写。本书第 1 版（英文版）自 1978 年出版以来，经过多次重印和再版，深受广大学者的欢迎。原书第 4 版增添和更新了许多内容，包括新能源汽车、车辆底盘控制、智能车辆控制、计算机仿真模型等。本书可作为高等院校和科研院所车辆工程、车辆动力学、越野车辆或地面力学等学科的教材或参考书，也可供开发设计和研究地面机动车辆以及月球车、火星车等外太空探索车辆的工程技术人员和学者参考。

Copyright © 2008 by John Wiley & Sons, Inc.
All Rights Reserved. This translation published under license. Authorized translation from the English language edition, entitled Theory of Ground Vehicles, 4th, ISBN 978-0-470-17038-0, by J. Y. Wong. Published by John Wiley & Sons. No part of this book may be reproduced in any form without the written permission of the original copyrights holder.

本书中文简体字版由 Wiley 独家授权机械工业出版社出版。未经出版者书面允许，本书的任何部分不得以任何方式复制或抄袭。
版权所有，翻印必究。
北京市版权局著作权合同登记 图字：01-2016-7264。

图书在版编目（CIP）数据

地面车辆原理/（加）黄祖永（Jo-Yung Wong）著；贾振中，李升波，胡晓松译．—北京：机械工业出版社，2018.10
（汽车先进技术译丛．汽车技术经典手册）
书名原文：Theory of Ground Vehicles, Fourth edition
ISBN 978-7-111-60281-1

Ⅰ．①地…　Ⅱ．①黄…　②贾…　③李…　④胡…　Ⅲ．①地面车辆-理论　Ⅳ．①U469.6

中国版本图书馆 CIP 数据核字（2018）第 140124 号

机械工业出版社（北京市百万庄大街 22 号　邮政编码 100037）
策划编辑：赵海青　　责任编辑：赵海青　　责任校对：郑　婕
封面设计：鞠　杨　　责任印制：常天培
北京铭成印刷有限公司印刷
2018 年 11 月第 1 版第 1 次印刷
184mm×260mm · 23 印张 · 2 插页 · 562 千字
0001—2500 册
标准书号：ISBN 978-7-111-60281-1
定价：199.00 元

凡购本书，如有缺页、倒页、脱页，由本社发行部调换
电话服务　　　　　　　　　　　　　　网络服务
服务咨询热线：010-88361066　　　机 工 官 网：www.cmpbook.com
读者购书热线：010-68326294　　　机 工 官 博：weibo.com/cmp1952
　　　　　　　010-88379203　　　金 书 网：www.golden-book.com
封面无防伪标均为盗版　　　　　　　教育服务网：www.cmpedu.com

译者序

本书作者为车辆领域知名专家黄祖永（Jo-Yung Wong）教授，ASME Fellow 和 IMechE Fellow，他从事地面车辆研究多年，曾担任国际地面-车辆系统协会（ISTVS，International Society for Terrain-Vehicle Systems）的名誉会长。本书第 1 版（英文版）自 1978 年出版以来，经过多次重印和再版，深受广大学者的欢迎。欧美和亚洲等许多地区的大学和研究院都将本书作为车辆工程、车辆动力学、越野车辆或地面力学的教材或参考书。同时还有很多工程技术人员和学者将本书作为参考书，帮助他们开发设计和研究地面机动车辆以及月球车、火星车等外太空探索车辆。

本书第 1 版的中译本于 1985 年由机械工业出版社推出，由黄祖永教授出国前在吉林工业大学（现为吉林大学）的老同事——李长祜、陈德兴、刘述学等人翻译，并由陈秉聪教授（中国工程院院士）校订。随着时代发展和技术进步，原书英文版也在不断更新，其最新版为 2008 年的第 4 版，其中增添和更新了诸多内容，包括新能源汽车、车辆底盘控制、智能车辆控制、计算机仿真模型等。新版内容很好地反映了 ISTVS 协会的使命：推进对地面车辆系统的认知，用其改进工程实践和创新；在地面车辆领域内，促进先进知识的转换，从而保护环境、节约能源、支持可持续发展并造福人类社会。

为便于国内学者参考，我们对本书第 4 版进行了翻译。重庆大学的胡晓松教授负责第 3 章，清华大学的李升波副教授负责第 7 章和第 8 章，卡内基梅隆大学（Carnegie Mellon University）机器人研究所工作的贾振中博士负责其余章节，并对全书整理校订。本书译者均在美国密歇根大学（University of Michigan）学习和工作过，感谢我们的共同导师、汽车领域著名专家 Huei Peng 教授的谆谆教诲。在第 4 版的翻译过程中，我们借鉴和参考了不少第 1 版中译本的内容和语言结构，在此向各位前辈学者表示诚挚敬意和衷心感谢！

由于译者水平所限，书中难免存在疏漏和错误，欢迎读者批评指正。

贾振中（卡内基梅隆大学）

李升波（清华大学）

胡晓松（重庆大学）

第4版前言

自2001年本书第3版出版以来，它再次受到了行业专家和教育机构的充分认可，前后印刷次数已超过6次。北美、欧洲、非洲和亚洲等地区越来越多的大学和学院，都采用本书作为本科或研究生教材或参考用书。工业和科研机构中的众多专业人士继续将本书作为参考书，帮助他们设计、开发和研究机动车辆和地外车辆（注：如月球车和火星车）。所有这些都鼓励作者对本书进行更新。本书保留了第3版的总体目标、内容以及格式，但引入了新材料以反映地面交通技术的最新进展。

人们越来越趋向于在车辆的设计和开发中应用计算机仿真模型，因此本书在第2章中介绍了由作者及其同事开发的关于履带式车辆仿真模型的最新应用实例。第2章还增加了用于越野轮式车辆性能和设计评价的计算机辅助方法基本特征的大纲。这些计算机仿真模型不仅可以用于指导新一代越野车辆的开发，而且还有潜力开发载人或无人机器人探测车（用于对月球、火星以及其他行星的探测任务）中的移动平台子系统。第2章中还简要讨论了有限元方法和离散元方法在车辆-地面相互作用分析中的应用。随着人们对全球气候变化和未来石油供应日益强烈的关注，"清洁车辆"技术和可替代能源也吸引了人们的注意力。本书在第3章中新增了对内燃机排放、电力驱动、混合动力驱动和燃料电池的简介。第4章中扩展了对四轮驱动越野车辆牵引性能优化的讨论，为越野操作选择合适的车辆配置提供了指导准则，其中"轮式车辆与履带式车辆的对比"这一问题在第4章中进行了进一步的讨论。鉴于美国引入了第126号联邦机动车辆安全标准（Federal Motor Vehicle Safety Standard，FMVSS），本书第5章对车辆稳定性控制系统的讨论进行了扩展。对于车辆行驶平顺性（即振动特性）的评估，本书第7章中引入了对ISO 2631-1：1997国际标准的介绍，该标准用于评估全身振动对人类的影响。此外，我还更新了技术参数，如包括混合动力电动汽车在内的乘用车燃油经济性指标。

借此机会感谢我在工业界、研究机构以及大学的多位合作者，特别是Jon Preston-Thomas和Wei Huang，感谢他们对我们研究的贡献，其中的一些内容在本书中有所介绍。我也十分感谢Mike Galway、Changhong Liu、Jiming Zhou在本书新版准备过程中所提供的技术援助。

黄祖永
于加拿大渥太华
2008年

第3版前言

本书第 1 版于 1978 年在美国发行，现在已经过去了 20 多年的时间。在此期间，本书第 1 版经过了 10 次印刷；本书的第 2 版于 1993 年发行，经过了 7 次印刷。北美、欧洲、亚洲和其他地区越来越多的大学都将本书作为汽车工程、车辆动力学、越野车辆工程或地面力学专业的教材。世界各地车辆行业的许多专业人士也将本书作为参考书。看到本书得到了如此广泛的接受，确实令人欣慰。

在进入新千年之际，汽车工业正面临着比以往更大的挑战，我们需要提供更安全、更环保、更节能的产品，以满足社会日趋严格的要求。其结果是，不断地有新技术被开发出来并被应用到实际产品中。因此，为了更好地满足与地面交通技术相关的教育和专业领域不断变化的需求，我编写了本书第 3 版。

为了提高产品的竞争力，缩短其开发周期对于车辆制造商而言至关重要。因此，虚拟样机技术在工业界中被广泛采用。然而，为了有效地实施这一过程，开发出可靠的计算机仿真模型来评价车辆性能是至关重要的。为了实现对道路车辆操控行为的真实模拟，一种被称为魔术公式（Magic Formula）的方法获得了越来越广泛的认可；该公式可从测试数据来表征轮胎的特性。本书第 1 章中包含了对魔术公式基本特征的讨论。对于越野车辆的性能和设计评价而言，尤其是针对它们在松软地面上的移动性能方面，人们已经开发出了各种计算机仿真模型，其中包括由我本人和我的同事们所开发的模型。令人鼓舞的是我们的模型已经发挥了显著作用，这些模型帮助北美、欧洲、亚洲以及其他地区的汽车制造商开发新一代高机动性越野车辆，同时协助政府机构评价候选车辆。为了表彰在这些仿真模型开发中的贡献，我们已经获得了学术团体所颁发的多项奖励，其中包括 George Stephenson Prize、Crompton Lanchester Prize 以及两次 Starley Premium Award，它们由机械工程师学会（Institution of Mechanical Engineers）颁发。这些仿真模型的主要特征及其实际应用在本书第 2 章中介绍。有关四轮驱动越野车辆牵引性能优化的新的试验数据（基于我们自己的研究）将在本书第 4 章中介绍。

为了进一步增强道路车辆的主动安全性，近年来人们引入了被称为"车辆稳定性控制"或"车辆动力学控制"的系统。这些系统的操作原理在第 5 章中描述。第 6 章中介绍了我们开发的一种与履带车辆在密实地面上进行滑移式转向相关的新理论。有证据表明这个新理论相对于现有理论有着显著改进，并且它为履带车辆的滑移式转向研究提供了一种统一方法。第 7 章介绍与电流变阻尼器（它被用于提高地面车辆的乘坐舒适性）性能相关的试验数据，该数据源于我们自己的研究。

虽然第3版中引入了新的话题、介绍了新的数据，但其总体目标、内容和格式则与先前版本保持一致。本书着重于阐述合理开发和设计无轨车辆（包括道路车辆、越野车辆以及气垫车辆）时所涉及的基本工程原理。

在一定程度上，这本书总结了30多年来我在地面交通技术领域的教学、科研和咨询方面的一些经验。借此机会再次感谢我在工业界、研究机构以及大学的同事和合作者，感谢他们的启发与合作；特别感谢 Alan R. Reece 博士、Leonard Segel 教授以及已故的 M. Gregory Bekker 博士。我也十分感谢 Carleton 大学交通技术研究实验室和安大略省尼皮恩市车辆系统开发公司的工作人员，感谢我现在和先前的博士后和研究生，感谢他们的贡献和帮助。我还要感谢政府机构和汽车制造商多年来对我们研究工作的支持。

黄祖永
于加拿大渥太华
2001 年

第2版前言

自本书第1版于1978年出版以来,已经经过了10次印刷。北美、欧洲、亚洲以及其他地区的很多工科学校都将本书用作汽车工程、车辆动力学、越野车辆工程、农业工程等课程的教材。1982年,本书被翻译成俄文,并在俄罗斯的莫斯科出版;1985年,本书被翻译成中文,并在中国首都北京出版。同时,在本领域内也发生了显著的技术进展。为了反映这些新的进展,同时满足教育和专业领域内需求的不断变化,出版本书第2版的时机已经成熟。

随着人类社会对节能、环保和安全的日益重视,运输技术正面临比以往任何时候都要严峻的挑战。为了提高燃油经济性、同时减少不良废气的排放,除了改善动力设备的设计之外,其他措施也受到强烈关注,如提高车辆的空气动力学性能、更好地匹配变速器与发动机、优化能量需求。为了提高驾驶安全性,防抱死制动系统和牵引力控制系统相继出台。为了提供更好的驾乘舒适性、同时保持良好的抓地性能,主动悬架和半主动悬架系统已经引起了人们相当大的兴趣。为了加快新产品的开发,人们已经开发出了计算机辅助方法用于优化车辆的性能和设计。本书第2版包含了对于此类技术以及领域内其他技术发展的讨论。此外,在第2版中也更新了各种专题中的数据。

《地面车辆原理》的第2版采用了与第1版相同的写作策略。本书着重阐述了在合理开发和设计无轨车辆背后的基本工程原理,所讨论的无轨车辆包括道路车辆、越野车辆以及气垫车辆等。本书涵盖了对这些车辆的工作特性、操控行为和乘坐舒适性的分析和评价。其中,再次强调了对不同类型的地面车辆特性进行分析和研究的一种统一方法。本书的主要目的是为高年级本科生和低年级研究生提供一本面向地面车辆工程研究的导论教材。此外,本书对车辆产业领域内的工程师和研究人员也有很好的参考价值。

类似于第1版,本书第2版也包括8章。第1章论述了充气轮胎的力学机理,包含了用于预测轮胎在受到纵向力或侧向力以及两者联合作用下的行为的实用方法,还增加了有关轮胎性能的新的实验数据。第2章分析车辆-地面之间相互作用的力学机制,该力学机制称为"地面力学"(terramechanics),包含了用于越野车辆设计和性能评价的计算机辅助方法。此外,与各种地面机械性能参数相关的实验数据也进行了更新。第3章涉及道路车辆性能的分析和预测;其中更新了关于乘用车以及铰接式重型商用车的空气动力学性能信息。该章还对变速器与发动机之间的匹配程序进行了概述,以期实现更好的燃油经济性,同时保持足够的性能;介绍了无级变速器的特性及其对车辆燃油经济性和性能的影响。此外,该章还较为详细地介绍了防抱死制动系统和牵引力控制系统的操作原理以及它们对车辆性能和操控效果的影响。第4章讨论的主题是越野车辆的性能,对全轮驱动越野车辆的性能优化进行了扩展讨论。此外，本章还包括了用于评价军用车辆的多种指标。第 5 章探讨了道路车辆的操控行为。除了对乘用车稳态和瞬态操作行为的讨论之外，本章还引入了对牵引式半挂车操控特性的讨论。该章还包括用于评估导向（行驶方向）响应的操控示意图。第 6 章的主题是履带式车辆的转向。除了滑移式转向之外，该章还介绍了履带式车辆的铰接式转向。第 7 章涉及了车辆的乘坐舒适性（即振动特性），其中涵盖了人体对振动的耐受性、车辆驾驶模型以及将随机振动理论用于乘坐舒适度评价的应用。此外，该章审查了悬架弹簧刚度、阻尼和非悬架质量对振动隔离特性、抓地效果以及悬架行程的影响，还讨论了主动悬架和半主动悬架的原理。除了传统的道路车辆和越野车辆，气垫式车辆在地面交通中也有应用。第 8 章中介绍了气垫系统的基本工作原理，还介绍了用于陆上和水上作业的气垫式车辆的独有特性。该章包含了有关围裙-地面相互作用的新数据。

本书中包括的内容，我已在 Carleton 大学地面交通技术的本科和研究生课程中讲授多年。此外，本书中的部分内容，也多次在研讨会以及多个国家和地区（包括加拿大、中国、芬兰、德国、意大利、新加坡、西班牙、瑞典、英国和美国）的职业发展项目中介绍过。

在编写本书第 2 版的时候，我从先前共事合作过的同事那里吸取了很多经验，这些同事来自于工业界、研究机构以及在北美、欧洲、亚洲等世界各地的大学。我特别感谢下列同仁的鼓励、启发、建议和意见，他们包括 A. R. Reece 博士（他先前在纽卡斯尔泰恩大学工作，现在是英格兰 Soil Machine Dynamics Limited 有限公司的常务经理）、L. Segel 教授（密歇根大学的荣誉教授）以及克拉门森大学的 E. H. Law 教授。我也十分感谢已故的 M. G. Bekker 博士，我十分有幸与他合作，一起参与科研项目和专业发展项目；本书的部分内容源自于此。

本书第 2 版的文字输入由 D. Dodds 完成，额外插图则由 J. Brzezina 准备，这里一并感谢。

黄祖永
于加拿大渥太华
1993 年

第1版前言

社会上对更好更安全的交通运输方式，对环境保护以及对节约能源的需求日益增长，这在交通运输技术的发展中激起了新的兴趣。在北美和其他地区越来越多的工科院校中，交通运输技术已经成为研究生和本科生培养计划中的一门学科课程。在 Carleton 大学为我的两门地面运输技术课程准备讲义时，我发现，尽管在研究报告和学术团体的期刊中蕴藏着丰富的信息，然而还没有一本适合于大学生的综合叙述的教材。我希望这本书将能够填补这一空白。

虽然这本书的主要目的是为了引导高年级本科生和低年级研究生对地面车辆的学习，但它同样会引起车辆工业领域内的工程师和研究人员的兴趣。本书涉及无轨地面车辆的理论和工程原理，包括道路车辆、越野车辆以及气垫车辆。它覆盖了对工作特性、操控行为和乘坐舒适性的分析及评价。本书着重阐述了车辆系统合理发展和设计背后的基本原则，也强调了适用于对不同类型地面车辆特性进行分析和研究的一种统一方法。

本书共分为 8 章。第 1 章讨论了充气轮胎的力学机理，并为道路车辆特性的研究提供了基础。第 2 章研究车辆行走装置-地面之间的相互作用，它对于越野车辆的性能评价是必不可少的。了解车辆和地面之间的相互作用，对研究车辆的工作特性、操控行为和乘坐舒适性都是很重要的，这是因为除了空气动力学输入之外，几乎所有其他影响地面车辆运动的力和力矩，都是通过行走装置和地面之间的接触而施加的。第 3 章论述了道路车辆性能的分析和预测。列入讨论的有车辆的动力装置和传动系统特性、性能极限、加速性能、制动性能和燃油经济性。第 4 章的研究主题是越野车辆的性能。其中讨论了牵引性能、牵引效率、工作时的燃油经济性、运输的生产率和效率、机动性地图和机动性分布。第 5 章分析了道路车辆的操作行为，包括稳态响应和瞬态响应以及导向（行驶方向）的稳定性。第 6 章的主题是履带式车辆的转向。其中讨论了滑移转向的力学、履带车辆的转向能力以及铰接式转向。第 7 章分析了车辆的乘坐舒适性（即车辆的振动特性）；其中包括人体对振动的适应、车辆振动模型以及随机过程理论在车辆振动分析中的应用。除了常规的道路和越野车辆，气垫车辆已被用于地面运输。第 8 章中讨论了气垫式系统的基本工程原理以及气垫车辆所独有的特征和特性。

本书的覆盖范围很广，对于细节的讨论因此受到限制。由于本书主要为学生而写，与最新发展相比，有些题目进行了简化处理。尽管如此，这本书应该能够为读者提供关于地面车辆理论的综合背景知识。

我曾将本书的部分材料用于我在 Carleton 大学所教授的两门关于地面运输技术的课程

中。它也被用于两门专业课程中。其中一门课程是在加拿大和瑞典的"地面-车辆系统分析",由我和 M. G. Bekker 博士联合讲授,更早之前是与加利福尼亚州 Santa Barbara 的通用汽车公司 AC 电子防护研究室合作讲授的。另外一门课程是在 Carleton 大学的"重型商用车辆的制动和操作",与英格兰 Cranfield 工学院下的汽车研究学院的 J. R. Ellis 教授和 Carleton 大学运输技术研究室的 R. R. Guntur 博士联合讲授。

在编写本书时,我从很多在工业、研究机构以及大学的同事身上,吸取了很多知识和经验。我希望向他们表达我深切的谢意。特别是对英格兰 Newcastle 大学的 A. R. Reece 博士、M. G. Bekker 博士和 J. R. Ellis 教授给我的鼓励表示感谢。

我也对给我信息和启发的参考文献的作者表示感谢,并对那些允许我复制插图和其他版权资料的单位和个人表示感谢。感谢 R. R. Guntur 博士审阅了部分原稿。感谢工学院院长 M. C. de Malherbe,机械与航空工程系主任 H. I. H. Saravanamuttoo 教授以及 Carleton 大学很多同事的鼓励和帮助。

黄祖永
于加拿大渥太华
1978 年 7 月

目　录

译者序
第 4 版前言
第 3 版前言
第 2 版前言
第 1 版前言
常用计量单位换算
专用符号
绪论 ……………………………………… 10
第 1 章　充气轮胎的力学 …………… 11
1.1　作用在轮胎上的力和力矩 ………… 13
1.2　轮胎的滚动阻力 …………………… 14
1.3　轮胎的驱动力（或制动力）与纵向
　　 滑转率（或滑移率） ……………… 19
1.4　轮胎的侧偏特性 …………………… 27
　　 1.4.1　侧偏角与侧偏力 …………… 27
　　 1.4.2　侧偏角与回正力矩 ………… 31
　　 1.4.3　外倾角与外倾侧向力 ……… 33
　　 1.4.4　轮胎侧偏特性的表征 ……… 34
1.5　轮胎在潮湿路面上的工作特性 …… 48
1.6　轮胎的行驶平顺性（振动特性） … 53
　　 参考文献 ………………………………… 61
　　 习题 ……………………………………… 62
第 2 章　车辆-地面相互作用力学——
　　　　　地面力学 …………………… 64
2.1　车辆载荷作用下地面的应力分布 … 64
2.2　塑性平衡理论在车辆-地面相互作用
　　 力学中的应用 ……………………… 70
2.3　预测越野车辆性能的经验方法 …… 82
　　 2.3.1　基于圆锥指数的经验方法 … 82

　　 2.3.2　基于最大压力的经验方法 … 87
2.4　地面响应的测量和表征 …………… 88
　　 2.4.1　压强-沉陷量关系的表征 …… 90
　　 2.4.2　对重复性负载响应的表征 … 95
　　 2.4.3　剪切应力-剪切位移关系的表征 … 96
2.5　用于分析履带车辆性能的一种简化
　　 方法 ………………………………… 102
　　 2.5.1　履带的行驶阻力 …………… 102
　　 2.5.2　履带的驱动力和滑转率 …… 104
2.6　评价装配有柔性履带的车辆性能的
　　 计算机辅助方法 …………………… 108
　　 2.6.1　预测履带下方法向压力分布的
　　　　　方法 ……………………………… 109
　　 2.6.2　预测履带下方剪切应力分布的
　　　　　方法 ……………………………… 110
　　 2.6.3　以履带滑转率的函数形式来预测
　　　　　运动阻力和牵引力 ……………… 112
　　 2.6.4　实验验证 …………………… 113
　　 2.6.5　参数化分析与设计优化的应用 … 113
2.7　用于评价长节距链节式履带车辆性能的
　　 计算机辅助方法 …………………… 120
　　 2.7.1　基本方法 …………………… 120
　　 2.7.2　实验验证 …………………… 120
　　 2.7.3　参数化分析与设计优化的应用 … 122
2.8　车轮越野性能的参数化分析方法 … 124
　　 2.8.1　刚性车轮的行驶阻力 ……… 124
　　 2.8.2　充气轮胎的行驶阻力 ……… 126
　　 2.8.3　车轮的驱动力与滑转率 …… 131
2.9　一种用于评价轮式越野车辆性能的
　　 计算机辅助方法 …………………… 134
　　 2.9.1　基本方法 …………………… 134

2.9.2　实验验证 ……………………… 134
　　2.9.3　应用到参数化分析 …………… 134
2.10　用于研究车辆-地面相互作用的
　　　　有限元和离散元方法 …………… 136
　　2.10.1　有限元方法 …………………… 136
　　2.10.2　离散元方法 …………………… 138
参考文献 ……………………………………… 140
习题 …………………………………………… 144

第3章　道路车辆的工作特性 ……………… 146
3.1　运动方程和最大驱动力 ……………… 146
3.2　空气动力学作用力和作用力矩 ……… 149
3.3　车辆动力装置和传动系统特性 ……… 160
　　3.3.1　内燃机 …………………………… 160
　　3.3.2　电力驱动 ………………………… 166
　　3.3.3　混合动力 ………………………… 168
　　3.3.4　燃料电池 ………………………… 171
　　3.3.5　传动系统特性 …………………… 173
3.4　车辆工作特性的预测 ………………… 182
　　3.4.1　加速时间和加速距离 …………… 183
　　3.4.2　爬坡能力 ………………………… 185
3.5　工作燃油经济性 ……………………… 185
3.6　发动机与传动系统的匹配 …………… 189
3.7　制动特性 ……………………………… 191
　　3.7.1　两轴式车辆的制动特性 ………… 191
　　3.7.2　制动效率和制动距离 …………… 196
　　3.7.3　牵引式半挂车的制动特性 ……… 198
　　3.7.4　防抱死制动系统 ………………… 201
　　3.7.5　牵引力控制系统 ………………… 205
参考文献 ……………………………………… 205
习题 …………………………………………… 208

第4章　越野车辆的工作特性 ……………… 210
4.1　牵引性能 ……………………………… 210
　　4.1.1　牵引力和牵引功率 ……………… 210
　　4.1.2　牵引效率 ………………………… 212
　　4.1.3　四轮驱动 ………………………… 215
　　4.1.4　牵引力系数 ……………………… 222
　　4.1.5　越野车辆的重量-功率比 ………… 223
4.2　越野行驶时的燃油经济性 …………… 223
4.3　运输生产率和运输效率 ……………… 225
4.4　机动性地图和机动性分布 …………… 226
4.5　越野行驶中车辆构型的选择 ………… 228
参考文献 ……………………………………… 233
习题 …………………………………………… 234

第5章　道路车辆的操控特性 ……………… 235
5.1　转向几何 ……………………………… 235
5.2　两轴式车辆的稳态操控特性 ………… 237
　　5.2.1　准确转向 ………………………… 239
　　5.2.2　不足转向 ………………………… 240
　　5.2.3　过度转向 ………………………… 240
5.3　转向输入的稳态响应 ………………… 243
　　5.3.1　横摆角速度响应 ………………… 244
　　5.3.2　侧向加速度响应 ………………… 245
　　5.3.3　曲率响应 ………………………… 246
5.4　操控特性试验 ………………………… 247
　　5.4.1　等半径试验 ……………………… 247
　　5.4.2　等车速试验 ……………………… 247
　　5.4.3　等转向角试验 …………………… 248
5.5　瞬时响应特性 ………………………… 249
5.6　行驶方向稳定性 ……………………… 252
　　5.6.1　行驶方向稳定性准则 …………… 252
　　5.6.2　车辆稳定性控制 ………………… 254
5.7　牵引式半挂车的稳态操控特性 ……… 259
5.8　铰接式道路车辆行驶方向行为的仿真
　　　模型 …………………………………… 262
参考文献 ……………………………………… 266
习题 …………………………………………… 268

第6章　履带式车辆的转向 ………………… 269
6.1　滑移转向运动学的简化分析 ………… 270
6.2　滑移转向的运动学 …………………… 273
6.3　高速时的滑移转向 …………………… 274
6.4　硬地面上滑移转向的通用理论 ……… 276
　　6.4.1　履带-地面交界处的剪切变形 …… 277
　　6.4.2　稳态转向时的运动学 …………… 280
　　6.4.3　实验验证 ………………………… 283
　　6.4.4　横向阻力系数 …………………… 285
6.5　滑移转向的功率消耗 ………………… 287
6.6　履带车辆的转向机构 ………………… 288
　　6.6.1　离合器/制动器转向系统 ………… 288
　　6.6.2　受控差动转向系统 ……………… 289
　　6.6.3　行星齿轮转向系统 ……………… 290
6.7　铰接式转向 …………………………… 291
参考文献 ……………………………………… 294
习题 …………………………………………… 294

第7章　车辆的行驶平顺性 ………………… 296
7.1　人体对振动的响应 …………………… 296

7.1.1 国际标准 ISO 2631—1：1985 …… 298
7.1.2 国际标准 ISO 2631—1：1997 …… 299
7.2 车辆振动模型 …………………… 305
　7.2.1 悬架质量和非悬架质量的两
　　　　自由度车辆模型 …………… 307
　7.2.2 确定 1/4 车辆模型在不规则地表
　　　　轮廓激励下响应的数值方法 …… 314
　7.2.3 纵向角振动和垂直振动的两自由度
　　　　车辆模型 …………………… 315
7.3 随机振动简介 …………………… 320
　7.3.1 用随机函数表示地表高程轮廓 … 320
　7.3.2 频率响应函数 ……………… 325
　7.3.3 与乘坐舒适性指标相关的车辆
　　　　振动评价 …………………… 326

7.4 主动悬架和半主动悬架 …………… 327
参考文献 …………………………… 331
习题 ………………………………… 332

第8章 气垫车辆简介 ……………… 334

8.1 气垫系统及其工作特性 …………… 334
　8.1.1 通气室 ……………………… 334
　8.1.2 周边喷管 …………………… 338
8.2 气垫车辆的阻力 ………………… 340
8.3 气垫系统的悬架特性 …………… 348
　8.3.1 起伏刚度/垂直刚度 ………… 348
　8.3.2 侧倾刚度 …………………… 350
8.4 气垫车辆的方向控制 …………… 351
参考文献 …………………………… 353
习题 ………………………………… 354

常用计量单位换算

物理量	英制单位	单位换算
加速度	ft/s^2	0.3048m/s^2
面积	ft^2	0.0929m^2
	in^2	645.2 mm^2
能量	ft·lbf	1.356J
力	lbf	4.448N
长度	ft	0.3048m
	in	25.4mm
	mile	1.609km
质量	slug	14.59kg
	ton	907.2kg
力矩	lbf·ft	1.356N·m
功率	hp	745.7W
压强或压力	lbf/ft^2	47.88Pa
	lbf/in^2(psi)	6.895kPa
速度	ft/s	0.3048m/s
	mile/h(mph)	1.609km/h
容积	ft^3	0.02832m^3
	in^3	16.39cm^3
	gal(liquids)	3.785L

专 用 符 号

符号	英 文	中文翻译
A	area, contact area	面积,接触面积
A_c	cushion area	气垫面积
A_f	frontal area	迎风面积,正面面积
A_u	parameter characterizing terrain response to repetitive loading	用于表征重复性载荷下地面响应的参数
a	acceleration	加速度
a_x	acceleration component along the x axis	沿 x 轴的加速度分量
a_y	acceleration component along the y axis	沿 y 轴的加速度分量
a_z	acceleration component along the z axis	沿 z 轴的加速度分量
B	tread of the vehicle (transverse distance between left and right side wheels on an axle)	车辆轮距(同一车轴上左右两侧轮子之间的横向距离)
B_a	barometric pressure	大气压强
B_m	working width of machinery	机械设备工作宽度
B_o	barometric pressure under reference atmospheric conditions	参考情形下的大气压强
B_v	vapor pressure	蒸气压力
b	width	宽度
C, CI	cone index	圆锥指数
C_D	aerodynamic resistance (drag) coefficient	空气动力学阻力系数,风阻系数
C_f	ratio of braking effort to normal load of vehicle front axle	车辆前轴的制动力与垂直载荷之比
C_l	longitudinal stiffness of tire subject to a driving torque	轮胎在驱动力矩下的纵向刚度
C_L	aerodynamic lift coefficient	空气动力学升力系数
C_{ld}	lift/drag ratio	升力/阻力之比
C_M	aerodynamic pitching moment coefficient	空气动力学俯仰力矩系数
C_r	ratio of braking effort to normal load of vehicle rear axle	车辆后轴的制动力与垂直载荷之比
C_{ro}	restoring moment coefficient	恢复力矩系数
C_s	longitudinal stiffness of tire during braking	轮胎在制动时的纵向刚度
C_{se}	ratio of braking effort to normal load of semitrailer axle	作用在半挂车轴上的制动力与垂直载荷之比
C_{sk}	coefficient of skirt contact drag	围裙接地阻力系数
C_{sp}	coefficient of power spectral density function	功率谱密度函数系数
C_{sr}	speed ratio of torque converter	变矩器的速度比
C_{tr}	torque ratio of torque converter	变矩器的转矩比
C_α	cornering stiffness of tire	轮胎的侧偏刚度
$C_{\alpha f}$	cornering stiffness of front tire	前轮轮胎的侧偏刚度
$C_{\alpha r}$	cornering stiffness of rear tire	后轮轮胎的侧偏刚度
$C_{\alpha s}$	cornering stiffness of semitrailer tire	半挂车辆轮胎的侧偏刚度
C_γ	camber stiffness of tire	轮胎外侧侧偏刚度
c	Cohesion	内聚力
c_a	Adhesion	黏附力

(续)

符号	英文	中文翻译
c_{eq}	equivalent damping coefficient	等效阻尼系数
c_{sh}	damping coefficient of shock absorber	减振器阻尼系数
c_t	damping coefficient of tire	轮胎阻尼系数
D	Diameter	直径
D_c	discharge coefficient	流量系数
D_h	hydraulic diameter	水力半径
E	Energy	能量
E_d	energy available at vehicle drawbar hitch	车辆牵引挂钩上的可用能量
F	force, thrust, tractive effort	力,驱动力
F_b	braking force	制动力
F_{bf}	braking force of vehicle front axle	车辆前轴上的制动力
F_{br}	braking force of vehicle rear axle	车辆后轴上的制动力
F_{bs}	braking force of semitrailer axle	半挂车轴上的制动力
F_{cu}	lift generated by air cushion	气垫产生的升力
F_d	drawbar pull	牵引力
F_f	thrust of vehicle front axle	车辆前轴驱动力
F_h	hydrodynamic force acting on a tire over flooded surfaces	在积水地面上行驶时作用在轮胎上的流体动力作用力
F_{hi}	horizontal force acting at the hitch point of a tractor – semitrailer	作用在牵引式半挂车牵引点上的水平力
F_i	thrust of the inside track of a tracked vehicle	履带车辆内侧履带推力
F_l	lift generated by the change of momentum of an air jet	空气喷管动量变化而产生的升力
F_{net}	net thrust	净推力
F_o	thrust of the outside track of a tracked vehicle	履带车辆的外侧履带推力
F_p	resultant force due to passive earth pressure	被动土压合力
F_{pn}	normal component of the resultant force due to passive earth pressure	被动土压合力的法向分力
F_r	thrust of vehicle rear axle	车辆后轴驱动力
F_s	side force	侧向力
F_x	force component along the x axis	沿 x 轴的分力
F_y	force component along the y axis	沿 y 轴的分力
F_{yf}	cornering force of front tire	前部轮胎侧偏力
F_{yr}	cornering force of rear tire	后部轮胎侧偏力
$F_{y\alpha}$	cornering force of tire	轮胎侧偏力
$F_{y\gamma}$	camber thrust of tire	轮胎的外倾侧向力
F_z	force component along the z axis	沿 z 轴的分力
F	Frequency	频率
f_c	center frequency	中心频率
f_{eq}	equivalent coefficient of motion resistance	等效运动阻力系数
f_{n-s}	natural frequency of sprung mass	悬架质量的自然频率
f_{n-us}	natural frequency of unsprung mass	非悬架质量的自然频率
f_r	coefficient of rolling resistance	滚动阻力系数

(续)

符号	英　文	中　文　翻　译
G	grade, sand penetration resistance gradient	坡度，穿过沙子时的阻力梯度
G_{acc}	lateral acceleration gain	侧向加速度增益
G_{yaw}	yaw velocity gain	横摆角速度增益
g	acceleration due to gravity	重力加速度
h	height of center of gravity of the vehicle	车辆重心高度
h_a	height of the point of application of aerodynamic resistance above ground level	空气动力学阻力作用点距离地面的高度
h_b	Depth	深度
h_c	clearance height	净空高度
h_d	height of drawbar	挂钩高度
I	mass moment of inertia	转动惯量
I_w	mass moment of inertia of wheels	轮子的转动惯量
I_y	mass moment of inertia of the vehicle about the y axis	车辆关于 y 轴的转动惯量
I_z	mass moment of inertia of the vehicle about the z axis	车辆关于 z 轴的转动惯量
i	slip	滑转率
i_f	slip of front tire	前轮滑转率
i_i	slip of the inside track of a tracked vehicle	履带车辆内侧履带滑转率
i_o	slip of the outside track of a tracked vehicle	履带车辆外侧履带滑转率
i_r	slip of rear tire	后部轮胎的滑转率
i_s	skid	滑移率
J_j	momentum flux of an air jet	空气喷管的动量通量
j	shear displacement	剪切位移
K	shear deformation parameter	剪切变形参数
K_a	augmentation factor	放大系数
K_{bf}	proportion of total braking force placed on vehicle front axle	车辆前轴制动力与总制动力之比
K_{br}	proportion of total braking force placed on vehicle rear axle	车辆后轴制动力与总制动力之比
K_{bs}	proportion of total braking force placed on semitrailer axle	半挂车轴制动力与总制动力之比
K_d	coefficient of thrust distribution	驱动力分配系数
K_{di}	gear ratio of a controlled differential	受控差速器的传动比
K_e	engine capacity factor	发动机利用系数
K_p	passive earth pressure coefficient	被动土压系数
K_{por}	coefficient taking into account the effect of ground porosity on the flow and power requirement of an air-cushion vehicle	考虑到地面孔隙度对气垫车辆的流量和功率要求时的影响系数
K_r	ratio of residual shear stress to the maximum shear stress	残余剪切应力与最大剪切应力之比
K_s	ratio of the angular speed of the outside track sprocket to that of the inside track sprocket	外侧履带驱动轮对内侧履带驱动轮的角速度之比
K_{tc}	torque converter capacity factor	变矩器利用系数
K_{us}	understeer coefficient	不足转向系数
$K_{us,s}$	understeer coefficient of semitrailer	半挂车的不足转向系数
$K_{us,t}$	understeer coefficient of tractor	牵引车的不足转向系数
K_v	ratio of the theoretical speed of the front tire to that of the rear tire	前轮胎与后轮胎理论速度之比

(续)

符号	英 文	中 文 翻 译
K_ω	shear displacement where the maximum shear stress occurs for shear curves with a hump	具有驼峰的剪切曲线发生最大剪切应力时的剪切位移
K_{we}	weight utilization factor	重量利用系数
k_c	pressure-sinkage parameter	压强-沉陷量关系参数(地面的内聚变性模量)
k_f	front suspension spring stiffness	前悬架弹簧刚度
k_p	stiffness of underlying peat for organic terrain (muskeg)	有机地形(沼泽)下泥炭层的硬度
k_r	rear suspension spring stiffness	后悬架弹簧刚度
k_s	stiffness of suspension spring	悬架弹簧刚度
k_{tr}	equivalent spring stiffness of tire	轮胎的等效弹簧刚度
k_u	parameter characterizing terrain response to repetitive loading	用于表征重复性载荷下地面响应的参数
k_ϕ	pressure-sinkage parameter	压强-沉陷量关系参数
k_0	parameter characterizing terrain response to repetitive loading	用于表征重复性载荷下地面响应的参数
L	wheelbase	轴距
L_c	characteristic length	特征长度
L_s	wheelbase of semitrailer	半挂车的轴距
L_t	wheelbase of tractor	牵引车的轴距
l	length	长度
l_{cu}	cushion perimeter	气垫周长
l_j	nozzle perimeter	喷嘴周长
l_o	distance between oscillation center and center of gravity of the vehicle	振动中心与车辆重心间的距离
l_t	contact length	接触长度
l_1	distance between front axle and center of gravity of the vehicle	前轴与车辆重心间的距离
l_2	distance between rear axle and center of gravity of the vehicle	后轴与车辆重心间的距离
M_a	aerodynamic pitching moment	空气动力学俯仰力矩
M_b	braking torque	制动力矩
M_e	engine output torque	发动机输出转矩
M_r	moment of turning resistance	转向阻力矩
M_{ro}	restoring moment in roll	侧倾恢复力矩
M_{tc}	torque converter output torque	变矩器输出转矩
M_w	wheel torque	车轮转矩
M_x	moment about the x axis	关于 x 轴的力矩
M_y	moment about the y axis	关于 y 轴的力矩
M_z	moment about the z axis	关于 z 轴的力矩
MI	mobility index	移动性能指数
m	vehicle mass	车辆质量
m_m	pressure-sinkage parameter for organic terrain (muskeg)	有机地形(沼泽)的压强-沉陷量关系参数
m_s	sprung mass	悬架质量
m_{us}	unsprung mass	非悬架质量
N	exponent of power spectral density function	谱密度函数指数
N_c, N_q, N_γ	bearing capacity factors	支承能力利用系数
N_ϕ	flow value for soils	流值

(续)

符号	英文	中文翻译
n	exponent of terrain deformation	地面变形指数
n_e	engine speed	发动机转速
n_g	number of speeds in a gearbox	变速器档位数
n_{tc}	torque converter output speed	变矩器输出速度
P	engine power	发动机功率
P_a	power required to sustain the air cushion	气垫维持所需功率
P_d	drawbar power	牵引功率
P_m	power required to overcome momentum drag	克服动量阻力所需功率
P_o	engine power under reference atmospheric conditions	标准大气压状态下的发动机功率
P_{st}	power consumption of a tracked vehicle in straight line motion	履带车辆直线行驶所耗功率
P_t	power consumption of a tracked vehicle during a turn	履带车辆转向所耗功率
p	pressure	压力
p_c	pressure exerted by tire carcass	轮胎胎壳所施加的压力
p_{cr}	critical pressure	临界压力
p_{cu}	cushion pressure	气垫压力
p_d	dynamic pressure	动态压力
p_g	ground pressure at the lowest point of contact	最低接触点处的地面压力
p_{gcr}	critical ground pressure	临界地面压力
p_i	inflation pressure	轮胎气压
p_j	total jet pressure	总喷管压力
Q	volume flow	体积流量
q	surcharge	超载量
R	turning radius	转向半径
R_a	aerodynamic resistance	空气动力学阻力
R_c	motion resistance due to terrain compaction	由压实土壤而导致的运动阻力
R_d	drawbar load	挂钩负载
R_g	grade resistance	坡度阻力
R_h	motion resistance of tire due to hysteresis and other internal losses	由迟滞和其他内损而导致的轮胎运动阻力
R_i	motion resistance of the inside track of a tracked vehicle	履带式车辆内侧履带的运动阻力
R_{in}	internal resistance of track system	履带系统内部阻力
R_L	aerodynamic lift	空气动力学升力
R_l	lateral resistance of track	履带横向阻力
R_m	momentum drag	动量阻力
R_o	motion resistance of the outside track of a tracked vehicle	履带式车辆外侧履带的运动阻力
R_r	rolling resistance	滚动阻力
R_{rf}	rolling resistance of front tire	前部轮胎滚动阻力
R_{rr}	rolling resistance of rear tire	后部轮胎滚动阻力
R_{rs}	rolling resistance of semitrailer tire	半挂车轮胎滚动阻力
R_{sk}	skirt contact drag	围裙接地阻力
R_{tot}	total motion resistance	总运动阻力

(续)

符号	英　文	中　文　翻　译
R_w	wave-making drag	波致阻力
R_{wave}	drag due to wave	波浪阻力
R_{wet}	wetting drag	湿阻力
r	radius of wheel or sprocket	车轮或履带驱动轮半径
r_e	effective rolling radius of tire	轮胎的有效滚动半径
r_y	radius of gyration of the vehicle about the y axis	车辆绕 y 轴的回转半径
S	distance	距离
S_b	braking distance	制动距离
$S_a(f)$	power spectral density function of terrain profile (temporal frequency)	地表轮廓的谱密度函数（时间频率）
$S_g(\Omega)$	power spectral density function of terrain profile (spatial frequency)	地表轮廓的谱密度函数（空间频率）
S_s	stopping distance	停止距离
$S_v(f)$	power spectral density function of vehicle response (temporal frequency)	车辆响应的谱密度函数（时间频率）
s	displacement	位移
T	temperature, tension	温度，张力
T_b	braking torque on a tire	轮胎上的制动力矩
T_o	temperature under reference atmospheric conditions	参考大气压条件下的温度
t	time	时间
t_j	thickness of air jet	空气喷管厚度
t_p	pneumatic trail of tire	轮胎拖迹
t_t	track pitch	履带节距
U	energy dissipation	能量耗散
u_a	fuel consumed for work performed per unit area	完成单位面积工作的燃料消耗量
u_e	energy obtained at the drawbar per unit volume of fuel spent	消耗单位体积燃料在挂钩上所得到的能量
u_h	fuel consumed per hour	单位小时内的燃料消耗量
u_s	specific fuel consumption	耗油率
u_t	fuel consumed during time t	在 t 时间内的燃料消耗量
u_{tr}	fuel consumed per unit payload per unit distance	单位静载荷运送单位距离的燃料消耗量
V	speed	速度
V_a	speed of wind relative to vehicle	风对车辆的相对速度
V_c	speed of air escaping from cushion	气垫中的空气逸散速度
V_i	speed of the inside track of a tracked vehicle	履带车辆内侧履带行驶速度
V_j	slip speed	滑转速度
V_{jc}	jet speed	喷出速度
V_m	average operating speed	平均行驶速度
V_o	speed of the outside track of a tracked vehicle	履带车辆外侧履带行驶速度
V_p	hydroplaning speed of tire	轮胎的水上滑行速度
V_t	theoretical speed	理论速度
V_{tf}	theoretical speed of front tire	前部轮胎的理论速度

(续)

符号	英文	中文翻译
V_{tr}	theoretical speed of rear tire	后部轮胎的理论速度
W	normal load, weight	垂直载荷,重量
W_a	load supported by air cushion	气垫的支撑载荷
W_c	critical load	临界载荷
W_d	proportion of vehicle weight applied to driven wheels	作用在驱动轮上的车辆重量的比例
W_f	load on vehicle front axle	车辆前轴上的载荷
W_{hi}	normal load at the hitch point of a tractor-semitrailer	作用在牵引式半挂车辆挂钩点上的法向载荷
W_p	payload	载荷
W_r	load on vehicle rear axle	车辆后轴上的载荷
W_s	load on semitrailer axle	半挂车轴上的载荷
z	depth, penetration	深度,侵入
z_{cr}	critical Sinkage	临界沉陷量
z_ω	pressure-sinkage parameter for snow cover	雪面的压强-沉陷量关系参数
α	slip angle of tire, angle	轮胎侧偏角,角度
α_a	angle of attack	本身仰角,车体仰角
α_{an}	angular acceleration	角加速度
α_b	inclination angle	倾角
α_f	slip angle of front tire	前部轮胎的侧偏角
α_r	slip angle of rear tire	后部轮胎的侧偏角
α_s	slip angle of semitrailer tire	半挂车轮胎的侧偏角
β	vehicle sideslip angle	车辆横向滑移角度
β_b	inclination angle of blade	叶片倾角
Γ	articulation angle	铰接角度
γ	camber angle of tire	轮胎外倾角
γ_m	vehicle mass factor	车辆质量因子
γ_s	specific weight of terrain	地面比重
δ	angle of interface friction	面间摩擦角
δ_f	steer angle of front tire	前轮转角
δ_i	steer angle of inside front tire	内侧前轮胎转角
δ_o	steer angle of outside front tire	外侧前轮胎转角
δ_t	tire deflection	轮胎变形,轮胎下沉位移
ϵ	strain	应变
ζ	damping ratio	阻尼比
η_b	braking efficiency	制动效率
η_c	torque converter efficiency	变矩器效率
η_{cu}	cushion intake efficiency	气垫进气效率
η_d	tractive efficiency, drawbar efficiency	牵引效率
η_m	efficiency of motion	运动效率
η_p	propulsive efficiency	推进效率
η_s	slip efficiency	滑转效率
η_{st}	structural efficiency	结构效率
η_t	transmission efficiency	传动效率

(续)

符号	英　文	中文翻译
η_{tr}	transport efficiency	运输效率
θ_j	nozzle angle	喷嘴倾角
θ_s	slope angle	坡度角度
θ_t	trim angle	倾角
μ	coefficient of road adhesion	道路附着系数
μ_p	peak value of coefficient of road adhesion	道路附着系数的峰值
μ_s	sliding value of coefficient of road adhesion	道路附着系数的滑动值
μ_t	coefficient of lateral resistance	横向阻力系数
μ_{tr}	coefficient of traction	牵引力系数
v	concentration factor	集中系数
ξ	gear ratio	齿轮传动比,变速比
ξ_o	overall reduction ratio	总传动比,总变速比
ξ_s	steering gear ratio	转向机构传动比
ρ	air density	空气密度
ρ_f	density of fluid	流体密度
ρ_w	density of water	水的密度
σ	normal stress	法向压力
σ_a	active earth pressure	主动土压力
σ_p	passive earth pressure	被动土压力
σ_r	radial stress	径向压力
σ_z	vertical stress	垂直压力
τ	shear stress	剪切应力
τ_{max}	maximum shear stress	最大剪切应力
τ_r	residual shear stress	残余剪切应力
ϕ	angle of internal shearing resistance	内剪切阻力角
Ω	spatial frequency	空间频率
Ω_x	angular speed about the x axis	绕 x 轴的角速度
Ω_y	angular speed about the y axis	绕 y 轴的角速度
Ω_z	angular speed about the z axis	绕 z 轴的角速度
ω	angular speed	角速度
ω_i	angular speed of the sprocket of the inside track of a tracked vehicle	履带车辆内侧履带驱动轮的角速度
ω_n	circular natural frequency	自然圆周频率
ω_o	angular speed of the sprocket of the outside track of a tracked vehicle	履带车辆外侧履带驱动轮的角速度

绪 论

与行驶时由空气支承的飞机和由水体支承的船只相比,地面车辆是由地面来支承的。地面车辆大致可以分为有轨车辆和无轨车辆两大类。有轨地面车辆被约束沿固定路径(轨道)行驶,如铁路车辆和轨道式悬浮车辆。无轨地面车辆可以沿在地面上所选定的不同方向行驶,如道路车辆和越野车辆。无轨地面车辆的力学原理是本书的主题。

研究地面车辆力学的主要目的是为车辆的合理开发、设计和选择提供指导原则,从而满足各种不同的工作需求。一般说来,地面车辆的特征可以通过它的工作性能、操控和乘坐舒适性(即振动特性)来描述。工作性能包括车辆的加速、产生牵引力、克服障碍以及减速的能力。操控质量则与车辆对驾驶人操作命令的响应以及车辆克服外界干扰保持其稳定行驶的能力相关。乘坐舒适性与车辆在不平整地面行驶时所产生的振动以及各种振动对乘客和货物所产生的影响相关。地面车辆理论所关心的主题是在各种使用环境下研究车辆的工作特性、操控质量和乘坐舒适性以及这三者与地面车辆设计之间的关系。

如图 0-1 所示,地面车辆行为表现代表了驾驶人、车辆和环境三者之间相互作用的结果。因此,对于驾驶人行为、车辆特征和地面物理及几何性质的理解,对于地面车辆系统的设计和评价都是至关重要的。

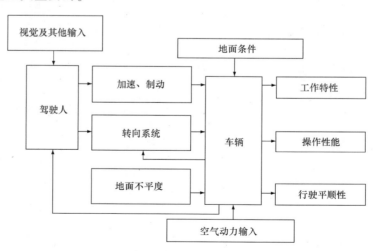

图 0-1 驾驶人-车辆-地面系统

第 1 章

充气轮胎的力学

除了空气动力作用力和重力之外，其他影响地面车辆运动的力和力矩都是通过行走装置与地面的接触而施加的。因此，了解行走装置与地面相互作用的基本特性，对于研究地面车辆的工作特性、行驶平顺性以及操纵性能是十分关键的。一般来说，地面车辆的行走装置需要实现下述功能：

- 支撑车辆重量。
- 车辆驶过不平整地面时进行缓冲。
- 为驱动和制动提供足够的附着力。
- 提供足够的转向控制和方向稳定性。

充气轮胎能够有效且高效地执行这些功能。因此，它们不仅被广泛用于道路车辆，而且被广泛用于越野车辆。研究充气轮胎的力学，对于理解地面车辆的性能和特点具有重要意义。在轮胎力学中，有两类基本问题受到车辆工程师们的特别注意：一类是坚硬地面上的轮胎力学，它对于研究路面车辆特性是十分关键的；另一类是可变形地面（未整备过的地面）上的轮胎力学，它对于研究越野车辆性能是最重要的。

本章将讨论坚硬地面上的轮胎力学，而未整备地面上的轮胎特性将在第 2 章中讨论。

充气轮胎是内部充满压缩空气的一种环形柔性结构。轮胎的主要结构部分是胎体（胎壳）。如图 1-1 所示，胎体由包裹在低弹性模量橡胶基体阵列中的多层具有高弹性模量的柔性帘布组成。帘布由天然的、合成的或金属织物组成，并由高强度钢丝做成的轮辋底进行围绕锚固。轮辋底作为胎壳的"基础"，为轮胎在轮辋上的固定提供足够尺寸的基座。合理选择橡胶的成分，可以使轮胎具有特殊性能。轮胎侧壁的橡胶一般需要对疲劳和划伤具有很高的耐受度，苯乙烯-丁二烯化合物被广泛使用[1.1]。用于胎面的橡胶随着轮胎的类型而变化。例如，对于重型货车轮胎，高负荷强度使得胎面化合物需要对磨损、撕裂以及裂纹生长具有高抗性，同时具有低迟滞特性，以减少内部产生的热量和滚动阻力。因此，天然橡胶被广泛用于货车轮胎，尽管相比于普遍用于乘用车和赛车轮胎的各种合成橡胶，它们能提供的路面附着系数较低，特别是在潮湿的地面上更是如此[1.1]。对于主流的无内胎轮胎，其胎壳的内表面通常有一层对空气具有高抗渗性能（如丁基橡胶）的橡胶薄层。

充气轮胎的负载传递类似于自行车的车轮，其中轮毂通过轮辐悬挂于轮缘的上半部分，又通过轮缘的下半部分最后由地面支撑。对于已充气的充气轮胎，胎压会导致构成胎壳的帘布线上产生张紧力。通过车轮轮缘而施加的负载，主要由侧壁内的帘布线通过轮辋底壁支撑。

胎壳的设计和构造在很大程度上决定着轮胎的特性。在各种不同的设计参数中，帘线层（帘布层）的布置，特别是它们的方向，对轮胎的特性有显著影响。帘布线的方向通常由胎冠角来定义，如图 1-1 所示，胎冠角是帘布线与轮胎圆周中心线之间的夹角。如果帘布线的胎冠角较小，轮胎将具有良好的抗侧偏性能，但行驶平顺性较差。另一方面，如果帘布与胎面中心线成直角，轮胎能够提供良好的行驶平顺性，但操控性能差。

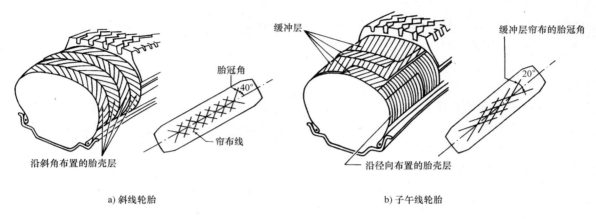

a) 斜线轮胎　　　　　　　　　　b) 子午线轮胎

图 1-1　轮胎构造

斜线轮胎采用了一种折中方法，其帘布线在轮辋底之间的胎壳内沿对角线分布，并且其胎冠角约为 40°，如图 1-1a 所示。斜线轮胎通常具有两层帘布（用于轻载轮胎）或多层帘布（在重载轮胎内可多达 20 层帘布）；各相邻帘布层的帘布线方向相反。因此，各帘布相互重叠成菱形花纹。在轮胎滚动工作时，菱形交叉层挠曲并摩擦，从而使菱形部分及其橡胶填料伸长。这种挠曲作用使得轮胎和道路之间产生一种揩拭运动（wiping motion），这是引起轮胎磨损与滚动阻力增大的主要原因之一[1.2,1.3]。

另一方面，子午线轮胎的构造与斜线轮胎的构造非常不同。子午线轮胎最早由米其林（Michelin）于 1948 年推出，它现在已经在乘用车和货车领域占据主导地位，并为越来越多的重型工程机械所采用。然而，斜线轮胎仍然在摩托车、某些农业机械以及一些军事装备中使用。子午线轮胎胎壳内的帘布线方向沿轮胎径向分布，因而其胎冠角为 90°，如图 1-1b 所示。由几层具有高弹性模量的帘布（通常为钢或其他高强度材料）构成的缓冲层，装于胎面之下的胎壳顶部，如图 1-1b 所示；其缓冲层内的帘布线之间的胎冠角较小，约为 20°。缓冲层对子午线轮胎的正常工作是必不可少的。如果子午线轮胎没有缓冲层，在充气时，由于帘布线之间的不规则排列，会使轮胎圆周上产生很多褶皱，从而使轮胎变得不稳定。对乘用车轮胎而言，在其胎壳内，通常有两层由合成材料（如黏胶或聚酯）制成的径向帘布线层；在其缓冲层内，通常有两层由合成材料（如尼龙）制成的帘布线层以及两层由钢丝构成的帘布线层。对于货车轮胎而言，其胎壳内通常有一层由钢丝构成的径向帘布线层，在其缓冲层内通常有四层由钢丝构成的帘布线层。对子午线轮胎来说，因胎壳挠曲所引起的缓冲层帘布的相对运动很小。如果在轮胎与道路之间无揩拭运动，在相似的工作条件下，子午线轮胎的功率损失比斜线轮胎低 60%，而子午线轮胎的寿命比与之相当的斜线轮胎高两倍[1.3]。对于子午线轮胎而言，其接地压力在整个接地面积上的分布较为均匀。与之相反，斜线轮胎的胎面通过接地面时要经受复杂的局部揩拭运动，致使各点接地压力相差甚大。

还有一些轮胎，是在斜线轮胎构造的基础上加入缓冲层。这种类型的轮胎通常被称为缓冲斜线轮胎（bias-belted tire）。通常缓冲层中的帘布材料的弹性模量比斜线层帘布的弹性模量要大。相比于传统的斜线轮胎，缓冲斜线轮胎中的缓冲层使胎面具有高的抗扭刚度，并能够减少胎面的磨损。一般说来，缓冲斜线轮胎的性能介于斜线轮胎与子午线轮胎之间。

在美国，交通运输部要求轮胎制造商在每个轮胎的侧壁上标出关于轮胎尺寸和评级的信息。例如，对于一个标号为 P185/70 R14 87S 的轮胎，"P"表示乘用车轮胎；"185"是以毫米为单位的横截面的标称宽度；"70"是纵横比，它是侧壁高度与横截面宽度之比；"R"表示子午线轮胎；"14"表示以英寸为单位的轮辋直径；"87"是一个代码，表示在其最大额定速度下轮胎可以支承的最大负荷；"S"是一个速度等级，它表示轮胎能够维持无故障运行的最大速度，S 表示 112mile/h（180km/h），T 表示 118mile/h（190km/h），H 表示 130mile/h（210km/h），V 表示 149mile/h（240km/h），Z 表示 149mile/h（240km/h）或更高。牵引和温度性能则通过从 A 到 C 来评级，A 表示最优，而 C 表示最差。牵引等级是在潮湿表面上直线停车的能力。温度等级是轮胎承受因高速、重载和严苛驱动而产生的热量的能力。胎面磨损指数是关于轮胎预期寿命的一个指标，它根据一个指数为 100 的参考轮胎来评级。例如，420 的胎面磨损等级表示该轮胎的寿命是参考轮胎的 4.2 倍。180 的胎面磨损指数被认为是相当低，而 500 的胎面磨损指数则被认为是相当高。

尽管各种充气轮胎的构造有所不同，但它们所涉及的基本问题并没有什么不同。在下述各节中，将讨论各种类型轮胎的力学基础。对于特定类型轮胎所独有的特性也有所说明。

1.1 作用在轮胎上的力和力矩

为了描述轮胎特性以及作用在其上的力和力矩，有必要定义一个用来确定各种参数的参考坐标系。图 1-2 中示出了由美国汽车工程师协会（Society of Automotive Engineers，SAE）推荐使用的常用坐标系中的一种[1.4]。坐标系的原点是轮胎接地面的中心。X 轴是车轮平面与地面的交线，前进方向为 X 轴的正方向。Z 轴垂直于地面，向下为其正方向。Y 轴在地平面内，选择其方向使得坐标系成为右手直角坐标系。

地面对轮胎的作用有三个力和三个力矩。牵引力（或纵向力）F_x 是道路对轮胎作用合力在 X 轴方向的分量。侧向力 F_y 是 Y 轴方向的分力，法向力 F_z 是 Z 轴方向的分力。翻转力矩 M_x 是道路作用在轮胎上的关于 X 轴的力矩。滚动阻力矩 M_y 是关于 Y 轴的力矩，回正力矩 M_z 是关于 Z 轴的力矩。

使用此坐标系，轮胎的很多性能参数都可以很方便地得以确定。例

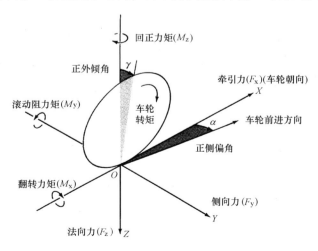

图 1-2　轮胎的坐标系

如，法向压力中心沿纵向的移动，可以用滚动阻力矩与法向载荷之比来确定。法向压力中心的横向移动，可以用翻转力矩与法向载荷之比来定义。纵向剪切力在整个接地面上的积分合力代表牵引力或制动力。绕轮胎转动轴的驱动力矩产生使车辆加速的力，而制动力矩则产生使车辆减速的力。

滚动轮胎有两个重要的角度：侧偏角（slip angle）和外倾角（camber angle）。侧偏角 α 是车轮行驶方向和车轮平面/路面交线之间的夹角。外倾角 γ 是 XZ 平面与车轮平面之间的夹角。作用在轮胎-地面接触印迹上的侧向力是侧偏角和外倾角二者的函数。

1.2 轮胎的滚动阻力

轮胎在坚硬地面上的滚动阻力，主要是滚动时由于胎壳挠曲而在轮胎材料中产生的弹性迟滞效应引起的。轮胎与路面之间滑动所引起的摩擦、轮胎内部空气流动所引起的阻力、转动轮胎对外界空气所产生的风扇效应也都对轮胎的滚动阻力有所贡献，但这些阻力的影响是次要的。现有实验结果表明，当行驶速度在 $128\sim152km/h$（$80\sim95mile/h$）时，轮胎损失可被细分如下：$90\%\sim95\%$ 是由轮胎内部迟滞效应引起的，$2\%\sim10\%$ 是由于轮胎与地面之间的摩擦力引起的，$1.5\%\sim3.5\%$ 是由于空气阻力引起的[1.5,1.6]。对于一个子午线货车轮胎，在轮胎结构的总能量损失中，胎面区域（包括缓冲层）迟滞效应的贡献为 73%，侧壁的贡献为 13%，胎面与侧壁之间区域（通常被称为胎肩区域）的贡献为 12%，而帘布（帘线）的贡献为 2%。

轮胎滚动时，胎壳在其接地面积上产生变形。轮胎扭曲的一个结果是，作用在接地印迹前半部分的法向压力比后半部分的压力要大。法向压力中心向滚动方向产生偏移。该偏移产生一个关于轮胎滚动轴线的力矩，即滚动阻力矩。在自由滚动的轮胎中，施加在轮胎上的力矩为零。因此，轮胎接地印迹上一定存在一个水平力来保持平衡。这一水平力通常被称为滚动阻力。轮胎上滚动阻力与法向载荷之比被定义为滚动阻力系数。

影响充气轮胎滚动阻力的因素很多，其中包括轮胎结构（构造和材料）以及工作条件（地表条件、轮胎气压、速度、温度等）。轮胎构造对其滚动阻力的影响很大。图1-3示出了光滑道路上额定载荷和胎压的条件下，多种斜线轮胎和子午线乘用车轮胎在不同速度下的滚动阻力系数[1.7]。图1-4示出了在额定条件下相同大小的斜线货车轮胎和子午线货车轮胎之间的不同[1.8]。胎面和侧壁越厚，胎体帘布层越多，产生的迟滞损耗越大，因而使得滚动阻力增加。相比于由天然橡胶制成的轮胎，由合成橡胶制成的轮胎通常具有更大的滚动阻力。事实证明，丁基橡胶制成的轮胎，有更好的牵引和抓地特性，但它的滚动阻力比常规的合成橡胶轮胎更高。由文献［1.9］可知，合成橡胶和丁基橡胶制成的轮胎的滚动阻力分别是天然橡胶轮胎的约 1.06 和 1.35 倍。

行驶地面的状态也会影响滚动阻力。在坚硬、平整的地面，其滚动阻力要比在野外路面上的阻力低很多。潮湿地面上的滚动阻力通常要比干燥地面上的要大。图1-5比较了六种不同质地的路面上（从抛光的混凝土路面到粗沥青路面）乘用车轮胎的滚动阻力[1.10]。这六种路面的轮廓示于图1-6。由图可以看出，带有粗封层的沥青路面（6号路面）的滚动阻力要比新的混凝土路面（2号路面）高 33%；而对抛光的混凝土路面（1号路面），其滚动阻力要比新混凝土路面低 12%。

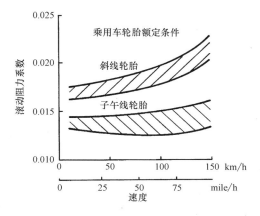

图 1-3 在额定负载和额定胎压下，子午线和斜线乘用车轮胎在平路面上以不同速度运行时的滚动阻力系数变化情况（经版权方允许，转载自 Automotive Handbook，2nd ed.，Robert Bosch，德国）

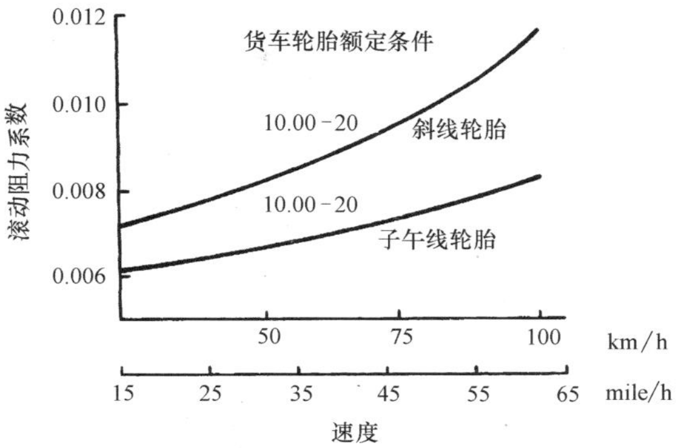

图 1-4 在额定负载和额定胎压下，子午线和斜线货车轮胎在不同速度下滚动阻力系数的变化情况（经版权方允许，转载自参考文献 1.8）

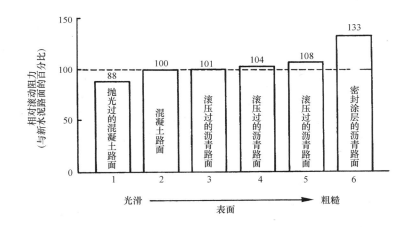

图 1-5 轮胎的滚动阻力随路面表面纹理的变化情况（经 SAE 允许，转载自参考文献 1.10）

胎压会影响轮胎的挠性。胎压对滚动阻力的影响随着地面的性能而异。在坚硬路面上，滚动阻力通常随胎压的增加而减小。这是因为随着胎压增高，轮胎变形减小，使得迟滞损耗更小。图 1-7 展示了胎压对滚动阻力的影响，其中包括了在不同法向载荷下，子午线轮胎（GR78-15）、斜线轮胎（G78-15）以及缓冲斜线轮胎（G78-15）的胎压对滚动阻力的影响，其中法向载荷以相对于胎压为 165kPa 时额定载荷的百分比来表示[1.11]。通过调节胎压而得到上述结果，即，在测试过程中将胎压保持在某一特定水平。由此可以看出，相比于子午线轮胎，斜线轮胎和缓冲斜线轮胎的滚动阻力受胎压的影响更为显著。在诸如砂土等的可变形地面上，高胎压会导致使地面变形的功增加，因而产生较高的滚动阻力，如图 1-8 所示[1.12]。与此相反，胎压低时，地面变形减小，轮胎变形增大，因而使弹性迟滞损失增大。因此，对于在给定可变形地面上的某特定轮胎，存在一个能够使地面变形功和轮胎内部损耗之和最小化的最优胎压值。

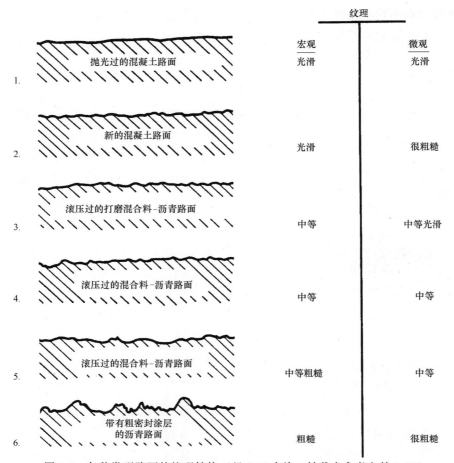

图 1-6 各种类型路面的纹理结构（经 SAE 允许，转载自参考文献 1.10）

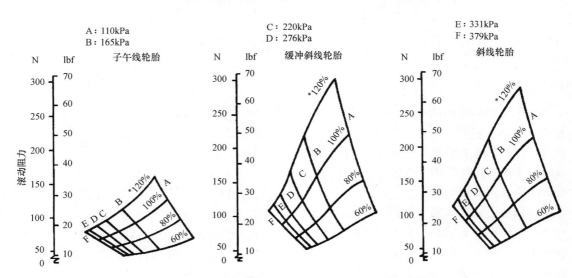

图 1-7 子午线、缓冲斜线和斜线汽车轮胎的滚动阻力随负载和胎压的变化
（经 SAE 允许，转载自参考文献 1.11）

胎压不仅会影响轮胎的滚动阻力,而且会影响到轮胎的胎面磨损。图 1-9 示出了胎压对子午线轮胎、斜线轮胎以及缓冲斜线轮胎的胎面磨损的影响[1.11]。将 165kPa 时的磨损速率当作参考来比较。可以看出,相比于子午线轮胎,斜线轮胎和缓冲斜线轮胎的胎压对胎面磨损的影响更为显著。

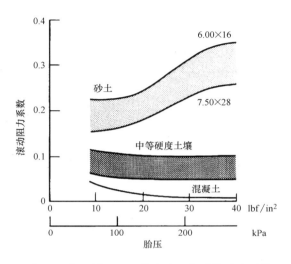

图 1-8 在不同地面上的滚动阻力系数随胎压的变化情况(经允许复制自参考文献 1.12)

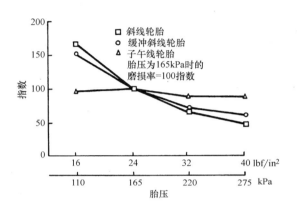

图 1-9 子午线轮胎、斜线轮胎和缓冲斜线轮胎的胎压对其肩冠部分磨损的影响
(经 SAE 允许,转载自参考文献 1.11)

由于胎面变形功和胎壳振动随行驶速度的增加而增大,滚动阻力也受到行驶速度的影响。图 1-3 和图 1-4 分别示出了速度对乘用车轮胎(包括斜线和子午线轮胎)和货车轮胎(包括斜线和子午线轮胎)的影响。对于在特定条件下工作的某给定轮胎,存在一个临界速度,超过此临界值时将出现图 1-10 所示的现象,该现象通常称为驻波。临界速度 V_{th} 的近似值可用公式 $V_{th}=\sqrt{F_t/\rho_t}$ 来确定,其中 F_t 是轮胎的圆周张力,ρ_t 是单位面积胎面材料的密度[1.13]。在高速时,轮胎离开地面后,胎面因轮胎变形所引起的扭曲并不能立即恢复,其残余变形便产生了一种波,即驻波。轮胎刚刚离开地面时,波的振幅最大,它按指数规律沿轮胎圆周衰减。驻波的形成显著地增大了能量损失,从而引起大量发热并可导致轮胎的破坏。这就限定了轮胎安全行驶速度的上限。

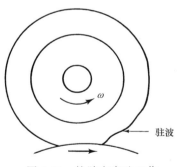

图 1-10 轮胎在高速工作时形成的驻波

工作温度、轮胎直径和驱动力对轮胎的滚动阻力也有影响。轮胎温度通过以下两种方式影响滚动阻力:一种方式是通过改变轮胎空腔内空气的温度,并由此改变工作胎压;另一种是通过改变橡胶胎肩的刚度及迟滞特性。图 1-11 示出了一个汽车轮胎的滚动阻力随轮胎内部温度而变化的关系[1.5]。图 1-12 示出了一个子午线乘用车轮胎的滚动阻力系数随其胎肩温度的变化曲线[1.14]。从图中可以看出,该轮胎在胎肩温度为 -10℃ 时的滚动阻力为 60℃ 时

的约2.3倍。同时还发现，胎肩温度，而非环境温度，是决定轮胎的滚动阻力系数的基本因素。图1-13示出了轮胎直径对滚动阻力系数的影响[1.12]。可以看出，在坚硬地面（混凝土）上，轮胎直径的影响是可以忽略的；而在可变形地面或松软地面上，其影响显著。图1-14示出了制动力或驱动力系数对滚动阻力系数的影响[1.6]。

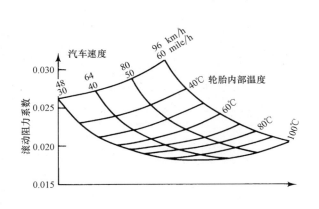

图1-11 汽车轮胎内部温度对滚动阻力系数的影响（经机械工程师学会理事会允许，转载自参考文献1.5）

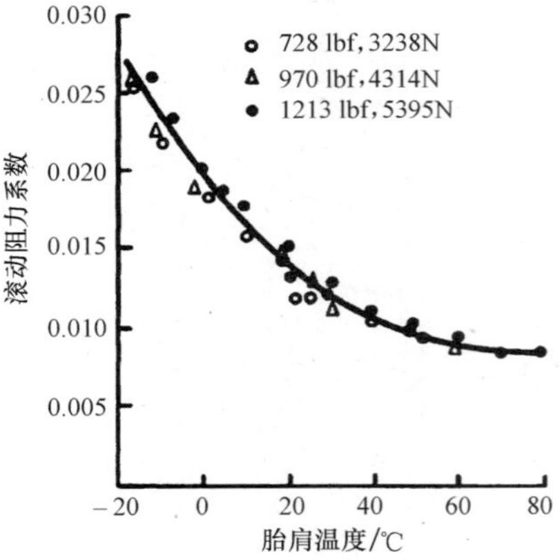

图1-12 P195/75 R14型乘用车轮胎的滚动阻力系数随胎肩温度的变化情况（经汽车工程师协会允许，转载自参考文献1.14）

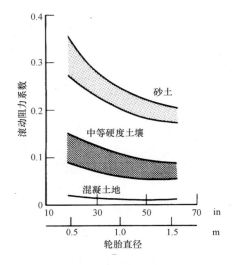

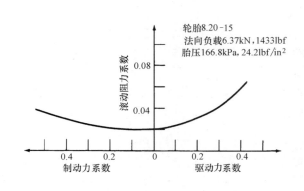

图1-13 在不同地面上轮胎直径对滚动阻力系数的影响（经允许转载自参考文献1.12）

图1-14 驱动力和制动力对汽车轮胎的滚动阻力系数的影响（经允许转载自Mechanics of Pneumatic Tires，S. K. Clark编辑，专著122，国家标准局，1971年）

当考虑轮胎的材料、构造和设计参数对轮胎滚动阻力的影响时，有必要对轮胎的能量损失和整个轮胎-车辆系统性能之间的关系，有一个正确的认识。虽然希望滚动阻力尽可能低，但应根据其他性能参数来权衡，如轮胎耐久性和寿命、驱动力、侧偏性能、缓冲作用以及成本。例如,从滚动阻力方面来看,人造橡胶不如天然橡胶好,但人造橡胶在成本、胎面寿命、湿滑路面上的附着力以及轮胎噪声方面都具有显著优势,因而它实际上全面替代了天然橡胶汽车轮胎,特别是替代了胎面。尽管丁基橡胶轮胎的弹性迟滞性能差,但由于其在驱动力、附着力、静音和舒适性等方面的优势,常被用于高性能汽车[1.5]。

轮胎的设计和使用参数与其滚动阻力之间的关系非常复杂,因而要想开发一种用于预测轮胎滚动阻力的解析方法,即使不是不可能,也会极为困难。因此,确定滚动阻力几乎完全依赖于实验。为了为实验数据的收集提供一致的基础,汽车工程师协会(SAE)为不同地面上的多种轮胎建议了很多滚动阻力测量程序,具体可参考 SAE Handbook(SAE 手册)。

根据实验结果,人们提出了很多用于计算轮胎在硬地面上的滚动阻力的经验公式。例如,根据图 1-3 所示的实验数据,对于在额定负载和胎压下运行在光滑路面上的子午线乘用车轮胎,其滚动阻力系数 f_r 和车速 V(速度在 150km/h 或 93mile/h 之内)之间的关系可以由下式表示:

$$f_r = 0.0136 + 0.40 \times 10^{-7} V^2 \tag{1-1}$$

对于斜线乘用车轮胎,有

$$f_r = 0.0169 + 0.19 \times 10^{-6} V^2 \tag{1-2}$$

式(1-1)和式(1-2)中 V 的单位为 km/h。

根据图 1-4 所示的实验数据,对于在额定负载和胎压下工作的子午线货车轮胎,其滚动阻力系数 f_r 和车速 V(速度在 100km/h 或 62mile/h 之内)之间的关系可以由下式表示:

$$f_r = 0.006 + 0.23 \times 10^{-6} V^2 \tag{1-3}$$

对于斜线货车轮胎,有

$$f_r = 0.007 + 0.45 \times 10^{-6} V^2 \tag{1-4}$$

式(1-3)和式(1-4)中 V 的单位为 km/h。

在路面上,货车轮胎的滚动阻力系数通常比乘用车轮胎的要低。这主要是由于货车轮胎的胎压较高,其胎压通常为 620~827kPa 或 90~120lbf/in²,而乘用车轮胎的胎压通常为 193~248kPa 或 28~36lbf/in²。

在初步的性能计算中,可以忽略速度的影响,并且对于特定的操作条件,可以使用 f_r 的平均值。表 1-1 中总结了多种类型的轮胎在不同地面上 f_r 的平均值。

表 1-1 滚动阻力系数

道 路 表 面	滚动阻力系数	道 路 表 面	滚动阻力系数
乘用车轮胎		未整备过的路面	0.05
混凝土,沥青	0.013	田野	0.1~0.35
滚压过的碎石	0.02	货车轮胎	
沥青碎石	0.025	混凝土,沥青	0.006~0.01

数据来源:Automotive Handbook, 4th edition, Bosch, 1996.(Robert Bosch, Germany 允许使用)。

1.3 轮胎的驱动力(或制动力)与纵向滑转率(或滑移率)

如图 1-15 所示,当驱动力矩作用于充气轮胎时,在轮胎和地面的接地印迹上会产生驱动力[1.6]。与此同时,位于其接地印迹内及前方的胎面受到压缩,轮胎侧边也会产生相应的剪切变形。当轮胎受到驱动力矩作用时,胎面在进入接触区之前受到压缩,此时轮胎的行驶距离将比自由滚动时要小。这种现象通常称为纵向滑转(或滑转变形)。当轮胎上有驱动力矩作用时,车辆行走装置的滑转率通常定义为

$$i = \left(1 - \frac{V}{r\omega}\right) \times 100\% = \left(1 - \frac{r_e}{r}\right) \times 100\% \quad (1\text{-}5)$$

式中,V 是轮胎中心的线速度(即平移速度);ω 为轮胎的角速度;r 是轮胎的自由滚动半径;r_e 是轮胎的有效滚动半径,它等于轮胎中心的平移速度与轮胎角速度之比。

当施加驱动力矩时,轮胎的转动并非与轮胎的平移前进速度相当;因此,$r\omega > V$,滑转率为正值。如果轮胎以某个角速度旋转,而轮胎中心的前进速度为零,那么根据公式(1-5),轮胎的纵向滑转为100%。这种现象通常发生在结冰地面上,此时驱动轮胎以很高的角速度旋转,但汽车并不向前移动。本书中有关轮胎力学的分析将采用公式(1-5)中给出的纵向滑移率定义。

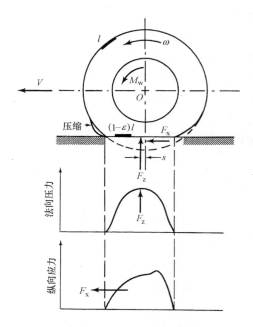

图1-15 在驱动力矩作用下的轮胎特性
(经版权方允许转载自 Mechanics of
Pneumatic Tires,S. K. Clark 编辑,
专著122,国家标准局,1971年)

一些出版物中关于纵向滑转的定义不同于公式(1-5)中给出的定义。例如,在SAE手册补充-车辆动力学术语 J670e(SAE Handbook Supplement, Vehicle Dynamics Terminology J670e)[1.4]中,纵向滑转被定义为"纵向滑转速度(longitudinal slip velocity)相对于直线自由滚动轮胎的旋转速度(spin velocity)的百分比"。其中,纵向滑转速度为"驱动轮胎或制动轮胎的旋转速度与直线自由滚动轮胎的旋转速度之差";这两个旋转速度都是相对于轮心沿 X 方向(图1-2)的同一直线速度测量得到的。驱动力矩会产生一个正的滑转率。实质上,由SAE建议的纵向滑转率 i' 可表示为

$$i' = \left(\frac{r\omega}{V} - 1\right) \times 100\% = \left(\frac{r}{r_e} - 1\right) \times 100\% \quad (1\text{-}6)$$

式中,V、ω、r 和 r_e 的定义与公式(1-5)中相同。应当注意,根据SAE建议的定义,当轮胎以某一角速度旋转但轮胎中心的线速度为零时,轮胎的纵向滑转率 i' 将被表示为无穷大。

在稳定状态下,由于轮胎所产生的驱动力与作用在车辆上的转矩成正比,滑转率是驱动力的函数。一般说来,开始时,车轮转矩和驱动力随滑转率按线性增加,这是因为开始时滑转主要是胎面的弹性变形引起的。这对应于图1-16所示曲线的 OA 部分。车轮转矩和驱动力的进一步增加,引起部分胎面在地面上滑动。在这种情况下,驱动率和滑转率之间的关系是非线性的。这对应于图1-16所示曲线的 AB 部分。根据现有的实验数据,在硬地面上,通常是充气轮胎的滑转率在达到15%~20%的时候,驱动力会达到最大值。如图1-16所示,当滑转率进一步增加并超出此范围时,就会产生一种不稳定状态,此时驱动力从峰值 $\mu_p W$ 急剧降低到纯滑动值 $\mu_s W$,其中,W 是轮胎的法向载荷,而 μ_p 和 μ_s 分别是道路附着系数的峰值和

滑动值。

至今尚未推导出一个能用以准确预测充气轮胎在硬地面上的驱动力与其纵向滑转率间关系的一般理论。然而，可用现已提出的几种理论对有关过程的物理性质进行基本了解。有关充气轮胎的驱动力与其纵向滑转率间关系的一种最早且最简单的理论处理方法由 Julien 提出[1.15]。

在 Julien 的理论中，把胎面视为一弹性带并假定其接地印迹为矩形，且法向（接地）压力均匀分布[1.15]。进一步假设接地印迹可被分为附着区域和滑动区域。在附着区域内，轮胎和地面之间的相互作用力取决于轮胎的弹性特性，而在滑动区域内，相互作用力取决于轮胎-地面界面的黏附特性。当驱动力矩作用于轮胎上时，在接地印迹前方的区域，驱动力矩在胎面上产生一个纵向（压缩）应变 ϵ；该应变在接地印迹的附着区域内保持常值，在附着区域内，胎面与地面之间无滑动发生。令 e_0 表示位于接地印迹前方胎面的纵向变形，令 e 表示距接地边沿后方距离为 x 的一点处胎面的纵向变形，那么有

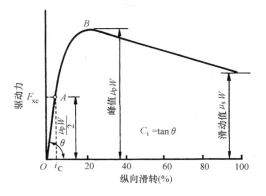

图 1-16 轮胎驱动力随纵向滑转率而变的关系

$$e = e_0 + x\epsilon \tag{1-7}$$

假定 e_0 正比于 ϵ，且 $e_0 = \lambda\epsilon$。那么有

$$e = (\lambda + x)\epsilon \tag{1-8}$$

进一步假定在胎面与地面间无滑动发生的附着区域内，单位接地长度的驱动力正比于胎面变形。即

$$\frac{\mathrm{d}F_x}{\mathrm{d}x} = k_t e = k_t(\lambda + x)\epsilon \tag{1-9}$$

式中，k_t 为胎面的切向刚度，F_x 是（在零与 x 之间区域产生的）驱动力。根据在额定负载和胎压下得到的关于重型货车轮胎样本的实验数据，发现 k_t 值在较小的范围内变化，从子午线轮胎的 3930kN/m²（570lbf/in²）到斜线轮胎的 4206kN/m²（610lbf/in²）。

$$F_x = \int_0^x k_t(\lambda + x)\epsilon \mathrm{d}x = k_t \lambda x \epsilon \left(1 + \frac{x}{2\lambda}\right) \tag{1-10}$$

令 p 表示法向压力，b 为接地印迹的宽度，μ_p 为道路附着系数的值。那么，胎面与道路之间不发生滑动的条件，即附着条件为

$$\frac{\mathrm{d}F_x}{\mathrm{d}x} = k_t(\lambda + x)\epsilon \leq \mu_p p b \tag{1-11}$$

这意味着，如果在接地印迹前边沿之后距离为 x 的一点位于附着区域内，则 x 必然小于特征长度 l_c，该特征长度确定了胎面与地面间无滑动发生的区域的长度；即

$$x \leq l_c = \frac{\mu_p p b}{k_t \epsilon} - \lambda = \frac{\mu_p W}{l_t k_t \epsilon} - \lambda \tag{1-12}$$

式中，W 为轮胎上的法向载荷，l_t 为轮胎的接地长度。

如果 $l_t \leq l_c$，那么整个接地面积都是附着区域。将 $x = l_t$ 代入到公式（1-10），则驱动力变为

$$F_x = k_t \lambda l_t \epsilon \left(1 + \frac{l_t}{2\lambda}\right) = K_t \epsilon \tag{1-13}$$

式中，$K_t = k_t \lambda l_t (1 + l_t/2\lambda)$。

由于纵向应变 ϵ 是轮胎的纵向滑转率 i 的一个度量，从而可以断定，如果整个接地印迹为附着区，则驱动力 F_x 和滑转率 i 成线性关系。这对应于图 1-16 所示的驱动力-滑转率曲线的 OA 区段。

接地印迹后边沿的滑动条件为

$$l_t = l_c = \frac{\mu_p W}{l_t k_t i} - \lambda \tag{1-14}$$

这说明，如果滑转率和驱动力达到下式所示的临界值 i_c 或 F_{xc}，则接地印迹的后部分开始滑动：

$$i_c = \frac{\mu_p W}{l_t k_t (l_t + \lambda)} \tag{1-15}$$

$$F_{xc} = \frac{\mu_p W [1 + (l_t/2\lambda)]}{1 + (l_t/\lambda)} \tag{1-16}$$

当滑转率或驱动力进一步增加并超出各自的临界值时，就会导致滑动区域从接地印迹的后边沿向其前部扩展。在滑动区域内所产生的驱动力 F_{xs} 由下式给出：

$$F_{xs} = \mu_p W (1 - l_c/l_t) \tag{1-17}$$

附着区域内所产生的驱动力 F_{xa} 为

$$F_{xa} = k_t \lambda i l_c \left(1 + \frac{l_c}{2\lambda}\right) \tag{1-18}$$

式中，l_c 由公式（1-12）确定。

因此，当部分胎面在地面上滑动时，其总驱动力与滑转率之间的关系为

$$F_x = F_{xs} + F_{xa} = \mu_p W - \frac{\lambda (\mu_p W - K' i)^2}{2 l_t K' i} \tag{1-19}$$

式中，$K' = l_t k_t \lambda$。

上式清楚表明，当在部分接地面上发生滑动时，驱动力与纵向滑转率之间具有非线性关系。这对应于图 1-16 所示曲线超越 A 的部分。

当滑动扩展到整个接地印迹时，驱动力 F_x 等于 $\mu_p W$。在这种情况下，可将公式（1-14）中的 l_c 设置为零而得到滑转率 i。与最大驱动力相对应的滑转率值 i_m 等于 $\mu_p W/l_t k_t \lambda$，它对应于图 1-16 中的 B 点。轮胎滑转率进一步增大时，伴随着道路附着系数从峰值 μ_p 急剧降低到其滑动值 μ_s，会产生一种不稳定的状态。

实际上，轮胎-地面接地印迹内的法向压力分布并不均匀，接地边沿处压力逐渐减低。因此，可以预料，即便滑转率非常小，也将在接地面的后部出现一个很小的滑动区域。

在使用 Julien 理论来定义驱动力和纵向滑转率之间的关系时，除了参数 μ_p、W 和 l_t 之外，也必须知道 λ 的取值，λ 决定了胎面进入接地印迹之前的纵向变形。为了确定某给定轮胎的 λ 值，需要相当大的努力和精心的实验。有鉴于此，人们已经开发了一种简化理论，其中忽略 λ 的影响。根据公式（1-9），同时忽略 λ 项，在附着区域内距前接地点距离为 x 的一点处，单位接地长度的驱动力由下式给出：

$$\frac{dF_x}{dx} = k_t x \epsilon = k_t x i \tag{1-20}$$

如果整个接地印迹的胎面和地面之间不存在滑移，驱动力和滑转率之间的关系由下式表示：

$$F_x = \int_0^{l_t} k_t i x dx = (k_t l_t^2 / 2) i \tag{1-21}$$

式中，$k_t l_t^2 / 2$ 项可选作图 1-16 所示的驱动力-滑转率曲线在原点处的斜率 C_i，即

$$\frac{k_t l_t^2}{2} = C_i = \tan\theta = \frac{\partial F_x}{\partial i}\bigg|_{i=0} \tag{1-22}$$

式中，C_i 通常被称为轮胎的纵向刚度。

因此，如果在接地印迹中不存在滑移，驱动力和滑转率之间的关系为线性：

$$F_x = C_i i \tag{1-23}$$

公式（1-23）适用于图 1-16 所示曲线的 OA 区段。

当滑转率超过图 1-16 中的 A 点时，在接地印迹后边沿的单位接地长度的驱动力达到附着极限，此时胎面与地面之间发生滑移。

$$\frac{dF_x}{dx} = k_t l_t i = \mu_p p b = \frac{\mu_p W}{l_t} \tag{1-24}$$

这表明，如果滑转率和驱动力达到下式所示的临界值 i_c 或 F_{xc}，则接地印迹的后部分开始滑动：

$$i_c = \frac{\mu_p W}{k_t l_t^2} = \frac{\mu_p W}{2C_i} \tag{1-25}$$

$$F_{xc} = C_i i_c = \frac{\mu_p W}{2} \tag{1-26}$$

换言之，如果滑转率 $i \leq i_c$ 或者驱动力 $F_x \leq F_{xc}$，驱动力与滑转率之间成线性关系，如图 1-16 所示。公式（1-26）表明，令驱动力等于其最大值的一半，即令其等于 $(\mu_p W/2)$，便可确定驱动力-滑转率关系曲线的线性区域的上界。

当滑转率或驱动力进一步增加并超出各自的临界值时，即 $i > i_c$ 或 $F_x > F_{xc}$，就会导致滑动区域从接地印迹的后边沿向其前部扩展。在滑动区域内所产生的驱动力 F_{xs} 由下式给出：

$$F_{xs} = \mu_p W \left(1 - \frac{l_c}{l_t}\right) = \mu_p W \left(1 - \frac{\mu_p W}{2C_i i}\right) \tag{1-27}$$

附着区域内所产生的驱动力 F_{xa} 由下式表示：

$$F_{xa} = \frac{1}{2} \frac{\mu_p W l_c}{l_t} = \frac{\mu_p^2 W^2}{4 C_i i} \tag{1-28}$$

因此，当部分胎面在地面上滑动时（即 $i > i_c$ 或 $F_x > F_{xc}$），其总驱动力与滑转率之间的关系为

$$F_x = F_{xs} + F_{xa} = \mu_p W \left(1 - \frac{\mu_p W}{4 C_i i}\right) \tag{1-29}$$

上式表明了当部分接地印迹发生滑移时的驱动力-滑转率之间的关系所具有的非线性本

质。当驱动力低于其最大值 $\mu_p W$ 时，上式适用于预测驱动力-滑转率的关系。

与 Julien 的理论相比，上述简化理论仅需要 μ_p、W 和 C_i 这三个参数来定义驱动力-纵向滑转率之间的关系。如前所述，很容易从测量的驱动力-滑转率关系曲线的初始斜率来确定 C_i 的值。

如图 1-17 所示，当轮胎上作用有制动力矩时，胎面部分在进入接地面之前出现拉伸；这与驱动轮出现压缩的情形相反。因此，有制动力矩作用时，轮胎的行驶距离将比轮胎自由滚动时要大。制动的强烈程度常以轮胎滑移率 i_s 来度量，其定义为

$$i_s = \left(1 - \frac{r\omega}{V}\right) \times 100\%$$
$$= \left(1 - \frac{r}{r_e}\right) \times 100\% \quad (1\text{-}30)$$

对于一个被抱死的车轮，其角速度 ω 等于零，但轮胎中心的平移线速度不为零。在此条件下，意味着滑移率为 100%。应当指出，根据公式（1-6）中给出的由 SAE 所建议的滑转率定义，对于抱死的轮胎，滑转率将为 -100%。

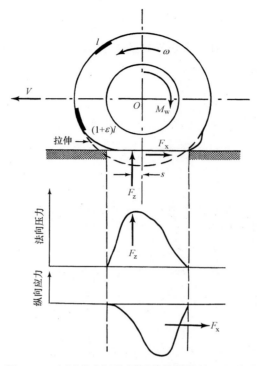

图 1-17 在制动力矩作用下的轮胎特性（经允许转载自 Mechanics of Pneumatic Tires, S. K. Clark 编辑，专著 122，国家标准局，1971 年）

根据与前文所述的驱动力和滑转率间关系相类似的方法，可以推导出关于制动力和滑移率间关系的简化理论。根据公式（1-5）给出的滑转率 i 的定义和公式（1-30）给出的滑移率 i_s 的定义，滑转率 i 和滑移率 i_s 的表达式之间有以下关系：

$$|i| = |i_s/(1-i_s)| \quad (1\text{-}31)$$

如果在接地印迹上没有滑移，通过将公式（1-23）中的 C_i 和 i 分别替换为 C_s 和 $i_s/(1-i_s)$，可以建立制动力和滑移率之间的关系，如下所示。

$$F_x = C_s i_s/(1-i_s) \quad (1\text{-}32)$$

其中，F_x 是作用方向与轮胎中心速度相反的制动力，C_s 是制动力-滑移率曲线在原点处的斜率，由参考文献 [1.8] 给出：

$$C_s = \frac{\partial F_x}{\partial i_s}\bigg|_{i_s=0} \quad (1\text{-}33)$$

C_s 被称为制动期间轮胎的纵向刚度。与参数 C_i 相类似，根据测得的制动力-滑移率曲线的初始斜率，可以轻易确定 C_s 的取值。

有趣的是，将公式（1-30）给出的滑移率定义带入到公式（1-32）中，制动力与滑移率之间的关系是非线性的，即使是在滑移率很低的时候，此时胎面和地面之间无滑移。

胎面与地面之间开始出现滑移时的滑移率为临界滑移率 i_{sc}，通过将公式（1-25）中的 C_i 和 i 分别替换为 C_s 和 $i_s/(1-i_s)$，可以确定临界滑移率 i_{sc} 的取值：

$$i_{sc} = \frac{\mu_p W}{2C_s + \mu_p W} \tag{1-34}$$

它对应于临界制动力 F_{xc}，当制动力超过该临界值时，胎面与地面之间开始出现滑移：

$$F_{xc} = \frac{C_s i_{sc}}{1 - i_{sc}} = \frac{\mu_p W}{2} \tag{1-35}$$

当一部分接地印迹出现滑移（即 $i_s > i_{sc}$）时，通过将公式（1-29）中的 C_i 和 i 分别替换为 C_s 和 $i_s/(1-i_s)$，可以建立制动力与滑移率之间的关系。

$$F_x = \mu_p W \left[1 - \frac{\mu_p W (1 - i_s)}{4 C_s i_s} \right] \tag{1-36}$$

虽然上述理论只是表示轮胎-地面相互作用这一高度复杂现象的简化模型，但已经证明使用该理论在乘用车动力学仿真中来表示轮胎的行为是有用的[1.8, 1.16]。

图 1-18 示出了一乘用车斜线轮胎在不同地面上的制动力系数（制动力与法向载荷之比）随滑移率变化的关系[1.17]。当乘用车以 64km/h（40mile/h）的速度在干燥混合沥青路面上行驶时，图 1-19 示出了同样尺寸的斜线轮胎、缓冲斜线轮胎和子午线轮胎的制动力系数的峰值和滑动值随胎压的变化关系[1.11]。从图中可以看出，在干燥路面上的道路黏附系数受轮胎构造和胎压的影响并不明显。在不同地面上的道路附着系数的峰值 μ_p 和滑动值 μ_s 的平均值见表 1-2[1.12]。

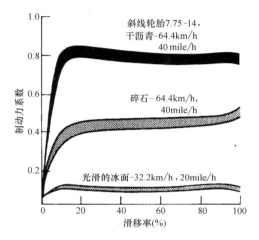

图 1-18 在不同地面上，乘用车轮胎的制动力系数随轮胎滑移的变化关系（经 SAE 允许，转载自参考文献 1.17）

表 1-2 道路附着系数的平均值

地面种类	峰值 μ_p	滑动值 μ_s
沥青路和混凝土路（干）	0.8~0.9	0.75
沥青路（湿）	0.5~0.7	0.45~0.6
混凝土路（湿）	0.8	0.7
石子路	0.6	0.55
土路（干）	0.68	0.65
土路（湿）	0.55	0.4~0.5
雪（压实）	0.2	0.15
冰	0.1	0.07

数据来源：参考文献 1.12。

在使用参数中，车速和法向负载对驱动力-滑转（或制动力-滑移）特性具有显著影响。图 1-20 示出了当斜线货车轮胎在干燥沥青路面上行驶时，车速对制动力-滑移率特性的影响[1.18]。如图 1-20 所示，速度对轮胎的牵引（制动）性能具有显著影响。因此，为了改进对牵引力-滑转率关系以及制动力-滑移率关系的预测，轮胎胎面与地面之间滑移速度的影响应该被融入到前面所述的理论中去[1.8]。图 1-21 示出了当斜线货车轮胎在干燥沥青路面上

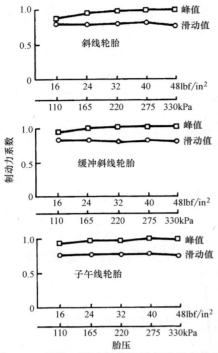

图 1-19 斜线、缓冲斜线和子午线汽车轮胎在干地面上的制动力系数的峰值和滑动值随胎压的变化关系（经 SAE 允许，转载自参考文献 1.11）

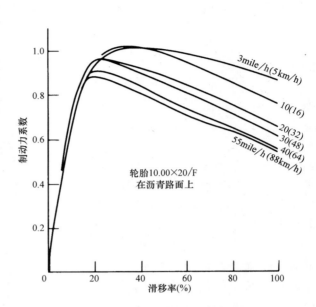

图 1-20 速度对货车轮胎在沥青路面上制动特性的影响（经允许转载自参考文献 1.18）

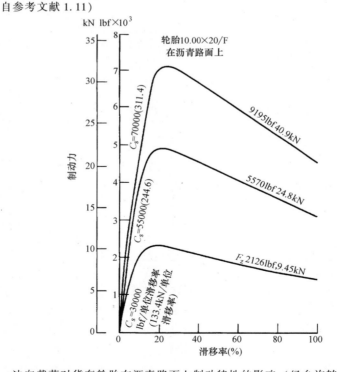

图 1-21 法向载荷对货车轮胎在沥青路面上制动特性的影响（经允许转载自参考文献 1.18）

行驶时,法向载荷对轮胎制动特性的影响[1.18]。纵向刚度C_s的值随着法向载荷的增加而显著增大。这是因为当胎压给定时,轮胎的接地长度随法向负载的增加而增大。根据公式(1-21),为了产生特定的纵向力,较长的轮胎接地长度导致较低的纵向滑转率(或滑移率)。

表1-3示出了货车轮胎在干、湿混凝土路面上道路附着系数的峰值μ_p和滑动值μ_s,此时车速为64km/h(40mile/h)[1.19]。需要指出,这些道路的表面极度纹理化,就像那些满足美国联邦州际公路系统(U.S. Federal Interstate Highway System)要求的相对较新的道路。

从表1-3可以看出,对于货车轮胎在干燥混凝土路面上的道路附着系数,其峰值μ_p与滑动值μ_s之间的比率约为1.4,而对于潮湿混凝土路面,该比率的范围是1.3~1.6。还注意到,斜线货车轮胎和子午线货车轮胎在驱动(制动)性能方面并无明显差别。

道路附着系数的峰值μ_p与滑动值μ_s之间的显著差异表示了在制动期间(滑移率i_s=100%)避免车轮抱死或在加速期间(滑转率i=100%)避免车轮打滑的重要性。这是开发用于公路车辆的防抱死制动系统(Antilock Brake System,ABS)和牵引力控制系统(Traction Control System,TCS)的动力之一,这些系统将在第3章中进行讨论。

表1-3 货车轮胎在干、湿混凝土路面上的道路附着系数,车速为64km/h(40mile/h)

轮胎类型	轮胎构造	干		湿	
		μ_p	μ_s	μ_p	μ_s
Goodyear Super Hi Miler(rib)	斜线	0.850	0.596	0.673	0.458
General GTX(rib)	斜线	0.826	0.517	0.745	0.530
Firestone Transteel(rib)	子午线	0.809	0.536	0.655	0.477
Firestone Transport 1(rib)	斜线	0.804	0.557	0.825	0.579
Goodyear Unisteel R-1(rib)	子午线	0.802	0.506	0.700	0.445
Firestone Transteel Traction(lug)	子午线	0.800	0.545	0.600	0.476
Goodyear Unisteel L-1(lug)	子午线	0.768	0.555	0.566	0.427
Michelin XZA(rib)	子午线	0.768	0.524	0.573	0.443
Firestone Transport 200(lug)	斜线	0.748	0.538	0.625	0.476
Uniroyal Fleet Master Super Lug	斜线	0.739	0.553	0.513	0.376
Goodyear Custom Cross Rib	斜线	0.716	0.546	0.600	0.455
Michelin XZZ(rib)	子午线	0.715	0.508	0.614	0.459
平均值		0.756	0.540	0.641	0.467

数据来源:UMTRI,参考文献1.19。

1.4 轮胎的侧偏特性

1.4.1 侧偏角与侧偏力

当充气轮胎在垂直于车轮平面的方向不受力(侧向力)时,它将沿与车轮平面相重合的方向滚动。然而如果一侧向力F_s作用在轮胎上,则在其接地印迹上将产生一横向力,轮胎将沿与车轮平面成α角的方向运动,如图1-22中的OA所示。角α通常被称为侧偏角,侧偏现象主要来自轮胎的横向弹性。

当车轮的外倾角为零时,在轮胎-地面接地印迹上所产生的横向力通常被称为侧偏力$F_{y\alpha}$。侧偏力与侧偏角之间的关系,对道路车辆的方向控制及其稳定性来说,具有基本的重要性。

如图 1-22 所示，当轮胎沿 OA 方向匀速运动时，作用于车轮中心的侧向力 F_s 与地平面上产生的侧偏力 $F_{y\alpha}$ 通常并非共线的关系。侧偏角较小时，地平面内的侧偏力通常在所施加的侧向力的后方；这便会产生一个力矩（或力偶），它企图使车轮平面与其运动方向相重合。该力矩被称为自动回正力矩，是转向时帮助转向轮回到其原始位置的最重要的恢复力矩之一。侧向力与侧偏力之间的距离 t_p 称为轮胎拖迹（pneumatic trail），而侧偏力与轮胎拖迹的乘积决定了自动回正力矩。

人们对在各种不同工作条件下，不同类型轮胎的侧偏角与侧偏力之间的关系已经进行了非常广泛的研究。图 1-23 示出了斜线汽车轮胎与子午线汽车轮胎的侧偏力与其侧偏角之间函数关系的典型曲线[1.6]。从图中可以看出，当侧偏角小于某值，如图 1-23 中的 4°，侧偏力与侧偏角近似成正比。当侧偏角大于该角度时，侧偏力以较低的速率随侧偏角增加，并达到最大值，此时轮胎开始侧滑。对于乘用车轮胎，其最大侧偏力出现在当侧偏角约等于 18°时，而对于赛车轮胎，其侧偏力在侧偏角约为 6°时达到峰值。图 1-23 示出了，相比于子午线轮胎，斜线轮胎的侧偏力随侧偏角的增长速度更为缓慢。这些特性被认为是更适合于两轮驱动车辆，例如摩托车。侧偏力随侧偏角的增长速度越缓和，则驾驶人就能更好地控制两轮车辆。这也是斜线轮胎多用于摩托车的原因之一[1.1]。图 1-24 示出了多种货车轮胎（包括子午线轮胎和斜线轮胎）的侧偏力与法向载荷之比随侧偏角的变化情况，这些轮胎尺寸为 10.00-20，且具有不同胎面设计（带肋或带凸耳）[1.8]。与图 1-23 所示的乘用车轮胎相似，子午线轮胎的侧偏力随侧偏角的增长速度比斜线轮胎要更快。

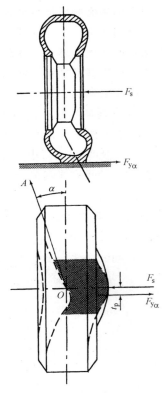

图 1-22 轮胎在受到侧向力作用时的状况（经允许转载自 Mechanics of Pneumatic Tires, S. K. Clark 编辑，专著 122，国家标准局，1971 年）

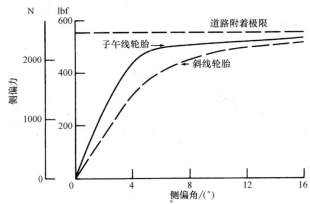

图 1-23 斜线轮胎与子午线轮胎的侧偏特性（经允许转载自 Mechanics of Pneumatic Tires, S. K. Clark 编辑，专著 122，国家标准局，1971 年）

有很多因素影响轮胎的侧偏特性。作用在轮胎上的法向载荷对轮胎的侧偏特性有显著影响。图 1-25 示出了一些典型结果[1.6]。可以看出，对于确定的侧偏角，侧偏力通常随法向载荷的增加而增大。然而，侧偏力与侧偏角之间的关系是非线性的。因此，在转向时内侧轮胎向外侧轮胎的载荷转移，将会降低这对轮胎所能产生的总侧偏力。如图 1-26 所示，考虑车梁轴上的一对轮胎，每个轮胎的法向载荷各为 F_z。对于确定的侧偏角来说，每个轮胎法向载荷为 F_z 时的侧向力为 F_y。如果车辆进行稳态转向，由于载荷的横向转移，作用在内侧轮胎上的法向载荷减小到 F_{zi}，而外侧轮胎的法向载荷则增加到 F_{zo}。其结果是，两个轮胎总的侧偏力将为 $F_{yi}+F_{yo}$，此值小于 $2F_y$，如图 1-26 所示。这意味着，在转弯时车梁轴上的一对轮胎，为了产生所需的侧偏力以平衡已知的离心力，由此引发的载荷的横向转移将会导致轮胎侧偏角的增大。

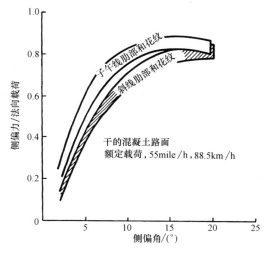

图 1-24 斜线货车轮胎和子午线货车轮胎在干燥混凝土路面上的侧偏特性（经允许转载自参考文献 1.8）

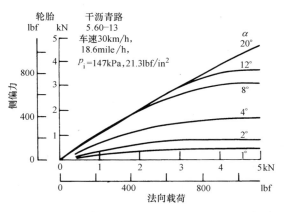

图 1-25 法向载荷对轮胎侧偏特性的影响（经允许转载自 Mechanics of Pneumatic Tires, S. K. Clark 编辑，专著 122，国家标准局，1971 年）

为了对不同轮胎的侧偏特性提供一个共同的比较基础，我们采用一个称为侧偏刚度的参数 C_α。C_α 被定义为侧偏力 $F_{y\alpha}$ 对侧偏角 α 的偏导数在 $\alpha = 0$（零侧偏角）时的取值：

$$C_\alpha = \frac{\partial F_{y\alpha}}{\partial \alpha}\bigg|_{\alpha = 0} \quad (1-37)$$

图 1-27 示出了一系列轮胎（包括乘用车轮胎、轻型货车轮胎和重型货车轮胎）的侧偏刚度与法向载荷之间关系的对比[1.8]。在图中，RL 表示特定轮胎的额定载荷。对于测试的三种乘用车轮胎，其侧偏刚度在额定载荷处达到最大值，并且其侧偏刚度随着法向负载的进一步增加而减小。然而，对于轻型货车和重型货车轮胎，即使在超过额定载荷之后，其侧偏刚度仍然保持增长，虽然增长速率较低。

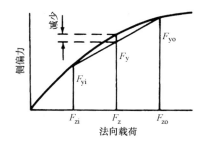

图 1-26 车轴上一对轮胎的载荷横向转移对侧偏特性的影响

为了评价法向载荷对轮胎侧偏能力的影响，通常采用一个称为侧偏系数的参数，该系数被定义为单位法向载荷的侧偏刚度。图 1-28 示出了侧偏系数随轮胎法向载荷而变的关系[1.12]。该图表明，当法向载荷增加时，侧偏系数降低。

胎压对轮胎侧偏性能的影响程度通常一般。一般来说，轮胎的侧偏刚度随胎压增加而增大。图 1-29 示出了多种汽车轮胎（包括子午线轮胎、缓冲斜线轮胎和斜线轮胎）在不同胎压下的侧偏系数的对比[1.11]。表 1-4 示出了多种货车轮胎在额定载荷和额定胎压下（特殊指定的除外）的侧偏系数[1.19]。

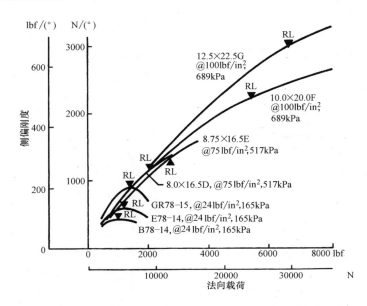

图 1-27　乘用车轮胎、轻型货车轮胎和重型货车轮胎的侧偏刚度的比较
（经允许转载自参考文献 1.8）

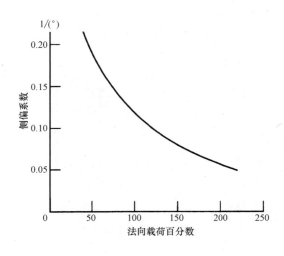

图 1-28　轮胎的法向载荷对其侧偏系数的影响（经允许转载自参考文献 1.12）

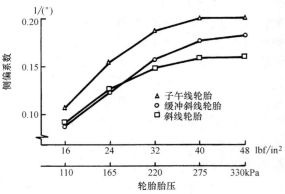

图 1-29　子午线、斜线和缓冲斜线汽车轮胎的侧偏系数随轮胎胎压的变化（经 SAE 允许，转载自参考文献 1.11）

表 1-4 额定载荷和额定胎压下（特殊指定的除外）货车轮胎的侧偏系数

轮胎类型	轮胎构造	侧偏系数/[1/(°)]
Michelin Radial XZA (1/3 tread)	子午线轮胎	0.1861
Michelin Radial XZA (1/2 tread)		0.1749
Michelin Pilote XZA		0.1648
Michelin Radial XZA		0.1472
Goodyear Unisteel G159, 11R22.5 LRF at 655kPa (95lbf/in^2)		0.1413
Michelin XZZ		0.1370
Goodyear Unisteel 11, 10R22.5 LRF at 620kPa (90lbf/in^2)		0.1350
Goodyear Unisteel G159, 11R22.5 LRG at 792kPa (115lbf/in^2)		0.1348
Goodyear Unisteel 11, 10R22.5 LRF at 758kPa (110lbf/in^2)		0.1311
Firestone Transteel		0.1171
Firestone Transteel Traction		0.1159
Goodyear Unisteel R-1		0.1159
Goodyear Unisteel L-1	子午线轮胎	0.1121
Firestone Transport 1	斜线轮胎	0.1039
General GTX		0.1017
Goodyear Super Hi Miler		0.0956
Goodyear Custom Cross Rib		0.0912
Uniroyal Fleet Master Super Lub		0.0886
Firestone Transport 200	斜线轮胎	0.0789

数据来源：UMTRI 和 TRIF，参考文献 1.19。

1.4.2 侧偏角与回正力矩

如 1.4.1 节所述，作用在车轮中心的侧向力 F_s 和地平面上产生的侧偏力 $F_{y\alpha}$ 通常并不共线，如图 1-22 所示。这便会生成一个力矩，它被称为回正力矩或自动回正力矩。图 1-30 示出了乘用车轮胎在不同侧偏角和不同法向载荷下的侧偏力与回正力矩间的曲线[1.20]。图 1-31 和图 1-32 分别示出了斜线货车轮胎（10.00-20/F）和子午线货车轮胎（10.00-20/G）的回正力矩随侧偏角和法向载荷变化的情况[1.8]。从图中可知，对于一定的法向载荷，回正力矩首先随侧偏力和侧偏角的增加而增大。在某一侧偏角时回正力矩达到最大值，然后随侧偏角的进一步增加而减小。这主要是由于在大侧偏角的情况下，接地印迹后部胎面产生滑移而引起的，这导致侧偏力作用点向前移动。表 1-5 示出了在额定载荷和额定胎压下（特殊指定的除外），侧偏角为 1°时测得的货车轮胎的轮胎拖迹[1.19]。从表中可知，货车轮胎的轮胎拖迹在 4.6cm (1.8in) 到 7.1cm (2.8in) 的范围内变化。新斜线轮胎的典型拖迹值为 5.8cm (2.3in)，而新子午线轮胎的典型值为 5.3cm (2.1in)。

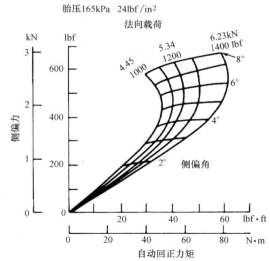

图 1-30 在不同法向载荷下乘用车轮胎的自动回正力矩随侧偏力的变化关系（经 SAE 允许，转载自参考文献 1.20）

驱动力对回正力矩有显著影响。一般说来，当侧偏角一定时，驱动力矩使回正力矩增大，而制动力矩的影响则相反。由于胎压和法向载荷会影响到接地印迹的大小，也影响自动回正力矩。载荷大、胎压低，会增大接地长度并增大轮胎拖迹，这使得自动回正力矩增大。

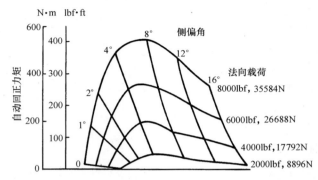

图1-31 斜线货车轮胎（型号：10.00-20/F）的自动回正力矩随法向载荷和侧偏角变化的情况
（经允许转载自参考文献1.8）

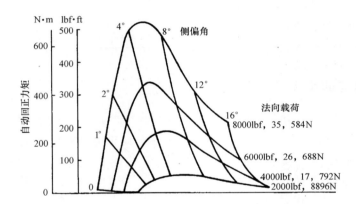

图1-32 斜线货车轮胎（型号：10.00-20/G）的自动回正力矩随法向载荷和侧偏角变化的情况
（经允许转载自参考文献1.8）

表1-5 在额定载荷和额定胎压下（特殊指定的除外），侧偏角为1°时货车轮胎的轮胎拖迹

轮胎类型	轮胎构造	轮胎拖迹	
		cm	in
Michelin Radial 11R22.5 XZA(1/3 Tread)	子午线轮胎	6.17	2.43
Goodyear Unisteel Ⅱ,10R22.5 LRF at 620kPa(90lbf/in^2)		6.15	2.42
Michelin Radial 11R22.5 XZA(1/2 Tread)		5.89	2.32
Goodyear Unisteel G159,11R22.5 LRG at 655kPa(95lbf/in^2)		5.87	2.31
Michelin Radial 11R22.5 XZA		5.51	2.17
Goodyear Unisteel G159,11R22.5 LRG at 792kPa(115lbf/in^2)		5.46	2.15
Goodyear Unisteel Ⅱ,10R22.5 LRF at 758kPa(110lbf/in^2)		5.41	2.13
Michelin Radial 11R22.5 XZA		5.38	2.12
Michelin Rilote 11/80R22.5 XZA	子午线轮胎	4.62	1.82
New Unspecified Model 10.00-20/F		5.89	2.32
Half-Worn Unspecified Model 10.00-20/F	斜线轮胎	7.14	2.81
Fully-Worn Unspecified Model 10.00-20/F		6.55	2.58

数据来源：UMTRI，参考文献1.19。

1.4.3 外倾角与外倾侧向力

如图 1-33 所示，当从车轮前方及后方看时，外倾角是车轮平面相对于垂直于道路的平面的倾角。其主要功用是为获得轴向支承压力和减小主销内倾偏移距离。乘用车的外倾角在 0.5°~1°。外倾角大时，会引起轮胎的过度磨损[1.12]。

外倾角在接地印迹上引起侧向力。该侧向力一般被称为外倾侧向

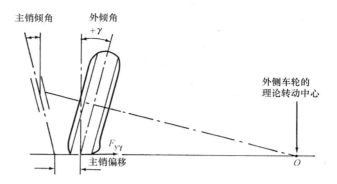

图 1-33 外倾轮胎的特性

力 $F_{y\gamma}$，该侧向力的产生可用下述方法来解释。如图 1-33 所示，一个具有外倾角的自由滚动的轮胎将绕 O 点转动。然而，车辆上的外倾轮胎被强迫沿直线运动，在地面上产生一个沿外倾方向的侧向力。有趣的是，注意到外倾侧向力作用在车轮中心的前面，因而形成一个小的外倾力矩。对于斜线汽车轮胎，其外倾侧向力与外倾角（侧偏角为零时）间的关系示于图 1-34。已经证明，对斜线轮胎而言，其外倾侧向力大约是与之相当的侧偏角所引起的侧向力的五分之一；对于子午线轮胎而言要稍小些。我们常采用外倾刚度这一参数，为比较不同轮胎外倾特性提供了一个共同基础。外倾刚度等于外倾侧向力相对于外倾角的导数在外倾角为零时的取值，如下式所示。

$$C_\gamma = \frac{\partial F_{y\gamma}}{\partial \gamma}\bigg|_{\gamma=0} \tag{1-38}$$

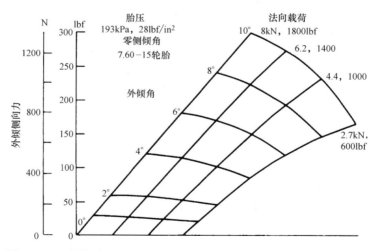

图 1-34 汽车轮胎在不同法向载荷下轮胎的外倾力与外倾角之间的关系
（经 SAE 允许，转载自参考文献 1.21）

与侧偏刚度相似，法向载荷与胎压对外倾刚度会产生影响。图 1-35 示出了胎压为 620kPa（90lbf/in²）的三种货车轮胎的外倾刚度随法向载荷的变化情况[1.8]。从图中可知，对于货车轮胎而言，在相同的工作条件下，其外倾刚度约为侧偏刚度的十分之一到五分之一。

对具有侧偏角工作的外倾轮胎，其所受的总侧向力等于侧偏力 $F_{y\alpha}$ 与外倾力 $F_{y\gamma}$ 之和。

$$F_y = F_{y\alpha} \pm F_{y\gamma} \qquad (1\text{-}39)$$

如果侧偏力与外倾侧向力同向，上式中取正号。对于小的侧偏角来说，侧偏力和侧偏角之间以及外倾侧向力与外倾角之间的关系基本上是线性的；因此，在一定侧偏角下的外倾轮胎的总侧向力可用下式确定：

$$F_y = C_\alpha \alpha \pm C_\gamma \gamma \qquad (1\text{-}40)$$

如前所讨论，由侧偏角和外倾角产生的侧向力构成一个回正力矩。但由侧偏角产生的回正力矩通常要大得多。

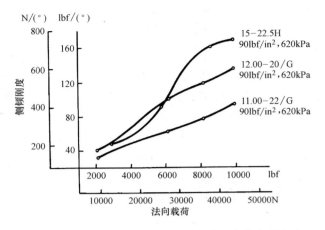

图 1-35　重型货车轮胎的外倾刚度随法向载荷的变化情况（经允许转载自参考文献 1.8）

1.4.4　轮胎侧偏特性的表征

为了推导出一个用以描述充气轮胎侧偏特性的数学模型，人们进行了很多尝试。现有两种基本模型，其中的一种模型如图 1-36a 所示，它基于如下假定：轮胎的胎面窄带相当于一个被张紧的弦，该弦受用于表示轮壁的横向弹簧的钳制，而轮缘相当于弹簧的底座。另一种模型则如图 1-36b 所示，它将胎面窄带看作等效于受到连续的横向弹簧支承的一个弹性梁[1.15, 1.22]。

两种模型都假定轮胎的侧偏特性皆可由轮胎的赤道线（equatorial line）特性导出，轮胎的赤道线是未变形的轮胎表面与车轮平面的交线。在接触面内的赤道线被称为接触线。这两种基本类型的主要区别之一是，在张紧弦模型中的赤道线的斜率可以不连续，而在（弹性）梁模型中则不然。现已证明，对于小的侧偏角而言，张紧弦模型可以提供对充气轮胎的侧偏特性的基本认知。下面将讨论由 Temple 和 von Schlippe 提出的张紧弦模型[1.15]。

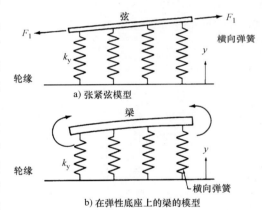

图 1-36　轮胎侧偏特性的模型（经允许复制自 *Vehicle Dynamics* by J. R. Ellis, Business Books, 1969 年）

假定轮胎以确定的侧偏角做稳态运动。如图 1-37 所示，在接触地面内，赤道线 *BC* 的形状是轮胎的轨迹，如果无滑动发生，则赤道线 *BC* 相对于地面不动。令图中的虚线 *AB* 为处于接地印迹前方赤道线外部分的投影，当轮胎向前滚动时，*AB* 上各点变成 *BC* 上各点。这表明，*AB* 和 *BC* 在点 *B* 处一定有一公切线。在接地印迹的后部，此条件便不再成立，在 *C* 点可能有一弯折点。因此，一般可认为，一个滚动轮胎在接地印迹前边沿赤道线的斜率是连续的，而在后边沿则不一定是连续的。

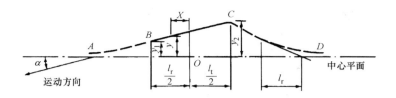

图 1-37 滚动的轮胎受侧向力时的赤道线特性

考虑图 1-37 所示的被扭曲了的赤道线上的一个元素,令该元素对车轮平面的侧向偏移为 y,沿未扭曲的赤道线测量时,该元素距位于接地印迹中心的原点的距离为 x。假定该元素因侧向偏移 y 而作用于轮缘上的侧向力以微分形式给出,即

$$\mathrm{d}F_{y1} = k_y y \mathrm{d}x \tag{1-41}$$

其中,k_y 是轮胎侧向刚度。上式适用于圆周上所有各点。基于重型货车轮胎(包括斜线轮胎和子午线轮胎)样本在额定负载和额定胎压下的实验数据,可知 k_y 的值在小范围内变化,其平均值大约为 $2275\mathrm{kN/m^2}$($330\mathrm{lbf/in^2}$)。

对于赤道线上的一个元素,由于弦的张力还另作用有一横向分力。此分力与赤道线的斜率成正比,对于小的偏移,其微分形式为

$$\mathrm{d}F_{y2} = -F_\mathrm{t} \frac{\mathrm{d}^2 y}{\mathrm{d}x^2} \mathrm{d}x \tag{1-42}$$

其中,F_t 表示弦的张力。为方便起见,通常写为 $F_\mathrm{t} = k_y l_\mathrm{r}^2$,此处 l_r 被称为放松长度。此时以指数函数所描述的侧向偏移减小到原来的 1/2.718,如图 1-37 所示。

如图 1-37 所示,令 l_t 为接地长度,并取其中心 x 为原点,令 y_1 和 y_2 是位于接地印迹前后端的赤道线的偏移。在不与地面相接触的轮胎部分(即自由区)的总长度 l_h 上,轮胎不受任何外部载荷的作用,因而由公式(1-41)和公式(1-42)可得

$$k_y \left(y - l_\mathrm{r}^2 \frac{\mathrm{d}^2 y}{\mathrm{d}x^2} \right) = 0 \tag{1-43}$$

此微分方程的解将给出自由区内赤道线的偏移形状,即

$$y = \frac{y_2 \sinh[(x-l_\mathrm{t}/2)/l_\mathrm{r}] + y_1 \sinh[(l_\mathrm{t}/2+l_\mathrm{h}-x)/l_\mathrm{r}]}{\sinh(l_\mathrm{h}/l_\mathrm{r})} \tag{1-44}$$

如果 r 为轮胎的半径,在通常条件下,l_h 在 $4.5r$ 与 $6r$ 之间,而 l_r 约等于 r[1.15]。因此,公式(1-44)可被近似为指数函数。在靠近接地印迹前方的自由区内(即 $x > l_\mathrm{t}/2$),有

$$y = y_1 \exp\left[\frac{-(x-l_\mathrm{t}/2)}{l_\mathrm{r}}\right] \tag{1-45}$$

在靠近接地印迹后方的自由区内($x < l_\mathrm{t}/2 + l_\mathrm{h}$),有

$$y = y_2 \exp\left[\frac{-(l_\mathrm{t}/2+l_\mathrm{h}-x)}{l_\mathrm{r}}\right] \tag{1-46}$$

因此,在靠近接地印迹两端但不与平面相接触的自由区内,其赤道线形状是一指数曲线。

可用上述作用于胎面窄带元素上的侧向力和横向偏移的表达式,来确定侧偏力和回正力

矩随系数 k_y、l_r 和接地长度 l_t 的变化关系。可以采用以下两种方法得到。

1）如 Temple 所提出的那样，将地面作用给轮胎的侧向力沿整个接地印迹且包括两端自由区内的赤道线的无穷小长度进行积分。

2）如 von Schlippe 所提出的那样，将轮胎作用给轮缘的侧向力沿包括接地长度在内的整个圆周进行积分。

上述两种方法的实质示于图 1-38。

根据 Temple 的方法，并假定在接地印迹的赤道线为直线，通过积分可得总侧向力 F_y，如下：

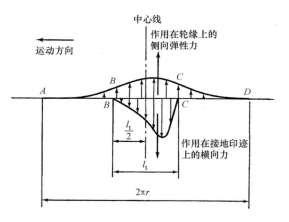

图 1-38 作用在轮缘和轮胎-道路接地印迹上的侧向力

$$\begin{aligned} F_y &= k_y \int_{-l_t/2}^{l_t/2} \left(y - l_r^2 \frac{d^2 y}{dx^2} \right) dx \\ &= k_y \int_{-l_t/2}^{l_t/2} y dx - k_y l_r^2 \left(\frac{dy}{dx} \right) \Big]_{-l_t/2}^{l_t/2} \\ &= k_y (y_1 + y_2) l_t/2 + k_y l_r (y_1 + y_2) \\ &= k_y (y_1 + y_2)(l_r + l_t/2) \end{aligned} \quad (1\text{-}47)$$

对受纯侧向力而不滚动的车轮，有

$$y_1 = y_2 = y_0, F_y = 2k_y y_0 (l_r + l_t/2) \quad (1\text{-}48)$$

侧向力绕通过接地中心的垂直轴力矩（即回正力矩）由下式给出：

$$\begin{aligned} M_z &= k_y \int_{-l_t/2}^{l_t/2} x \left(y - l_r^2 \frac{d^2 y}{dx^2} \right) dx \\ &= k_y \int_{-l_t/2}^{l_t/2} xy dx - k_y l_r^2 \left(x \frac{dy}{dx} - y \right) \Big]_{-l_t/2}^{l_t/2} \\ &= k_y \frac{(l_t/2)^2}{3} (y_1 - y_2) + k_y l_r \left(l_r + \frac{l_t}{2} \right)(y_1 - y_2) \\ &= k_y (y_1 - y_2) \left[\frac{(l_t/2)^2}{3} + l_r \left(l_r + \frac{l_t}{2} \right) \right] \end{aligned} \quad (1\text{-}49)$$

根据 Schlippe 的方法，可得到相同的表达式。

一个以侧偏角 α 滚动的轮胎，如果轮胎窄带在接地印迹上无滑动，则在接触区内的赤道线的斜率将等于 $\tan\alpha$。因此

$$\alpha \approx \tan\alpha = \frac{y_1 - y_2}{l_t} = -\frac{y_1}{l_r} \quad (1\text{-}50)$$

将上述表达式带入到公式（1-47）和公式（1-49）中，则侧向力和自动回正力矩与侧偏角的关系为

$$\frac{F_y}{\alpha} = 2k_y \left(l_r + \frac{l_t}{2} \right)^2 \quad (1\text{-}51)$$

$$\frac{M_z}{\alpha} = k_y l_t \left[\frac{(l_t/2)^2}{3} + l_r \left(l_r + \frac{l_t}{2} \right) \right] \quad (1\text{-}52)$$

轮胎拖迹 t_p 为

$$t_p = \frac{M_z}{F_y} = \frac{(l_t/2)\left[(l_t/2)^2/3 + l_r(l_r + l_t/2)\right]}{(l_r + l_t/2)^2} \quad (1\text{-}53)$$

表征充气轮胎侧向弹性特性的两个基本参数 k_y 和 l_r，可以通过适当的实验来测定。可以看出，F_y/α 与 M_z/α 之比与 k_y 无关；因此 l_r 可以根据所测得的 F_y/α 和 M_z/α（轮胎的接地长度 l_t 已知）的值确定。另一方面，对于不滚动的轮胎，其 $(F_y/y_0)^2$ 对 F_y/α 之比与 l_r 无关。因此，k_y 可以通过所测得的 $(F_y/y_0)^2$ 和 F_y/α 之值确定。有一些研究者已经进行过 k_y 和 l_r 的测量。例如，von Schlippe 发现，一组不同尺寸但有相同比例的飞机轮胎的 l_r 之值，近似在 $0.6r$ 到 $0.9r$ 的范围内变化。von Schlippe 测得的 k_y 之值约为胎压的 90%[1.15]。

公式（1-51）和公式（1-52）表明，如果胎面与地面之间无滑动发生，则侧向力与回正力矩随侧偏角线性增长。这对应于图 1-23 所示的小侧偏角情况。当侧偏角增加时，胎面与地面之间发生滑动，这时，关于接地印迹内赤道线为直线的假定不再成立。因此，Temple 和 von Schlippe 提出的理论只限于小侧偏角的情况。

如上所述，使用 Temple 或 von Schlippe 的理论来定义侧偏力和侧偏角之间的关系，k_y 和 l_r 的值必须是已知的。确定这两个参数的取值通常是一个复杂的过程。有鉴于此，文献[1.8] 提出了一种简化理论。在简化模型中有如下假设，如果在接地印迹（沿车轮平面）前边沿之后纵向距离为 x 的一点，在该处胎面元素的横向偏移 y' 与 $\tan\alpha$ 成正比，其表达式如下：

$$y' = x\tan\alpha \quad (1\text{-}54)$$

其中，横向偏移 y' 相对于前接地点测量得到，并垂直于车轮平面，α 是侧偏角。

如果 k_y' 是轮胎的等效横向刚度，那么当轮胎胎面和地面之间没有侧向滑动时，单位接地长度上的横向力由下式给出：

$$\frac{dF_{y\alpha}}{dx} = k_y' x \tan\alpha \quad (1\text{-}55)$$

由整个接地印迹所产生的侧偏力，其表达式为

$$F_{y\alpha} = \int_0^{l_t} k_y' x \tan\alpha \, dx$$
$$= (k_y' l_t^2/2) \tan\alpha \quad (1\text{-}56)$$

其中，l_t 为接地长度。

可以将 $(k_y' l_t^2/2)$ 作为由公式（1-37）所定义的侧偏刚度 C_α，即侧偏力-侧偏角曲线在原点处的斜率，其值容易确定如下：

$$\frac{k_y' l_t^2}{2} = C_\alpha = \frac{\partial F_{y\alpha}}{\partial \alpha}\bigg|_{\alpha=0} \quad (1\text{-}57)$$

因此，当在接地印迹上无横向滑移发生时，侧偏力和侧偏角之间的关系由下式表示：

$$F_{y\alpha} = C_\alpha \tan\alpha \quad (1\text{-}58)$$

如果侧偏角 α 较小，$\tan\alpha \approx \alpha$，公式（1-58）可被写为

$$F_{y\alpha} = C_\alpha \alpha \qquad (1\text{-}59)$$

使用与1.3节中所描述的用于分析驱动力和纵向滑移率间关系相类似的方法，可以确定侧偏角的临界值 α_c 和侧偏力的临界值 $F_{y\alpha c}$，在该临界值处接地印迹的尾部开始发生横向滑移。临界值 α_c 由下式给出：

$$\alpha_c = \frac{\mu_p W}{2 C_\alpha} \qquad (1\text{-}60)$$

临界值 $F_{y\alpha c}$ 由下式给出：

$$F_{y\alpha c} = \frac{\mu_p W}{2} \qquad (1\text{-}61)$$

与1.3节中所描述的驱动力-纵向滑移率关系相类似，公式（1-61）表明，如果侧偏力小于其峰值（$\mu_p W/2$）的一半，那么侧偏力和侧偏角间的关系也将是线性的，并且也不会发生横向滑移。

当轮胎胎面和地面之间发生侧向滑移时（即 $\alpha > \alpha_c$ 或 $F_{y\alpha} > F_{y\alpha c}$），侧偏力和侧偏角之间的关系类似于式（1-29），该关系可表示为

$$F_{y\alpha} = \mu_p W \left(1 - \frac{\mu_p W}{4 C_\alpha \tan\alpha}\right) = \mu_p W \left(1 - \frac{\mu_p W}{4 C_\alpha \alpha}\right) \qquad (1\text{-}62)$$

上述公式表明，当部分接地印迹发生横向滑移时，侧偏力和侧偏角之间的关系是非线性的。

虽然上述理论为充气轮胎侧偏特性的某些方面提供了物理角度的解释，但它们仍是对高度复杂过程的简化表示。在对道路车辆的横向动态性能的仿真中，为了更准确地表示轮胎特性，经常使用测量的轮胎数据而非理论关系。测量的轮胎数据，以表格形式或经验公式的形式作为仿真模型的输入。例如，人们已经提出以下经验公式来表示侧偏力 $F_{y\alpha}$ 和侧偏角 α 之间的关系[1.22]：

$$F_{y\alpha} = c_1 \alpha + c_2 \alpha^2 + c_3 \alpha^3 \qquad (1\text{-}63)$$

其中，c_1、c_2 和 c_3 是将给定轮胎的测量数据与公式（1-63）相拟合得到的经验常数。

如前所述，法向载荷对侧向力的产生有着显著影响。为了考虑法向载荷的影响，系数 c_1、c_2 和 c_3 可被表示为法向载荷的二次函数[1.22]。这需要进行另外的曲线拟合。

在上述的充气轮胎侧偏特性的讨论中，未曾考虑纵向力的影响。然而，纵向力和侧向力都存在的情况极为常见。一般说来，驱动力（或制动力）将降低一定侧偏角所产生的侧偏力（译注：如图1-39所示），侧偏力随驱动力或制动力的增加而减小。当驱动力（或制动力）的值较小时，侧偏力的减小主要是由轮胎侧偏刚度的降低引起的。对于一定的侧偏角，驱动力（或制动力）的进一步增加会显著降低侧偏力。这是由于驱动力（或制动力）利用了局部附着能力，从而降低了轮胎在侧向方向可提供的附着力。【译注：当驱动力（或制动力）和侧偏力的合力达到由道路的附着系数和轮胎的法向载荷所确定的最大值时，则轮胎趋向于滑动。】

斜线轮胎和子午线轮胎的性能差别示于图1-39中[1.6]。从图中可以看到，从制动和驱动这两种情况来讲，子午线轮胎的侧偏力-侧偏角曲线多少有些对称。然而对于斜线轮胎来讲，其在制动时的侧偏力相较于驱动时的侧偏力要大。图1-39还示出，当存在驱动力（或制动力）时，为产生相同的侧偏力，需要更大的侧偏角。图1-40示出了在不同侧偏角下货

车轮胎纵向力对侧偏力的影响[1.23]。与图1-39类似，对于货车轮胎，在给定侧偏角下可用的侧偏力也随着纵向力的增加而减小。注意到如果围绕图1-39中的每一曲线族画出其包络线，可以得到一条近似为半椭圆形状的曲线。此包络线常被称为摩擦椭圆。【译注：摩擦椭圆确定了在一定使用条件下所能得到的驱动力（或制动力）和侧偏力的合力的最大值。】

摩擦椭圆概念基于以下假设：当轮胎的纵向力（驱动力或制动力）和侧偏力的合力达到由道路的附着系数和轮胎的法向载荷所确定的最大值时，则轮胎在地面上可能向任何方向滑动。不过，纵向力和横向力分量不能超过它们各自的最大值F_{xmax}或F_{ymax}，如图1-41所示。可以通过轮胎的实验数据来确定F_{xmax}和F_{ymax}的取值，它们分别组成了摩擦椭圆的长主轴和短主轴。

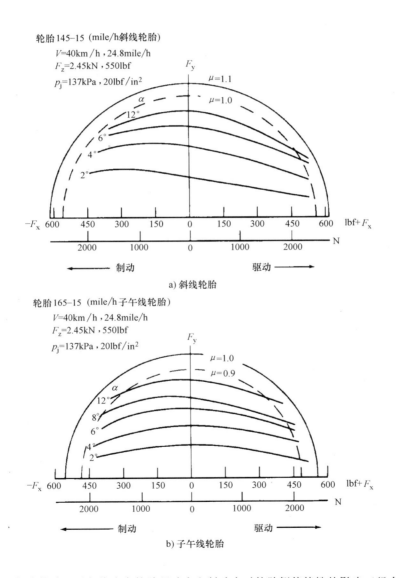

图1-39 斜线轮胎和子午线汽车轮胎驱动力和制动力对轮胎侧偏特性的影响（经允许转载自Mechanics of Pneumatic Tires, S.K.Clark编辑，专著122，国家标准局，1971年）

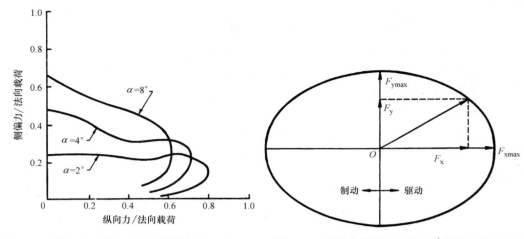

图 1-40　纵向力对货车轮胎侧偏特性的影响（经 SAE 允许，转载自参考文献 1.23）

图 1-41　将最大侧偏力与给定的纵向力联系起来的摩擦椭圆概念

基于上述实验观察，人们开始尝试制定分析框架，用于以纵向滑转率（或滑移率）和侧偏角组合函数的形式来预测纵向力和侧偏力。

当存在驱动力或制动力时，用于预测在特定侧偏角的可用侧偏力的最简单理论之一，便是基于上述的摩擦椭圆概念。基于这个简单理论的、用于预测可用侧偏力的程序概述如下：

1) 根据测量的轮胎数据，首先绘制出在自由滚动条件下（即在没有驱动力或制动力的情况下）的侧偏力和侧偏角之间的关系，如图 1-42a 所示。

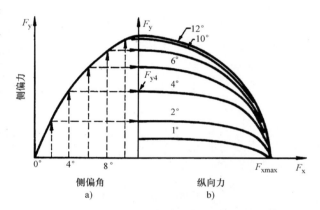

图 1-42　对于给定的侧偏角，构造摩擦椭圆将侧偏力与纵向力关联起来

2) 然后，在图 1-42b 的垂直轴上标出自由滚动条件下各侧偏角处的侧偏力。例如，侧偏角为 4°时所产生的侧偏力在垂直轴上的标识为 F_{y4}，它构成了要建立的椭圆的短主轴。

3) 根据测得的轮胎数据，在没有横向力的情况下的最大驱动力或制动力 F_{xmax}，标记在图 1-42b 中所示的水平轴上，它构成了椭圆的长主轴。

4) 对于任何给定的驱动力或制动力 F_x，在给定侧偏角（图 1-42b 中的 4°角）处的可用侧偏力 F_y，可由下式确定：

$$(F_y/F_{y4})^2 + (F_x/F_{xmax})^2 = 1 \tag{1-64}$$

上述公式描述了一个椭圆，其长主轴和短主轴分别是 F_{xmax} 和 F_{y4} 的测量值。

在存在任何给定驱动力或制动力的情况下，根据上述程序，可以确定在任何侧偏角处的可用侧偏力；根据该程序还可以确定一组曲线，即在不同侧偏角下的侧偏力和驱动力（或制动力）之间的关系曲线，如图 1-42b 所示。应当注意，对于给定的侧偏角，当有驱动力（或制动力）作用到轮胎上时，侧偏力将会减小。这与图 1-39 和图 1-40 所示的测量数据的趋势相一致。

基于1.3节中描述的制动力和纵向滑移率间关系的简化理论以及本节前面所述的侧偏力和侧偏角间关系的简化理论，人们提出了另一种半经验方法，用于在存在纵向滑移和侧偏角的情况下预测制动力和侧偏力[1.8]。在该方法中，假设当没有滑动时，在距前接触点距离 x 处，单位接触长度上的制动力由下式给出［参见式（1-20）和式（1-31）］：

$$\frac{\mathrm{d}F_x}{\mathrm{d}x} = k_t x i_s / (1 - i_s) \tag{1-65}$$

其中，i_s 为纵向滑移率，其定义见公式（1-30）。

如果此时轮胎的侧偏角为 α，那么由于纵向滑移，与地面相接触的胎面将以 $1/(1-i_s)$ 的速率伸长。因此，胎面上与地面接触的一点，其横向偏移 y' 由下式给出［参见公式（1-54）］：

$$y' = x\tan\alpha / (1 - i_s) \tag{1-66}$$

因此，单位接触长度的相应横向力由下式表示［见公式（1-55）］：

$$\frac{\mathrm{d}F_{y\alpha}}{\mathrm{d}x} = k'_y x \tan\alpha / (1 - i_s) \tag{1-67}$$

令 p 为接地印迹上的均匀法向压力，b 为接地宽度，μ 为道路附着系数。那么，基于上述摩擦椭圆的概念，如果制动力和单位接地长度的横向力的合力小于某最小值，在距前接触点距离 x 处的一点将不会有滑移发生；该最小值由道路附着系数 μ 和法向压力 p 通过下式定义，即

$$\sqrt{[k_t x i_s / (1 - i_s)]^2 + [k'_y x \tan\alpha / (1 - i_s)^2]} = \mu p b = \frac{\mu W}{l_t} \tag{1-68}$$

其中，W 是法向载荷，l_t 是轮胎的接地长度。

这意味着，如果在距前接触点距离 x 处的一点处于附着区域内，那么 x 必须小于特征长度 l_c；该特征长度定义了轮胎胎面和地面间无滑移发生的附着区域的长度。根据公式（1-68）可以确定 l_c 之值与接地长度 l_t 之间的关系，由下式给出：

$$\frac{l_c}{l_t} = \frac{\mu W(1-i_s)}{2\sqrt{(k_t l_t^2 i_s/2)^2 + (k'_y l_t^2 \tan\alpha/2)^2}}$$

$$= \frac{\mu W(1-i_s)}{2\sqrt{(C_s i_s)^2 + (C_\alpha \tan\alpha)^2}} \tag{1-69}$$

其中，$k_t l_t^2/2 = C_s$，$k'_y l_t^2/2 = C_\alpha$，分别如公式（1-33）和公式（1-57）所示。

如果 $l_c/l_t \geq 1$，整个接地印迹都属于附着区域。制动力由下式给出：

$$F_x = \int_0^{l_t} [k_t x i_s / (1 - i_s)] \mathrm{d}x = k_t l_t^2 i_s / 2(1 - i_s)$$

$$= C_s i_s / (1 - i_s) \tag{1-70}$$

侧偏力 $F_{y\alpha}$ 作为侧偏角 α 和滑移率 i_s 的函数，其表达式如下：

$$F_{y\alpha} = \int_0^{l_t} [k'_y x \tan\alpha / (1 - i_s)] \mathrm{d}x$$

$$= k'_y l_t^2 \tan\alpha / 2(1 - i_s)$$

$$= C_\alpha \tan\alpha / (1 - i_s) \tag{1-71}$$

如果$l_c/l_t<1$，那么胎面和地面之间将会发生滑移。附着区域生成的制动力F_{xa}由下式给出：

$$F_{xa} = \int_0^{l_c}[k_t x i_s/(1-i_s)]dx$$

$$= \frac{\mu^2 W^2 C_s i_s(1-i_s)}{4[(C_s i_s)^2 + (C_\alpha \tan\alpha)^2]} \tag{1-72}$$

滑动区域产生的制动力F_{xs}，其表达式为

$$F_{xs} = \frac{\mu W C_s i_s}{\sqrt{(C_s i_s)^2 + (C_\alpha \tan\alpha)^2}}\left[1 - \frac{\mu W(1-i_s)}{2\sqrt{(C_s i_s)^2 + (C_\alpha \tan\alpha)^2}}\right] \tag{1-73}$$

总的制动力F_x由下式给出：

$$F_x = F_{xa} + F_{xs}$$

$$= \frac{\mu W C_s i_s}{\sqrt{(C_s i_s)^2 + (C_\alpha \tan\alpha)^2}}\left[1 - \frac{\mu W(1-i_s)}{4\sqrt{(C_s i_s)^2 + (C_\alpha \tan\alpha)^2}}\right] \tag{1-74}$$

类似地，如果胎面和地面之间发生滑移，那么附着区域所产生的侧偏力由下式给出：

$$F_{y\alpha a} = \int_0^{l_c}[k_y' x\tan\alpha/(1-i_s)]dx$$

$$= \frac{\mu^2 W^2 C_\alpha \tan\alpha(1-i_s)}{4[(C_s i_s)^2 + (C_\alpha \tan\alpha)^2]} \tag{1-75}$$

滑动区域产生的侧偏力，其表达式为

$$F_{y\alpha s} = \frac{\mu W C_\alpha \tan\alpha}{\sqrt{(C_s i_s)^2 + (C_\alpha \tan\alpha)^2}}\left[1 - \frac{\mu W(1-i_s)}{2\sqrt{(C_s i_s)^2 + (C_\alpha \tan\alpha)^2}}\right] \tag{1-76}$$

总的侧偏力$F_{y\alpha}$由下式给出：

$$F_{y\alpha} = F_{y\alpha a} + F_{y\alpha s}$$

$$= \frac{\mu W C_\alpha \tan\alpha}{\sqrt{(C_s i_s)^2 + (C_\alpha \tan\alpha)^2}}\left[1 - \frac{\mu W(1-i_s)}{4\sqrt{(C_s i_s)^2 + (C_\alpha \tan\alpha)^2}}\right] \tag{1-77}$$

参数μ、W、C_s和C_α可能随工作条件的变化而变化。例如，已经发现在给定平面上，参数μ、C_s和C_α的取值均为轮胎法向载荷和工作速度的函数。在涉及制动和转弯的动态操作中，一台车辆轮胎上的法向载荷和速度会随操作的进行而变化。为了做出更为准确的预测，需要将法向载荷和速度对μ、C_s、C_α和其他轮胎参数值的影响考虑进来[1.8]。

上述用于模拟轮胎行为的半经验方法，已被集成在用于商用车辆的转向响应和制动性能仿真的计算机模型中[1.8]。上述方法用于在组合制动和侧偏情况下预测一个轮胎的制动力和侧偏力。然而，遵循相同的方式，可以制定出以纵向滑转率和侧偏角的组合函数的形式来预测制动力和侧偏力的方法。

例题 1-1： 载重汽车轮胎10×20/F的法向载荷为24.15kN（5430lbf），该轮胎在名义道路附着系数μ为0.85的干沥青路上行驶。轮胎的侧偏刚度C_α为133.30kN/rad［523lbf/(°)］，其纵向刚度C_s为186.82kN/单位滑移率（42000lbf/单位滑移率）。试估算在侧偏角$\alpha=4°$且纵向滑移为10%的情况下，轮胎产生的制动力和侧偏力。

解： 为了确定在给定工作条件下，轮胎的接地印迹是否会发生滑移，使用公式（1-69）

计算比值 l_c/l_t：

$$\frac{l_c}{l_t} = \frac{\mu W(1-i_s)}{2\sqrt{(C_s i_s)^2 + (C_\alpha \tan\alpha)^2}}$$

$$= \frac{0.85 \times 24.15 \times (1-0.1)}{2\sqrt{(186.82 \times 0.1)^2 + (133.30 \times 0.0699)^2}} = 0.442$$

由于 $l_c/l_t < 1$，部分接地印迹将会发生滑移。

可用公式（1-74）来预测制动力：

$$F_x = F_{xa} + F_{xs}$$

$$= \frac{\mu W C_s i_s}{\sqrt{(C_s i_s)^2 + (C_\alpha \tan\alpha)^2}} \left[1 - \frac{\mu W(1-i_s)}{4\sqrt{(C_s i_s)^2 + (C_\alpha \tan\alpha)^2}} \right]$$

$$= \frac{0.85 \times 24.15 \times 186.82 \times 0.1}{\sqrt{(186.82 \times 0.1)^2 + (133.30 \times 0.0699)^2}}$$

$$\left[1 - \frac{0.85 \times 24.15 \times (1-0.1)}{4\sqrt{(186.82 \times 0.1)^2 + (133.30 \times 0.0699)^2}} \right]$$

$$= 14.30 \text{kN} (3215 \text{lbf})$$

可用公式（1-77）来预测侧偏力：

$$F_{y\alpha} = F_{y\alpha a} + F_{y\alpha s}$$

$$= \frac{\mu W C_\alpha \tan\alpha}{\sqrt{(C_s i_s)^2 + (C_\alpha \tan\alpha)^2}} \left[1 - \frac{\mu W(1-i_s)}{4\sqrt{(C_s i_s)^2 + (C_\alpha \tan\alpha)^2}} \right]$$

$$= \frac{0.85 \times 24.15 \times 133.30 \times 0.0699}{\sqrt{(186.82 \times 0.1)^2 + (133.30 \times 0.0699)^2}}$$

$$\left[1 - \frac{0.85 \times 24.15 \times (1-0.1)}{4\sqrt{(186.82 \times 0.1)^2 + (133.30 \times 0.0699)^2}} \right]$$

$$= 7.14 \text{kN} (1605 \text{lbf})$$

近年来，人们开发了一种用于表征轮胎行为的经验方法，该方法称为魔术公式（Magic Formula），它已被用于车辆操控的仿真中[1.24~1.27]。魔术公式以基本形式出现时，可用于拟合轮胎的实验数据，以表征侧偏力与侧偏角、自动回正力矩与侧偏角或制动力和滑移率之间的关系。其表达式如下[1.24~1.27]：

$$y(x) = D\sin\{C\arctan[Bx - E(Bx - \arctan Bx)]\} \quad (1-78)$$

$$Y(X) = y(x) + S_v$$

$$x = X + S_h \quad (1-79)$$

其中，$Y(X)$ 表示侧偏力、自动回正力矩或制动力，X 表示侧偏角或滑移率。系数 B 被称为刚度因子，C 被称为形状因子，D 被称为峰值因子，E 被称为曲率因子。S_h 和 S_v 分别为水平偏移和垂直偏移。

如图1-43所示，公式（1-78）生成一条通过原点 $x=y=0$ 的曲线，该曲线在 $x=x_m$ 处达到最大值。当超过 x_m 点后，曲线值开始降低，最终接近渐近线 y_a。当系数值已给定时，曲线呈现出相对于原点 $x=y=0$ 的反对称形状。为了允许曲线相对于原点有偏移，引入了 S_h 和 S_v

这两个偏移。因此，可以建立一组新的坐标 X 和 Y，它们分别代表侧偏力、自动回正力矩或制动力，以及侧偏角或滑移率。这使我们能够考虑帘布层转向效应（ply-steer）、胎体锥度（conicity）或滚动阻力对轮胎侧偏力、自动回正力矩或制动力的影响。【译注：轮胎因其结构不对称性导致的胎体锥度及帘布层转向效应，显著影响轮胎的力学特性。】

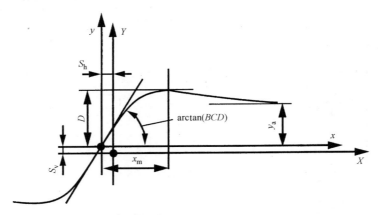

图1-43 用于拟合轮胎实验数据的魔术公式的特性（出自 Pacejka, H. B. and Besselink, I. J. M. (1997), Proceedings of the 2nd International Colloquium on Tyre Models for Vehicle Dynamic Analysis, pp. 234-249, ⓒ Swets & Zeitlinger）

图1-43说明了公式（1-78）中的一些系数的含义。例如，如果图1-43表示轮胎的侧偏力与侧偏角之间的关系，则系数 D 表示相对于 x、y 坐标的峰值，乘积 BCD 对应于表示轮胎的侧偏刚度的曲线在原点处的斜率，如公式（1-37）所定义的那样。

魔术公式能够产生与测量数据密切匹配的特性。图1-44、图1-45和图1-46示出了实验数据与使用式（1-78）和式（1-79）得到的拟合曲线之间的对比。上述三图分别示出了一乘用车轮胎的侧偏力与侧偏角、自动回正力矩与侧偏角以及制动力与滑移率之间的关系[1.25]。

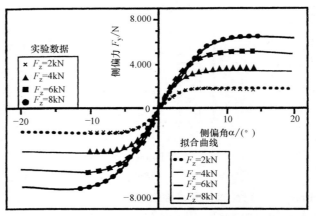

图1-44 实验测量得到的侧偏力和侧偏角之间的关系与使用魔术公式得到的拟合关系的对比（经允许转载自 SAE paper No. 890087 ⓒ 1989 Society of Automotive Engineers, Inc）

作为示例，公式（1-78）和公式（1-79）中用于预测汽车轮胎的侧偏力 F_y、自动回正力矩 M_z 以及制动力 F_x 的系数取值在表1-6中给出。在使用表中的系数值来预测侧偏力、自动回正力矩和制动力时，所得结果分别以 N、N·m 和 N 为单位，侧偏角以度为单位，滑移率由公式（1-30）定义并被认为是负值。

已知公式（1-78）和公式（1-79）中的一些系数是轮胎法向载荷和/或外倾角的函数。例如，峰值因子 D 可以表示为法向载荷 F_z 的函数[1.24]，如下：

$$D = a_1 F_z^2 + a_2 F_z \tag{1-80}$$

其中，F_z 的单位是 kN，而 a_1 和 a_2 是经验系数。

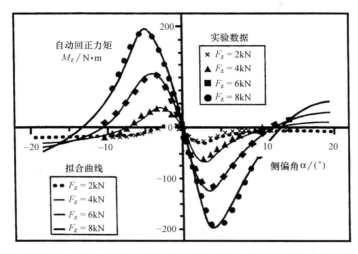

图 1-45　实验测量得到的自动回正力矩和侧偏角之间的关系与使用魔术公式得到的拟合关系的对比
（经允许转载自 SAE paper No. 890087 ⓒ 1989 Society of Automotive Engineers，Inc）

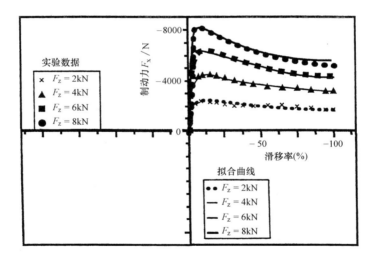

图 1-46　实验测量得到的制动力和滑移率之间的关系与使用魔术公式得到的拟合关系的对比
（经允许转载自 SAE paper No. 890087 ⓒ 1989 Society of Automotive Engineers，Inc）

表 1-6　某汽车轮胎采用魔术公式时的系数值（侧偏角以"度"为单位，滑移率以"%"为单位）

	载荷 F_z/kN	B	C	D	E	S_h	S_v	BCD
F_y/N	2	0.244	1.50	1936	-0.132	-0.280	-118	780.6
	4	0.239	1.19	3650	-0.678	-0.049	-156	1038
	6	0.164	1.27	5237	-1.61	-0.126	-181	1091
	8	0.112	1.36	6677	-2.16	0.125	-240	1017

（续）

	载荷 F_z/kN	B	C	D	E	S_h	S_v	BCD
M_z/N·m	2	0.247	2.56	−15.53	−3.92	−0.464	−12.5	−9.820
	4	0.234	2.68	−48.56	−0.46	−0.082	−11.7	−30.45
	6	0.164	2.46	−112.5	−2.04	−0.125	−6.00	−45.39
	8	0.127	2.41	−191.3	−3.21	−0.009	−4.22	−58.55
F_x/N	2	0.178	1.55	2193	0.432	0.000	25.0	605.0
	4	0.171	1.69	4236	0.619	0.000	70.6	1224
	6	0.210	1.67	6090	0.686	0.000	80.1	2136
	8	0.214	1.78	7711	0.783	0.000	104	2937

数据来源：参考文献 1.24。

侧偏刚度（即侧偏力-侧偏角曲线的初始斜率）等于

$$BCD = a_3 \sin[a_4 \arctan(a_5 F_z)] \tag{1-81}$$

其中，a_3、a_4 和 a_5 为经验参数。

回正刚度（即自动回正力矩-侧偏角曲线的初始斜率）或纵向刚度（即制动力-滑移率曲线的初始斜率）等于

$$BCD = \frac{a_3 F_z^2 + a_4 F_z}{e^{a_5 F_z}} \tag{1-82}$$

形状系数 C 实际上与 F_z 无关，所测试的特定汽车轮胎的平均值可取值如下（基于表1-6所示的数据）：

对于侧偏力-侧偏角关系，$C = 1.30$。

对于自动回正力矩-侧偏角关系，$C = 2.40$。

对于制动力-滑移率关系，$C = 1.65$。

刚度因子 B 可由下式导出：

$$B = \frac{BCD}{CD} \tag{1-83}$$

曲率因子 E 为法向载荷 F_z 的函数，由下式给出：

$$E = a_6 F_z^2 + a_7 F_z + a_8 \tag{1-84}$$

其中，a_6、a_7 和 a_8 为经验系数。

对于表1-6中的轮胎，表1-7给出了它的参数值 $a_1 \sim a_8$。需要注意在式（1-80）~式（1-84）中，F_z 的单位为 kN。

表 1-7　汽车轮胎的参数值 $a_1 \sim a_8$（F_z 的单位为 kN）

	a_1	a_2	a_3	a_4	a_5	a_6	a_7	a_8
F_y/N	−22.1	1011	1078	1.82	0.208	0.000	−0.354	0.707
M_z/N·m	−2.72	−2.28	−1.86	−2.73	0.110	−0.070	0.643	−4.04
F_x/N	−21.3	1144	49.6	226	0.069	−0.006	0.056	0.486

数据来源：参考文献 1.24。

人们已知，外倾角 γ 以水平偏移 S_h 和垂直偏移 S_v 的形式，影响侧偏力-侧偏角关系和自动回正力矩-侧偏角关系[1.24]。由外倾角 γ 引起的附加偏移可以表示为

$$\Delta S_h = a_9 \gamma$$

$$\Delta S_\mathrm{v} = (a_{10}F_\mathrm{z}^2 + a_{11}F_\mathrm{z})\gamma \tag{1-85}$$

其中，a_9、a_{10}和a_{11}为经验系数。

刚度因子的变化ΔB通过将B和$(1-a_{12}|\gamma|)$相乘得到：

$$\Delta B = (1-a_{12}|\gamma|)B \tag{1-86}$$

其中，a_{12}是一个经验系数。

在高侧偏角时的自动回正力矩值，将会因为刚度因子B的这种变化而改变。为了补偿该影响，自动回正力矩M_z的曲率因子E必须除以$(1-a_{13}|\gamma|)$。

对于表1-6中的轮胎，其参数值$a_9 \sim a_{13}$由表1-8给出。

表1-8 汽车轮胎的参数值$a_9 \sim a_{13}$ [外倾角的单位为（°）]

	a_9	a_{10}	a_{11}	a_{12}	a_{13}
F_y/N	0.028	0.000	14.8	0.022	0.000
M_z/kN	0.015	-0.066	0.945	0.030	0.070

数据来源：参考文献1.24。

当在转向操纵期间施加制动时，车辆的轮胎上会产生侧偏角和滑移。在这些情况下，式（1-78）和式（1-79）并不足以表征轮胎行为。为了表征侧偏角和滑移对侧偏力、自动回正力矩或制动力的组合效应，引入经验加权函数G，当将其乘以式（1-78）和式（1-79）中给出的原始函数时，式（1-78）和式（1-79）将会产生滑移率对侧偏力和自动回正力矩的交互作用，或侧偏角对制动力的交互作用[1.26~1.28]。当轮胎在操作过程中仅有侧偏角或滑移时，加权函数G的取值为1。然而，当轮胎在给定的侧偏角下操作，同时其滑移率逐渐增加时，则用于侧偏力F_y的加权函数可能首先示出幅度的轻微增加，然后达到其峰值，随后连续减小。加权函数G采用以下形式：

$$G = D'\cos[C'\arctan(B'x)] \tag{1-87}$$

其中，B'、C'和D'经验系数，x是侧偏角或滑移率。例如，如果式（1-87）表示用于确定在给定滑移角下滑移率对侧偏力F_y的影响的加权函数，则式（1-87）中的x表示轮胎的滑移。关于在侧偏角和滑移率的组合效应下轮胎行为的表征的细节，参见参考文献[1.26~1.28]。

上述讨论用于表征轮胎的稳态侧偏行为。当车辆处于瞬时运动时，例如当转向操纵期间转向盘角度和/或制动力随时间变化时，轮胎的侧偏角和/或滑移率处于过渡状态。先前给出的等式可能不足以表征轮胎的瞬态响应。参考文献[1.27，1.29，1.30]中有关于轮胎的瞬时侧偏行为的研究。

例题1-2：使用魔术公式，估算滑移率为-25%时的轮胎制动力，其法向载荷为6kN（1349lbf），经验系数B、C、D、E、S_h和S_v由表1-6给出。

解：对于这种情况，魔术公式（1-78）和式（1-79）中的变量Y和X分别代表制动力F_x和滑移率i_s。注意到，魔术公式中的滑移率i_s以百分比表示，并被认为是负值，反正切的函数值应该以弧度表示。

$$F_x = D\sin[C\arctan(B(i_\mathrm{s}+S_\mathrm{h}) - E\{B(i_\mathrm{s}+S_\mathrm{h}) - \arctan[B(i_\mathrm{s}+S_\mathrm{h})]\})] + S_\mathrm{v}$$

在表1-6中选取与6kN（1349lbf）法向载荷相对应的合适的经验系数值，当滑移率为-25%时的制动力可计算如下：

$$F_x = 6090\sin[1.67\arctan(0.210(-25+0) - 0.686\{0.210(-25+0)$$
$$-\arctan[0.210(-25+0)]\})] + 80.1$$

$$= 6090\sin\{1.67\arctan[-5.25-0.686(-5.25+1.3826)]\}$$
$$+80.1 = -5433\text{N}(-1221\text{lbf})$$

1.5 轮胎在潮湿路面上的工作特性

由于很多事故发生在湿滑路面上,从车辆安全方面着眼,轮胎在湿路面上的性能应受到格外关注。轮胎在湿路面上的性能取决于路面结构、水深、胎面花纹、花纹深度和轮胎的工作模式(即自由滚动、制动、加速和转向)。为了在湿路面上获得满意的性能,保持胎面和路面的有效接触十分重要。当然,从接触区域尽量去除水分也是必要的。

为了保持胎面与路面的有效接触,胎面应当具有适当花纹,以便液体从接触区流出,同时路面也应具有适当结构以便加速排水。为了提供可靠的防滑能力,路面必须满足两方面的要求,即要求路面具有能大量排水的开放宏观结构,还要求其表面具有粗糙的微观机构,以便将表面分割成很多尖点从而能穿破积水的水膜[1.31]。

在各种不同的潮湿路面上,轮胎花纹与车速对轮胎制动性能的影响,曾有许多研究者进行过实验研究。图 1-47 和图 1-48 示出了多种轮胎(包括光轮胎、具有凸棱的高低花纹轮胎

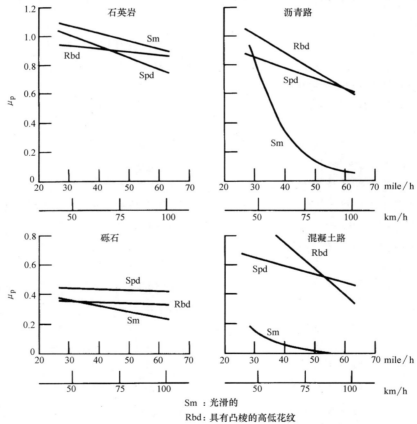

Sm:光滑的
Rbd:具有凸棱的高低花纹
Spd:具有刀槽花纹和凸棱的高低花纹

图 1-47 在潮湿路面上胎面构造对道路附着系数峰值 μ_p 的影响(经允许转载自 Mechanics of Pneumatic Tires, S. K. Clark 编辑, 专著 122, 国家标准局, 1971 年)

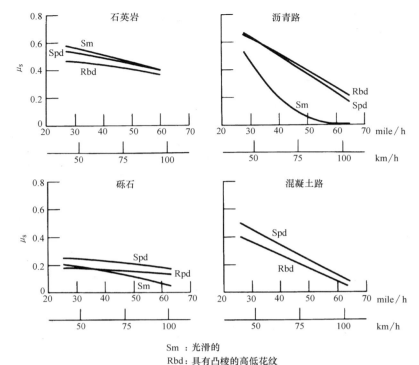

Sm：光滑的
Rbd：具有凸棱的高低花纹
Spd：具有刀槽花纹和凸棱的高低花纹

图 1-48 在潮湿路面上胎面构造对道路附着系数滑动值 μ_s 的影响
（经允许转载自 Mechanics of Pneumatic Tires，S. K. Clark 编辑，专著 122，国家标准局，1971 年）

和具有刀槽花纹和凸棱的高低花纹轮胎）在多种潮湿路面（包括石英岩、沥青、砾石和混凝土路面）上，其道路附着系数的峰值 μ_p 和滑动值 μ_s 随速度的变化关系[1.31]。从图中可以看出，在湿沥青路面与水泥路面上，具有花纹的轮胎（包括具有凸棱的高低花纹轮胎以及具有刀槽花纹和凸棱的高低花纹轮胎）和光轮胎之间，其道路附着系数具有明显差别。轮胎花纹增加了道路附着系数，降低了其与速度的相关性。与之相比，轮胎花纹在石英岩路面上的影响要小，其在整个速度范围内均保持高摩擦值。因此，可以得出以下结论，与光轮胎相比，有花纹的轮胎只在排水不良的路面上具有明显的优越性。

应当指出，在潮湿道路上，只有当轮胎花纹的凹槽与凸起构成一个具有充足储水能力的槽时，才能起到令人满意的作用。但其效能随轮胎磨损而降低。由于在粗糙道路上易于排水，道路附着系数随花纹高度减小而减小的程度，在光的道路上要比在粗糙道路上更为明显。

充气轮胎在积水道路上制动时，轮胎的运动在液体中造成动压。作用在轮胎上的动液压随轮胎速度以平方关系增加，该压力企图使轮胎与地面分离。低速时，轮胎前部负载在液体的楔或膜上。当轮胎速度提高时，该液体膜向后扩展进入接触区。在某一速度，轮胎下产生的动液压升力等于垂直载荷时，轮胎完全浮在液体上面，而与地面完全脱离接触。这种现象一般称为"水上滑行"（hydroplaning），如图 1-49 所示[1.32]。

对光的或无溢水槽的封闭花纹的轮胎以及有花纹的轮胎，在积水路面上，当液体深度超

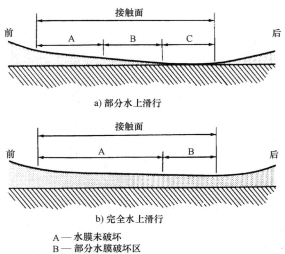

A — 水膜未破坏
B — 部分水膜破坏区
C — 接触区

图 1-49 轮胎在积水路面上的水上滑行（经允许转载自 Mechanics of Pneumatic Tires，S. K. Clark 编辑，专著 122，国家标准局，1971 年）

出胎面凹槽高度时的水上滑行速度，可根据流体动力学理论来确定。可假定动液压的升力分力 F_h 与轮胎-地面接触面积 A、液体密度 ρ_f 以及车速 V 的平方成正比[1.33,1.34]：

$$F_h \alpha \rho_f A V^2 \tag{1-88}$$

当发生水上滑行时，动液压的升力分力等于作用在轮胎上的垂直载荷。因此，水上滑行开始时的速度与名义接地压力 W/A 的平方根成正比，而 W/A 又与胎压 p_i 成正比。根据这一推论和图 1-50 所示的实验数据[1.34]，Horne 和 Joyner 提出了以下公式来预测水上滑行速度 V_p：

$$V_p = 10.35\sqrt{p_i} \text{ mile/h} \tag{1-89}$$

或

$$V_p = 6.34\sqrt{p_i} \text{ km/h} \tag{1-90}$$

其中，p_i 是轮胎的胎压，在式（1-89）中 p_i 的单位是 lbf/in^2，在式（1-90）中 p_i 的单位是 kPa。

对于乘用车轮胎，其胎压通常在 193～248kPa（28～36lbf/in²）的范围内。根据公式（1-90），在 193kPa（28lbf/in²）的胎压下，轮胎的水上滑行速度 V_p 约为 88km/h（54.7mile/h），这恰好在乘用车的正常操作范围内。对于重型货车，其胎压通常在 620～827kPa（90～120lbf/in²）的范围内。根据公式（1-90），在 620kPa（90lbf/in²）的胎压下，轮胎的水上滑行速度 V_p 约为 158km/h（98mile/h），这超出了重型货车正常的操作速度范围。这表明在正常情况下，重型货车轮胎可能不会发生水上滑行现象。然而，货车轮胎的驱动性能仍然受到湿路面上流体存在的显著影响。

在湿路面上，有花纹的轮胎，当液体深度小于胎面凹槽深度时，水上滑行速度的预测较为复杂；人们尚未提出一个得到普遍接受的理论。已经发现，对水上滑行速度有显著影响的参数包括路面结构、路面上液体的深度、黏度、密度、轮胎的胎压、垂直载荷、胎面花纹和

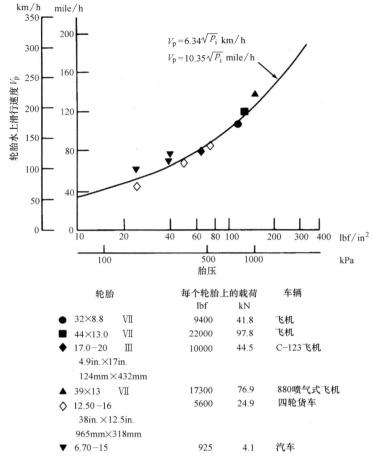

图 1-50 水上滑行速度随轮胎气压而变化的关系曲线（经 SAE 允许，转载自参考文献 1.34）

胎面花纹深度。

  水上滑行最重要的影响是其降低了轮胎与地面间的道路附着系数。这会影响制动、转向操纵和行驶方向的稳定性。图 1-51 示出了在不同的潮湿路面上乘用车轮胎在不同速度下侧偏力的降低[1.33]。

  由于设计优先级的差异，货车和乘用车轮胎在潮湿路面上的驱动力之间存在明显不同。图 1-52 示出了三种子午线货车轮胎以及具有不同花纹深度的子午线乘用车轮胎在湿路面上的道路附着系数的峰值μ_p和滑动值μ_s的对比[1.8]。可以看出，测试的货车轮胎的驱动性能比乘用车轮胎的驱动性能要差很多。

  在重型货车轮胎的设计中，更加重视胎面寿命。因此，用于货车轮胎的胎面花纹和胎面化合物与用于乘用车轮胎的不同。例如，天然橡胶被广泛用作胎面的基础聚合物，而合成橡胶基化合物则普遍用于乘用车轮胎。如前所述，虽然天然橡胶化合物具有更好的耐磨性和更低的迟滞损耗，但是合成橡胶化合物则具有更高的道路附着系数，特别是在湿路面上。乘用车和货车轮胎的驱动性能之间的实质性差异导致它们的制动距离存在显著差异。例如，据报道，在湿滑的道路上，重型货车轮胎（从最好到最坏，但是属于相当典型的类型）的制动距离，比装有普通高抓地力轮胎的乘用车要长 1.65~2.65 倍[1.1]。

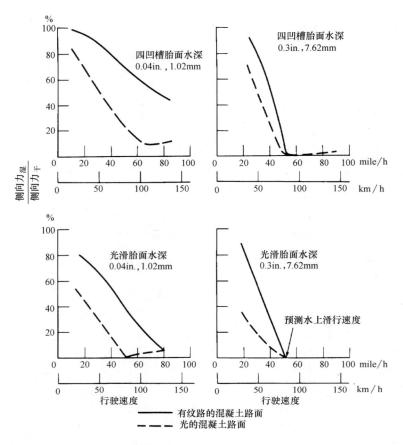

图 1-51 胎面构造和路面条件对轮胎在湿路面上的侧偏能力减小的影响
（经 SAE 允许，转载自参考文献 1.34）

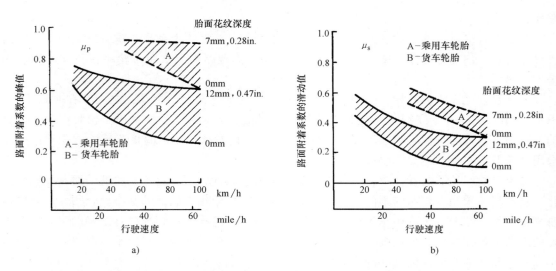

图 1-52 乘用车轮胎和货车轮胎在湿路面上的附着系数的峰值μ_p和滑动值μ_s
（经允许转载自参考文献 1.8）

1.6 轮胎的行驶平顺性（振动特性）

充气轮胎的两个基本功能是支持车辆重量以及在行驶通过不平路面时起到缓冲作用。法向载荷作用在一个充气轮胎上，当载荷增加时，轮胎进一步变形。图 1-53 示出了一个 5.60×13 型斜线轮胎在不同胎压下，其静载荷与轮胎变形之间的关系[1.35]。图 1-53 所示曲线通常被称为格子线（lattice plot），图中的每条载荷-变形曲线的原点沿变形轴移动，移动量与轮胎胎压成正比。对一定的变形，载荷与胎压间的关系也可用格子线来表示[1.36]。图 1-54 示出了一个 165×13 型子午线轮胎的静载荷、胎压和变形之间的相互关系。图 1-55 和图 1-56

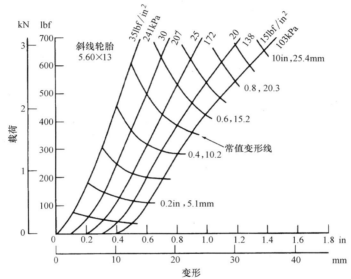

图 1-53 斜线汽车轮胎的静载荷-变形曲线。（经机械工程师协会理事会允许，转载自参考文献 1.35）

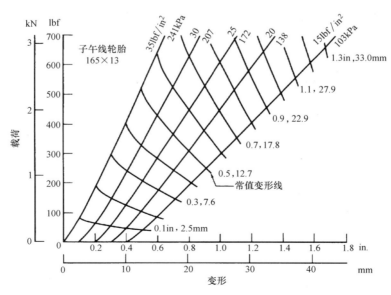

图 1-54 子午线汽车轮胎的静载荷-变形曲线（经机械工程师协会理事会允许，转载自参考文献 1.35）

分别示出了 11-36 型拖拉机轮胎和 7.50-16 型拖拉机轮胎在不同胎压下的载荷-变形数据的格子线图。图 1-57 示出了高越野性能轮胎 26×12.00-12 在不同胎压下的载荷-变形曲线。垂直载荷-变形曲线可用于估计轮胎的静载刚度【译注：静载刚度与评价车辆振动和行驶平顺性有关。】。

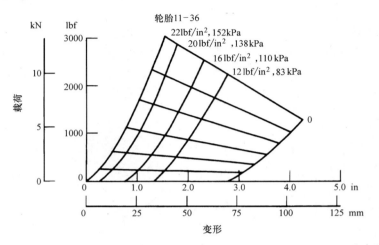

图 1-55　拖拉机轮胎 11-36 的静载荷-变形曲线（经 Journal of Agricultural Engineering Research 允许，转载自参考文献 1.36）

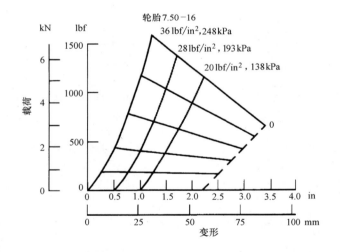

图 1-56　拖拉机轮胎 7.50-16 的静载荷-变形曲线（经 Journal of Agricultural Engineering Research 允许，转载自参考文献 1.36）

在车辆的振动分析和行驶仿真中，充气轮胎的缓冲特性可用不同的数学模型来表示。如图 1-58 所示，质量-阻尼-弹簧系统（由质量元件和与黏滞阻尼元件平行的线性弹簧所组成）是表示充气轮胎振动基本模式的应用最广而又最简单的模型。人们也曾提出过其他模型，如图 1-58 示出的所谓"黏弹性"（viscoelastic）模型。

根据实验条件可定义出三种不同的轮胎刚度：静刚度、无滚动动刚度、滚动动刚度。

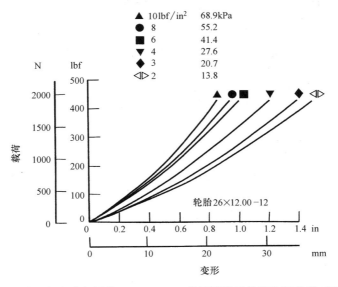

图 1-57 用于全地形车辆的 26×12.00-12 高越野性能轮胎的静载荷-变形曲线

静刚度(Static Stiffness)

轮胎的静刚度是由静载荷-变形曲线(图 1-53~图 1-57)的斜率来确定的。从这些图中可知,除较小载荷外,对于给定的胎压,斜线轮胎和子午线轮胎的载荷-变形特性接近于线性。因此,可以假定,在有实际意义的范围内,刚度与载荷无关。图 1-59 示出了 165×13 型子午线轮胎的刚度随胎压的变化关系。该图所示的刚度值是从图 1-54 的载荷-变形曲线得到的[1.35]。表 1-9 示出了拖拉机轮胎 11-36 和 7.5-16 以及高越野性能轮胎 26×12.00-12 在不同胎压下的静刚度值。

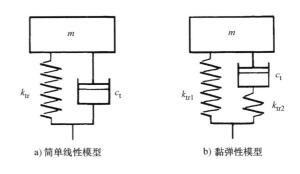

图 1-58 用于轮胎振动分析的模型

无滚动动刚度(Nonrolling Dynamic Stiffness)

无滚动轮胎的动刚度可用不同方法获得。最简单的方法之一是所谓的下落试验。在该试验中,具有一定载荷的轮胎自某一高度自由落下,这时轮胎刚好与地面相接触。因此,轮胎在整个试验过程中与地面保持接触。记录轮胎的瞬态响应。图 1-60 示出了一个典型的振幅衰减迹线。轮胎的等效黏滞阻尼系数 c_{eq} 以及动刚度 k_z,即可用单自由度系统的自由振动理论根据衰减迹线来确定:

$$c_{eq} = \sqrt{\frac{4m^2\omega_d^2\delta^2/(\delta^2+4\pi^2)}{1-[\delta^2/(\delta^2+4\pi^2)]}} \tag{1-91}$$

和

$$k_z = \frac{m\omega_d^2}{1-\delta^2/(\delta^2+4\pi^2)} \tag{1-92}$$

表 1-9 轮胎的垂直刚度

轮胎	胎压	载荷	静刚度	无滚动刚度	阻尼系数
11-36 (4层)	82.7kPa (12lbf/in²)	6.67kN(1500lbf) 8.0kN(1800lbf) 9.34kN(2100lbf)	357.5kN/m(24.500lbf/ft) 357.5kN/m(24.500lbf/ft) —	379.4kN/m(26.000lbf/ft) 394.0kN/m(27.000lbf/ft) 423.2kN/m(29.000lbf/ft)	2.4kN·s/m(165lbf·s/ft) 2.6kN·s/m(180lbf·s/ft) 3.4kN·s/m(230lbf·s/ft)
	110.3kPa (16lbf/in²)	6.67kN(1500lbf) 8.0kN(1800lbf) 9.34kN(2100lbf)	379.4kN/m(26.000lbf/ft) 386.7kN/m(26.500lbf/ft) 394.0kN/m(27.000lbf/ft)	394.0kN/m(27.000lbf/ft) 437.8kN/m(30.000lbf/ft) 423.2kN/m(29.000lbf/ft)	2.1kN·s/m(145lbf·s/ft) 2.5kN·s/m(175lbf·s/ft) 2.5kN·s/m(175lbf·s/ft)
7.5-16 (6层)	138kPa (20lbf/in²)	3.56kN(800lbf) 4.45kN(1000lbf) 4.89kN(1100lbf)	175.1kN/m(12.000lbf/ft) 175.1kN/m(12.000lbf/ft) 182.4kN/m(12.500lbf/ft)	218.9kN/m(15.000lbf/ft) 233.5kN/m(16.000lbf/ft) 248.1kN/m(17.000lbf/ft)	0.58kN·s/m(40lbf·s/ft) 0.66kN·s/m(45lbf·s/ft) 0.80kN·s/m(55lbf·s/ft)
	193kPa (28lbf/in²)	3.56kN(800lbf) 4.45kN(1100lbf) 4.89kN(1300lbf)	218.9kN/m(15.000lbf/ft) 226.2kN/m(15.500lbf/ft) 255.4kN/m(17.500lbf/ft)	233.5kN/m(16.000lbf/ft) 262.7kN/m(18.000lbf/ft) 277.3kN/m(19.000lbf/ft)	0.36kN·s/m(25lbf·s/ft) 0.66kN·s/m(45lbf·s/ft) 0.73kN·s/m(50lbf·s/ft)
26×12.00 -12 (2层)	15.5kPa (2.25lbf/in²)	1.78kN(400lbf)	51.1kN/m(3500lbf/ft)	—	0.47kN·s/m(32lbf·s/ft)
	27.6kPa (4lbf/in²)	1.78kN(400lbf)	68.6kN/m(4700lbf/ft)	—	0.49kN·s/m(34lbf·s/ft)

数据来源：参考文献 1.36。

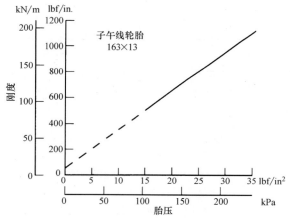

图 1-59 子午线汽车轮胎的静刚度随胎压而变化的关系（经机械工程师协会理事会允许，转载自参考文献 1.35）

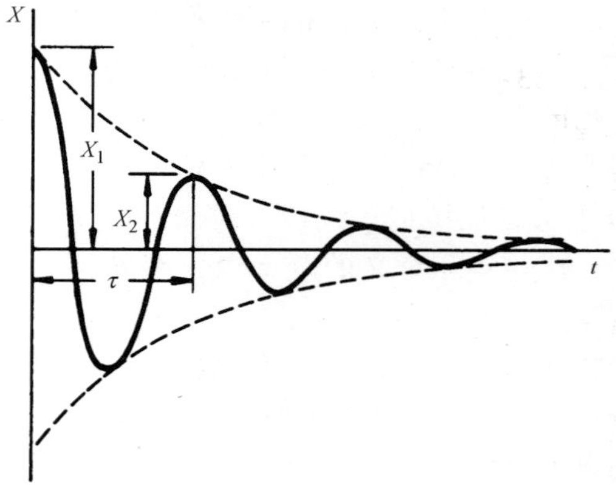

图 1-60 根据下落试验得到的无滚动轮胎的振幅衰减记录

其中，ω_d 是质量为 m 的轮胎的有阻尼自然频率，它可通过图 1-60 所示的振幅衰减迹线来确定：

$$\omega_d = 2\pi/\tau \qquad (1\text{-}93)$$

其中，τ 是图 1-60 所示的有阻尼振动的周期。

δ 是对数衰减，其定义为任何两个连续振幅（图 1-60 所示的 x_1 和 x_2）的比率的自然对数：

$$\delta = \ln(x_1/x_2) \qquad (1\text{-}94)$$

下落试验还可以通过使用轮胎耐久性试验机器来进行，该机器由一端为铰关节（枢轴）的梁组成，该梁承载着测试轮胎并将其抵压在转鼓上面对轮胎加载。开始测试时，移动梁并将系统设置成围绕梁的铰关节的角振动。记录角位移幅度的衰减轨迹。对于这个扭转系统，可以推导出类似于上述单自由度线性系统的方程组，用以根据衰减轨迹来确定轮胎的等效阻尼系数和非滚动动态刚度。

表1-9示出了拖拉机轮胎11-36、7.5-16[1.36]以及越野轮胎26×12.00-12的无滚动动刚度和阻尼系数。表1-10[1.35]示出了斜线轮胎5.60×13和子午线轮胎165×13的阻尼系数。

表1-10 汽车轮胎的阻尼系数

轮 胎	胎 压	阻 尼 系 数
斜线轮胎 5.60×13	103.4kPa（15lbf/in²）	4.59kN·s/m（315lbf·s/ft）
	137.9kPa（20lbf/in²）	4.89kN·s/m（335lbf·s/ft）
	172.4kPa（25lbf/in²）	4.52kN·s/m（310lbf·s/ft）
	206.9kPa（30lbf/in²）	4.09kN·s/m（280lbf·s/ft）
	241.3kPa（35lbf/in²）	4.09kN·s/m（280lbf·s/ft）
子午线轮胎 165×13	103.4kPa（15lbf/in²）	4.45kN·s/m（305lbf·s/ft）
	137.9kPa（20lbf/in²）	3.68kN·s/m（252lbf·s/ft）
	172.4kPa（25lbf/in²）	3.44kN·s/m（236lbf·s/ft）
	206.9kPa（30lbf/in²）	3.43kN·s/m（235lbf·s/ft）
	241.3kPa（35lbf/in²）	2.86kN·s/m（196lbf·s/ft）

数据来源：参考文献1.35。

滚动动刚度（Rolling Dynamic Stiffness）

通常通过测定滚动轮胎相对于已知正弦激励的响应来确定滚动动刚度。上述响应通常在轮毂处测定，而激励则作用在胎面上。通过对输出与输入之比和相位角的分析，可以确定滚动轮胎的动刚度和阻尼系数。

另一种确定轮胎动刚度的方法是测定轮胎在转鼓或传送带上的共振频率。图1-61示出了用这一方法所得到的各种类型的汽车轮胎的动刚度值[1.6]。可以看出，只要汽车轮胎滚动，其动刚度就急剧减小。然而，当速度约超出20km/h（12mile/h）时，速度的影响是次要的。在对车辆振动特性进行仿真研究时，通常使用滚动动刚度较为合适。

表1-11示出了货车轮胎在额定载荷和额定胎压下的垂直刚度值[1.19]。这些数值是在轮胎以相对较低的速度滚动时获得的。实验中，货车轮胎的垂直刚度值范围为764～1024kN/m（4363～5850lbf/in.）；子午线货车轮胎的垂直刚度一般低于同样尺寸的斜线偏置轮胎的垂直刚度。

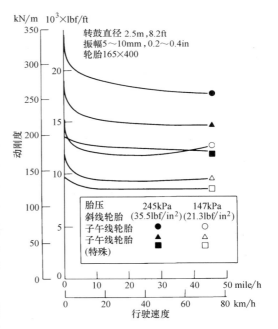

图1-61 速度对汽车轮胎滚动刚度的影响（经允许转载自Mechanics of Pneumatic Tires, S.K. Clark编辑，专著122，国家标准局，1971年）

图1-62示出了速度对13.6×38型子午线拖拉机轮胎的滚动动刚度的影响[1.37]。轮胎的静载荷为18.25kN（4092lbf），其胎压为138kPa（20lbf/in²）。一旦轮胎开始滚动，拖拉机轮胎的动刚度就急剧减小，这类似于图1-61所示的乘用车轮胎的情形。胎压对同一轮胎的动刚度的影响如图1-63所示。图1-64示出了拖拉机轮胎的阻尼系数随速度的变化。可以看

表 1-11　货车轮胎在额定负载和额定胎压下的垂直刚度

轮 胎 类 型	轮 胎 结 构	垂直刚度	
		kN/m	lbf/in.
未指定 11.00-22/G	斜线轮胎	1024	5850
未指定 11.00-22/F	斜线轮胎	977	5578
未指定 15.00×22.5/H	斜线轮胎	949	5420
未指定 11.00-20/F	斜线轮胎	881	5032
Michelin Radial 11 R22.5 XZA(1/3 tread)	子午线轮胎	874	4992
Michelin Radial 11 R22.5 XZA(1/2 tread)	子午线轮胎	864	4935
Michelin Radial 11 R22.5 XZA	子午线轮胎	831	4744
未指定 10.00-20/F	斜线轮胎	823	4700
Michelin Radial 11 R22.5 XZA	子午线轮胎	809	4622
Michelin Pilote 11/80 R22.5 XZA	子午线轮胎	808	4614
未指定 10.00-20/F	斜线轮胎	788	4500
Michelin Pilote 11/80 R22.5 XZA	子午线轮胎	774	4418
未指定 10.00-20/G	斜线轮胎	764	4363

数据来源：UMTRI，参考文献 1.19。

出，当速度超过 1km/h（0.6mile/h）时，阻尼系数就迅速下降，直到速度达到 5km/h（3.1mile/h），而后阻尼系数便逐渐接近某渐近线。胎压对阻尼系数的影响如图 1-65 所示。

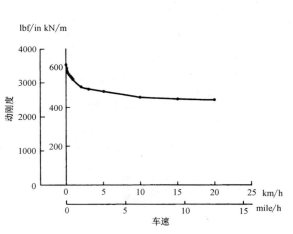

图 1-62　车速对 13.6×38 型子午线拖拉机轮胎的滚动动刚度的影响（经允许转载自参考文献 1.37）

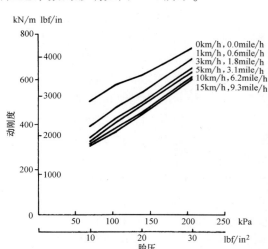

图 1-63　在不同车速下，胎压对 13.6×38 型子午线拖拉机轮胎的滚动动刚度的影响（经允许转载自参考文献 1.37）

研究人员尝试过建立轮胎的静刚度与动刚度之间的关系，但并未得出通用性的结论。某些报告指出，汽车轮胎的滚动动刚度比根据静载荷-变形曲线所得到的刚度值要小 10%~15%，而对于重型货车轮胎，动刚度比静刚度要小 5% 左右。据报道，拖拉机轮胎的动刚度比其静刚度可能要小 26%。在关于车辆乘坐特性的仿真研究中，优先使用滚动动刚度。现已得知，在各种使用参数中，胎压、车速、法向载荷和轮胎磨损，对轮胎刚度都有较为明显的影响。轮胎的设计参数，如帘布的胎冠角、胎面宽度、花纹深度、帘布层数和轮胎材料，也会影响轮胎的刚度。

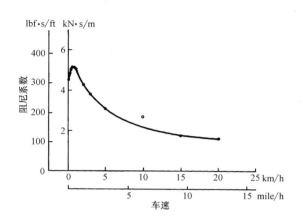
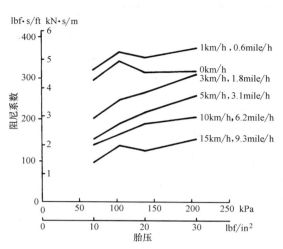

图 1-64　车速对 13.6×38 型子午线拖拉机轮胎的阻尼系数的影响（经允许转载自参考文献 1.37）

图 1-65　在不同车速下，胎压对 13.6×38 型子午线拖拉机轮胎的阻尼系数的影响
（经允许转载自参考文献 1.37）

充气轮胎的阻尼主要是由于轮胎材料的迟滞引起的。一般来说，轮胎阻尼既非库仑型阻尼、亦非黏滞型阻尼，而似乎是以上两者的组合。然而，通常可以通过前述的动态测试来得到等效黏滞阻尼系数。其数值受轮胎的设计和结构以及使用条件的影响而易于变化。已经得知，由合成橡胶制成的充气轮胎的阻尼要比减振器小得多。

为了评价轮胎的综合振动特性，可以在速度可变的转鼓上进行实验。转鼓的轮廓形状可以是随机的、正弦的、方形的或三角形的。经验表明，用周期性激励能迅速做出评定。图 1-66 示出，子午线轮胎和斜线轮胎驶过一个节距为 133mm（5.25in）、峰峰幅值为 6mm（0.25in）的正弦轮廓时，轮毂的加速度与频率的关系[1.38]。图 1-67 示出，在宽广的频率范围内，斜线轮胎和子午线轮胎在垂直方向的传输比[1.38]。这一组结果是用激振器得到的。振动输入是通过装在激振器上的平台而作用在无滚动轮胎的胎面上的。

从图 1-66 和图 1-67 中可以看出，在 60~100Hz 的频率范围内，子午线轮胎的垂直激励

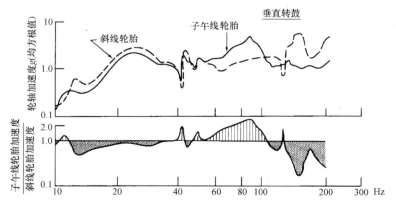

图 1-66　斜线轮胎和子午线轮胎受正弦激励的振动特性（经机械工程师协会理事会允许，转载自参考文献 1.38）

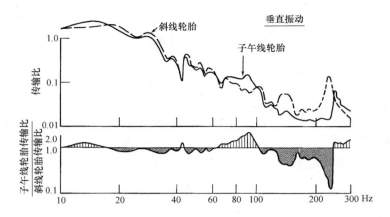

图 1-67 斜线轮胎和子午线轮胎受正弦激励的传输比（经机械工程师协会理事会允许，转载自参考文献 1.38）

的传输比相对于斜线轮胎明显要高。在这个频率范围内的振动有助于乘客对"车身跳动"（harshness）的感应。另一方面，在大约 150~200Hz 的频率范围内，斜线轮胎要显著劣于子午线轮胎。在这个频率范围内，振动有助于产生轮胎噪声，俗称"道路吼声"（road roar）[1.1]。

轮胎噪声由以下主要机制引起[1.23]：

1）空气泵浦效应（Air pumping effect）：当轮胎滚动时，胎面和路面之间的空隙会捕获并压缩空气。当压缩空气被高速释放到接触面出口处的大气中时，便会产生噪声。

2）胎面元素的振动（Tread element vibrations）：当轮胎滚动时，胎面元素会影响路面。当胎面元素离开接触面时，它们被从高应力状态释放。这会引起胎面的振动，从而成为轮胎噪声的主要来源。胎体振动以及胎面中作为共振管的花纹沟槽和花纹空隙也有助于来自轮胎的噪声辐射。

由于空气的泵浦效应，胎面元素和胎体等的振动与速度相关，所以由轮胎所产生的噪声水平是工作速度的函数。图 1-68 示出了平滑路面上各种类型货车轮胎的噪声水平随速度的变化[1.23]。上述结果是根据 SAE J57 测试程序获得的。表 1-12 示出了路面纹理对斜线货车轮胎的噪声水平的影响，其中车速度为 80km/h（50mile/h）[1.23]。

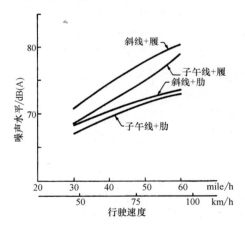

图 1-68 斜线货车轮胎和子午线货车轮胎的速度对其所产生噪声的影响（经 SAE 允许，转载自参考文献 1.23）

表 1-12 路面纹理对斜线货车轮胎所产生噪声水平的影响

道路表面	噪声水平/dB(A)	道路表面	噪声水平/dB(A)
中度光滑的混凝土路面	70	被磨损的混凝土路面(暴露聚集体)	72
光沥青路面	72	刷过的混凝土路面	78

数据来源：参考文献 1.23。

参 考 文 献

1.1　T. French, *Tire Technology*. Bristol, UK: Adam Hilger, 1989.

1.2　V. E. Gough, "Structure of the Tire," in S. K. Clark, Ed., *Mechanics of Pneumatic Tires*, Monograph 122. Washington, DC: National Bureau of Standards, 1971.

1.3　D. F. Moore, *The Friction of Pneumatic Tyres*. Amsterdam: Elsevier, 1975.

1.4　*Vehicle Dynamics Terminology*, SAE J670e, Society of Automotive Engineers, 1978.

1.5　T. French, "Construction and Behaviour Characteristics of Tyres," in *Proc. of the Institution of Mechanical Engineers, Automobile Division*, AD 14/59, 1959.

1.6　H. C. A. van Eldik and Thieme and H. B. Pacejka, "The Tire as a Vehicle Component," in S. K. Clark, Ed., *Mechanics of Pneumatic Tires*, Monograph 122. Washington, DC: National Bureau of Standards, 1971.

1.7　*Automotive Handbook*, 2nd ed. Robert Bosch, 1986.

1.8　L. Segel, "The Mechanics of Heavy-duty Trucks and Truck Combinations," presented at the Engineering Summer Conferences, University of Michigan, Ann Arbor, 1984.

1.9　J. D. Hunt, J. D. Walter, and G. L. Hall, "The Effect of Tread Polymer Variations on Radial Tire Rolling Resistance," Society of Automotive Engineers, Special Publications, P-74, *Tire Rolling Losses and Fuel Economy-An R&D Planning Workshop*, 1977.

1.10　L. W. DeRaad, "The Influence of Road Surface Texture on Tire Rolling Resistance," Society of Automotive Engineers, Special Publication P-74, *Tire Rolling Losses and Fuel Economy-An R&D Planning Workshop*, 1977.

1.11　B. L. Collier and J. T. Warchol, "The Effect of Inflation Pressure on Bias, Biasbelted and Radial Tire Performance," Society of Automotive Engineers, paper 800087, 1980.

1.12　J. J. Taborek, "Mechanics of Vehicles," *Machine Design*, May 30-Dec. 26, 1957.

1.13　J. D. C. Hartley and D. M. Turner, "Tires for High-performance Cars," *SAE Transactions*, vol. 64, 1956.

1.14　M. L. Janssen and G. L. Hall, "Effect of Ambient Temperature on Radial Tire Rolling Resistance," Society of Automotive Engineers, paper 800090, 1980.

1.15　R. Hadekel, "The Mechanical Characteristics of Pneumatic Tyres," S&T Memo No. 10/52, Ministry of Supply, London, 1952.

1.16　P. S. Fancher and P. Grote, "Development of a Hybrid Simulation for Extreme Automobile Maneuvers," in Proc. 1971 Summer Computer Simulation Conf., Boston, MA, 1971.

1.17　J. L. Hamed, L. E. Johnston, and G. Sharpf, "Measurement of Tire Brake Force Characteristics as Related to Wheel Slip (Antilock) Control System Design," *SAE Transactions*, vol. 78, paper 690214, 1969.

1.18　R. D. Ervin, "Mobile Measurement of Truck Tire Traction," in *Proc. Symposium on Commercial Vehicle Braking and Handling*, Highway Safety Research Institute, University of Michigan, Ann Arbor, 1975.

1.19　P. S. Fancher, R. D. Ervin, C. B. Winkler, and T. D. Gillespie, "A Fact Book of the Mechanical Properties of the Components for Single-unit and Articulated Heavy Trucks," Report No. DOT HS 807 125, National Highway Traffic Safety Administration, U. S. Department of Transportation, 1986.

1.20　V. E. Gough, "Practical Tire Research," *SAE Transactions*, vol. 64, 1956.

1.21　D. L. Nordeen and A. D. Cortese, "Force and Moment Characteristics of Rolling Tires," Society of Automotive Engineers, paper 713A, 1963.

1.22　J. R. Ellis, *Vehicle Handling Dynamics*. London: Mechanical Engineering Publications, 1994.

1.23 T. L. Ford and F. S. Charles,"Heavy Duty Truck Tire Engineering," *The ThirtyFourth L. Ray Buckendale Lecture*, *Society of Automotive Engineers*, *SP*-729, 1988.

1.24 E. Bakker, L. Nyborg, and H. B. Pacejka,"Tyre Modelling for Use in Vehicle Dynamic Studies," Society of Automotive Engineers, paper 870421, 1987.

1.25 E. Bakker, H. B. Pacejka, and L. Lidner,"A New Tire Model with an Application in Vehicle Dynamic Studies,"Society of Automotive Engineers, paper 890087, 1989.

1.26 H. B. Pacejka,"The Tyre as a Vehicle Component," in*Proc. XXVI FISITA Congress*, *Prague*, *June* 16-23, 1996（CD-ROM）.

1.27 H. B. Pacejka and I. J. M. Besselink,"Magic Formula Tyre Model with Transient Properties," in F. Bohm and H. -P. Willumeit, Eds., *Proc.* 2*nd Int. Colloquiumon Tyre Models for Vehicle Dynamic Analysis*, Berlin：Lisse, The Netherlands：Swets & Zeitlinger, 1997.

1.28 P. Bayle, J. F. Forissier, and S. Lafon,"A New Tyre Model for Vehicle Dynamics Simulations," in*Automotive Technology International '*93. U. K. & International Press, 1993.

1.29 A. van Zanten, W. D. Ruf, and A. Lutz,"Measurement and Simulation of Transient Tire Forces,"Society of Automotive Engineers, paper 890640, 1989.

1.30 J. Zhou, J. Y. Wong, and R. S. Sharp,"A Multi-Spoke, Three Plane Tyre Model for Simulation of Transient Behavior,"*Vehicle System Dynamics*, vol. 31, no. 1, 1999.

1.31 A. Schallamach,"Skid Resistance and Directional Control," in S. K. Clark, Ed., *Mechanics of Pneumatic Tires*, Monograph 112. Washington, DC：National Bureau of Standards, 1971.

1.32 S. K. Clark,"The Contact Between Tire and Roadway," in S. K. Clark, Ed., *Mechanics of Pneumatic Tires*, Monograph 122. Washington, DC：National Bureau of Standards, 1971.

1.33 W. B. Home and R. C. Dreher,"Phenomena of Pneumatic Tire Hydroplaning," NASA TND-2056, Nov. 1963.

1.34 W. B. Home and U. T. Joyner,"Pneumatic Tire Hydroplaning and Some Effects on Vehicle Performance,"Society of Automotive Engineers, paper 650145, 1965.

1.35 J. A. Overton, B. Mills, and C. Ashley,"The Vertical Response Characteristics of the Non-rolling Tire," in*Proc. Institution of Mechanical Engineers*, vol. 184, part 2A, no. 2, 1969-1970.

1.36 J. Matthews and J. D. C. Talamo,"Ride Comfort for Tractor Operators, III：Investigation of Tractor Dynamics by Analogue Computer Simulation,"*Journal of Agricultural Engineering Research*, vol. 10, no. 2, 1965.

1.37 J. A. Lines and N. A. Young,"A Machine for Measuring the Suspension Characteristics of Agricultural Tyres,"*Journal of Terramechanics*, vol. 26, no. 3/4, 1989.

1.38 C. W. Barson, D. H. James, and A. W. Morcombe,"Some Aspects of Tire and Vehicle Vibration Testing,"*Proc. Institution of Mechanical Engineers*, vol. 182, part 3B, 1967-1968.

习 题

习题 1.1：试比较一辆重 15.57kN（3500lbf）的乘用车,当车速在 40~100km/h（25~62mile/h）的范围内变化时,装有斜线轮胎和子午线轮胎时为克服滚动阻力所需的功率。斜线轮胎和子午线轮胎的滚动阻力系数随速度的变化关系分别由公式（1-1）和公式（1-2）描述。

习题 1.2：一货车轮胎的法向载荷为 24.78kN（5570lbf）,行驶于道路附着系数峰值为 $\mu_p = 0.80$ 的干燥混凝土路面上。轮胎在制动时的纵向刚度 C_s 为 224.64kN/单位滑移率（55000lbf/单位滑移率）。使用第 1.3 节中的简化理论,绘出在低滑移率（$i_s \le 20\%$）时轮胎制动力与其滑移率间的关系曲线。

习题1.3：应用第1.4.4节所述的简化理论，确定习题1.2所述货车轮胎的侧偏力与侧偏角的关系，其中侧偏角范围为0°~16°。轮胎的侧偏刚度 C_α 为132.53kN/rad［520lbf/(°)］。假定轮胎上无制动力矩作用并以低速行驶。

习题1.4：应用第1.4.4节所述的简化理论，计算习题1.2和习题1.3中的货车轮胎，当侧偏角为4°时，纵向滑移率对侧偏力的影响。当侧偏角为4°时，绘出轮胎的侧偏力随滑移率（0~40%）的变化关系。路面附着系数为0.8。

习题1.5：一辆乘用车行驶于积水路面，其胎压为179.27kPa（26lbf/in^2）。如果制动时汽车的初始速度为100km/h（62mile/h），试确定该车辆是否会水上滑行。

习题1.6：一台越野车辆重3.56kN（800lbf），装有四个高性能越野轮胎；当胎压为27.6kPa（4lbf/in^2）时，每个轮胎的垂直刚度为52.54kN/m（300lbf/in），当胎压为68.9kPa（10lbf/in^2）时，每个轮胎的垂直刚度为96.32kN/m（550lbf/in）。估算在给定的胎压范围内，车辆在垂直方向的基本自然频率。车辆没有弹簧悬架。

习题1.7：使用第1.4.4节中描述的魔术公式，估算汽车轮胎在法向载荷为6kN（1349lbf）且侧偏角为5°时的侧偏力。魔术公式中该轮胎的经验系数取值由表1-6给出。

第 2 章

车辆-地面相互作用力学——地面力学

现代社会中,虽然在铺设好的道路上通过车辆来运送旅客和货物构成了全部交通运输活动中的一个重要组成部分,但在诸如农业、伐木、建筑、采矿、勘探、娱乐和军事行动等诸多领域内的人类活动仍然涉及使用专用越野车辆在没有经过修整的地面上运动。因此,人们对系统地研究越野车辆开发和设计背后的原理,产生了极大的兴趣,特别是自第二次世界大战以来。研究越野车辆性能及其工作环境(地面)之间的相互关系,现在已成为所谓的"地面力学"(terramechanics)学科[2.1~2.4]。

在车辆越野操作中,可能会遇到具有不同特性的各种类型的地面,从荒芜的沙漠到纵深的沼泽乃至新鲜的雪地。地面的特性通常会对越野车辆的机动性施加严格的限制。因此,充分了解地面的力学特性以及其对车辆载荷的响应,即地面力学,对于在给定任务和环境下合理开发和设计越野车辆是至关重要的。这或许类似于空气动力学在飞机和航天器开发中的作用以及水流体力学在海洋船只设计中的作用一样。在这一章中,我们将讨论地面的测量和行为表征。

在给定的地面中,越野车辆的性能,在很大程度上,取决于它将以何种方式与地面相互作用。因此,对车辆-地面相互作用力学的理解,对于合理选择车辆构型以及设计参数以满足特定的操作要求,是十分重要的。地面力学的一个核心问题是,对于给定的工作环境,建立越野车辆性能和设计之间的一个定量关系。这些年来,人们已经开发或提出了很多方法,从经验方法到理论方法,来预测履带和轮式车辆通过未修整路面时候的性能。本章将介绍其中一些代表性的方法。

2.1 车辆载荷作用下地面的应力分布

某些类型的地形,如覆盖在地球可通行表面的饱和黏土和紧致砂,可被比作具有图 2-1 所示的应力-应变关系的理想弹-塑性材料。当地面的应力程度不超过某个极限,例如图 2-1 中的 a 点时,地面可能表现出弹性行为。这种把地面理想化为一种弹性介质的方法,已被用于在车辆载荷作用下土壤压实研究中来预测土壤中的应力分布[2.5]。

在预测任何具体载荷作用下弹性介质中的应力分布时,可以将集中载荷作用下某点应力分布的分析作为基础。计算在集

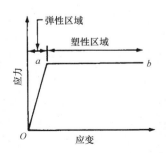

图 2-1 理想弹塑性材料的特性

中载荷作用下在半无限、均匀、各向同性弹性介质中的应力分布,首先由 Boussinesq 提出。如图 2-2 所示的坐标系,Boussinesq 的解答给出了弹性介质中某点的垂直应力 σ_z 的表达式:

$$\sigma_z = \frac{3W}{2\pi} z^3 (x^2 + y^2 + z^2)^{-5/2}$$

$$= \frac{3}{2\pi} \frac{1}{[1 + (r/z)^2]^{5/2}} \frac{W}{z^2}$$

或

$$\sigma_z = \frac{3W}{2\pi R^2} \left(\frac{z}{R}\right)^3 = \frac{3W}{2\pi R^2} \cos^3\theta \tag{2-1}$$

其中

$$r = \sqrt{x^2 + y^2}, R = \sqrt{z^2 + r^2}$$

采用极坐标时,径向应力 σ_r(图 2-2)给出如下:

$$\sigma_r = \frac{3W}{2\pi R^2} \cos\theta \tag{2-2}$$

可见应力与材料的弹性模量无关,它仅是外加载荷以及载荷作用点距离的函数。式(2-1)和式(2-2)仅在计算与载荷作用点距离不太近的点的应力时才是成立的。集中载荷作用点附近的材料,其行为并不呈现出弹性。

根据集中载荷作用下应力分布的分析,通过使用叠加原理,可以预测在各种负载条件下弹性介质中的应力分布。例如,对于一个半径为 r_0 的圆形接触面,在均匀压力 p_0(图 2-3)作用下,在触地面积中心深度为 z 处的垂直应力,可由下列方式来确定[2.1]。作用在接触面上的载荷,可由一系列独立的集中载荷来表示,$dW = p_0 A = p_0 r dr d\theta$。因此,根据公式(2-1)有

$$d\sigma_z = \frac{3}{2\pi} \frac{p_0 r dr d\theta}{[1 + (r/z)^2]^{5/2} z^2} \tag{2-3}$$

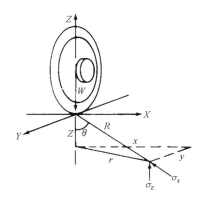

图 2-2 在集中载荷作用下半无限弹性介质中某一点的应力(出自 M. G. Bekker 博士的 Theory of Land Locomotion,版权ⓒ 密歇根大学,1956 年;密歇根大学出版社许可使用)

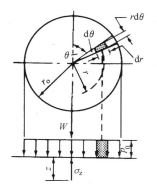

图 2-3 在半无限弹性介质中,圆形载荷区域下方的垂直应力(出自 M. G. Bekker 博士的 Theory of Land Locomotion,版权ⓒ 密歇根大学,1956 年;密歇根大学出版社许可复制)

那么,在触地面积中心深度为 z 处的垂直应力 σ_z,等于由集中载荷 $p_0 r \mathrm{d}r\mathrm{d}\theta$ 产生的应力之和,并且可以通过二重积分来计算[2.1]:

$$\sigma_z = \frac{3}{2\pi} p_0 \int_0^{r_0} \int_0^{2\pi} \frac{r \mathrm{d}r \mathrm{d}\theta}{[1+(r/z)^2]^{5/2} z^2} = 3 p_0 \int_0^{r_0} \frac{r \mathrm{d}r}{[1+(r/z)^2]^{5/2} z^2}$$

代入 $(r/z)^2 = u^2$,可以求得

$$\sigma_z = 3 p_0 \int_0^{r_0/z} \frac{u \mathrm{d}u}{[1+u^2]^{5/2}} = p_0 \left[1 - \frac{z^3}{(z^2 + r_0^2)^{3/2}} \right] \tag{2-4}$$

除了接触面积中心的正下方之外,其余点处的应力计算是相当复杂的,并且无法通过简单的方程组加以概括。当分布式载荷作用于一个椭圆面上(这与轮胎作用相似)时,弹性介质中的应力分布,可以用类似的方法加以确定。

从车辆角度来看,另一种重要情况是带状载荷作用下弹性介质中的应力分布(图 2-4)。这种带状载荷可被认为是履带车辆作用的理想化情况。可以证明,均匀压力 p_0 作用在宽度为 b 的无限长的带状面积上时,弹性介质中的应力分布可由下列方程计算(图 2-5)[2.1]:

$$\sigma_x = \frac{p_0}{\pi} (\theta_2 - \theta_1 + \sin\theta_1 \cos\theta_1 - \sin\theta_2 \cos\theta_2) \tag{2-5}$$

$$\sigma_z = \frac{p_0}{\pi} (\theta_2 - \theta_1 - \sin\theta_1 \cos\theta_1 + \sin\theta_2 \cos\theta_2) \tag{2-6}$$

$$\tau_{xz} = \frac{p_0}{\pi} (\sin^2\theta_2 - \sin^2\theta_1) \tag{2-7}$$

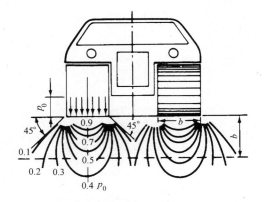

图 2-4 在履带车辆作用下半无限弹性介质中的垂直应力分布(出自 M. G. Bekker 博士的 Theory of Land Locomotion,版权©密歇根大学,1956 年;密歇根大学出版社许可使用)

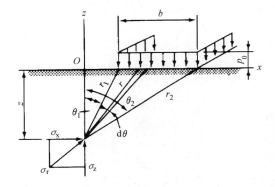

图 2-5 承受带状载荷时,半无限弹性介质中一点的应力(出自 M. G. Bekker 博士的 Theory of Land Locomotion,版权©密歇根大学,1956 年;密歇根大学出版社许可使用)

介质内部应力等级相同的各点组成一组等应力面,通常被称为压力泡。在均匀带状负载的作用下,垂直应力的压力泡的一般特性如图 2-4 所示。载荷面积中心点下方且深度等于带状宽度的地方,垂直应力大约等于所施加压力 p_0 的 50%,并且在深度为带状宽度 2 倍的地方,垂直应力实际上便消失了。对于所有实际应用,垂直压力泡的边界,可被假定为与图 2-4 中的水平面成 45°斜角[2.1]。

必须指出，使用弹性理论来预测实际土壤中的应力只能得到近似结果。测量表明，实际上土壤中的应力分布与使用Boussinesq公式计算所得的结果有偏差[2.5]。土壤中的压紧力有向载荷轴线周围集中的趋势。当土壤因含水量增加而塑性增大时，或当土壤像沙土那样内聚力很小时，这种趋势更为明显。考虑到这种情况，人们推导出多种半经验公式，以考虑多种类型土壤的不同特性。Frohlich在Boussinesq公式中引入了一个集中系数v。该系数v反映了不同情况下多种土壤的特性。在引进这个集中系数之后，集中载荷作用下土壤中的垂直应力和径向应力具有如下形式：

$$\sigma_z = \frac{vW}{2\pi R^2}\cos^v\theta = \frac{vW}{2\pi z^2}\cos^{v+2}\theta \tag{2-8}$$

$$\sigma_r = \frac{vW}{2\pi R^2}\cos^{v-2}\theta = \frac{vW}{2\pi z^2}\cos^v\theta \tag{2-9}$$

如果系数v等于3，公式（2-8）和公式（2-9）分别与公式（2-1）和公式（2-2）完全相同。集中系数v的值取决于土壤类型及其含水量。图2-6给出了不同集中系数下，集中载荷作用时土壤中的径向应力（σ_r）泡[2.5]。

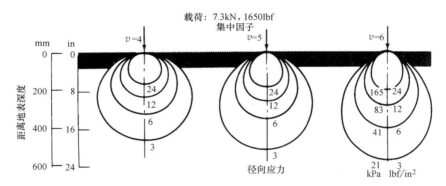

图2-6 集中系数不同的土壤中，集中点载荷作用下的径向应力分布（经许可转载自参考文献2.5）

轮胎在向土壤表面施加载荷时，负载通常并不集中在一点，而是作用在一个有限的接触面上。为了确定轮胎载荷作用下土壤内部的应力分布，必须要知道接触面的实际大小以及接触印迹上的压力分布。图2-7给出了不同土壤条件下轮胎接触面积的实测值[2.5]。没有花纹的轮胎行驶在干燥坚实土壤上时，可以假定整个接触面内的压力分布大致均一。在松软土壤中，接触面上的压力随车辙深度而变化。通常，接地压力在顺着接地面积外部的方向而减小，并且更加向载荷面的中心处集中。在干燥坚实土壤、比较密实的土壤以及一般的潮湿土壤中，接触面积上的典型压力分布分别如图2-8a、b和c所示[2.5]。

已知接触面积的形状以及其上的压力分布，可以按照Frohlich提出的公式（2-8）或公式（2-9）来预测土壤中的应力分布。Sohne的报告指出，测量值和按Frohlich公式的计算结果之间相差大约25%。对于这类问题，这被认为是合理的[2.6]。图2-9给出了在具有相同胎压、但是不同大小和载荷的轮胎作用下，土壤中的主应力的分布，其中土壤具有与一般野外地面相同的密度和含水量[2.5]。在上述计算中，假定集中系数v为5，接触面积上的压力分布与图2-8b中给出的结果相似。可见，在胎压相同的条件下，对于更大轮胎、更重负载，其应力可以贯入得更深。这是因为大的轮胎具有更大的接触面积。因此，正如公式（2-4）

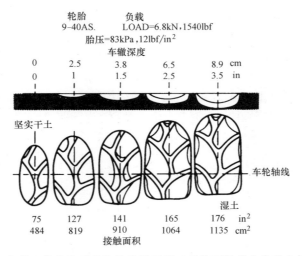

图 2-7 各种土壤条件下的轮胎接触面积（经许可转载自参考文献 2.5）

所示，在接地印迹中心下方同样深度的应力将会增加，尽管施加在土壤表面上的压力保持不变。这表明，土壤中的应力分布，不仅是接触压力的函数，它也是接触面积的函数。另外，需要提到的一点是，与垂直应力相比，最大主应力与压实土壤的关系更为紧密。

图 2-10 给出了土壤条件对压力泡形状的影响[2.5]。在坚硬、干燥并且密实的土壤中，最大主应力的等值曲线是一个近似圆形。土壤变得更加松软时，压力泡会变得更窄。这

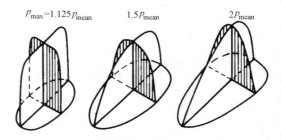

图 2-8 各种土壤条件下轮胎接触面的压力分布（经许可转载自参考文献 2.5）

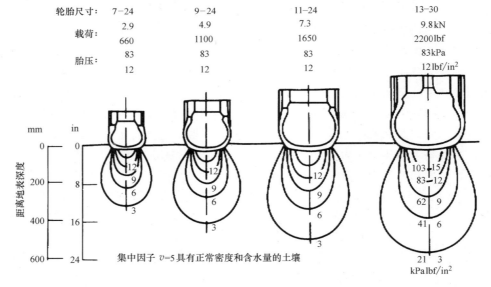

图 2-9 各种轮胎载荷下土壤中的最大主应力分布（经许可转载自参考文献 2.5）

是因为松软的土壤能够像旁边滑移，因而使得应力能够向载荷面的中心区域集中。

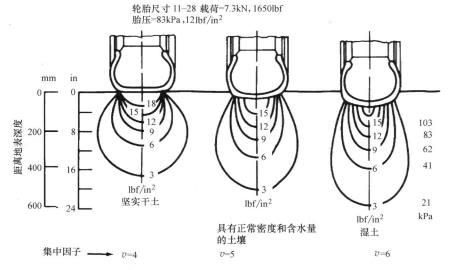

图 2-10　各种土壤条件下轮胎下方的最大主应力分布（经许可转载自参考文献 2.5）

对于带有花纹的轮胎，例如拖拉机轮胎，接触面积上的压力分布与图 2-8 所示不同。在坚实干燥的土壤中，轮胎的花纹承受全部载荷。花纹接地面上的压力比没有花纹的区域高出 3~4 倍。在潮湿土壤中，由于轮胎沉陷，花纹和胎壳沟槽部分的接触压力，几乎没有什么不同。在这种情况下，接触面积上的压力分布，与图 2-8 所示相似。原则上讲，带有花纹轮胎下方土壤中的应力分布，可以按照与上面讨论内容相类似的方法来估计。不过，计算将会更为复杂。

例 2-1：不带轮刺的轮胎与硬干地面的接触面可以近似为一个半径为 20cm（7.9in）的圆形区域。假设接触压强均匀为 68.95kPa（10lbf/in²）。对于此种土壤，集中系数 v 等于 4。计算位于接触区域中心正下方 20cm 深处土壤的垂直应力 σ_z。

解：当集中系数 v 等于 4 时，因集中载荷 W 在土壤表面作用而引起的土壤中某点处的垂直载荷 σ_z 可以表述如下：

$$\sigma_z = \frac{4W}{2\pi R^2}\cos^4\theta = \frac{4W}{2\pi}\frac{z^4}{(z^2+r^2)^3}$$

$$= \frac{4W}{2\pi z^2}\frac{1}{[1+(r/z)^2]^3}$$

在均匀接触压强 p_0 作用下，半径为 r_0 的圆形接触区域中心正下方深度为 z 处的垂直应力 σ_z 给出如下：

$$\sigma_z = \frac{4p_0}{2\pi}\int_0^{r_0}\int_0^{2\pi}\frac{r\mathrm{d}r\mathrm{d}\theta}{z^2[1+(r/z)^2]^3}$$

$$= 4p_0\int_0^{r_0/z}\frac{u\mathrm{d}u}{(1+u^2)^3}$$

$$= p_0\left\{1-\frac{1}{[1+(r_0/z)^2]^2}\right\}$$

其中，$u^2 = r^2/z^2$。对于 $p_0 = 68.95\text{kPa}$，$r_0 = 20\text{cm}$，以及 $z = 20\text{cm}$ 这种情况，有

$$\sigma_z = 68.95\left\{1 - \frac{1}{[1+(20/20)^2]^2}\right\}$$
$$= 51.7\text{kPa}(7.5\text{lbf/in}^2)$$

2.2 塑性平衡理论在车辆-地面相互作用力学中的应用

当车辆施加给地面的载荷超过某个限度时，在土壤某一边界之内的应力分布，可能会达到图 2-1 所示的理想的应力-应变曲线中的 a 点。在超过 a 点之后，应力上的一个微小增量都会引起应变急剧的增加，从而构成塑性流动。在塑性流动之前的状态，通常被称为塑性平衡状态。从塑性平衡态到塑性流动态的转变，表示物质被破坏。

对于土壤和其他类似材料的破坏，人们提出了若干判断准则。其中被广泛应用的一个准则是莫尔-库仑（Mohr-Coulomb）失效准则。该准则认为，如果介质中的某一点满足下列条件，那么此点处的材料将会被破坏：

$$\tau = c + \sigma\tan\phi \tag{2-10}$$

其中，τ 是材料的剪切强度；c 是材料的表观内聚力，σ 是剪切平面上的正压力，ϕ 是材料的内部剪切强度角。

材料的内聚力是指作用在粒子之间的、与法向压力无关的、将粒子聚合在一起的结合力。另一方面，摩擦材料中的粒子，仅当它们之间有法向压力作用时，才能被聚合在一起。因此，理论上讲，饱和沙及类似材料的剪切强度，与法向载荷无关；而干沙的剪切强度随着法向载荷的增加而增大。因此，干沙的剪切强度可被表示为

$$\tau = \sigma\tan\phi \tag{2-11}$$

而对于饱和沙及类似材料，它们的剪切强度具有下列形式：

$$\tau = c \tag{2-12}$$

然而，覆盖在地球表面大部分可通行区域的颗粒物质，通常兼具黏性内聚力和摩擦性质。

莫尔-库仑准则的意义可以通过使用莫尔圆的辅助来加以说明。如果一个土壤试样受到不同应力状态的作用，对于每种破坏方式，可以画出一个对应的莫尔圆（图 2-11）。如果可以画出一条与一组莫尔圆相切的直线包络线，该包络线将具有公式（2-10）的形式，其中，土壤的内聚力由包络线在剪切应力轴上的截距给出，而内剪切强度角则由包络线的倾角表示。莫尔-库仑准则可简单陈述如下，如果一个莫尔圆表示土壤中某一点的应力状态，且该莫尔圆与包络线发生接触，那么该点处将会发生破坏。

公式（2-10）中的剪切强度参数 c 和 ϕ，可以通过使用各种仪器测定[2.4,2.7]。土木工程中，最常用的是三角仪和平移剪切盒。然而，对

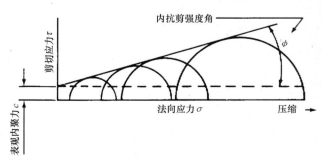

图 2-11 莫尔-库仑破坏准则

于车辆机动性的研究，图 2-12 所示的矩形和环形剪切板通常被用来模拟车辆行走装置的剪切作用，并用来获得地面的剪切强度参数。在本章的后续部分有更进一步的讨论。

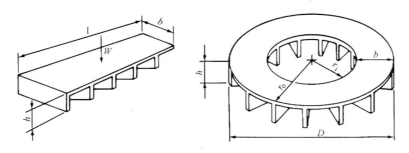

图 2-12 用于测量地面剪切强度参数的矩形和环形剪切板（出自 M. G. Bekker 博士的 Introduction to Terrain-Vehicle Systems，版权©密歇根大学，1969 年；密歇根大学出版社许可使用）

为了说明莫尔-库仑准则的应用，让我们考虑在半无限体中棱柱体的塑性平衡问题（图 2-13）。如图 2-13 所示，比重为 γ_s、深度为 z、单位宽度的一个土壤棱柱，在侧向压力的作用下，处于开始塑性破坏的状态。棱柱体的垂直侧面没有剪切应力；因此，作用在棱柱体地面和侧面的法向应力为主应力。可以用两种不同操作将棱柱体设置为塑性平衡状态：一种是拉伸它，而另一种是在水平方向上压缩它。如果该棱柱受到拉伸，在垂直侧面的法向应力减小，直到塑性平衡条件得到满足；而在底部的法向应力保持不变。任何进一步的膨胀仅会引起塑性流动而不改变其应力状态。在这种情况下，土壤的重量有助于产生膨胀，因此这种类型的破坏被称为主动破坏。另一方面，如果土壤棱柱体受到挤压，垂直侧面的法向应力增加，而底部的法向应力则保持不变。在这种情况下，土壤的横向压缩受到自身重量的阻碍，所产生的破坏被称为被动破坏。在发生塑性流动之前，由于压缩和膨胀而引起的土壤的这两种状态通常分别被称为 Rankine 被动和主动状态[2.8]。

两种类型的土壤破坏可以通过图 2-13 所示的莫尔圆方法进行定量分析。在主动破坏的情况下，深度为 z 处单元体的法向应力 $\sigma = \gamma_s z$ 是最大主应力，因此，圆 C_a 可被用来描述该点的应力状态。这个圆与表示莫尔-库仑破坏准则的线 OM 和 OM' 相切。此圆与莫尔图横轴的交点确定了最小主应力，它是使该点物质进入主动破坏状态在垂直侧面上所需的法向应力。此法向应力被称为主动土压 σ_a。从图 2-13 所示莫尔图的几何关系，可以得到主动土压 σ_a 的表达式：

$$\sigma_a = \gamma_s z - 2 r_a$$

其中，r_a 是图 2-13 所示的圆 C_a 的半径，它可被表达为

$$r_a = \frac{1}{1-\sin\theta}(c\cos\phi + \sigma_a \sin\phi)$$

因此，

$$\sigma_a = \gamma_s z - \frac{2}{1-\sin\phi}(c\cos\phi + \sigma_a \sin\phi)$$

并且

$$\sigma_a = \frac{\gamma_s z}{(1+\sin\phi)/(1-\sin\phi)} - \frac{2c\cos\phi/(1-\sin\phi)}{(1+\sin\phi)/(1-\sin\phi)}$$

$$= \frac{\gamma_s z}{\tan^2(45°+\phi/2)} - \frac{2c\tan(45°+\phi/2)}{\tan^2(45°+\phi/2)} = \gamma_s z \frac{1}{N_\phi} - 2c \frac{1}{\sqrt{N_\phi}} \quad (2\text{-}13)$$

其中，N_ϕ 等于 $\tan^2(45°+\phi/2)$；它被称为流值（flow value）。

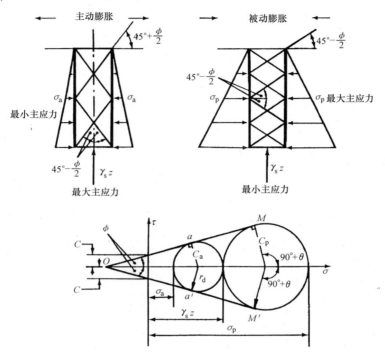

图 2-13　土壤的主动破坏和被动破坏

如图 2-13 所示，圆 C_a 与破坏边界线 OM、OM' 分别相切于 a 和 a'。这表明有两个平面分别向最大主应力平面倾斜成 $45°+\phi/2$ 角度，在这两个平面内剪切应力满足莫尔-库仑准则。这些平面被称为滑动面；滑动面与绘图平面的交线通常被称为剪切线或滑移线。由此可知，这两组滑移线与各边最大主应力相交成 $45°-\phi/2$ 角度。在主动破坏的情形下，由于最大主应力是垂直的，滑移线区域组成的平行线与水平轴相交成 $45°+\phi/2$ 角度，如图 2-13 所示。

由于被动破坏是由横向压缩引起的，作用在单元体底部的法向应力 $\sigma=\gamma_s z$ 为最小主应力。因此，如图 2-13 所示，圆 C_p 可被视为在被动破坏开始状态下的应力条件。圆 C_p 与莫尔图上横轴的交点确定了最大主应力，它也是垂直边上使得该点发生被动破坏的横向、压缩应力。此法向应力被称为被动土压 σ_p。从图 2-13 所示的几何关系，被动土压 σ_p 的表达式给出如下：

$$\sigma_p = \gamma_s z + 2r_p$$

其中，r_p 是图 2-13 所示的圆 C_p 的半径，其表达式如下：

$$r_p = \frac{1}{1-\sin\phi}(c\cos\phi + \gamma_s z\sin\phi)$$

因此，

$$\sigma_p = \gamma_s z \frac{1+\sin\phi}{1-\sin\phi} + 2c\frac{\cos\phi}{1-\sin\phi}$$

$$= \gamma_s z\tan^2(45°+\phi/2) + 2c\tan(45°+\phi/2)$$

$$= \gamma_s z N_\phi + 2c\sqrt{N_\phi} \tag{2-14}$$

对于被动破坏，由于最大主应力是水平的，滑移线场由和水平面成 $45°-\phi/2$ 角度的平行线组成，如图 2-13 所示。

如果某压强 q（通常称为附加载荷）作用于土壤表面，那么作用在单元体深度为 z 的表面上的法向应力为

$$\sigma = \gamma_s z + q \tag{2-15}$$

于是，主动土压和被动土压由下列公式给出：

$$\sigma_a = \gamma_s z \frac{1}{N_\phi} + q\frac{1}{N_\phi} - 2c\frac{1}{\sqrt{N_\phi}} \tag{2-16}$$

$$\sigma_p = \gamma_s z N_\phi + q N_\phi + 2c\sqrt{N_\phi} \tag{2-17}$$

车辆行走装置和其他土方机械的作用通常会引起地面的被动破坏。

如图 2-14 所示，被动破坏理论已被用于预测作用在推土板上的剪切力以及估计车轮花纹（轮刺）产生的牵引力。

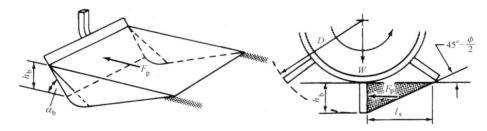

图 2-14　推土板以及车轮轮刺与土壤之间的相互作用

考虑一个垂直切土板，例如推土机的推土板推土时的情形。推土板前方的土壤将导致被动破坏状态。如果推土板的宽度与切削深度的比例很大，那么此问题可被认为是二维平面问题。并且，如果推土板是垂直的，并且其表面相对光滑，那么推土板施加在土壤上的正压力将会是最大主应力，并且等于被动土压 σ_p。如果没有附加载荷，作用在推土板单位宽度上的合力 F_p 可以通过对剪切深度 h_b 处的被动土压 σ_p 做积分来计算。由公式（2-14），有

$$F_p = \int_0^{h_b} \sigma_p dz = \int_0^{h_b} (\gamma_s z N_\phi + 2c\sqrt{N_\phi}) dz$$

$$= \frac{1}{2}\gamma_s h_b^2 N_\phi + 2c h_b \sqrt{N_\phi} \tag{2-18}$$

如果有附加载荷 q 作用在推土板前方土壤表面，则作用在推土板单位宽度上的合力可由下式确定：

$$F_p = \int_0^{h_b} \sigma_p dz = \int_0^{h_b} (\gamma_s z N_\phi + q N_\phi + 2c\sqrt{N_\phi}) dz$$

$$= \frac{1}{2}\gamma_s h_b^2 N_\phi + q h_b N_\phi + 2c h_b \sqrt{N_\phi} \tag{2-19}$$

应当指出的是：对于有限宽度的推土板，最终效果将会增加作用于推土板上的合力。

如图 2-14 所示，可以用类似方法来估计笼轮轮刺产生的牵引力，例如在稻田中使用的轮子，或是在湿地上附加在轮胎上作为牵引辅助装置的车轮轮刺。一般来说，轮刺可以有两种工作方式。如果两个轮刺之间的空间太小，此空间可能被泥土填充，剪切将发生在车轮顶部。在此条件下，轮刺的效果是增加了车轮的有效直径。另一方面，如果轮刺之间的空间较大，使得土壤破坏形式如图 2-14 所示，那么轮刺的工况将与切土板类似。当轮刺的宽度与深度之比很大，且其表面相对光滑时，在垂直位置，单位宽度的轮刺所产生的牵引力可以通过公式（2-18）来计算。如果轮缘与轮刺的宽度相同，在轮缘垂直载荷的作用下，在轮刺后方的土壤表面将会产生一个附加载荷。在此情形下，公式（2-19）将是适用的。对于作为轮胎牵引辅助装置使用的带有轮刺的笼轮，轮缘要相对窄一些，垂直载荷主要靠轮胎支撑。在此情况下，无法获取附加载荷的益处。应当指出，轮刺两边垂直面上产生的剪切力将会增加总的牵引力，因此当轮刺侵入深度较大时，也应将它们计算在内。

例 2-2： 为了增加牵引力，在车辆的驱动轮上附加一个牵引辅助装置，该装置在其窄轮缘上有 20 个轮刺。该装置从轮刺顶部算起的外径为 1.72m（5.6ft）。轮刺宽度为 25cm（10in），侵入地面的垂直深度为 15cm（6in）。给定黏土参数 $c = 20\text{kPa}$（2.9lbf/in^2），$\phi = 6°$，$\gamma_s = 15.7\text{kN/m}^3$（$100\text{lbf/ft}^3$）；计算一个轮刺在垂直位置时在该土壤中能够产生的牵引力。轮刺的表面相对光滑，轮刺和土壤之间的摩擦与黏附可以忽略不计。

解： 两个轮刺顶部之间的间距为 27cm（10.6in）。当侵入深度 $h_b = 15\text{cm}$（6in）时，图 2-14 中给出的破坏距离 l_s 为

$$l_s = \frac{h_b}{\tan(45°-\phi/2)} = 16.7\text{cm}(6.6\text{in})$$

它表明相邻两个轮刺之间的空间足够大，允许土壤按照 Rankine 被动破坏状态产生破坏。由于该装置的轮缘相当窄，附加载荷的作用可以忽略不计。作用在垂直轮刺上的水平力，可由下式给出：

$$F_p = b\left(\frac{1}{2}\gamma_s h_b^2 N_\phi + 2ch_b\sqrt{N_\phi}\right)$$

其中，b 是轮刺的宽度。

将给出的已知量代入到上述表达式中，处于垂直位置的轮刺能够产生的牵引力值为

$$F_p = 1.72\text{kN}(387\text{lbf})$$

当车轮转动时，轮刺的倾斜度以及其侵入深度都在变化。因此，轮刺产生的牵引力，随轮刺的角度位置而变化。由于与地面接触的轮刺多于 1 个，该牵引辅助装置能够产生的总牵引力，为作用在所有与地面接触的各轮刺上的水平力之和。

应用上述的简单土压理论解决实际问题是有局限性的。例如，推土机的推土板或轮刺的表面通常并不像简单理论里假设的那样光滑。已经发现，金属-土壤之间的摩擦角 δ，可以从高度抛光镀铬钢板与干沙之间的 11°摩擦角，到十分粗糙的钢表面对应的接近于土壤内抗剪强度角之间变化[2.7]。由于土壤和推土板（或轮刺）之间存在摩擦和/或黏附，当紧邻推土板的土壤处于塑性平衡状态时，在土壤-推土板接触面上将产生剪切力。结果，接触表面上的法向压力将不再是主应力，并且，土壤的破坏形式如图 2-15a 所示。在 ABC 区域内的土体处于 Rankine 被动破坏状态，用与水平线成 45°-ϕ/2 的直滑移线来表示。紧靠推土板的 ABD

区域用曲线和径向滑移线来表示，通常被称为径向剪切区域。弯曲滑移线的形状，如图2-15a中的 DB，可被认为是对数螺旋线（对于摩擦材料）或者是圆弧（对于黏附材料），这是足够准确的。在推土板与土壤之间存在摩擦和/或黏附力的情况下，公式（2-14）不能再被用于预测被动土压。

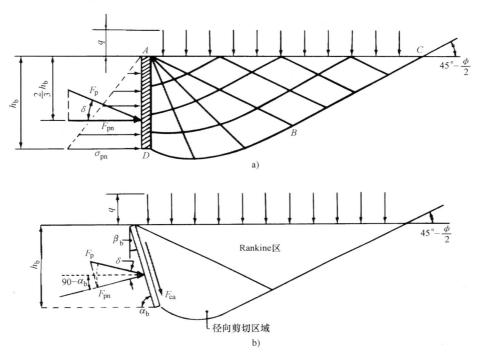

图 2-15 在垂直与倾斜切土板粗糙表面前方土壤的破坏模型（出自 M. G. Bekker 博士的 Theory of Land Locomotion，版权ⓒ密歇根大学，1956年；密歇根大学出版社许可使用）

参照图 2-15a，作用在垂直粗糙推土板上，在 A 点下方深度为 z 处的被动土压的法向分量 σ_{pn}，可以通过下列线性方程近似：

$$\sigma_{pn} = \gamma_s z K_{p\gamma} + q K_{pq} + c K_{pc} \tag{2-20}$$

其中，q 是附加载荷；$K_{p\gamma}$、K_{pq}、K_{pc} 是常数，它们是土壤内部抗剪强度角以及土壤和推土板之间摩擦角的函数，而与 z 和 γ_s 无关。它们可以用各种方法加以计算，包括对数螺旋线方法和摩擦圆方法[2.8~2.11]。合力 F_p 与推土板法向之间的角度为 δ，它等于土壤-金属摩擦角，如图 2-15a 所示。

实际中，推土机的推土板通常不是垂直的，轮刺的倾斜角度随车轮的转动而发生变化。假如推土板或轮刺与水平面之间成 α_b 角度（或与垂直方向夹角为 $\beta_b = 90° - \alpha_b$），如图 2-15b 所示，则垂直于推土板的力 F_{pn} 将为

$$F_{pn} = \frac{1}{\sin\alpha_b} \int_0^{h_b} (\gamma_s z K_{p\gamma} + q K_{pg} + c K_{pc}) dz$$
$$= \frac{1}{2}\gamma_s h_b^2 \frac{K_{p\gamma}}{\sin\alpha_b} + \frac{h_b}{\sin\alpha_b}(q K_{pq} + c K_{pc})$$

或者

$$F_{pn} = \frac{1}{2}\gamma_s h_b^2 \frac{K_{p\gamma}}{\cos\beta_b} + \frac{h_b}{\cos\beta_b}(qK_{pq}+cK_{pc}) \tag{2-21}$$

将法向分量 F_{pn} 与摩擦分量 $F_{pn}\tan\delta$ 结合在一起，所得到的合力 F_p 与接触面法向夹角为 δ：

$$F_p = \frac{F_{pn}}{\cos\delta} = \frac{1}{2}\gamma_s h_b^2 \frac{K_{p\gamma}}{\sin\alpha_b\cos\delta} + \frac{h_b}{\sin\alpha_b\cos\delta}(qK_{pq}+cK_{pc})$$

或者

$$F_p = \frac{1}{2}\gamma_s h_b^2 \frac{K_{p\gamma}}{\cos\beta_b\cos\delta} + \frac{h_b}{\cos\beta_b\cos\delta}(qK_{pq}+cK_{pc}) \tag{2-22}$$

除土壤-金属摩擦力之外，土壤和推土板表面之间可能存在黏附 c_a，黏附力 F_{ca} 表示如下：

$$F_{ca} = \frac{h_b}{\sin\alpha_b}c_a = \frac{h_b}{\cos\beta_b}c_a \tag{2-23}$$

除了上述方法之外，近年来，基于塑性平衡理论更严格应用的、用于预测被动土压的一些其他方法已被开发出来[2.9~2.11]。

被动土压理论也可被用来预测履带车辆在特定土壤或地面上能够支撑的最大载荷。刚性履带施加在土壤表面的垂直载荷可被理想化为一个带状载荷。当载荷较轻时，履带下方的土壤处于弹性平衡状态，正如同先前所讲的那样。然而，当载荷增加到一定程度时，履带下方的土壤将会进入塑性流体状态，并且履带的沉陷量将急剧增加。这可以从图 2-16 所示的载荷-沉陷量关系曲线 C_1 加以说明。曲线的初始部分表示土壤的弹性变形和压缩。履带下方土壤的破坏，可以通过曲线转为陡峭的切线来加以识别，例如图 2-16 中曲线 C_1 的 W_c 点。产生破坏时单位接触面积上的载荷，通常被称为土壤的承载能力。

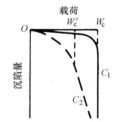

图 2-16 不同土壤条件下的载荷-沉陷量关系

在破坏的瞬间，履带下方的土壤可以被分为三个不同的区域，如图 2-17a 中所示。当履带的底面相对粗糙时（这种情况很常见），摩擦力和黏附力的存在立即限制了履带下方土壤的侧向移动。区域 AA_1D 内的土体处于弹性平衡状态，并且其表现类似于它被固连在履带上。因此，楔形土体的两边 AD 和 A_1D，可通过上述讨论过的倾斜推土板来加以确定。然后，在此情形下，推土板和土壤之间的摩擦角将等于土壤的内抗剪强度角；而且推土板和土壤之间的黏附力则等于土壤的内聚力。图 2-17a 中的 ABD 是径向剪切区，而 ABC 则是 Rankine 被动区。随着履带沉陷，楔形土体 AA_1D 垂直向下移动。这要求滑移线 DB 在点 D 处有一个垂直切线。正如前面提到的，土体内可能的滑移线相交成 $90°-\phi$ 角度。因此，AD 和 A_1D 一定与水平面成 ϕ 角，如图 2-17b 所示。换言之，楔形土体的两个边界 AD 和 A_1D 可被看作是倾角为 $\alpha_b = 180°-\phi$ 的一个倾斜推土板。于是，确定土壤支撑带状载荷的承载能力的问题，可以通过使用先前讨论的被动土压理论来求解[2.8]。

如图 2-17b 中所示，楔形土体 AA_1D 的底角等于 ϕ，因而作用方向与 AD 和 A_1D 法线成 ϕ 角度的反作用力 F_p，其方向垂直于地面。根据公式（2-22），当 $\alpha_b = 180°-\phi$、$\delta = \phi$、$h_b = b\tan\phi$ 时，F_p 可表示为下列形式：

$$F_p = \frac{1}{2}\gamma_s b^2 K_{p\gamma}\frac{\tan\phi}{\cos^2\phi} + \frac{b}{\cos^2\phi}(qK_{pq}+cK_{pc}) \tag{2-24}$$

沿 AD 和 A_1D 作用的黏附力 F_{ca} 为

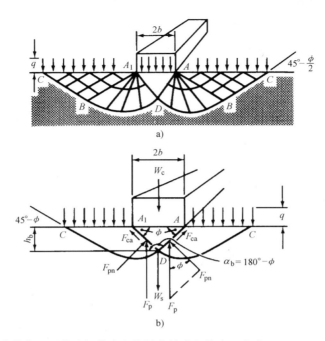

图 2-17 带状载荷作用下的破坏模式和作用在基础上的力（出自 M. G. Bekker 博士的 Theory of Land Locomotion，版权©密歇根大学，1956 年；密歇根大学出版社许可使用）

$$F_{ca} = \frac{b}{\cos\phi} c \tag{2-25}$$

区域 AA_1D 内单位长度的土壤重量为

$$w_s = \gamma_s b^2 \tan\phi \tag{2-26}$$

区域 AA_1D 内的土体处于平衡状态，这就要求竖直方向合力等于零，即

$$W_c + w_s - 2F_p - 2F_{ca}\sin\phi = 0 \tag{2-27}$$

其中，W_c 是履带下方土壤产生破坏时，单位长度履带上的临界载荷。

将式（2-24）~式（2-26）代入到式（2-27）中，W_c 的表达式变为[2.8]：

$$\begin{aligned} W_c &= \gamma_s b^2 K_{p\gamma} \frac{\tan\phi}{\cos^2\phi} + \frac{2b}{\cos^2\phi}(qK_{pq} + cK_{pc}) \\ &\quad + 2bc\tan\phi - \gamma_s b^2 \tan\phi \\ &= \gamma_s b^2 \tan\phi \left(\frac{K_{p\gamma}}{\cos^2\phi} - 1\right) + 2bq \frac{K_{pq}}{\cos^2\phi} \\ &\quad + 2bc\left(\frac{K_{pc}}{\cos^2\phi} + \tan\phi\right) \end{aligned} \tag{2-28}$$

如果有下列符号表示

$$\frac{1}{2}\tan\phi\left(\frac{K_{p\gamma}}{\cos^2\phi} - 1\right) = N_\gamma$$

$$\frac{K_{pq}}{\cos^2\phi} = N_q$$

和

$$\frac{K_{pc}}{\cos^2\phi}+\tan\phi = N_c$$

那么

$$W_c = 2\gamma_s b^2 N_\gamma + 2bqN_q + 2bcN_c \tag{2-29}$$

参数 N_γ、N_q 和 N_c 通常被称为 Terzaghi 承载能力系数，它们可由 $K_{p\gamma}$、K_{pq}、K_{pc} 以及内抗剪强度角 ϕ 来确定。由于 $K_{p\gamma}$、K_{pq} 和 K_{pc} 为 ϕ 的函数，承载能力系数 N_γ、N_q 和 N_c 均与 ϕ 相关。承载能力系数随 ϕ 的变化如图 2-18 所示[2.8]。公式（2-29）以及图 2-18 中给出的 N_γ、N_q 和 N_c 的取值，仅适用于破坏前变形很小的密实土壤。在土壤达到塑性平衡状态之前，履带没有明显的下陷。这种破坏被称为整体剪切破坏[2.8]。对于松软土壤，破坏之前会有明显的变形，沉陷量与载荷之间的关系由图 2-16 中的曲线 C_2 表示。在此情形下，导致土壤破坏的临界载荷，可通过使得曲线变陡并成为相当直的切线时的点（如图 2-16 中的 W_c' 点）来确定；该方法带有一定的随机性。这种破坏形式被称为局部剪切破坏[2.8]。由于松软土壤的可压缩性，局部剪切破坏时单位长度的临界载荷 W_c'，与整体剪切破坏时不同。假设在局部剪切破坏时临界载荷的计算中，土壤的剪切强度参数 c'、ϕ'，其取值比整体剪切破坏时的取值要小[2.8]。

$$c' = \frac{2}{3}c$$

并且

$$\tan\phi' = \frac{2}{3}\tan\phi$$

于是，对于局部剪切破坏，单位长度履带上的临界载荷 W_c'，由下式给出：

$$W_c' = 2\gamma_s b^2 N_\gamma' + 2bqN_q' + \frac{4}{3}bcN_c' \tag{2-30}$$

如图 2-18 所示，N_γ'、N_q' 和 N_c' 的取值比 N_γ、N_q 和 N_c 的取值要小。

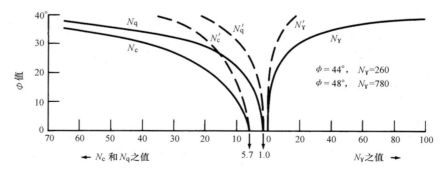

图 2-18　Terzaghi 承载能力系数随土壤内抗剪强度角的变化关系（转载自 K. Terzaghi 的 Theoretical Soil Mechanics，John Wiley and Sons 出版社，1966）

基于承载能力理论，一个履带车辆由其两条履带支承而不引起土壤破坏时的临界载荷 W_{ct}，可以通过下列公式计算。

对于整体剪切破坏：

$$W_{ct} = 2lW_c$$
$$= 4bl(\gamma_s bN_\gamma + qN_q + cN_c) \quad (2\text{-}31)$$

而对于局部剪切破坏：

$$W'_{ct} = 2lW'_c$$
$$= 4bl\left(\gamma_s bN'_\gamma + qN'_q + \frac{2}{3}cN'_c\right) \quad (2\text{-}32)$$

其中，l 是履带与地面的接触长度。式（2-31）和式（2-32）从承载能力角度阐明了履带位形（译注：形状和尺寸）的选择。考虑整体剪切破坏情形，同时假设没有附加载荷 q，那么在干沙（内聚力 $c=0$）中车辆的临界载荷 W_{ct} 为

$$W_{ct} = 4b^2 l\gamma_s N_\gamma \quad (2\text{-}33)$$

这表明：履带在摩擦型土壤上的承载能力随履带宽度的平方成正比增加。因此，为了增加车辆的承载能力，增加履带宽度比增加履带长度更为有效。这个概念可以通过下面的例子加以说明。考虑具有相同接地面积的两台履带车辆，其中一台车辆的履带宽度是另一台车辆的两倍，即 $b_1 = 2b_2$。因而，带有较宽履带的车辆，其接地长度将会是另一台车辆的一半，即 $l_1 = 0.5l_2$。根据公式（2-33），两台车辆可以承载的临界载荷之比为

$$\frac{W_{ct_1}}{W_{ct_2}} = \frac{4b_1^2 l_1 \gamma_s N_\gamma}{4(0.5b_1)^2 2l_1 \gamma_s N_\gamma} = 2$$

这表明，尽管两台车辆具有相同的接地面积，但宽履带能够支撑的临界载荷比窄履带要高。

对于内聚型土壤，例如饱和黏土（$\phi = 0$），临界载荷 W_{ct} 为

$$W_{ct} = 4blcN_c \quad (2\text{-}34)$$

这说明，在这种情况下，临界载荷仅取决于履带的接地面积。

必须强调的是，使用承载能力理论来预测履带车辆不产生过分沉陷时能够支承的临界载荷，最多也只能得到近似结果。这是由于做了若干简化假定的缘故。例如，履带被假设为具有均匀压强分布的刚性支足。实际中，车辆行走装置和地面之间的相互作用比土压理论或理论假设的支承能力要复杂得多。图 2-19～图 2-22 给出了不同操作条件下宽的刚性轮下方沙土的流线模型。可见纵向平面内刚性轮下方的流线模型取决于包括车轮滑转在内的一系列因素。滚动车轮下方通常有两个土壤流线区域。一个区域中的土壤向前流动，而另一个区域中的土壤则向后流动。当滑转率为 100% 时，这两个区域便转变为一个单纯向后的流动区域（图 2-21）；而当车轮制动锁死时，这两个区域便转变为一个单纯向前的流动区域（图 2-22）。有趣的是，制动车轮前方会形成一个楔形土体，车轮表现就像一个推土机推土板。图 2-23 示出了在各种操作条件下宽的刚性车轮下方黏土颗粒的轨迹。轨迹的特征表明，接近轮子前方的土壤，首先处于 Rankine 被动状态。由于车轮前进，车轮下方的土壤被向后推。对于一个自由转动的从动轮，一个土壤颗粒的最终位置位于其初始位置的前方，见图 2-23a；而对于一个驱动轮，土壤颗粒的最终位置位于其初始位置的后方，见图 2-23b 和 c。轨迹的特征再次表明，运动车轮下方存在两个流动区域。车轮-土壤相互作用的问题是复杂的，这是因为轮缘具有曲线轮廓，并且相互作用受到包括车轮滑转等各种设计和操作参数的影响。

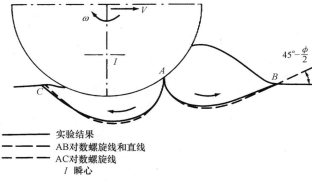

图 2-19 驱动轮在沙中滚动时的流线模型和弓形波

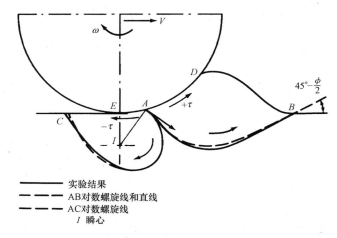

图 2-20 从动轮在沙中滚动时的流线模型和弓形流

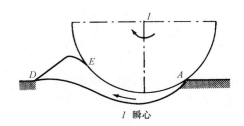

图 2-21 驱动轮在沙中滚动,滑转率为 100%时轮子下方的流线模型

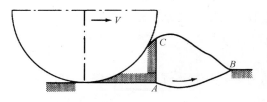

图 2-22 锁死的车轮在沙中 100%滑移时在车轮前方形成的流线模型和土楔

已经有研究人员尝试将塑性平衡理论应用于车辆-地面相互作用这一复杂过程的研究当中,例如上述车轮-土壤相互作用过程[2.10]。在分析中,首先使用莫尔-库仑破坏准则为土壤质量建立一组微分方程组。边界条件,如摩擦角,或更一般地,车轮-土壤界面最大主应力的方向以及接触角和图 2-19、图 2-20 所示的前后流量区域的分割角,可被假定或指定为输入。对该组微分方程使用指定的边界条件而得出的解,在车轮-土壤界面上生成滑移线场和相关的应力。作为例子,图 2-24a 和 b 分别示出了驱动轮和从动轮下方土壤中的滑移线场[2.14]。根据预测的

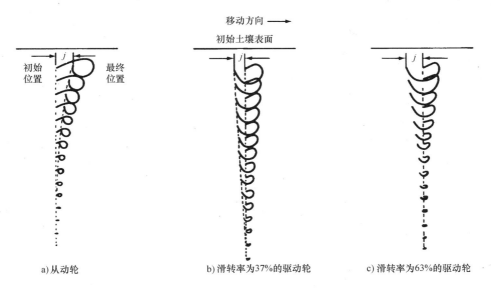

a) 从动轮　　　　b) 滑转率为37%的驱动轮　　　　c) 滑转率为63%的驱动轮

图 2-23　在车轮作用下黏土颗粒的轨迹

车轮-土壤界面上的法向和剪切应力，可以估计车轮的运动阻力和牵引力。

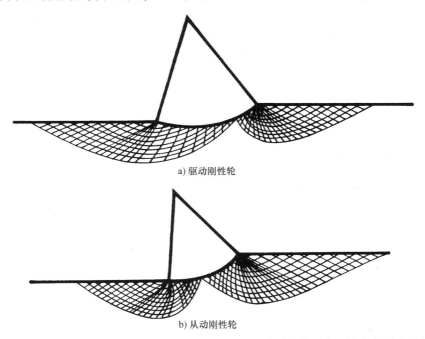

a) 驱动刚性轮

b) 从动刚性轮

图 2-24　使用塑性平衡理论来预测驱动刚性轮和从动刚性轮下方土壤中的滑移线场
（经版权所有方允许，转载自参考文献 2.14）

应当指出，在实践中，车轮-土壤界面上的边界条件很复杂，并随车轮的设计和使用参数以及地面条件而变化。这将使得在一开始就假设或指定有实际意义的边界条件变得非常困难，如果不是不可能的话。由于问题的复杂性，至今为止为确定所需边界条件而开发的方法，在本质上主要是经验性质的[2.10]。这表明，基于塑性平衡理论用来预测车辆行走装置的缜密求解过程，在很大程度上依赖于经验输入或所假定的边界条件[2.4]。此外，塑性平衡理论基于以下假设，即地面的特性类似于理想的弹塑性介质（或刚性的完美塑性材料）。这意味着，在特定边界内的应力达到发生破坏的程度之前，地面不会发生明显的变形。而在这点之后，应变急剧增大，而应力基本上保持不变。虽然密砂等介质可能表现出类似于理想弹塑性介质的特性，在越野操作中遇到的种类繁多的自然地面，例如雪和有机地面（即有植被覆盖的地面），都具有高度的可压缩性，因而它们的特性并不符合理想化材料的性质。因此，这些自然地面在车辆负载下的破坏区，并不按照塑性平衡理论所假定的方式发展，并且车辆行走装置的沉陷量主要是由于地面材料的压缩而非塑性流动引起。还应指出，塑性平衡理论主要关注的是预测引起土壤破坏的最大载荷，而不是用来处理地面在载荷作用下的变形。在许多越野操作问题中，需要预测地面在车辆负载作用下的变形，如车辆的沉陷量和滑转率。

因为上述问题，在实践中，使用塑性平衡理论来评价和预测越野车辆在场地中的性能表现，受到严重限制[2.4,2.15]。

2.3 预测越野车辆性能的经验方法

从前面章节中所述的讨论可以看出，越野车辆和地面之间的相互作用是复杂的，并且难以精确地建模。为了克服这个困难，人们开发了用于预测车辆移动性的经验方法。

开发用于预测越野车辆性能的经验方法的一般方式是，选择一组被认为在感兴趣的地面范围内具有代表性的车辆进行测试。通过简单的测量或现场观察对地面进行识别（或分类），然后经验性地将车辆性能测试的结果与所识别的地面特征关联起来。这可以开发出用于评估地面通过性和车辆机动性的经验关系。

下面概述了用于预测越野车辆性能的代表性经验方法。

2.3.1 基于圆锥指数的经验方法

这些方法最初是在第二次世界大战期间由美国陆军水道实验站（WES，U.S. Army Waterways Experiment Station）开发的，以便为军事情报和侦察人员提供一种简单的方法，以"通过/不可通过"为基础来评估车辆在细粒度和粗粒度土壤上的机动性。细粒度的土壤是粉土或黏土，其中50%或更多重量的颗粒直径小于0.074mm（或可以通过200号筛）。粗粒度土壤是其中含有直径小于0.074mm的颗粒量通常小于7%的海滩土壤和沙漠土壤，或是非潮湿条件下含有7%或更多直径小于0.074mm的颗粒的土壤；也就是说，粗粒度土壤是不可重塑的（nonremoldable）。这些方法构成了后续开发的北约参考移动模型（NATO Reference Mobility Model，NRMM）的基础。对于这些经验方法，地面特性通过被称为圆锥指数的参数来识别，该指数通过使用圆锥透度计（cone penetrometer）获得。然后经验性地将车辆性能与锥形指数或其导数关联起来。

通常使用的圆锥透度计由底面积为 $0.5in^2$（$3.23cm^2$）的一个30°的圆锥体、一个测力环（proving ring）以及一个用于指示将锥体推入地面时所需力的指示表组成，如图2-25所示。推荐的穿透速率约为 $1.2in/s$（$3cm/s$）。单位圆锥底面积上的力被称为锥度指数（Cone Index，CI）。虽然 CI 通常被用作一个无单位的参数，但实际上是以磅为单位的穿透力除以以平方英寸为单位的锥体底面积，因此其具有压强单位[2.16]。随着电子和计算机技术的最新进展，人们已经开发出了使用电子（或电）传感器来监测力和穿透深度的各种锥体透度仪，以及用于存储和处理测量数据的计算机技术[2.4]。

除了圆锥指数，还可以使用圆锥透度计来获得其他指数。例如，在细粒土或排水不良的湿砂中，可以获得重塑指数（Remolding Index，RI）以评估地面强度在重复的车辆通行下可能发生的变化。RI 是重塑之后土壤的圆锥指数与重塑之前的圆锥指数的比率。取决于地面的类型和状况，重塑可能会导致地面强度增加或减少。评级圆锥指数（Rating Cone Index，RCI）定义为重塑指数（RI）和重塑之前测量的圆锥指数（CI）的乘积，可以用于表示地面在重复车辆通行下的强度。对于诸如砂土之类的粗粒土，除了圆锥指数之外，相对于穿透深度的圆锥穿透阻力梯度也可用于表征其强度。

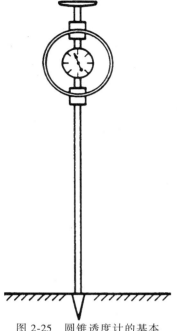

图 2-25 圆锥透度计的基本组成部分

一种用于预测履带车辆性能的经验方法

在 WES 所开发的用于预测履带车辆性能的方法中，首先使用经验公式来计算给定车辆的机动性指数（Mobility Index，MI）[2.17]。机动性指数的表达式为

$$\text{机动性指数} = \left(\frac{\text{接地压力系数} \times \text{重量系数}}{\text{履带系数} \times \text{履齿系数}} + \text{转向架系数} - \text{离地间隙系数}\right) \times \text{发动机系数} \times \text{传动系数} \tag{2-35}$$

其中，

$$\text{接地压力系数} = \frac{\text{总重量(lbf)}}{\text{履带的接地面积(in}^2\text{)}}$$

$$\text{重量系数} = \begin{cases} 1.0 & \text{当车重小于50000lbf(222.4kN)} \\ 1.2 & \text{当车重为50000} \sim \text{69999lbf(222.4} \sim \text{311.4kN)} \\ 1.4 & \text{当车重为70000} \sim \text{99999lbf(311.4} \sim \text{444.8kN)} \\ 1.8 & \text{当车重大于或等于100000lbf(444.8kN)} \end{cases}$$

$$\text{履带系数} = \frac{\text{履带宽度(in)}}{100}$$

$$\text{履齿系数} = \begin{cases} 1.0 & \text{当履齿高度小于1.5in(3.8cm)} \\ 1.1 & \text{当履齿高度大于1.5in(3.8cm)} \end{cases}$$

$$\text{转向架系数} = \frac{\dfrac{\text{总重量(lbf)}}{10}}{\text{履带上与地面接触的转向架总数} \times \text{单个履带板面积(in}^2\text{)}}$$

$$\text{离地间隙系数} = \frac{\text{离地间隙(in)}}{10}$$

$$\text{发动机系数} = \begin{cases} 1.0 & \text{履带车辆推重比} \geq \text{10hp/t} \\ 1.05 & \text{履带车辆推重比} < \text{10hp/t} \end{cases}$$

$$\text{传动系数} = \begin{cases} 1.0 & \text{自动变速} \\ 1.05 & \text{手动变速} \end{cases}$$

基于机动性指数（MI），可以计算称为车辆圆锥指数（Vehicle Cone Index，VCI）的参数。VCI表示允许给定车辆成功地通过特定次数（通常为1次或50次）时临界层中土壤的最小强度。例如，对于细粒土壤，根据机动性指数（MI），可以使用以下经验公式计算1次通过和50次通过的VCI值VCI_1和VCI_{50}：

$$VCI_1 = 7.0 + 2.0MI - \left(\frac{39.2}{MI+5.6}\right) \tag{2-36}$$

$$VCI_{50} = 19.27 + 0.43MI - \left(\frac{125.79}{MI+7.08}\right) \tag{2-37}$$

土壤强度可以根据细粒土壤的评级圆锥指数（RCI）或粗粒土壤的圆锥指数（CI）来描述。上面提到的临界层随车辆的类型和重量以及土壤强度分布而变化。对于排水自由或清洁的砂土，通常是0~6in（0~15cm）的深度层。对于细粒土和具有细粒的排水不良的砂土，一次通过通常为0~6in（0~15cm）的深度层，50次通过则为6~12in（15~30cm）的深度层。

在确定了VCI和土壤强度之后，履带车辆的性能参数之值，例如最大净牵引拉力系数（牵引力与车辆重量的比率）、最大可通过坡度以及牵引运动阻力系数（牵引运动阻力与车辆重量之比），可以经验性地确定为以下变量的函数，包括车辆类型、要完成的通过次数、细粒土壤的RCI与VCI之差（即RCI-VCI）或粗粒土壤的CI值。图2-26示出了在细粒土壤上具有不同履齿高度的履带车辆的最大牵引力系数（或最大可通过坡度）与RCI-VCI值之间的经验关系。对于在细粒土壤上工作的履带式车辆和轮式车辆，图2-27示出了它们首次通过时牵引运动阻力系数和RCI-VCI值之间的经验关系[2.17]。

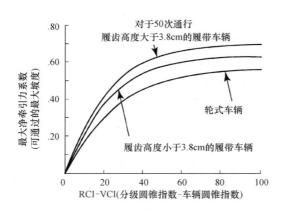

图2-26 在水平的细粒土壤上，车辆最大净牵引力系数随RCI-VCI值而变化的关系
（经允许转载自参考文献2.17）

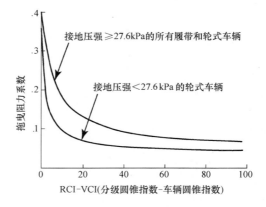

图2-27 在水平的细粒土壤上，车辆首次通过时牵引运动阻力系数和RCI-VCI值之间的关系
（经允许转载自参考文献2.17）

预测轮或车辆性能的经验方法

与上述用于预测履带车辆性能的经验方法相类似，在WES开发的这个方法中使用经验公式来计算越野轮式车辆的机动性指数。轮式车辆的机动性指数由下式给出[2.17]：

$$机动性指数 = \left(\frac{接地压力系数 \times 重量系数}{轮胎系数 \times 轮刺(凸耳)系数} + 车轮负载系数 - 离地间隙系数\right) \times 发动机系数 \times 传动系数$$

(2-38)

其中，

$$接地压力系数 = \frac{总重量(\mathrm{lbf})}{名义轮胎宽度(\mathrm{in}) \times 轮胎外半径(\mathrm{in}) \times 轮胎数}$$

重量系数	重量范围/lbf	重量系数的计算公式
	<2000(8.9kN)	$\overline{Y} = 0.553\overline{X}$
	2000~13500(8.9~60kN)	$\overline{Y} = 0.033\overline{X} + 1.050$
	13501~20000(60~88.9kN)	$\overline{Y} = 0.142\overline{X} - 0.420$
	>20000(88.9kN)	$\overline{Y} = 0.278\overline{X} - 3.115$
其中		$\overline{Y} = 重量系数$ $\overline{X} = \frac{总重量(\mathrm{kips})}{车轴数}$

$$轮胎系数 = \frac{10 + 轮胎宽度(\mathrm{in})}{100}$$

$$轮刺(凸耳)系数 = \begin{cases} 1.05 & 带有链条 \\ 1.00 & 不带链条 \end{cases}$$

$$车轮负载系数 = \frac{总重量(\mathrm{kips})}{车轴数 \times 2}$$

$$离地间隙系数 = \frac{离地间隙(\mathrm{in})}{10}$$

$$发动机系数 = \begin{cases} 1.0 & 履带车辆推重比 \geq 10\mathrm{hp/t} \\ 1.05 & 履带车辆推重比 < 10\mathrm{hp/t} \end{cases}$$

$$传动系数 = \begin{cases} 1.0 & 自动变速 \\ 1.05 & 手动变速 \end{cases}$$

类似于先前所述的用于预测履带车辆性能的经验方法，轮式车辆的机动性指数被用来确定车辆圆锥指数（VCI）。例如，对于一台自推进的轮式车辆，细粒土的车辆圆锥指数可以通过以下经验公式与机动性指数关联起来。

对于单次通过，如果 MI≤115，

$$\mathrm{VCI}_1 = 11.48 + 0.2\mathrm{MI} - \left(\frac{39.2}{\mathrm{MI} + 3.74}\right)$$

(2-39a)

如果 MI>115，

$$\mathrm{VCI}_1 = 4.1\mathrm{MI}^{0.446}$$

(2-39b)

对于 50 次通过，

$$\mathrm{VCI}_{50} = 28.23 + 0.43\mathrm{MI} - \left(\frac{92.67}{\mathrm{MI} + 3.67}\right)$$

(2-40)

最近，考虑到轮胎变形影响的一个校正因子已被引入到 VCI 的计算中。其表达式为 $\sqrt[4]{0.15/(\delta/h)}$，其中 δ 是轮胎的变形（挠度），h 是轮胎在没有载荷作用时的截面高度。通过将式（2-39）或式（2-40）与校正因子相乘便可得到 VCI 的校正值。

在确定了车辆的 VCI 和要通过的土壤的强度（例如细粒土的评级圆锥指数）之后，轮式车辆的性能参数，例如最大净牵引力系数和牵引运动阻力系数，可以通过使用图 2-26 和图 2-27 所示的经验关系来预测。在细粒土壤中，车辆的性能参数与 RCI−VCI 之值有关。

对于单个轮胎的性能，WES 开发出了基于两个无量纲预测项或土壤-轮胎数值的一个经验模型[2.18,2.19]。对于在纯黏性土壤（近饱和黏土）中工作的轮胎，使用黏土-轮胎数值 N_c；对于在纯摩擦型土壤（空气干燥的砂土）中工作的轮胎，使用砂土-轮胎数值 N_s。这两个数值定义为：

$$N_c = \frac{Cbd}{W} \times \left(\frac{\delta}{h}\right)^{1/2} \times \frac{1}{1+(b/2d)} \tag{2-41}$$

$$N_s = \frac{G(bd)^{3/2}}{W} \times \frac{\delta}{h} \tag{2-42}$$

其中，b 是轮胎的截面宽度，C 是圆锥指数，d 是轮胎直径，G 是砂土穿透阻力梯度，h 是没有载荷作用时轮胎的截面高度，W 是轮胎负载，δ 是轮胎变形。

对于在兼具黏性和摩擦性质的土壤中工作的轮胎，Wismer 和 Luth 提出了一个土壤-轮胎数值 N_{cs}，其定义为[2.20]

$$N_{cs} = \frac{Cbd}{W} \tag{2-43}$$

基于主要由实验室土壤箱中获得的测试结果，这些土壤-轮胎数值已经经验性地与两个轮胎性能参数相关联：牵引系数 μ 以及滑转率为 20% 时的牵引效率 η。牵引系数定义为挂钩牵引力与轮胎上的法向载荷之比，而牵引效率则被定义为轮胎的牵引功率（即挂钩牵引力和轮胎的前进速度之积）与输入功率之比。图 2-28 示出了滑转率为 20% 时，μ 和 η 与黏土-轮胎数值 N_c 之间的经验关系。这些关系是尺寸为 4.00-7 到 31×15.50-13 的轮胎在黏性土壤上获得的，法向载荷为 0.23 ~ 20kN（52 ~ 4500lbf），轮胎挠曲与横截面高度的比率范围为 0.08 ~ 0.35。这些黏土顶部 15cm（6in）土层中的圆锥指数值范围为 55 ~ 390kPa（8 ~ 56lbf/in²）。图 2-29 示出了滑转率为 20% 时两个轮胎性能参数与砂土-轮胎数值 N_s 之间的关系。这些经验关系基于被称为 Yuma 沙漠砂土这一特定类型的砂土上所获得的测试结果，其中轮胎类似于图 2-28 所示的轮胎，载荷为 0.19 ~ 20kN（42 ~ 4500lbf），并且轮胎挠度与截面高度之比的范围为 0.15 ~ 0.35。Yuma 沙漠砂土的穿透阻力梯度值的范围为 0.9 ~ 5.4MPa/m[3.3 ~ 19.8(lbf/in²)/in]。图 2-30 示出了在滑转率为 20% 时 μ 和 η 与土壤-轮胎数值 N_{cs} 之间的经验关系。这些关系是在黏性-摩擦土壤上获得的，其中轮胎宽度

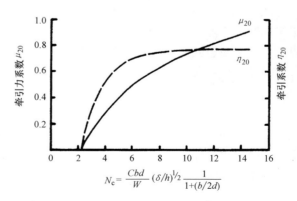

图 2-28 滑转率为 20% 时，牵引力系数（μ）和牵引效率（η）与黏土-轮胎数值 N_c 之间的经验关系（经许可转载自参考文献 2.19）

为 36~84cm（14~33in），轮胎直径范围为 84~165cm（33~65in），载荷范围为 2.2~28.9kN（495~6500lbf）。这些土壤囊括范围很广，从 15cm（6in）深的、通行前平均圆锥指数为 130kPa（19lbf/in^2）的耕层土壤到平均圆锥指数值达 3450kPa（500lbf/in^2）的未耕层土壤[2.19]。

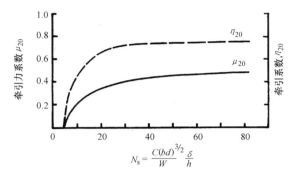

图 2-29 滑转率为 20%时，牵引力系数（μ）和牵引效率（η）与砂土-轮胎数值 N_s 之间的经验关系（经许可转载自参考文献 2.19）

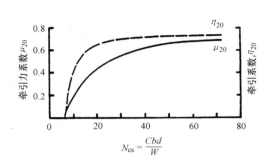

图 2-30 滑转率为 20%时，牵引力系数（μ）和牵引效率（η）与黏性-摩擦性土壤数值 N_{cs} 之间的经验关系（经许可转载自参考文献 2.19）

自从首次作为新的实验数据出现，基于土壤-轮胎数值（特别是砂土-轮胎数值）的用于预测轮胎性能的经验关系已经经历了多次修订[2.4,2.21]。

2.3.2 基于最大压力的经验方法

用于评估越野车辆机动性的另一种经验方法是基于由 Rowlands 所提出的平均最大压力（Mean Maximum Pressure，MMP）这一概念，其定义为在所有负重轮位置下的最大压力的平均值[2.22,2.23]。

下面给出了用于预测具有不同设计特征的履带系统 MMP 值的经验公式。对于带有刚性负重轮的链节履带和带状履带：

$$\text{MMP} = \frac{1.26W}{2n_r A_1 b \sqrt{t_t D}} \text{kPa} \qquad (2\text{-}44)$$

对于带有充气轮胎负重轮的带状履带：

$$\text{MMP} = \frac{0.5W}{2n_r b \sqrt{D f_t}} \text{kPa} \qquad (2\text{-}45)$$

其中，W 为车辆重量，其单位为 kN；n_r 是一条履带上的负重轮数目；A_1 是与 $b \times t_t$ 成正比的链节刚性面积（或带状履带座）；b 是以 m 为单位的履带宽度或充气轮胎宽度，t_t 是以 m 为单位的履带节距；D 是履带负重轮直径或充气轮胎直径，其单位为 m；f_t 是在载荷作用下充气轮胎的径向变形，其单位为 m。

表 2-1 示出了使用上述经验公式计算的各种类型履带车辆的 MMP 值[2.23]。

为了评估具有特定 MMP 值的特定车辆在特定地面上是否具有足够的机动性，人们提出了不同条件下所需的平均最大压力值，见表 2-2[2.23]。

表 2-1 一些履带车辆的平均最大压力值

车辆	履带构型	重量/kN	平均最大压力/kPa
Amphibious Carrier M29C Weasel	链节履带	26.5	27
Armoured Personnel Carrier M113		108	119
Catepillar D4 Tractor		59	82
Catepillar D7 Tractor		131	80
Main Battle Tank AMX 30		370	249
Main Battle Tank Leopard Ⅰ		393	198
Main Battle Tank Leopard Ⅱ		514	201
Main Battle Tank M60		510~545	221~236
Main Battle Tank T62		370	242
Swedish S-Tank	链节履带	370	267
Volvo BV202 All-Terain Carrier	带状履带 充气轮胎	42	33

数据来源：参考文献 2.23。

表 2-2 平均最大压力的期望值

地面	平均最大压力/(kN/m^2)		
	理想的（多次通过的）	良好的	最大允许的（大多数可在一次通过情况下通过）
浸粒烟土			
温带的	150	200	300
热带的	90	140	240
沼泽地	30	50	60
沼泽流动层和欧洲沼泽区	5	10	15
雪	10	25~30	40

数据来源：参考文献 2.23。

在经验公式（2-44）和公式（2-45）中，在计算 MMP 时并没有明确考虑地面特征。因此，计算得到的 MMP 值与地面条件无关。实际上，履带下方的压力分布以及 MMP 的实际值，会受到地面特性的强烈影响[2.4]。使用 Rowland 经验公式计算得到的 MMP 值与测量值之间存在显著不同，并且在很多类型的地面上，车辆设计参数对 MMP 值的影响并不一定能够由经验公式来精确表示[2.24]。此外，公式（2-44）、公式（2-45）和表 2-2 仅可被用于以"通过/不能通过"为基础来评估履带车辆在松软地面上的性能，并不能用于定量地预测车辆的性能，诸如运动阻力、驱动力、牵引拉力和在给定操作条件下的牵引效率。

经验方法使用简单，并且可用于估计具有在类似操作条件下测试过的那些设计特征相类似的车辆的性能。然而，经验关系通常不能超出它们的推导条件而做外插。因此，经验方法具有固有的局限性。例如，不确定这些方法能否用于评估新的车辆设计概念或在新的操作环境中的车辆性能。此外，只有在问题中所涉及的变量数相对较小时，完全经验性的方法才是可行的。如果需要大量参数来定义该问题，则经验方法可能并不一定是经济有效的。

2.4 地面响应的测量和表征

由于上述弹性和塑性平衡理论以及经验方法的局限性，人们开发了越野车辆性能的参数化分析方法，这些方法基于对与越野车辆类似的载荷下土壤响应的测量以及对车辆-地面相互作用力学的详细分析[2.3,2.4]。本节讨论地面响应的测量与表征，而车辆-地面相互作用力学以及越野车辆性能的参数化分析方法将在后续章节中介绍。

地面车辆通过其行走装置对地面施加一法向载荷，这将引起地面的下陷并随之产生行驶阻力，如图2-31所示。另外，施加到履带链轮或轮胎上的转矩引起行走装置和地面之间的剪切作用，这将产生推力和与之关联的滑转。因此，对于法向压力-沉陷量以及剪切应力-变形关系的测量，对预测和评价越野车辆性能是最为重要的。此外，当越野车辆做直线运动时，车辆下方的一个土壤单元会受到由多轮车辆（或履带车辆的负重轮）中前后车轮所连续施加的重复载荷。为了较为现实地预测越野车辆的性能，也应该测量地面对重复性装载的响应[2.4, 2.25, 2.26]。

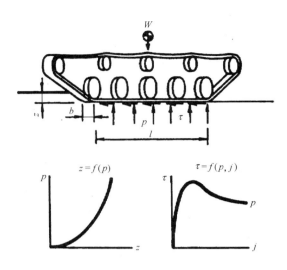

图2-31 用来预测履带车辆性能的简化模型

在车辆运动性能研究中，用于测量地面对载荷响应的一种众所周知的方法是由Bekker提出的[2.2, 2.3, 2.27]。现在这项技术被称为贝氏仪（bevameter）技术。它包括两组基本测试：一组平板侵入测试和一组剪切测试。在侵入试验中，一个合适尺寸的平板被用于模拟车辆行驶装置的接触面积，用于测量压力-沉陷量之间的关系。它被用于预测车辆-地面界面中的法向压强分布以及车辆的沉陷量。为了最大限度地减少将所测数据用于预测全尺寸车辆性能时的不确定性，最好能使测试用平板尺寸与履带片或轮胎接地面积相类似[2.4, 2.26]。在剪切测试中，如图2-12所示的剪切环或剪切板，被用于模拟车辆行走装置的剪切作用，测定剪切应力-位移之间的关系以及地面的抗剪强度。这提供了用于预测车辆-地面界面上的剪切应力以及车辆牵引力-滑转率关系所需的数据。

图2-32示出了用于上述测试的贝氏仪的基本特征。在压强-沉陷量测试中，一个液压冲

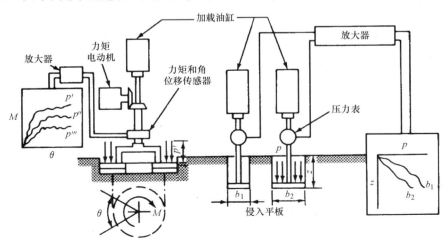

图2-32 用于测量土壤性质的贝氏仪原理简图（出自 M. G. Bekker 博士的 Introduction to Terrain-Vehicle Systems，版权©密歇根大学，1969年；密歇根大学出版社许可使用）

头常被用于向下陷平板施加法向载荷；通常使用圆形平板。如图 2-32 所示，施加压强与平板的对应沉陷量被记录下来。在剪切测试中，剪切环常被用来对各种法向压力下的土壤表面施加剪切载荷。如图 2-32 所示，施加到剪切环的力矩和对应的剪切环角位移也被记录下来；从这些数据中可以推导出剪切应力-变形之间的关系以及土壤的抗剪强度参数。为了预测橡胶轮胎或橡胶履带所产生的牵引力，必须测量橡胶-地面的剪切特性。这些可以通过使用表面覆盖橡胶层的剪切环而得到，该橡胶与轮胎胎面或履带具有相同的组分。图 2-33 示出了一个安装在车辆前方用于现场测量土壤性质的贝氏仪。

图 2-33　车载贝氏仪的现场操作

2.4.1　压强-沉陷量关系的表征

在收集到压强-沉陷量数据之后，应该对这些数据合理表征，以便能使它们可被集成到用于预测越野车性能的选择框架。取决于地面的类型、结构以及条件，可以使用不同的数学函数来表征压强-沉陷量关系。

均质土壤

如果在感兴趣的深度之内，土壤可被看作是均质的，那么，所对应的压强-沉陷量关系可以采取图 2-34 中的一种形式，并且该关系可通过下列由 Bekker 提出的公式来表征[2.3]：

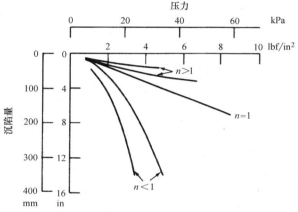

图 2-34　各种均质土壤的载荷-沉陷量关系曲线（出自 M. G. Bekker 博士的 Introduction to Terrain-Vehicle Systems，版权©密歇根大学，1969 年；密歇根大学出版社许可使用）

$$p = \left(\frac{k_c}{b} + k_\phi\right) z^n \tag{2-46}$$

其中，p 是压强；b 是接地面的短边，即矩形接触面的宽度或者圆形接触面的半径；z 是沉陷量；而 n、k_c 和 k_ϕ 是描述压强-沉陷量关系的参数。Bekker 指出，在均质土壤中使用大长宽比（大于 5~7）的平板测量时，k_c 和 k_ϕ 对平板宽度并不敏感。然后，考虑到野外土壤中可能的不均匀性，设计用来野外使用的平板，其宽度不应小于 5cm（2in），最好不小于 10cm（4in）。为了确定测试用平板形状对 k_c、k_ϕ 和 n 取值的影响程度，人们已经进行了大量测试。迄今为止得到的实验结果表明，使用一组大长宽比（大于 5~7）的矩形板所得到的 k_c、k_ϕ 和 n 的值，与一组半径等于矩形板宽度的圆形板所得到的结果，两者之间差别很小。

由于上述原因,圆形板常被使用,这是因为为了对土壤产生相同的压强,圆形板比相应的矩形板所需要的总载荷要小。

参数 k_c、k_ϕ 和 n 的取值可以根据使用最少两个不同宽度（或半径）的两个平板实验而得出。从实验可以得出两个曲线：

$$p_1 = \left(\frac{k_c}{b_1} + k_\phi\right) z^n$$

$$p_2 = \left(\frac{k_c}{b_2} + k_\phi\right) z^n \tag{2-47}$$

在对数坐标中,上述方程可被改写为下列形式：

$$\log p_1 = \log\left(\frac{k_c}{b_1} + k_\phi\right) + n\log z$$

$$\log p_2 = \log\left(\frac{k_c}{b_2} + k_\phi\right) + n\log z \tag{2-48}$$

这两个方程表示在双对数坐标中具有相同斜率的两条平行直线,如图 2-35 所示。显然,$\tan \alpha_s = n$（图 2-35）。因此,变形指数 n 可以由平行直线的斜率来确定。在沉陷量 $z = 1$ 时,对于两个不同尺寸的法向压力值为

$$(p_1)_{z=1} = \frac{k_c}{b_1} + k_\phi = a_1$$

$$(p_2)_{z=1} = \frac{k_c}{b_2} + k_\phi = a_2 \tag{2-49}$$

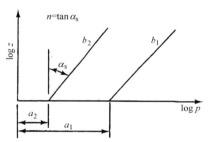

图 2-35 确定下限模数和下限指数的方法

在上述公式中,$(p_1)_{z=1}$ 和 $(p_2)_{z=1}$ 为测量值,未知数只有 k_c 和 k_ϕ。因此,k_c 和 k_ϕ 可以通过下列公式来确定：

$$k_\phi = \frac{a_2 b_2 - a_1 b_1}{b_2 - b_1}$$

$$k_c = \frac{(a_1 - a_2) b_1 b_2}{b_2 - b_1} \tag{2-50}$$

由于野外测试中土壤的不均匀性和可能的实验误差,在某些情况下,在双对数坐标中,压强-沉陷量曲线可能并不十分平行。因此,可能得到两个变形指数。在这些情况下,n 的取值通常取两个测试结果的平均值。上述程序依赖于研究者在双对数坐标中使用合适直线来表示压强-沉陷量数据的能力。因此,没有熟练经验的人员容易犯错误。此外,k_c 和 k_ϕ 的取值仅通过使用沉陷量 $z = 1$ 处的压强来确定。为了提供一种用于从压强-沉陷量测量数据中推导出 n、k_c 和 k_ϕ 取值的更合理的方法,一种基于加权最小二乘法的计算机程序被开发出来,并用于处理现场数据[2.4, 2.28]。

表 2-3 给出了不同土壤样本的 k_c、k_ϕ 和 n 的取值[2.3, 2.4, 2.29, 2.30]。

公式（2-46）基本上是一个经验公式。而且,根据指数 n 的不同取值,参数 k_c 和 k_ϕ 具有不同的量纲。由于受到土壤力学中更本质工作以及经验证明的影响,对于压强-沉陷量关系,

表 2-3 土壤参数值

土　　壤	含水量(%)	n	k_c lbf/in^{n+1}	k_c kN/m^{n+1}	k_ϕ lbf/in^{n+2}	k_ϕ kN/m^{n+2}	c lbf/in^2	c kPa	ϕ (°)
Dry sand (Land Locomotion Lab, LLL)	0	1.1	0.1	0.99	3.9	1528.43	0.15	1.04	28°
Sandy loam (LLL)	15	0.7	2.3	5.27	16.8	1515.04	0.25	1.72	29°
Sandy loam	22	0.2	7	2.56	3	43.12	0.2	1.38	38°
Michigan (Strong, Buchele)	11	0.9	11	52.53	6	1127.97	0.7	4.83	20°
Sandy loam	23	0.4	15	11.42	27	808.96	1.4	9.65	35°
(Hanamoto)	26	0.3	5.3	2.79	6.8	141.11	2.0	13.79	22°
Clayey soil (Thailand)	32	0.5	0.7	0.77	1.2	51.91	0.75	5.17	11°
Heavy clay (Waterways Experiment Stn., WES)	38	0.5	12	13.19	16	692.15	0.6	4.14	13°
	55	0.7	7	16.03	14	1262.53	0.3	2.07	10°
	25	0.13	45	12.70	140	1555.95	10	68.92	34°
Lean clay (WES)	40	0.11	7	1.84	10	103.27	3	20.69	6°
	22	0.2	45	16.43	120	1724.69	10	68.95	20°
	32	0.15	5	1.52	10	119.61	2	13.79	11°
LETE sand (Wong)		0.79	32	102	42.2	5301	0.19	1.3	31.1°
Upland sandy loam (Wong)	51	1.10	7.5	74.6	5.3	2080	0.48	3.3	33.7°
Rubicon sandy loam (Wong)	43	0.66	3.5	6.9	9.7	752	0.54	3.7	29.8°
North Gower clayey loam (Wong)	46	0.73	16.3	41.6	24.5	2471	0.88	6.1	26.6°
Gren ville loam (Wong)	24	1.01	0.008	0.06	20.9	5880	0.45	3.1	29.8°
Snow (U.S.) (Harrison)		1.6	0.07	4.37	0.08	196.72	0.15	1.03	19.7°
		1.6	0.04	2.49	0.10	245.90	0.09	0.62	23.2°
Snow (Sweden)		1.44	0.3	10.55	0.05	66.08	0.87	6	20.7°

数据来源：参考文献 2.3、2.4、2.29 和 2.30。

Reece 提出了一种新公式[2.31]：

$$p = (ck_c' + \gamma_s b k_\phi')\left(\frac{z}{b}\right)^n \quad (2-51)$$

其中，n、k_c' 和 k_ϕ' 是压强-沉陷量参数，γ_s 是土壤的重量密度，c 是内聚力。为了验证上述公式中主要特征的正确性，Reece 曾做了一系列侵入试验；其中使用了长宽比最小为 4.5、宽度不等的平板。试验结果如图 2-36 所示。对于无摩擦性的黏土，k_ϕ' 项可以忽略不计。图 2-36 中的结果表明这一点是正确的；对于黏土，不论所使用的平板宽度如何，相对于 z/b 绘出的曲线族几乎聚拢成为一条单一曲线。对于无黏性干沙，k_c' 可以忽略不计。因此，该公式表明，对于给定的 z/b 值，压强随着平板的宽度而线性增加。增加沙的湿度并不改变 ϕ 值，但会增加一个内聚力分量。这将增加一个与宽度无关的压力项，即公式(2-51) 中的第一项。这一点可由试验结果再次得到证实。

Reece 指出，虽然公式（2-51）与公

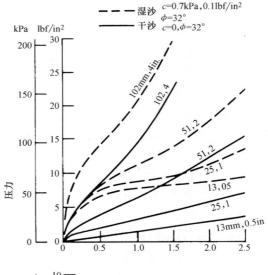

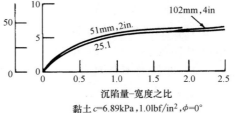

图 2-36 各种尺寸的矩形板在不同土壤中的压力-沉陷量曲线（出自参考文献 2.31，经机械工程师协会理事会许可转载）

式（2-46）的区别仅在于宽度效应，但这足以证明一个彻底改善。公式（2-51）中的土壤参数 k'_c 和 k'_ϕ 没有量纲，而公式（2-46）中的 k_c 和 k_ϕ 的量纲取决于 n。此外，公式（2-51）似乎允许自身适用于任何可以想象的理论方法。例如，公式（2-51）和 Terzaghi 的承载能力公式[公式（2-29）]具有相似的形式。在无黏性的干沙中，两个公式都表明增加宽度可以引起压力的线性增加。另一方面，在无摩擦的黏性土壤中，两个公式都表明增加宽度对于压力没有影响。

需要指出的是，公式（2-51）仅适用于均质土壤。对于非均质土壤或者分层土壤，使用较小尺寸的平板得到的压力-沉陷量关系可能无法外插到对应于较大接触面积的关系式。这是因为对于相同的 z/b 比值，具有较大 b 值的平板必须侵入土壤的更深层，该层可能具有与浅层土壤不同的力学性能。

有机地面（沼泽地）

对于北美经常遇到的有机地面（沼泽地），表面有一层活的植被，其下有一饱和的泥炭层。对于有机地面，图 2-37 示出了通过现场实验获得的一种典型的压力-沉陷量曲线[2.4, 2.25, 2.32]。最初，压力随沉陷量的增加而增大，但是当所施加的压力（或负载）达到一定程度时，表面层破裂。由于表面层下方的饱和泥炭层往往比表面层强度更弱，并且其所能提供的阻力也更小，当表面层被破坏之后，压力随沉陷量的增加而降低，如图 2-37 所示。根据实验观察，已经开发了一种关于表面层破坏失效的数学模型[2.4, 2.32]。在制定模型时，假设该有机地面由两层组成：表面层与泥炭层。表面层可理想化为一种类似于膜状的结构，这意味着它只能承受沿表面切线方向的张力，而不能提供对弯曲的任何阻力。底部的泥炭层被假定为，一种能提供正比于其在垂直方向变形的阻力的介质。

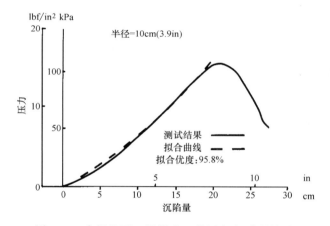

图 2-37 有机地面（沼泽地）的压力-沉陷量关系

根据这个模型，有机地面在达到临界沉陷量 z_{cr}（此时表面层开始发生破坏）之前，其压力-沉陷量关系由下式给出[2.4]：

$$p = k_p z + 4 m_m z^2 / D_h \tag{2-52}$$

其中，p 是压力；z 是沉陷量；k_p 是泥炭层的刚度参数；m_m 是表面层的一个强度参数；D_h 是接触面积（或下陷平板）的水力直径（hydraulic diameter），它等于 $4A/L$，其中 A 和 L 分别为接触印迹的面积和周长。

人们已经开发了一种基于最小二乘法的计算机程序，可以根据测量数据推导出 k_p 和 m_m 的值[2.4, 2.25, 2.32]。表 2-4 示出了在加拿大安大略省 Petawawa 地区发现的两种类型的有机地面的 k_p、m_m 和 z_{cr} 值。k_p 随下陷速度而变化。对于表 2-4 所示的 Petawawa 沼泽地 A 和 B，当下陷速度从 2.5 上升到 10cm/s（1~4in/s）时，A 的 k_p 值从 407 上升到 471kN/m³（1.5~1.7lbf/in³），

B 的 k_p 值从 954 上升到 1243kN/m³（3.5~4.6lbf/in³）。表观刚度的增加可能是由于水在饱和泥炭层中的运动而引起的，这生成了额外的与渗透速率相关的流体动力学阻力。

表 2-4 有机地面（沼泽地）的 k_p、m_m 和 z_{cr} 参数值

地面类型	下陷速度		k_p		m_m		z_{cr}	
	cm/s	in/s	kN/m³	lbf/in³	kN/m³	lbf/in³	cm	in
沼泽地 A	2.5	1	407	1.5	97	0.36	20	7.9
	10	4	471	1.7	112	0.41	17	6.7
沼泽地 B	2.5	1	954	3.5	99	0.36	21	8.3
	10	4	1243	4.6	99	0.36	22	8.7

数据来源：参考文献 2.4 和 2.25。

注：使用直径为 10cm（4in）的圆形平板获得的数据。

覆盖有冰层的雪

在北温带，冬季地上的积雪常常发生"融化-冻结"这一循环。因此，在开旷地带的雪层表面覆盖一层强度显著的壳（冰层）。随着后续降雪在此壳顶部的堆积，逐渐形成包含冰层的积雪。图 2-38 示出了在加拿大安大略省的 Petawawa 地区某个积雪处获得的压力-沉陷量数据。它在距表面约 10cm（4in）的深度含有大量冰层，并且其底部为冻土[2.4,2.33,2.34]。

从图 2-38 中可以看出，随着平板下方一定范围内的积雪变形，压力首先随沉陷量的增加而逐渐增大。当平板下方积雪的变形区域的下边界到达冰层，压力随沉陷量的增加而快速增大。当施加的压力超过一定程度之后，冰层被破坏，从而导致压力突然下降。冰层破裂后，平板进一步下沉会使得冰层下方积雪的变形增大。当平板在积雪覆盖的基部接近冻土，压力再次迅速增加，此时压力-沉陷量曲线趋近于渐近线。

根据图 2-38 所示的结果，在冰层破坏之前和之后的压力-沉陷量之间的关系，可以通过以下形式的指数函数来描述[2.4,2.33,2.34]：

$$z = z_\omega [1 - \exp(-p/p_\omega)]$$

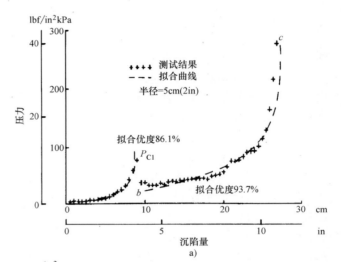

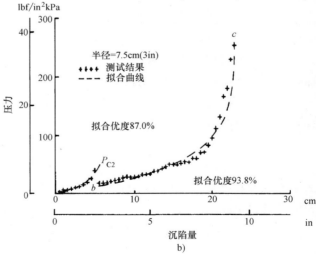

图 2-38 使用不同尺寸的圆形平板测得的积雪的压力-沉陷量关系

或

$$p = p_\omega [-\ln(1 - z/z_\omega)] \tag{2-53}$$

其中，p 是压力；z 是沉陷量；z_w 定义了压力-沉陷量曲线的渐近线，其近似值可选取冰层的厚度或冻土地面的深度；p_w 是一个经验参数，其值等于当沉陷量 z 为 z_w 的 95% 时所对应压力的 1/3。例如，图 2-38a 中用于定义 0~10cm（0~4in）沉陷量范围内的压力-沉陷量关系的 z_w 值大于等于 9cm（3.5in）。沉陷量等于 z_w 的 95% 时（8.6cm 或 3.4in）的压力 p 约等于 58.8kPa（8.5lbf/in^2）。因此，p_w 等于 19.6kPa（2.8lbf/in^2）。

人们已经开发了一种基于最小二乘法原理的计算机程序，用于从测量数据推导出 z_w 和 p_w 值[2.4, 2.33]。

如图 2-38a 和 b 所示，引起冰层破坏的压力 p_{c1} 和 p_{c2}，可以使用基于塑性理论的方法来预测[2.4, 2.33]。

2.4.2 对重复性负载响应的表征

当越野车辆沿直线运动时，行走装置下方的地面微元首先经受由前轮（或履带系统中的负重轮）施加的载荷。当前轮已经通过时，地面微元上的负载减小。当随后的车轮在地面微元上滚过时，载荷重新施加其上。因此，地面微元经受多轴轮式车辆连续车轮或履带车辆负重轮的重复加载。加载-卸载-再加载这一循环继续进行，直至车辆后轮通过该地面微元为止。为了预测一台移动的越野车辆下方的法向压力分布，以及预测沉陷量和运动阻力，除了上述的压力-沉陷量关系之外，还必须测量地面对重复性的法向载荷的响应。

图 2-39、图 2-40 和图 2-41 分别示出了沙地、有机地面和积雪地面对重复性法向荷载的响应[2.4, 2.25, 2.26]。最初压力沿着曲线 OA 随沉陷量的增加而增大。然而，当在 A 处施加到地面的载荷减小时，卸载期间的压力-沉陷量关系遵循线 AB。当在 B 处重新施加载荷时，在沙地和覆雪地面上的压力-沉陷量关系会或多或少地遵循与卸载期间的路径相同的路径，如图 2-39 和图 2-41 所示。然而，对于有机地面，当在 B 处重新施加载荷时，压力-沉陷量关系遵循与卸载期间不同的路径，如图 2-40 所示。这表明在卸载-重新加载循环期间存在显著的滞后。当重新施加的载荷超过卸载开始（图中的 A 点）之前的载荷时，会产生额外的沉陷。随着压力的进一步增大，压力-沉陷量关系看似遵循图中所示的连续负载路径 AC。在点 C 处

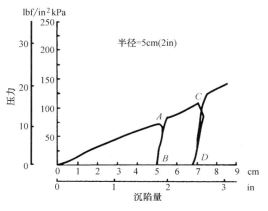
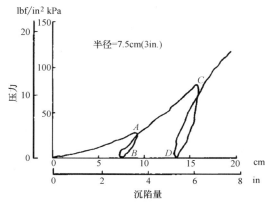

图 2-39　矿物地面对重复性法向载荷的响应　　图 2-40　有机地面（沼泽地）对重复性法向载荷的响应

开始的第二个卸载-再加载循环的特性与第一次的卸载-再加载循环的特性类似。

基于实验观察，对于上述三种类型的地面，在卸载和重新加载期间的压力-沉陷量关系，例如图中所示的 AB 和 BA，可以由表示地面平均响应的一个线性函数来近似[2.4, 2.26]：

$$p = p_u - k_u(z_u - z) \quad (2-54)$$

其中，p 和 z 分别为卸载或重新加载过程中的压力和沉陷量；p_u 和 z_u 分别为当卸载开始时的压力和沉陷量；k_u 是表示卸载-再加载线 AB 的平均斜率的压力-沉陷量参数。

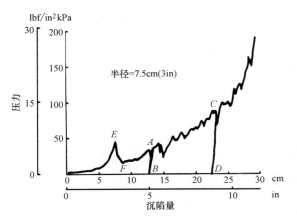

图 2-41 积雪对重复性法向载荷的响应

卸载-再加载线 AB 的斜率（即 k_u）表示卸载期间弹性回弹的程度。如果线 AB 是垂直的，则在卸载期间，没有弹性回弹且地面变形完全是塑性的。

根据测量数据，发现参数 k_u 为卸载开始时的沉陷量 z_u 的一个函数。作为近似，它们之间的关系可以表示为[2.4, 2.26]

$$k_u = k_0 + A_u z_u \quad (2-55)$$

其中，k_0 和 A_u 为表征地面对重复性载荷响应的参数，z_u 为卸载开始时的沉陷量。

表 2-5 给出了不同类型地面的 k_0 和 A_u 值。

表 2-5 不同类型地面的 k_0 和 A_u 值

地 面 类 型	k_0		A_u	
	kN/m³	lbf/in³	kN/m⁴	lbf/in⁴
沙子	0	0	50300	47.6
沼泽 A	123	0.46	23540	2.2
沼泽 B	147	0.54	29700	2.7
雪地 A	0	0	109600	10.2
雪地(瑞典)	0	0	87985	8.2

数据来源：参考文献 2.4 和 2.26。

2.4.3 剪切应力-剪切位移关系的表征

如图 2-42 所示，当转矩施加到轮胎或者履带链轮上时，在车辆行走装置-地面界面之间会产生剪切作用。为了预测车辆的牵引力和滑转率，需要了解地面剪切应力和剪切位移之间的关系，该关系可通过剪切试验来确定。图 2-43 示出了使用不同剪切装置得到的沙土在不同法向压力作用下的剪切应力-剪切位移之间的关系[2.35]。如图 2-44 所示，如果画出地面的最

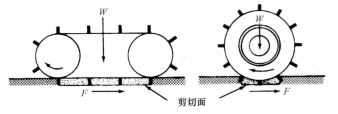

图 2-42 履带和车轮的剪切作用

大剪切应力以及对应的法向压力,可以得到一条直线。直线的斜率确定了内抗剪强度角 ϕ,而直线在剪切应力轴线上的截距,确定了如前面讨论的地面的表征内聚力 c。图 2-44 示出的结果表明,由不同剪切装置(包括平移剪切盒、剪切环、矩形剪切板以及刚性履带)得到的剪切强度相差不大。

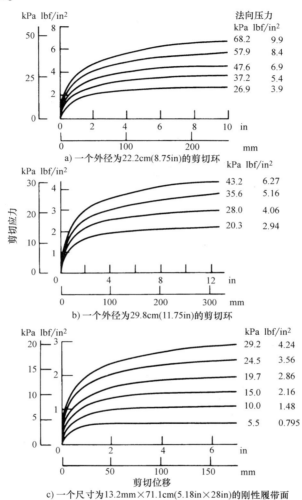

图 2-43 使用下列方法得到的沙土中的剪切应力-位移曲线(出自文献 2.35,Journal of Agricultural Engineering Research 许可使用)

基于数量可观的现场测试数据,可知通常会观测到三种类型的剪切应力-剪切位移关系式。

1)对于松散沙子、饱和黏土、新鲜干雪以及大多数扰动土壤,剪切应力-剪切位移关系展现出如图 2-45 所示的特性。剪切应力起始阶段随剪切位移而急剧增大,然后随着剪切位移增大而向恒值趋近。对于这种类型的地面,可以使用 Janosi 和 Hanamoto 提出的指数函数来描述对应的剪切应力-变形关系[2.3,2.4,2.36]:

$$\begin{aligned}\tau &= \tau_{\max}(1-e^{-j/K}) \\ &= (c+\sigma\tan\phi)(1-e^{-j/K})\end{aligned} \tag{2-56}$$

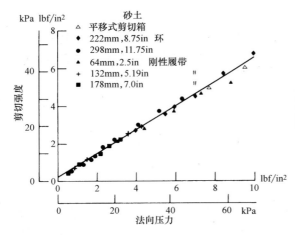

图 2-44 由各种方法确定的沙土的剪切强度
（出自文献 2.35，Journal of Agricultural Engineering Research 许可使用）

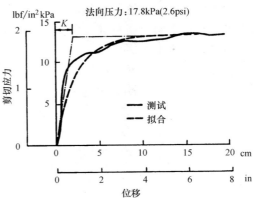

图 2-45 具有简单指数形式的剪切曲线

其中，τ 是剪切应力，j 是剪切位移，c 和 ϕ 分别是地面的内聚力和内抗剪强度角，而 K 被称为剪切位移参数。

K 可被认为是达到最大剪切应力所需剪切位移的一种度量，其值确定了剪切曲线的形状。K 值可由过原点引剪切曲线的切线到表示最大剪切应力 τ_{max} 的水平线之交点与纵轴之间的距离来表示。剪切曲线在原点处的斜率可以通过将公式（2-56）中的 τ 相对于 j 取微分而得到：

$$\left.\frac{d\tau}{dj}\right|_{j=0} = \left.\frac{\tau_{max}}{K}e^{-j/K}\right|_{j=0} = \frac{\tau_{max}}{K} \tag{2-57}$$

因此，K 值可由剪切曲线在原点处的斜率和 τ_{max} 来确定。K 值可取剪切应力 τ 等于最大剪切应力 τ_{max} 的 95% 时对应剪切形变的 1/3。

在实际中，剪切曲线，尤其是对自然土壤现场测量得到的曲线，是不光滑的，如图 2-45 所示。基于加权最小二乘原则，可以使用下列公式得到能够将公式（2-56）拟合到测量曲线所得全部误差最小化的 K 的最优值[2.4,2.28,2.36]：

$$K = -\frac{\sum(1-\tau/\tau_{max})^2 j^2}{\sum(1-\tau/\tau_{max})^2 j[\ln(1-\tau/\tau_{max})]} \tag{2-58}$$

其中，τ_{max} 是测到的最大剪切应力，τ 和 j 分别是测得的剪切应力以及对应的剪切位移。

基于收集到的实验数据，K 值从密实沙土对应的 1cm（0.4in）到松散沙子对应的 2.5cm（1in）；而黏土在最大压缩状态下的 K 值大约为 0.6cm（1/4in）。对于不受扰动的新鲜干雪，K 值在 2.5~5cm（1~2in）的范围内变化[2.29]。现有的实验数据表明，K 值可能也是法向压力的函数；然而它们之间的精确关系尚待确定。

2）对于表面具有生物植被且其下有饱和泥炭层的有机地面（沼泽地），剪切应力-剪切位移关系显示出如图 2-46 所示的特性。剪切应力最初随剪切位移的增加而迅速增加，并且达到最大剪切应力的"峰值"，此时地面表层开始"剪掉"（shear-off）。随着剪切位移的进一步增加，剪切应力连续降低，这是因为在植被层下方的泥炭层的剪切阻力低于表面植被层。这种类型的剪切行为可以通过以下公式表征[2.4,2.25,2.32,2.36]：

$$\tau = \tau_{\max}(j/K_\omega)\exp(1-j/K_\omega) \tag{2-59}$$

其中，K_ω 是最大剪切应力 $\tau_{\max}$ 所对应的剪切位移。

在许多情况下，$\tau_{\max}$ 和 K_ω 之值可以根据测量的剪切曲线直接确定。然而，在一些情况下，K_ω 之值可能并不明显或易于识别。在这些情况下，使得测量数据拟合到公式（2-59）的总误差最小化的最佳 K_ω 值，可以通过求解下列方程来获得，该方程根据加权最小二乘法原理推导得出[2.4,2.25,2.32,2.36]：

$$\sum (\tau/\tau_{\max})^2 \{\ln(\tau/\tau_{\max}) - [1 + \ln(j/K_\omega) - j/K_\omega]\}(K_\omega - j) = 0 \tag{2-60}$$

人们已经开发了根据测量数据推导出最佳 K_ω 值的计算机程序[2.4,2.25,2.32,2.36]。

根据收集到的实验数据，对于在加拿大安大略省 Petawawa 地区测试的各种类型的有机地面，K_ω 值的变化范围为 14.4~16.4cm（5.7~6.5in）[2.4,2.25,2.32,2.36]。

3) 对于致密砂土、淤泥和壤土以及冻结积雪，它们可能表现出图 2-47 所示的剪切特性。剪切应力最初快速增加，并在特定的剪切位移处达到最大剪切应力的"峰值"。然而，随着剪切位移的进一步增加，剪切应力减小并逐渐接近或多或少的恒定残余值。这种类型的剪切行为可以通过由 Wong 提出的下列函数表征[2.4,2.36]：

$$\tau = \tau_{\max} K_r (1 + \{1/(K_r[1 - 1/e]) - 1\}\exp(1 - j/K_\omega))[1 - \exp(-j/K_\omega)] \tag{2-61}$$

其中，K_r 是残余剪切应力 τ_r 与最大剪切应力 $\tau_{\max}$ 的比值，K_ω 是最大剪切应力 $\tau_{\max}$ 出现时的剪切位移。

在许多情况下，可以根据测得的剪切曲线直接确定 K_r、K_ω 和 $\tau_{\max}$ 的取值。然而，在某些情况下，它们的值并不明显或并不容易识别。人们已经开发出了用于从给定测量剪切曲线确定 K_r、K_ω 和 $\tau_{\max}$ 的最佳取值的计算机程序，它基于最小二乘法原理[2.4,2.36]。

根据从各种类型的坚实矿物地面上收集的实地数据，K_ω 和 K_r 之值分别在 2.7~7.1cm（1.1~2.8in）和 0.38~0.72 的范围内变化。对于坚实积雪，K_ω 和 K_r 之值分别约为 2.2cm（0.9in）和 0.66。

有趣的是，注意到第 1 章中描述的行驶在道路上的充气轮胎，其牵引（制动）作用力-纵向滑转率（滑移率）关系呈现与图 2-47 所示的剪切应力-剪切位移关系相类似的特性。图

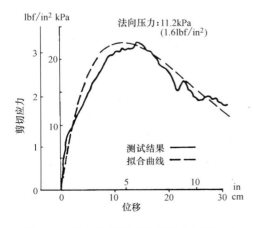

图 2-46　剪切曲线展现出峰值和逐渐减小的残余剪切应力

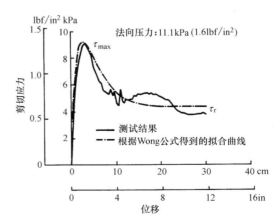

图 2-47　剪切曲线展现出峰值和恒定的残余剪切应力

1-16 所示的牵引力峰值 $\mu_p W$ 和滑动值 $\mu_s W$ 分别类似于图 2-47 所示的 τ_{max} 和 τ_r。

在剪切试验期间,当剪切环旋转或矩形剪切板水平移动时,会产生额外的沉陷。这种由于剪切载荷(或剪切位移)而引起的额外沉陷通常被称为滑转沉陷(slip sinkage)。这意味着在操作中,车辆的总沉陷量由两部分组成:一部分由静态法向载荷引起,另一部分由行走装置的滑转而引起。图 2-48 示出了不同类型地面上各种法向压力下的沉陷量和剪切位移之

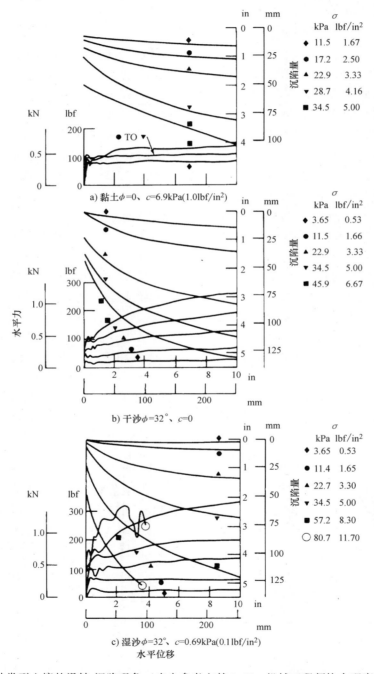

图 2-48　三种类型土壤的滑转-沉陷现象(出自参考文献 2.31,机械工程师协会理事会许可使用)

间的关系[2.31]。在给定的法向压力下，剪切板的沉陷量随着剪切位移的增加而连续增加。为了准确预测运行中车辆的总的沉陷量，应当考虑滑转沉陷现象。【译注：参考文献[2.31]中提出了一个解释滑转沉陷现象的假说。然而，对于滑转沉陷，至今还没有一个普遍公认的理论。（引自本书第1版）】

还应当注意，当一台全轮驱动车辆处于直线运动时，车辆下方的地面微元经受轮胎连续的重复性剪切。为了真实地预测车辆行走装置-地面分界面上的剪切应力分布和由车辆产生的驱动力，应当测量地面对重复剪切载荷的响应。图2-49示出了在恒定法向荷载下摩擦型地面（干砂）对重复剪切的响应[2.4,2.26]。当剪切载荷从 B 减小到零，然后在 C 处重新加载时，在重新剪切期间的剪切应力-剪切位移关系（例如 CDE）类似于当地面在其原始状态（例如 OAB）剪切时的关系。这意味着当在加载-卸载循环完成之后进行重新剪切时，对于给定的法向压力，剪切应力不会瞬间达到其最大值。相反，在产生最大剪切应力之前，必然发生一定量的附加剪切位移，这类似于当地面在其原始状态下被剪切时的状况。

Keira关于矩形剪切板在循环法向载荷作用下产生的剪切力的研究结果得到了类似的结论[2.37]。图2-50示出了在频率为10.3Hz的垂直谐波载荷作用下，矩形剪切板在干砂上的剪切力变化。这表明在每个循环的加载部分期间，剪切力不会瞬时达到其最大值（$S_{max} = P\tan\phi$，其中 P 是法向载荷的瞬时值，ϕ 是剪切阻力角）。这可以通过如下事实加以证明：法向负载曲线的斜率比剪切力曲线的斜率更陡。然而，在循环的卸载部分期间，剪切力随法向载荷的瞬时值成比例地减小。

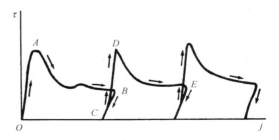

图2-49 干沙在重复性剪切载荷下的响应

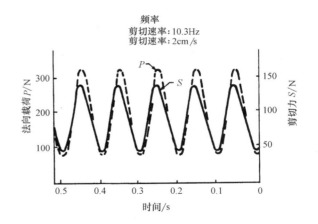

图2-50 干沙中的矩形剪切板在循环法向负荷作用下生成的剪切力（转载自参考文献2.37）

地面在重复剪切载荷作用下的响应以及其在上述循环法向载荷作用下的剪切行为，对车辆行走装置-地面分界面上的剪切应力的产生具有显著的影响。图2-51b示出了当在理想化情况下考虑到地面对重复剪切载荷的响应时，在履带下方所产生的剪切应力。与之相比，图2-51a示出了未考虑该响应时的情况。由于由履带产生的牵引力是整个接触区域上的剪切应力之和，可以看出，当考虑地面的重复剪切特性时，车辆在给定滑转率下的总牵引力的预测值可能会明显低于不考虑该特性时得到的预测值，特别是在低滑转率的情况下[2.26]。

在开发用于越野车辆的性能和设计评估的计算机辅助方法中，考虑了地形对重复的法向和剪切载荷的响应，这将在本章后面讨论。我们将会看到，与先前开发的其他方法相比，基于计算机辅助方法的预测结果与实地测试得到的结果更为接近。

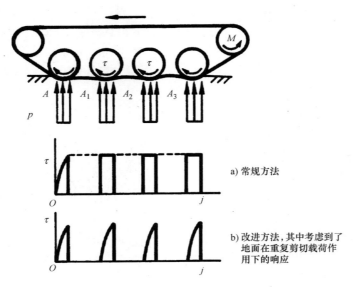

图 2-51 通过下列方法预测一条履带在摩擦性地面上所产生的剪切应力

2.5 用于分析履带车辆性能的一种简化方法

车轮和履带是构成越野车辆行走装置的两种基本类型。因而，研究履带和车轮通过未整备过的地面的力学是十分重要的。我们研究的基本目的之一是：建立一套可靠的方法，根据其设计参数和地面特性来预测各种不同类型行走装置的性能。

最早的用于履带系统性能的参数化分析方法之一是由 Bekker 博士所开发的[2.1~2.3]。在该方法中，假设与地面相接触的履带类似于刚性平板。通过利用前面部分中描述的贝氏测量技术所得到的压力-沉陷量关系，可以预测由于压实地面而导致的履带沉陷和运动阻力。基于剪切应力-剪切位移关系以及地面的剪切强度，可以确定履带系统的驱动力-滑转率关系以及最大牵引力。

2.5.1 履带的行驶阻力

正如前面所述，在 Bekker 所开发的方法中，假定履带与刚性平板相似。由地面作用于履带板的法向压力，可被认为等于在压强-沉陷量测试中沉陷平板下方相同深度处的压力。如果车辆重心位于履带接触区域的中点，则可以假定法向压力分布均匀，如图 2-31 所示。另一方面，如果车辆重心位于履带接触区域中点的前方或后方，则可以假定沉陷量分布为梯形形状。

对于接触压强分布均匀的一条履带，通过使用 Bekker 所提出的压强-沉陷量公式，即公式（2-46），可得沉陷量 z_0 如下：

$$z_0 = \left(\frac{p}{k_c/b+k_\phi}\right)^{1/n} = \left(\frac{W/bl}{k_c/b+k_\phi}\right)^{1/n} \qquad (2\text{-}62)$$

其中，p 为法向压力，W 为履带的法向压力，b 和 l 分别为履带接地区域的长度和宽度。压实土壤形成长度为 l、宽度为 b、深度为 z_0 的车辙所做的功为

$$功 = bl\int_0^{z_0} p\,\mathrm{d}z$$
$$= bl\int_0^{z_0}(k_c/b + k_\phi)z^n\,\mathrm{d}z \tag{2-63}$$
$$= bl(k_c/b + k_\phi)\left(\frac{z_0^{n+1}}{n+1}\right)$$

将式（2-62）中的z_0代入到上式中，得到

$$功 = \frac{bl}{(n+1)(k_c/b+k_\phi)^{1/n}}\left(\frac{W}{bl}\right)^{(n+1)/n} \tag{2-64}$$

如果将履带沿水平方向推移距离l，则牵引力所做的功（该力的大小等于压实土壤的运动阻力R_c），等于产生长度为l的车辙的力在垂直方向所做的功，该功由式（2-65）表示如下：

$$R_c l = \frac{bl}{(n+1)(k_c/b+k_\phi)^{1/n}}\left(\frac{W}{bl}\right)^{(n+1)/n}$$

和

$$R_c = \frac{b}{(n+1)(k_c/b+k_\phi)^{(1/n)}}\left(\frac{W}{bl}\right)^{(n+1)/n}$$
$$= \frac{1}{(n+1)b^{1/n}(k_c/b+k_\phi)^{(1/n)}}\left(\frac{W}{l}\right)^{(n+1)/n} \tag{2-65}$$

这是一个计算具有均匀压力分布的履带的行驶阻力的公式，该式是建立在Bekker的压力-沉陷量关系式的基础之上的。根据其他压力-沉陷量关系（见第2.4节）为基础而建立起来的行驶阻力表达式，可由类似的方法得出。

在具有显著下陷的松软土地上，Bekker指出除了压土阻力R_c之外，还应当考虑作用在履带前方的推土阻力。可以采用第2.2节所讨论的土压理论来计算履带的推土阻力[2.2,2.3]。

由于上述方法基于多个简化假设，它能提供对履带车辆的牵引性能的初步评估。例如，将履带理想化为刚性平板，并不适用于设计用于高速操作的履带车辆（例如军用履带车辆）。这些车辆要想实现高的工作速度，有必要使用相对较短的履带板节，从而尽量降低由链轮齿-履带板节啮合时的多边形（或弦）效应而引起的速度波动以及与之相关联的振动。对于具有足够能力跨过较大障碍物的军用履带车辆，通常使用具有充分悬架行程的大直径负重轮。由于使用相对较少数量（通常为5~7个）的大直径负重轮和较短的履带板节，履带下方的法向压力分布是不均匀的，并且在负重轮下方观察到显著的压力峰值。图2-52给出了具有不同设计特征的履带车辆在地表下深度为0.23m（9in）处所测得的法向压力分布[2.22]。在Comet和Sherman V的履带下，法向压力变化很大，峰值压力远高于平均（标称）地面压力。【译注：对于相对于刚性负重轮十分柔软的履带，其下方的法向压力分布与各个负重轮下的压力分布相似。在这些情况下，可以忽视履带的作用，并且压实阻力可以采用与轮式车辆相当的假设来预测（出自本书第一版）。】通过使用重叠布置的负重轮，例如在Panther A中所使用的布置，可以减少履带下方法向压力的波动。对于装有8个小直径负重轮的Churchill V，观察到类似的情况。

为了提高对履带车辆牵引性能预测的准确性，最近已经有两种计算机辅助方法被开发出

来：一种用于装有橡胶履带或装有较短履带片的板节式履带（通常用于军用履带车辆）的车辆；另一种是使用较长履带片的履带车辆，例如用于农业和建筑工业的车辆。这两种计算机辅助方法将在本章讨论。

2.5.2 履带的驱动力和滑转率

履带的驱动力由剪切地面而产生，如图 2-52 所示。履带能够发挥的最大驱动力 F_{max} 由地面的剪切强度 τ_{max} 和接地面积 A 确定：

$$F_{max} = A\tau_{max}$$
$$= A(c + p\tan\phi)$$
$$= Ac + W\tan\phi \qquad (2\text{-}66)$$

其中，A 为履带的接地面积，W 是法向压力，c 和 ϕ 分别为地面的表观内聚力和内剪切阻力角。在摩擦型土壤中，如干砂，内聚力 c 可以忽略不计；因此，其最大驱动力取决于

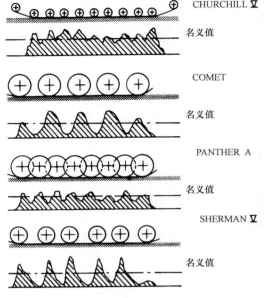

图 2-52 各种履带车辆作用下，距离土壤表面 23cm 深度处所测得的压力分布（经许可复制自参考文献 2.22）

车辆的重量。车辆越重，其能产生的驱动力也就越大。履带的尺寸不会影响其最大驱动力。对于干砂，其内剪切阻力角可以高达 35°，因此，车辆在干砂中的最大驱动力近似等于车辆重量的 70%。在内聚型土壤中，如饱和黏土，其 ϕ 值较低，最大驱动力主要取决于履带的接地面积，而车重影响较小。因此在此情况下，履带的尺寸具有决定性的影响；接地面积越大，履带能够产生的驱动力也就越大。

公式（2-66）只能用于预测履带车辆的最大驱动力。然而，在评价车辆性能时，我们的期望是能够确定车辆在全部行驶范围内驱动力随滑转率的变化情况。为了预测驱动力和滑转率之间的关系，必须考察履带下面剪切位移的形成，因为剪切应力是剪切位移的函数。履带下面各点的剪切位移的大致如图 2-53 所示[2.1]。在点 1 处，履刺刚刚与地面接触，还没有发展到像 2、3、4、5 各点那样的剪切位移，这是因为后者已经对地面剪切了一定时间。水平位移 j 的总和沿接触长度积累，并且在接触面的后部达到最大值。为了定量地考察履带下面剪切位移的产生，首先必须给履带的滑转率 i 下定义：

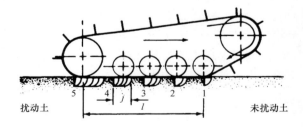

图 2-53 履带下方土壤中剪切位移的形成（出自 M. G. Bekker 博士的 Theory of Land Locomotion，版权©密歇根大学，1956年；密歇根大学出版社许可使用）

$$i = 1 - \frac{V}{rw} = 1 - \frac{V}{V_t} = \frac{V_t - V}{V_t} = \frac{V_j}{V_t} \qquad (2\text{-}67)$$

其中，V 是履带的实际速度，V_t 是由链轮的角速度 ω 和节圆半径 r 所确定的理论速度，V_j 是履带相对于地面的滑转速度。当车辆滑转时，V_j 与车辆行驶方向相反。反之，当车辆滑移时，V_j 与车辆行驶方向相同。公式（2-67）中定义的履带滑转与公式（1-5）中给出的轮胎滑转定义相同。由于履带不能拉伸，与地面相接触的履带上每一点的滑转速度 V_j 都相同。距接触面前端距离为 x 的一点处的剪切位移（图 2-54）可由下式确定

$$j = V_j t \tag{2-68}$$

其中，t 是该点与地面的接触时间，它等于 x/V_t。重新整理公式（2-68），剪切位移 j 的表达式为

$$j = \frac{V_j x}{V_t} = ix \tag{2-69}$$

这说明在接触面上履带下方的剪切位移从前至后线性增加，如图 2-54 所示。由于如前面讨论的剪切应力的形成与剪切位移有关，则可以确定剪切应力沿接触长度的分布。例如，为了确定距接触面前方距离为 x 的一点处的剪切应力，首先需要使用公式（2-69）来计算该点处的剪切位移。使用由剪切试验获得的剪切应力-剪切位移之间的关系式（图 2-45～图 2-47），或者如公式（2-56）、公式（2-59）和公式（2-61）所给出的半经验公式，该点的剪切应力便可确定。例如，当滑转率给定时，某一特定类型地面上履带下方的剪切应力分布如图 2-54 所示；在特定滑转率条件下履带所产生

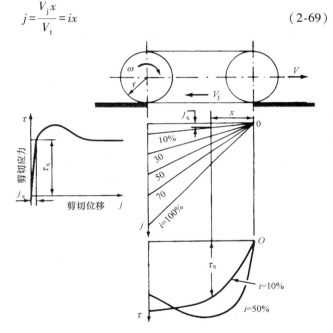

图 2-54　在履带作用下剪切应力的分布

的总驱动力由图 2-54 所示剪切应力曲线下方的面积来表示。换言之，如果使用公式（2-56）来描述剪切应力-剪切位移之间的关系，履带所能产生的总驱动力可由下式计算：

$$\begin{aligned} F &= b \int_0^l \tau \mathrm{d}x \\ &= b \int_0^l (c + p\tan\phi)(1 - e^{-j/K}) \mathrm{d}x \end{aligned} \tag{2-70}$$

上述方程表明，履带的驱动力，除去其他因素外，还取决于接触面上的法向压力分布。对于均匀的法向压力分布，p 与 x 无关，它等于 W/bl。在此情况下，履带总的驱动力由下式确定：

$$\begin{aligned} F &= b \int_0^l \left(c + \frac{W}{bl}\tan\phi\right)(1 - e^{-ix/K}) \mathrm{d}x \\ &= (Ac + W\tan\phi)\left[1 - \frac{K}{il}(1 - e^{-il/K})\right] \end{aligned} \tag{2-71}$$

公式（2-71）表达了驱动力、车辆设计参数、地面参数和车辆滑转率之间的函数关系。例如滑转率为100%时，式（2-71）和式（2-66）实际上相同。在车辆设计参数中，履带的接地长度值得特别关注。考虑两个具有相同接触面积、相同法向载荷（即$A_1 = A_2$、$W_1 = W_2$）的履带车辆，它们在相同地面上工作。但是其中一车辆的履带长度是另一个的两倍（即$l_1 = 2 l_2$）。为了保持总的接地面积不变，具有长度l_1的履带，其宽度b_1是另一个的一半（即$b_1 = 0.5 b_2$）。如果这两条履带产生相同的牵引力，根据公式（2-71），接地长度为l_1的车辆的滑转率将是长度为l_2的一半。由此可知，如果两个车辆产生相同的牵引力，短而宽的履带车辆比长履带的车辆，其滑转率要大。

上述分析可用于预测具有均匀法向压力分布的履带牵引力。实际上，如前所述，法向压力分布很少是均匀的。因此，令人感兴趣的是法向压力分布对履带产生驱动力的影响。这个问题已由Wills等人进行了研究[2.35]。考虑多峰值的情形，正弦波压力分布由下述公式描述：

$$p = \frac{W}{bl}\left(1 + \cos\frac{2n\pi x}{l}\right) \quad (2\text{-}72)$$

其中，n是周期数，如图2-55所示。在摩擦型土壤中，沿接触长度产生的剪切应力，可由下式表示：

$$\tau = \frac{W}{bl}\tan\phi\left(1 + \cos\frac{2n\pi x}{l}\right)(1 - e^{-ix/K}) \quad (2\text{-}73)$$

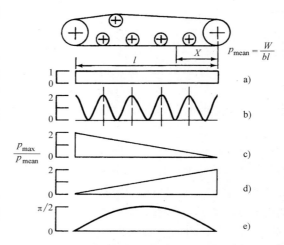

图2-55 在履带作用下各种类型的理想法向压力分布（转载自参考文献2.35，Journal of Agricultural Engineering Research 许可使用）

因此，驱动力由下式给出：

$$\begin{aligned}F &= b\int_0^l \frac{W}{bl}\tan\phi\left(1 + \cos\frac{2n\pi x}{l}\right)(1 - e^{-ix/K})\mathrm{d}x \\ &= W\tan\phi\left[1 + \frac{k}{il}(e^{-il/K} - 1) + \frac{K(e^{-il/K} - 1)}{il(1 + 4n^2K^2\pi^2/i^2l^2)}\right]\end{aligned} \quad (2\text{-}74)$$

具有其他类型压力分布的履带，其所产生的驱动力可用类似的方法来计算。当法向压力由前向后线性增加时，即$p = 2(W/bl)(x/l)$，如图2-55所示，在摩擦型土壤中履带所产生的驱动力为

$$F = W\tan\phi\left[1 - 2\left(\frac{K}{il}\right)^2\left(1 - e^{-il/K} - \frac{il}{K}e^{-il/K}\right)\right] \quad (2\text{-}75)$$

当法向压力由后向前线性增加，即$p = 2(W/bl)(l-x)/l$，如图2-55所示，履带在摩擦型土壤中所产生的驱动力由下式计算：

$$\begin{aligned}F &= 2W\tan\phi\left[1 - \frac{K}{il}(1 - e^{-il/K})\right] \\ &\quad - W\tan\phi\left[1 - 2\left(\frac{K}{il}\right)^2\left(1 - e^{-il/K} - \frac{il}{K}e^{-il/K}\right)\right]\end{aligned} \quad (2\text{-}76)$$

如果法向压力呈正弦曲线分布，最大压力在中点，且前、后端压力为零时，即 $p=(W/bl)(\pi/2)\sin(\pi x/l)$，如图 2-55 所示，履带在摩擦型土壤中所产生的驱动力可由下式确定：

$$F = W\tan\phi \left[1 - \frac{e^{-il/K}+1}{2(1+i^2l^2/\pi^2K^2)}\right] \tag{2-77}$$

图 2-56 给出了上面讨论的各种压力分布类型的履带牵引力随滑转率的变化情况。可见法向压力分布对于驱动力确实有明显影响，特别是在低滑转率的情况下。

例题 2-3：具有相同总重量 135kN（30350lbf）的两台履带车辆行驶在某一特定地面上，该地面的特性参数为 $n = 1.6$、$k_c = 4.37\text{kN/m}^{2.6}$（$0.07\text{lbf/in}^{2.6}$）、$k_\phi = 196.72\text{kN/m}^{3.6}$（$0.08\text{lbf/in}^{3.6}$）、$K = 5\text{cm}$（2in）、$c = 1.0\text{kPa}$（$0.15\text{lbf/in}^2$）、$\phi = 19.7°$。两台车辆的接地面积相同，均为 7.2m^2（77.46ft^2）。但是两台车辆的接地宽度 b 和接地长度 l 均不同。对于车辆 A，$b=1\text{m}$（3.28ft）、$l=3.6\text{m}$（11.8ft）；对于车辆 B，$b=0.8\text{m}$（2.62ft）、$l=4.5\text{m}$（14.76ft）。试评价这两台车辆的行驶阻力和驱动力-滑转率特性，在计算中假定接地压力分布均匀。

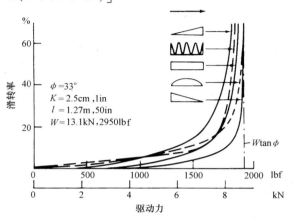

图 2-56 履带在砂中法向压力分布对牵引力-滑转率特性的影响（转载自参考文献 2.35，Journal of Agricultural Engineering Research 许可使用）

解：

1) 车辆 A 的行驶阻力为

沉陷量：
$$z_0 = \left(\frac{p}{k_c/b + k_\phi}\right)^{1/n} = \left(\frac{135.0/7.2}{4.37/1 + 196.72}\right)^{0.625}$$
$$= 0.227\text{m}(9\text{in})$$

压实阻力：
$$R_c = 2b(k_c/b + k_\phi)\frac{z_0^{n+1}}{n+1}$$
$$= \frac{2 \times 1 \times 201.09 \times 0.227^{2.6}}{2.6}$$
$$= 3.28\text{kN}(738\text{lbf})$$

2) 车辆 B 的行驶阻力为

沉陷量： $z_0 = 0.226\text{m}(9\text{in})$

压实阻力： $R_c = 2.60\text{kN}(585\text{lbf})$

3) 车辆 A 的驱动力-滑转率特性为

$$F = (2blc + W\tan\phi)\left[1 - \frac{K}{il}(1 - e^{-il/K})\right]$$
$$= F_{\max}\left[1 - \frac{K}{il}(1 - e^{-il/K})\right]$$

$$F_{max} = 2 \times 1 \times 3.6 \times 1 + 135 \times 0.358$$
$$= 7.2 + 48.34 = 55.54 \text{kN} (12486 \text{lbf})$$

车辆 A 在不同滑转率下的驱动力由表 2-6 给出。

4）车辆 B 的驱动力-滑转率特性为

由于两台车的重量和接地面积相同，B 车的最大驱动力与 A 车相同。然而，由于两台车的接地长度不同，两台车的驱动力-滑转率关系不同。表 2-6 给出了车辆 B 在不同滑转率下的驱动力。

可见，在给定地面上，B 车性能比 A 车性能要好些。例如，车辆 B 的压实阻力比车辆 A 低大约 20.7%。当滑转率为 10% 时，B 车的驱动力比 A 车高将近 3.2%。

表 2-6 车辆 A 和 B 的驱动力-滑转率特性

滑转率	$i(\%)$	5	10	20	40	60	80
A 车推进力	kN	40.54	47.82	51.68	53.62	54.25	54.57
	lbf	9114	10750	11618	12054	12196	12268
牵引力[①]	kN	31.56	38.84	42.7	44.64	45.27	45.59
	lbf	7094	8730	9598	10034	10176	10248
B 车推进力	kN	43.32	49.37	52.46	54.0	54.51	54.77
	lbf	9739	11099	11794	12140	12254	12313
牵引力	kN	36.16	42.21	45.3	46.84	47.35	47.61
	lbf	8130	9490	10185	10531	10645	10704

① 牵引力等于推进力减去总行驶阻力。

本表中推进力（Thrust）即驱动力（Tractive effort）一词——译者注。

2.6 评价装配有柔性履带的车辆性能的计算机辅助方法

为了向车辆工程师提供用于评价越野车辆性能和设计的综合且实用的工具，从牵引角度来看，人们已经开发了一系列计算机辅助方法。这些方法包括用于评估装配有柔性履带的车辆、具有长节距链节履带的车辆以及越野轮式车辆。这些方法基于对车辆-地面相互作用的物理性质的研究以及对车辆-地面相互作用的力学机理的详细分析。本节概述了用于装配有柔性履带的车辆的计算机辅助方法的基本特征和实际应用，在后面的章节中讨论了其他方法。

对于高速履带车辆，例如军用战斗和后勤车辆以及越野运输车辆，通常使用橡胶带状履带或短节距的链节式履带（分段金属履带）。短节距链节履带系统，其负重轮的直径与履带节距之比通常在 4~6 的范围内，负重轮间距与履带节距之比通常在 4~7 的范围内，链轮节圆直径与履带节距之比通常约为 4。在这里，橡胶带状履带或短节距的链节式履带将被称为"柔性履带"，并且在履带-地面相互作用的分析中，它们可被理想化为柔性且具有延伸性的带。对于柔性履带而言，将履带等效于第 2.5 节所述简化方法中的刚性平板这一假设是不现实的。

对具有柔性履带的车辆，为了提供一种可以真实地评估车辆设计特征和地面条件对其性能影响的方法，人们已经开发了一种被称为 NTVPM 的计算机辅助方法（计算机仿真模型）[2.4, 2.26, 2.38, 2.54]。该方法考虑了车辆的所有主要设计参数，包括履带系统结构，负重轮数量，车轮尺寸和间距，履带尺寸和几何形状，初始履带张力，履带纵向弹性（刚度），悬架特性,重心位置,链轮、托辊和支撑辊的布置以及车辆腹部(车体)的形状(当履带沉陷量大于车辆离地间隙并且车辆腹部与地面接触时,用于分析车辆腹部-地面的相互作用)。该方法考虑了所有相关的地面特性,例如压力-沉陷量特性、剪切(包括腹部-地面剪切)特性以及地面对重复性载荷的响应,如第 2.4 节所述。NTVPM 可用于单个体和双个体铰接式履带车辆的性能和设计评估。

计算机辅助方法可用于预测履带-地面分界面上的法向应力和剪切应力分布,它还可以履带滑转率的函数形式来预测车辆的外部运动阻力、驱动力(推进力)、挂钩牵引拉力和牵引效率。该方法的基本特征已经通过了全尺寸车辆在各种类型的地面(包括矿物地面、有机地面和积雪地面)上的测试验证。计算机辅助方法特别适合于对相互竞争设计的评估、设计参数的优化以及根据给定任务和环境来选择合适的车辆。计算机辅助方法在北美、欧洲和亚洲的工业界和政府机构获得了越来越广泛的接受。下面概述了计算机辅助方法开发中的基本途径。

2.6.1 预测履带下方法向压力分布的方法

如前所述,在开发计算机辅助方法的时候,履带被视为一条柔性带。对于橡胶带状履带和具有相对较短履带节距的链节式履带而言,这种理想化被认为是合理的。图 2-57 示出了稳态操作条件下在可变形地面上的履带-负重轮系统的示意图。

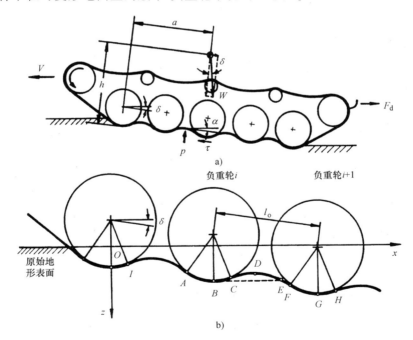

图 2-57 与变形地面相接触的柔性履带系统的几何形状

当履带车辆停靠在硬地面上时,履带平靠在地面上。与之相比,当车辆在可变形地面上行驶时,通过履带系统施加的法向负载导致地面变形。在负重轮之间的履带段承受负载,因此它们变形并具有曲线形式。与履带停靠在硬地面上时相比,前后负重轮之间与地面相接触的履带的实际长度有所增加。这会导致履带顶部行程的减小以及履带张力的改变。在分析中考虑了履带在张力作用下的延伸。

如图 2-57b 所示，与地面相接触的变形履带可被分为两部分：一部分与负重轮和地面均接触（如 AC 段和 FH 段），另一部分仅与地面接触（如 CF 段）。与负重轮相接触的履带段（例如 AC 段）的形状，取决于负重轮的形状；而仅与地面接触的履带段（例如 CF 段）的形状，取决于履带张力、车轮间距、压力-沉陷量关系以及地面对重复载荷的响应。

沿着 AB 段，施加到地面上的压力从 A 增加到 B。从 B 到 D 的压力减小，这对应于图 2-39~图 2-41 所示的重复加载循环中的卸载部分。沿着 DE 段，压力再次增加，这对应于图 2.39~图 2-41 所示的重复加载循环中的重新加载部分。在超过与点 B 处于相同水平的点 E 之后，沉陷量将高于 B 处的沉陷量。其结果是，压力增加，并且后续负重轮的沉陷量将大于前轮的沉陷量。这使得车辆呈现车头上扬（nose-up）的姿态。超过点 G 之后，施加到地面上的压力再次减小，并开始另一个卸载-再加载循环。

在具有高度压缩性的地面上，例如深雪，履带的沉陷量可能大于车辆的离地间隙。如果发生这种情况，车辆腹部（车体）将与地形表面接触并支撑车辆的一部分重量。这将减小履带所承载的负载，同时对车辆的牵引力将产生不利影响。此外，车辆腹部与地面的接触将会产生额外的阻力分量（车腹阻力，belly drag）。人们已经考虑到了车腹-地面间相互作用的特性。在计算机辅助方法中，也完全考虑了负重轮的独立悬架特性。扭力杆、液压气动或其他类型的独立悬架，不管具有线性或非线性负载-变形关系，都可以在计算机辅助方法中进行逼真的仿真。

基于对上述履带-地面间相互作用的物理性质的理解，可以推导出关于作用在履带-负重轮系统（包括独立悬架的负重轮）上的力和力矩平衡以及用于评估履带总长度的方程组。这些方程建立了和地面相接触的变形履带的形状与车辆设计参数和地形特性之间的关系。该组方程的解确定了负重轮的沉陷量、车体的倾斜、履带和履带形状。根据这些，并考虑压力-沉陷量关系和地面对重复加载的响应，便可预测在移动履带车辆下方的法向压力分布。

2.6.2 预测履带下方剪切应力分布的方法

履带车辆的牵引性能与其在履带-地面分界面上的法向压力和剪切应力分布密切相关。为了预测履带下方剪切应力的分布，如第 2.4 节所述，使用剪切应力-剪切位移的关系以及剪切强度和地面对重复剪切载荷的响应作为输入。在履带-地面分界面给定点处的剪切应力是该点处剪切位移以及法向压力的函数，其中剪切位移从剪切（或重新剪切）起始点处开始测量。在柔性履带下产生的剪切位移，如图 2-58 所示，可以从对滑转速度 V_j 的分析中确定，这类似于第 2.5 节中所述。柔性履带上一点 P 相对于地面的滑转速度 V_j 是图 2-58 所示的绝对速度 V_a 的切向分量。滑转速度 V_j 的大小由下式表示：

$$\begin{aligned} V_j &= V_t - V\cos\alpha \\ &= r\omega - r\omega(1-i)\cos\alpha \\ &= r\omega[1-(1-i)\cos\alpha] \end{aligned} \quad (2\text{-}78)$$

其中，r 和 ω 分别为履带链轮的节圆半径和角速度，i 是履带的滑转率，α 是履带在点 P 的切线方向与水平方向之间的夹角，V_t 是车辆的理论速度（即 $V_t = r\omega$），V 是车辆的实际前进速度。

沿履带-地面分界面的剪切位移 j 由下式给出：

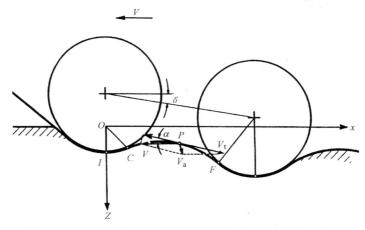

图 2-58　与可变形地面相接触的柔性履带上一点的滑转速度

$$
\begin{aligned}
j &= \int_0^t r\omega[1-(1-i)\cos\alpha]\mathrm{d}t \\
&= \int_0^t r\omega[1-(1-i)\cos\alpha]\frac{\mathrm{d}l}{r\omega} \\
&= l-(1-i)x
\end{aligned}
\tag{2-79}
$$

其中，l 是点 P 和剪切（或重新剪切）开始点之间沿履带的距离，x 是点 P 和剪切（或重新剪切）开始点之间的对应水平距离。

如果地面的剪切应力-剪切位移关系如公式（2-56）所述，则剪切应力的分布可以表示为

$$
\tau(x)=[c+p(x)\tan\phi]\left\{1-\exp\left[-\left(\frac{l-(1-i)x}{K}\right)\right]\right\}
\tag{2-80}
$$

其中，$p(x)$ 是履带上的法向压力，它是 x 的函数。

在使用公式（2-80）预测柔性履带下方的剪切应力分布时，应当考虑第 2.4 节中所讨论的地面对重复剪切载荷的响应以及地面在变化的法向压力作用下的剪切特性[2.4,2.26]。

如上所述，履带-地面分界面上的剪切应力沿着接触长度变化。因此，履带张力沿着履带长度变化。如第 2.6.1 节所述，仅与地面相接触的履带段（例如图 2-57b 所示的 CF 段）的形状是该分段内履带张力的函数。因此，法向压力分布受剪切应力存在的影响。因此引入一个迭代程序，以预测在稳态操作条件和给定滑转率下，柔性履带下方法向压力和剪切应力的分布。此过程中的基本步骤概述如下。

1）使用第 2.6.1 节中所述的方法，计算履带-地面分界面上无剪切应力时，履带下方的初始法向压力分布。

2）根据上述方法，使用上一步中预测得到的初始法向压力分布，来计算给定滑转率下履带下方的剪切应力分布。

3）根据前面步骤中确定的剪切应力分布，通过对相应接触面积上的剪切应力积分来计算沿履带-地面分界面上的驱动力分布。确定相邻负重轮之间每条履带段（如图 2-57b 所示的 CF 段）的任一端处的履带张力差。计算相邻负重轮之间与地面接触的每个履带段中的平均履带张力。

4）使用相邻负重轮之间每个履带段中的平均履带张力，通过重新计算存在剪切应力时的法向压力分布来启动迭代过程。检查确认作用在履带系统上的力和力矩的平衡条件以及履带总长度这些条件是否满足。

5）重复上述步骤，直至力和力矩平衡的误差和履带总长度的误差小于规定值。当满足这些条件时，在给定滑转率和稳态操作条件下，履带下方的法向压力和剪切应力分布便可得到确定。

2.6.3 以履带滑转率的函数形式来预测运动阻力和牵引力

在给定滑转率下，当已经确定履带车辆下方的法向压力和剪切应力分布时，可以预测车辆的牵引性能。越野车辆的牵引性能通常通过将其运动阻力、驱动力和挂钩牵引力（驱动力和运动阻力之差）作为滑转率的函数来表征。

履带的外部运动阻力 R_t 可以根据作用在与地面相接触的履带上的法向压力的水平分量来确定。对于具有两条履带的车辆，R_t 由下式给出：

$$R_t = 2b\int_0^{l_t} p\sin\alpha \, dl \tag{2-81}$$

其中，b 是履带的接地宽度，l_t 是履带的接地长度，p 是法向压力，α 是履带微元与水平面之间的夹角。

如果履带的沉陷量大于车辆的离地间隙，则车辆腹部（车体）将与地面接触，从而产生被称为车腹阻力 R_{be} 的附加阻力。该阻力可以根据作用在车腹-地面分界面上的法向和剪切应力的水平分量确定，其表达式为

$$R_{be} = b_b \left[\int_0^{l_b} p_b \sin\alpha_b \, dl + \int_0^{l_b} \tau_b \cos\alpha_b \, dl \right] \tag{2-82}$$

其中，b_b 是车腹的接地宽度，l_b 是车腹的接地长度，α_b 是车腹和水平面之间的角度，p_b 和 τ_b 分别为车腹-地面分界面上的法向压力和剪切应力。

车辆的驱动力可以根据作用在与地面相接触的履带上的剪切应力的水平分量来计算。对于具有两条履带的车辆，其驱动力 F 由下式给出：

$$F = 2b\int_0^{l_t} \tau\cos\alpha \, dl \tag{2-83}$$

其中，τ 是履带-地面分界面上的剪切应力。

由于法向压力 p 和剪切应力 τ 都是履带滑转率的函数，履带运动阻力 R_t、车腹阻力 R_{be}（如果存在的话）和驱动力 F 均随滑转率而变化。

对于具有橡胶垫的履带，其驱动力的一部分由橡胶-地面之间的剪切作用而产生。为了预测由橡胶垫产生的驱动力，需要考虑由橡胶垫所支承的车重部分、与地面相接触的橡胶垫面积以及橡胶-地面间的剪切特性。

通过公式 (2-83) 计算得到的驱动力 F，是由履带的履齿（凸耳）尖端的剪切作用而产生的。对于具有高履齿的履带，任意一侧履带的竖直表面的剪切作用都将会产生额外的推力。这个附加推力可以用 Reece 提出的方法来估计[2.31]。

挂钩牵引力 F_d 是总的驱动力（包括由两侧履带的垂直剪切表面所产生的推力）与车辆总的外部运动阻力（包括可能存在的车腹阻力）之差，其表达式为

$$F_d = F - R_t - R_{be} \tag{2-84}$$

根据公式（2-84），可以确定挂钩牵引力 F_d 和履带滑转率 i 之间的关系。

2.6.4 实验验证

为了验证计算机辅助方法 NTVPM 的基本特征，测量了单个体和双个体铰接式履带车辆在各种类型的地面上的牵引性能，并与使用 NTVPM 所得到的预测结果相比较[2.4,2.26,2.40,2.41]。图 2-59 分别示出了在沙地、有机地面（沼泽地）和积雪覆盖的地面上，一台装甲运兵车的履带板下方法向压力分布的测量结果和预测值之间的对比，对于这些地面的基本机械性能，请参考文献 [2.25, 2.28, 2.32, 2.33, 2.36]。

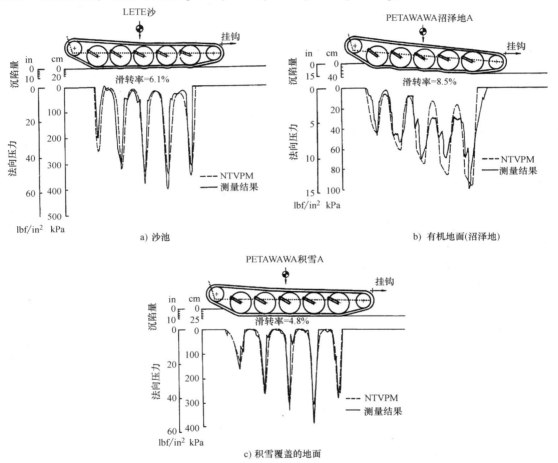

图 2-59　在不同地面条件下，M133 履带板下方测得的法向压力分布与使用 NTVPM 得到的预测结果之间的对比

图 2-60 分别示出了在沙地、有机地面（沼泽地）和积雪覆盖的地面上，该装甲运兵车的挂钩牵引性能的测量结果和预测值之间的比较。法向压力分布和挂钩牵引性能的预测值和测量结果之间存在相当接近的一致性。因此，NTVPM 的基本特征已得到证实。

2.6.5　参数化分析与设计优化的应用

在其基本功能通过实地测试数据验证之后，NTVPM 便可用于实际评估具有柔性履带的

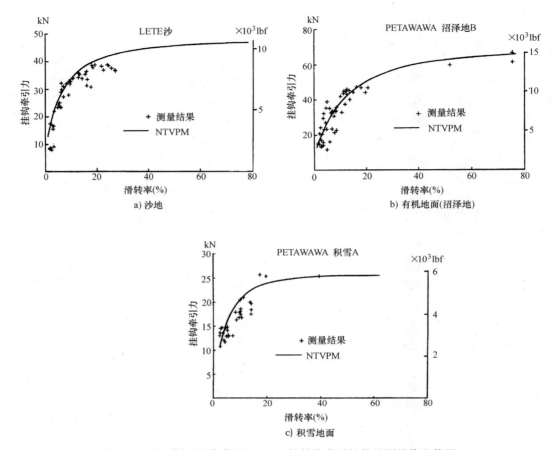

图 2-60 在不同地面条件下，M133 的挂钩牵引性能的测量值和使用 NTVPM 得到的预测结果之间的比较

车辆的性能和设计[2.38~2.54]。由于 NTVPM 考虑了所有的主要车辆设计特征以及相关的地面特性，因此对车辆设计者而言，它是用于评估和优化车辆设计的有用工具，对采购经理而言，它是根据给定任务和环境选择合适车辆的有用工具。

为了展示 NTVPM 的能力，下面给出将其用于评估车辆构型、初始履带张力、悬架设置和车辆悬架质量重心的纵向位置对车辆性能影响的示例[2.40,2.51~2.54]。为了评估车辆构型和初始履带张力对车辆性能的影响，我们选择三种车辆构型：装有 5 个负重轮的车辆 A（它类似于广泛使用的装甲运兵车）、装有 6 个负重轮的车辆 A（6W）以及装有 8 个重叠负重轮的车辆 A（8W），如图 2-61 所示[2.53,2.54]。

在重叠负重轮系统中，履带上两排负重轮的中心在纵向方向上相对于彼此移位。人们期望在履带下方的法向应力分布更为均匀，同时保持充分的悬架行程用于越过障碍物。这种重叠负重轮系统广泛用于德国在第二次世界大战期间生产的战车。虽然这三种车辆构型在设计上不同，但是它们的基本参数（如车辆重量、履带的接地长度和宽度、离地间隙和起伏的基本固有频率）被认为是相同的，以便提供用于比较的共同基础。

文献中评估和比较了初始履带张力（即当车辆在水平硬地面上静止时履带系统中的张力）对这三种车辆构型的机动性的影响。注意到如果初始履带张力较低，履带将会松动。

因此，在负重轮之间的履带段不能支承很多载荷，车辆重量主要由紧接在负重轮下方的履带段（连杆）支持。在这种情况下，履带车辆本质上类似于多轮车辆。另一方面，如果初始履带张力较高，则履带将会较紧。在负重轮之间的履带段可以支持较大负载。这降低了履带下方法向压力的峰值。

图 2-62、图 2-63 和图 2-64 分别示出了，在高含水量的黏性土壤上当滑转率为 20% 时，车辆 A、车辆 A（6W）和车辆 A（8W）履带下方的法向压力分布，其中初始履带张力系数（即初始履带张力与车辆重量之比）包括 2.5、10 和 20 等多种情况[2.53,2.54]。从图中可以看出，随着负重轮数量或初始履带张力系数的增加，相邻负重轮之间的履带段上的法向压力增加，这表明它们承受了更多的负载。其结果是，法向压力峰值和平均最大压力（MMP）降低。

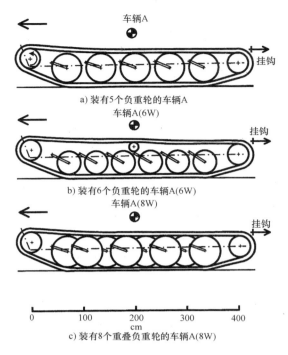

图 2-61 负重轮-履带系统的示意图

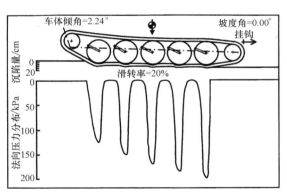

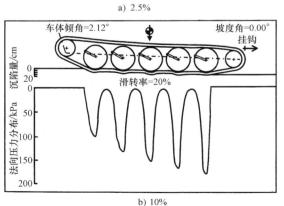

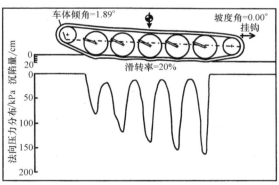

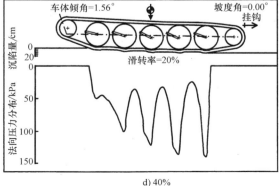

图 2-62 车辆 A 在高含水量的黏性土壤上以 20% 的滑转率行驶时，其履带下方法向压力分布的预测值

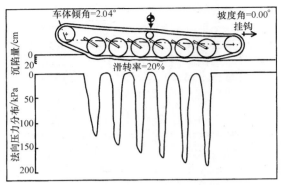
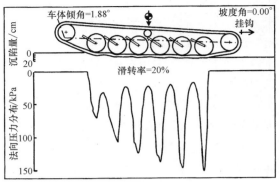
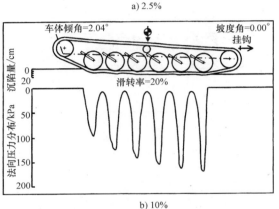
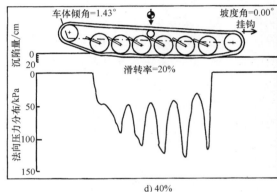

图 2-63　车辆 A（6W）在高含水量的黏性土壤上以 20% 的滑转率行驶时，
其履带下方法向压力分布的预测值

图 2-65 示出了使用 NTVPM 预测的三种车辆构型的 MMP（平均最大压力）随初始履带张力系数的变化情况。随着 MMP 的减小，负重轮的沉陷量和履带运动阻力减小，从而使性能得到改善。图 2-66 示出了三种车辆构型的挂钩牵引力系数（即挂钩牵引力与车辆重量之比）随初始履带张力系数的变化情况。这些结果表明，负重轮数量和初始履带张力系数对牵引性能都有显著影响。例如，如果负重轮的数量从 5 增加到 8，同时初始履带张力系数从 10% 增加到 40%，在 20% 滑转率下所产生的牵引力系数和牵引效率将分别增加 93.6% 和 62.4%[2.54]。这表明通过同时增加负重轮数量和初始履带张力系数，可以显著改善车辆在黏性土壤上的机动性。

这些关于初始履带张力对履带车辆机动性影响的研究发现，已经引发了由驾驶员控制的初始履带张力的中央调节系统的发展。该远程控制装置使得驾驶员在预计穿越松软地面时，能够方便地增加初始履带张力。它还使得驾驶员能够在车辆已经通过松软区域之后，可以方便地减小初始履带张力，从而使由高初始履带张力导致的履带系统的磨损和撕裂最小化。初始履带张力调节系统已被安装在许多国家生产的新一代军用车辆中[2.41,2.48]。用于改善履带车辆机动性的中央初始履带张力调节系统，类似于用于改善轮式车辆机动性的中央轮胎充气系统。使用中央初始履带张力调节系统改装现有履带式车辆，将是提高其松软地面机动性的最具成本效益的手段之一。

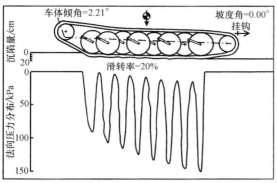
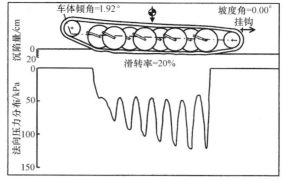

a) 2.5%

c) 20%

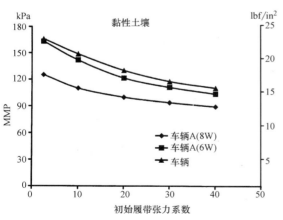
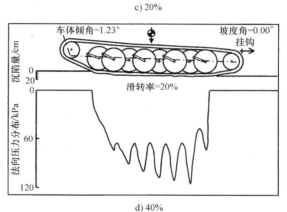

b) 10%

d) 40%

图 2-64 车辆 A（8W）在高含水量的黏性土壤上以 20% 的滑转率行驶时，其履带下方法向压力分布的预测值

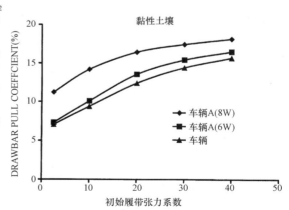

图 2-65 在高含水量的黏性土壤上以 20% 的滑转率行驶时，车辆 A、车辆 A（6W）和车辆 A（8W）的 MMP 随初始履带张力系数的变化情况

图 2-66 在高含水量的黏性土壤上以 20% 的滑转率行驶时，车辆 A、车辆 A（6W）和车辆 A（8W）的挂钩牵引力系数随初始履带张力系数的变化情况

在松软地面上,例如深的积雪,履带的沉陷量可能超过车辆的离地间隙,车辆腹部(车体)可能接触地形表面。车辆腹部和地面之间的相互作用可以显著地影响车辆的机动性。车腹-地面之间的相互作用对车辆性能的影响取决于车腹的姿态,如图 2-67 所示。如果车体采取车头向下(nose-down)的姿势,则大部分车体(除前部分之外)将不与地形表面接触。车腹和水平面之间的角度被称为车腹倾斜角度(trim angle),如果车体处于车头向下时该角度为负值。另一方面,如果车体采取车头向上的姿态(或者倾斜角度为正),则车腹可以与地面完全接触并支承一部分车辆重量。这减小了施加到履带的负载,因此减少了在展现出摩擦行为的大多数地面上的驱动力。此外,由车腹在地面上的滑移引起的处于车腹-地面分界面上的剪切力会阻碍车辆的运动。车腹可以用作向前推动地面材料的推土机,这会产生额外的推土阻力。这表明如果车腹与地面接触且采取车头向上的姿态,将会对车辆的机动性产生不利影响,牵引力减小并会产生额外的阻力。

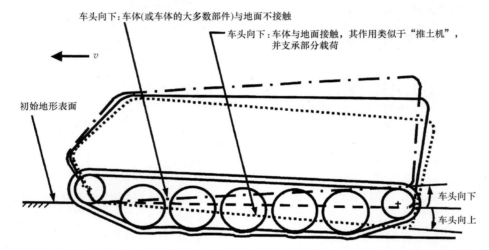

图 2-67 当履带的沉陷量等于或大于车辆的离地间隙时,车体姿态对车体-地面相互作用的影响

如前所述,NTVPM 考虑了车腹-地面之间相互作用对车辆性能的影响。以下通过实例说明 NTVPM 的应用,其被用于评价悬架设定和车辆悬架质量重心的纵向位置,对车辆 A(图 2-61a)在平均深度为 120cm 的深雪中的机动性的影响[2.40,2.53]。

图 2-68 示出了悬架设置对车辆 A 在深雪中的机动性的影响[2.40]。所检测的三种悬架结构的设置在表 2-7 中给出。它们之间的基本差异在于在空载条件下的扭力臂角度的设置。对于车辆 A 的常规悬架构型,对于所有五个负重轮位,初始扭力臂角度均设置为低于水平线 43°,见表 2-7。对于悬架构型 S2,扭力臂角度从前面(第 1 个)负

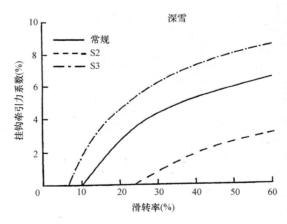

图 2-68 悬架设置对车辆 A 在深雪上的挂钩牵引力系数的影响(转载自参考文献 2.40,机械工程师协会理事会许可使用)

重轮处的 51.6°依次递减到后面（第 5 个）负重轮处的 34.4°，同时其中间（第 3 个）负重轮处的扭力臂角度为与常规构型相同的 43°。当车辆静止在水平的硬地面上时，该设置导致车体处于车头向上的姿态。如前所述，这对车辆在深雪中的机动性具有不利影响，如图 2-68 所示。对于悬架构型 S3，扭力臂角度从前面（第 1 个）负重轮处的 34.4°依次递减到后面（第 5 个）负重轮处的 51.6°，其中间（第 3 个）负重轮处的扭力臂角度保持为 43°。该设置导致车体处于车头向下的姿态。如前所述，与常规悬架构型和 S2 构型相比，这改善了车辆在深雪中的机动性，如图 2-68 所示。

表 2-7　常规悬架构型、S2 和 S3 悬架构型时扭力臂的设置　　　　［单位：(°)］

负重轮位置	没有负载作用时扭力臂的初始角度		
	悬架构型		
	常规	S2	S3
1	43	51.6	34.4
2	43	47.3	38.7
3	43	43	43
4	43	38.7	47.3
5	43	34.4	51.6

车辆悬架重量的重心（C.G.）的纵向位置会影响车体的姿态，因此影响到车辆在深雪中的性能。图 2-69 示出了深雪中车辆 A 的车体倾角随悬架质量重心的纵向位置的变化情况[2.53]。如图 2-61a 所示，重心的纵向位置以距前方链轮中心的距离表示。正的车体倾角随着重心的向后移位而增加。这表明当重心向后移动时，车体的姿势表现为车头越来越往上。图 2-70 示出了当深雪中的履带车辆的滑转率为 20%时，挂钩牵引力系数随悬架质量

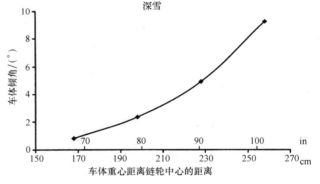

图 2-69　当车辆在深雪中的滑转率为 20%时，车体倾角随悬架质量重心的纵向位置的变化情况

重心的纵向位置的变化情况，其中的初始履带张力系数为 10%。挂钩牵引力系数随着重心的向后移动而显著降低。如果重心在纵向方向上距离链轮中心大约为 240cm，挂钩牵引力系数将为负值，这表明车辆将不能驱动自身前进而变得不可移动。

上述示例表明，对于车辆设计者而言，NTVPM 是在给定任务和操作环境的条件下，从牵引角度来定量评估相互竞争的设计方案和优化车辆设计参数的宝贵工具。上例还表明，应用 NTVPM 可能带来设计创新以及开发具有柔性履带的履带车辆的新方法。

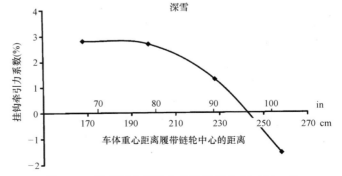

图 2-70　当车辆在深雪中的滑转率为 20%时，挂钩牵引力系数随悬架质量重心的纵向位置而变化

2.7 用于评价长节距链节式履带车辆性能的计算机辅助方法

对于诸如在农业和建筑工业中使用的低速履带车辆，它们通常使用具有相对较长履带节距的刚性链节式履带。使用长节距履带的目的是使履带下方的压力分布更为均匀。这种类型的履带系统，其负重轮直径与履带节距之比低至1.2，而负重车轮间距与履带节距之比通常为1.5。因此，前面部分中所描述的计算机辅助方法NTVPM，并不适合于这种类型的车辆。因此，人们开发出了被称为RTVPM的计算机辅助方法（计算机仿真模型），用于评估长节距链节式履带车辆的性能和设计[2.55~2.57]。该模型考虑了车辆的所有主要设计参数，包括车辆重量、重心位置、负重轮数量、负重轮位置、负重轮尺寸和间距、链轮和惰轮的位置、支撑辊布置、履带尺寸和几何形状、初始履带张力和挂钩牵引位置。由于履带链节被认为是刚性的，履带被假定为不可伸长的。对于大多数低速履带车辆，负重轮没有悬架，因此它们被认为与履带框架之间刚性连接。此模型中使用的地面参数与NTVPM中所使用的参数相同。

2.7.1 基本方法

RTVPM模型将履带视为通过无摩擦销连接的刚性连杆系统，如图2-71所示。如前所述，假设负重轮、支撑辊和链轮刚性地附连到车辆框架上；不过，假定前方惰轮的中心安装在预压弹簧上。

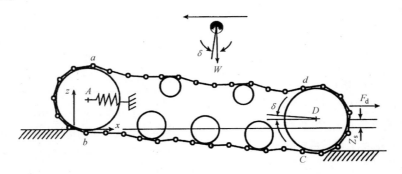

图2-71 具有长节距链节式履带的系统示意图（经机械工程师协会理事会许可，转载自参考文献2.55）

在分析中，履带系统分为四个部分：由滚子支撑的上部履带；与负重轮和地面均接触的下部履带；与惰轮接触的部分；与链轮接触的部分。通过考虑履带系统各个部分的力平衡，履带下部和地面之间的相互作用以及各个履带部分的边界条件，可以建立一组方程。这组方程的解确定了履带系统的沉陷量和倾斜度，履带-地面分界面上的法向压力和剪切应力分布，以及以履带滑转率函数形式表示的履带运动阻力、驱动力、挂钩牵引力和牵引效率。图2-72示出了装有8个负重轮的履带车辆在黏土上的法向压力和剪切应力分布的预测结果。

2.7.2 实验验证

RTVPM的基本特性已经通过了实地测试数据的验证。图2-73和图2-74分别示出了一台建筑行业中使用的重型履带车辆的挂钩牵引系数（挂钩牵引力-重量之比）和牵引效率（挂钩牵引力和车辆速度的乘积与输入到驱动链轮的功率之比）的测量值和预测结果之间的对比。车辆的总重量为329kN（73966lbf）。它的每条履带都有8个直径为26cm（10.2in）的负重轮，并且负重轮之间的平均间距为34cm（13.4in）。履带节距为21.6cm（8.5in），履带宽度为50.8cm（20in）。地面为一种干燥的圆盘状砂质壤土，其剪切阻力角为40.1°，内聚力为0.55kPa（0.08lbf/in^2）。图中所示的测量数据由Caterpillar（Peoria, IL, USA）提供。

对于某装有4个负重轮的刚性链节式履带系统，图2-75a和b示出了其在松散耕作的砂上的法向应力和剪切应力分布的预测值和实际测量结果[2.57]。履带的接地长度为1.27m（50in），履带节距为0.149m（5$\frac{7}{8}$in），履带宽度为0.254m（10in），法向载荷为13.12kN（2450lbf）。

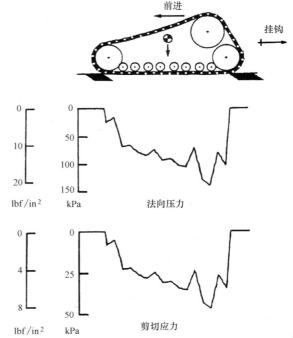

图2-72 使用计算机辅助方法RTVPM预测的履带车辆下方的法向应力和剪切应力分布

可以看出，使用RTVPM预测的车辆的挂钩牵引性能和其在履带-地面分界面上的应力分布接近于测量数据。这表明，该模型能够为具有长节距链节式履带车辆的性能提供较为实际的预测。

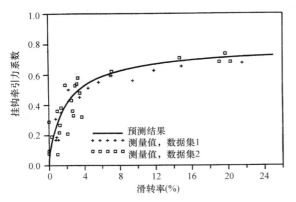

图2-73 对于一台行驶在干燥的圆盘状砂壤土上的履带车辆，测得的挂钩牵引系数与使用计算机辅助方法RTVPM的预测结果之间的比较（经机械工程师协会理事会许可，转载自参考文献2.55）

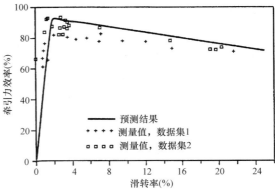

图2-74 对于一台行驶在干燥的圆盘状砂壤土上的履带车辆，测得的牵引效率与使用计算机辅助方法RTVPM的预测结果之间的比较（经机械工程师协会理事会许可，转载自参考文献2.55）

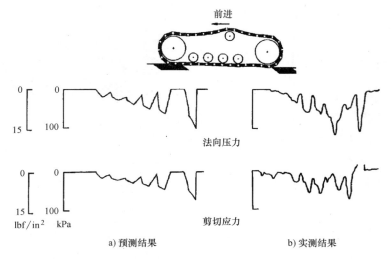

a) 预测结果　　　　　　　　b) 实测结果

图 2-75　对于在松散耕作的砂上的一履带系统，使用计算机辅助方法 RTVPM 预测得到的法向应力和剪切应力分布与实际测量结果之间的比较（经机械工程师协会理事会许可，转载自参考文献 2.57）

2.7.3　参数化分析与设计优化的应用

计算机辅助方法 RTVPM 在设计评估中的实际应用，可以通过下面关于长节距链节式履带车辆的最佳负重轮间距-履带节距之比这一实例来说明。

为了评估负重轮间距与履带节距之比的影响，图 2-76 示出了三种履带系统构型牵引性能预测结果的对比，这些预测结果使用计算机辅助方法 RTVPM 得到。这三种履带构型分别装有 5、7、8 个负重轮，且具有不同的履带节距。人们已经发现，当履带系统的总体尺寸给定时，负重轮间距-履带节距之比是对其牵引性能具有显著影响的设计参数之一。图 2-77 和图 2-78 分别示出了在 20% 滑转率下履带车辆的挂钩牵引系数和牵引效率随负重轮间距-履带节距之比的变化状况[2.57]。只要负重轮间距-履带节距之比相似，具有不同数量负重轮（范围：5~8）的履带系统的牵引性能将是相似的。该结论得到下列观察结果的进一步支持，即：具有不同数量负重轮的履带系统下的法向压力分布是相似的，只要它们具有相似的负重轮间距-履带节距之

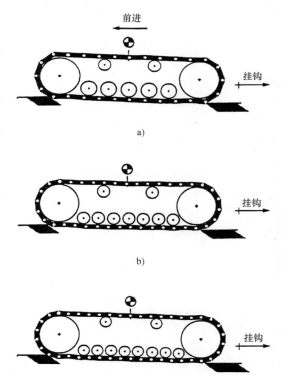

图 2-76　在研究负重轮间距-履带节距之比对车辆牵引性能的影响中，使用的具有不同数量负重轮的三个履带系统（经机械工程师协会许可，转载自参考文献 2.57）

比（S/P，Spacing/Pitch）。图 2-79 和图 2-80 分别示出了具有 5 个负重轮和 8 个负重轮的履带系

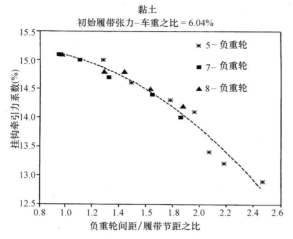

图 2-77 具有不同数量负重轮的履带系统的负重轮间距-履带节距之比（S/P）对其在黏土上的挂钩牵引系数的影响（经机械工程师协会理事会许可，转载自参考文献 2.57）

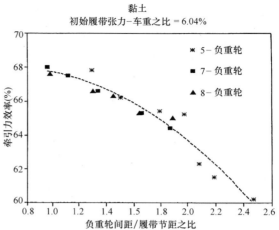

图 2-78 具有不同数量负重轮的履带系统的负重轮间距-履带节距之比（S/P）对其在黏土上的牵引效率的影响（经机械工程师协会理事会许可，转载自参考文献 2.57）

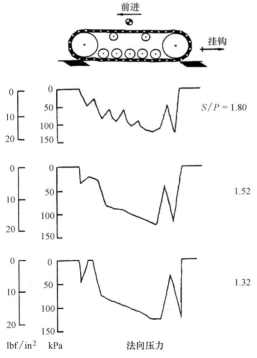

图 2-79 在不同的负重轮间距-履带节距之比（S/P）下，具有 5 个负重轮的履带系统在松软土壤上的法向压力分布（经机械工程师协会理事会许可，转载自参考文献 2.57）

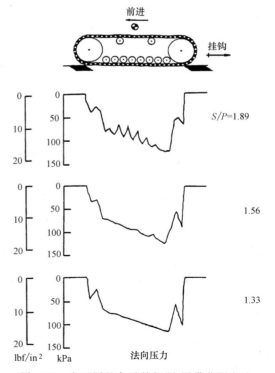

图 2-80 在不同的负重轮间距-履带节距之比（S/P）下，具有 8 个负重轮的履带系统在松软土壤上的法向压力分布（经机械工程师协会理事会许可，转载自参考文献 2.57）

统在黏土上的法向压力分布，其中每个图都包含了多种负重轮间距-履带节距之比。对于相似的负重轮间距-履带节距之比，装有 5 个负重轮的履带系统下方的法向压力分布与装有 8 个负重轮的履带系统具有相似的特性。注意，当负重轮间距-履带节距之比减小时，履带下方的法向压力的波动会减小。这表明如果降低了负重轮间距-履带节距之比，则履带系统下方的法向压力分布更为均匀，这将改善车辆的牵引性能。

还应注意，在一定范围的负重轮间距-履带节距之比内，挂钩牵引力系数和牵引效率仅有略微变化。例如，如图 2-77 和图 2-78 所示，如果负重轮间距-履带节距之比从 1.3 变化到 1 时，其在 20% 滑转率下的挂钩牵引力系数和牵引效率仅有微小变化。这意味着，设计人员在选择合适的负重轮间距-履带节距之比方面将有一定的灵活性，一方面，可以确保良好的牵引性能，另一方面，可以将由链轮齿-履带节片啮合时的多边形（或弦状）效应而引起的车辆速度波动降低到最小。可以证明，由多边形效应而引起的速度变化由下式给出：

$$\delta_s = 1 - \sqrt{1 - \left(\frac{P}{D}\right)^2} \qquad (2-85)$$

其中，δ_s 是车辆的速度变化，P 是履带节距，D 是履带链轮的节圆直径。

对于目前使用的大多数农业和工业履带车辆，其履带链轮节圆直径与履带节距之比的变化范围为 3.7~4.3。因此，车辆的前进速度将在 3.72% 到 2.75% 的范围内波动。如果将速度变化限制为 2.75%，链轮节圆直径为 0.928m（36.5in），则履带节距应为 0.216m（8.5in）。在黏土上，为了确保良好的挂钩牵引性能，负重轮间距-履带节距之比应在 1~1.3 的范围内。因此，负重轮间距应在 0.216~0.281m（8.5~11in）的范围内。

上述实例展示出了 RTVPM 的一个实际应用，为具有长节距链节式履带车辆选择最佳的设计参数。计算机辅助方法 RTVPM 已经成功地用于帮助车辆制造商开发新产品。

2.8 车轮越野性能的参数化分析方法

2.8.1 刚性车轮的行驶阻力

在越野车辆中，虽然充气轮胎很久以前就取代了刚性车轮，但是刚性轮通过未整备过的地面的力学分析仍是有其意义的，这是因为在松软地面上一个充气轮胎，其行为类似于刚性轮。此外，在某些情况下，例如在水田中，仍然使用刚性轮。最早用于预测刚性车轮的行驶阻力的方法之一是由 Bekker 博士提出的[2.1~2.3]。在这个方法中，假定处于接触印迹上的地面各点的反作用力都是纯径向的，并且等于在压力-沉陷实验中相同深度平板下的法向压力。如图 2-81 所示，一个从动刚性轮的平衡方程可写为

$$R_c = b \int_0^{\theta_0} \sigma r \sin\theta \, d\theta \qquad (2-86)$$

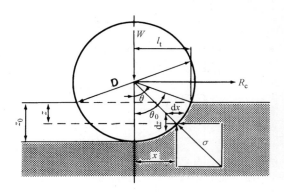

图 2-81 简化的车轮-土壤相互作用模型
（出自 M. G. Bekker 博士的 Theory of Land Locomotion，版权©密歇根大学，1956 年；密歇根大学出版社许可使用）

$$W = b\int_0^{\theta_0} \sigma r\cos\theta d\theta \tag{2-87}$$

其中，R_c 是运动阻力，W 是竖直方向的载荷，σ 是法向压力，b 和 r 分别为轮子的宽度和半径。

由于假定作用在轮缘的径向压力 σ 等于在相同深度 z 处平板下的法向压力 p，有 $\sigma r\sin\theta d\theta = pdz$、$\sigma r\cos\theta d\theta = pdx$。使用公式（2-46）所定义的压力-沉陷量关系，公式（2-86）变为

$$\begin{aligned} R_c &= b\int_0^{z_0}\left(\frac{k_c}{b}+k_\phi\right)z^n dz \\ &= b\left[\left(\frac{k_c}{b}+k_\phi\right)\frac{z_0^{n+1}}{n+1}\right] \end{aligned} \tag{2-88}$$

由公式（2-88）计算得到的 R_c 之值，等于在单位长度上把宽度为 b 的平板压至距离地表深度为 z_0 深度处时所做的功。Bekker 给出的应力分布的假定，意味着刚性轮的行驶阻力是由于形成深度为 z_0 的车辙的垂直功所造成的；行驶阻力 R_c 被称为压实阻力。

使用公式（2-88）计算压实阻力时，首先要确定由车轮参数表示的沉陷量 z_0 和土壤特性。根据公式（2-87）有

$$W = -b\int_0^{z_0} pdx = -b\int_0^{z_0}\left(\frac{k_c}{b}+k_\phi\right)z^n dx \tag{2-89}$$

根据图 2-81 中给出的几何结构，有

$$x^2 = [D-(z_0-z)](z_0-z) \tag{2-90}$$

其中 D 为车轮直径。

当沉陷量较小时，

$$x^2 = D(z_0-z) \tag{2-91}$$

且

$$2xdx = -Ddz \tag{2-92}$$

将公式（2-92）代入到公式（2-89）中，得到

$$W = b(k_c/b+k_\phi)\int_0^{z_0}\frac{z^n\sqrt{D}}{2\sqrt{z_0-z}}dz \tag{2-93}$$

令 $z_0-z=t^2$，那么 $dz=-2tdt$，且

$$W = b\left(\frac{k_c}{b}+k_\phi\right)\sqrt{D}\int_0^{\sqrt{z_0}}(z_0-t^2)^n dt \tag{2-94}$$

将 $(z_0-t^2)^n$ 展开，同时仅取多项式（$z_0^n - nz_0^{n-1}t^2 + n(n-1)z_0^{n-2}t^4/2 - n(n-1)(n-2)z_0^{n-3}t^6/6 + (n-1)(n-2)(n-3)z_0^{n-4}t^8/24+\cdots$ 的前两项，得到

$$W = \frac{b(k_c/b+k_\phi)\sqrt{z_0 D}}{3}z_0^n(3-n) \tag{2-95}$$

整理公式（2-95）得：

$$z_0^{(2n+1)/2} = \frac{3W}{b(k_c/b+k_\phi)(3-n)\sqrt{D}}$$

或

$$z_0 = \left[\frac{3W}{b(3-n)(k_c/b+k_\phi)\sqrt{D}}\right]^{[2/(2n+1)]} \quad (2\text{-}96)$$

将公式（2-96）代入到公式（2-88）中，压实阻力R_c变为

$$R_c = \frac{1}{(3-n)^{(2n+2)/(2n+1)}(n+1)b^{1/(2n+1)}(k_c/b+k_\phi)^{1/(2n+1)}}\left(\frac{3W}{\sqrt{D}}\right)^{(2n+2)/(2n+1)} \quad (2\text{-}97)$$

从公式（2-97）可以看出，为了减小压实阻力，增加直径D比增加轮子宽度b更为有效，这是因为方程中D比b的幂次高。注意到公式（2-97）是从公式（2-95）导出的，而后者是在公式（2-94）中仅取$(z_0-t^2)^n$展开级数的前两项而得出。因此，只有当n值小于1.3时，公式（2-97）才表现良好。而当n值超过1.3后，预测压实阻力R_c时的误差会增大，而当n值接近3时，R_c之值趋近于无穷——这显然是个异常。当n值大于1.3时，应该在公式（2-94）中使用函数$(z_0-t)^n$级数展开的前五项来计算积分。这会极大增加预测压实阻力R_c时的准确度。

Bekker指出，对于中等程度的沉陷量（即$z_0 \leq D/6$），使用公式（2-97）可以得到令人满意的计算结果，且车轮直径越大，沉陷量越小，预测就越准确[2.3]。同时他还提到，对于车轮直径小于50cm（20in）的车轮，基于公式（2-97）所做出的预测精度较差；如果存在明显的滑转下陷时，用公式（2-96）来预测车轮在干砂及沙壤土中的沉陷量会变得不准确[2.3]。实验结果表明，刚性轮缘下方的实际法向压力分布与上面理论叙述的一般假定是不同的，如图2-82所示。按照这个理论，最大法向压力发生在接触面的最低点（正对底部中心），该点的沉陷量最大。然而，实验结果指出，最大法向压力发生在正对底部中心的前方，并且其位置随滑转率发生变化，如图2-82所示[2.13,2.58,2.59]。最大法向压力发生在两个流动带的结合处，如图2-19和2-20所示[2.13,2.59]。法向压力分布随滑转率变化，这

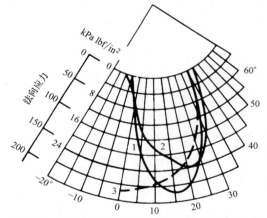

图2-82 刚性轮法向压力分布的测量值与应用土壤-车辆相互作用简化模型得到的计算值之间的对比（曲线1——滑转率为3.1%时的测量值；曲线2——滑转率为35.1%时的测量值；曲线3——计算值）

说明运动阻力应该是滑转率的函数【译注：参见第2.8.3节】。这意味着轮胎和地面之间的实际相互作用要比上面讨论的（半经验）简化方法中所假设的那样远为复杂。

在轮胎沉陷量显著的松软地面中，Bekker建议，除了公式（2-97）中给出的压实阻力之外，还需要考虑作用在车轮前方的推土阻力。可以使用第2.2节中所描述的土压理论来计算推土阻力【译注：参见本书第1版2.4.1节】。

2.8.2 充气轮胎的行驶阻力

充气轮胎的行驶阻力取决于它的工作状态。假定地面相当松软，并且胎压p_i和由胎体刚

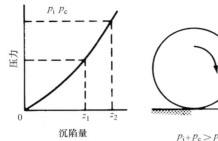
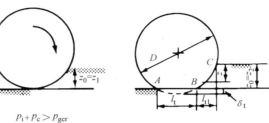

图 2-83 充气轮胎在不同工作模式下的行为特性

性所产生的压力 p_c 之和大于轮胎外圆最低点处地面所能支承的最大压力时,轮胎就像刚性轮一样转动,如图 2-83 所示。这通常被称为轮胎的刚性工作模式。另一方面,如果地面相当硬并且胎压较低,轮胎外圆周的一部分将被压平。这被称为轮胎的弹性工作模式。当预测轮胎的行驶阻力时,首先必须确定在给定行驶条件下,轮胎的工作状态是像刚性轮还是像弹性轮。如果轮胎像刚性轮一样工作,应该使用 Bekker 的压力-沉陷量关系式,在接触面的最低点(底部正中心)的法向压力 p_g 为

$$p_g = (k_c/b + k_\phi) z_0^n \tag{2-98}$$

将公式 (2-96) 代入到上述方程,p_g 的表达式变为

$$p_g = (k_c/b + k_\phi)^{1/(2n+1)} \left[\frac{3W}{(3-n)b\sqrt{D}}\right]^{2n/(2n+1)} \tag{2-99}$$

假如轮胎的充气压力 p_i 和胎体刚性产生的压力 p_c 两者之和大于公式 (2-99) 所定义的压力(被称为临界压力 p_{gcr}),则轮胎将像刚性轮一样转动[2.60]。在此条件下,由于压实地面而产生的行驶阻力可用方程 (2-97) 来预测。另一方面,如果 p_i 和 p_c 两者之和小于公式 (2-99) 计算出的压力 p_{gcr},轮胎的一部分将会被压平,且压平部分的接触压力将等于 $p_i + p_c$。在此情形下,轮胎的沉陷量 z_0 可按 Bekker 的压力-沉陷量关系方程加以确定,如下:

$$z_0 = \left(\frac{p_i + p_c}{k_c/b + k_\phi}\right)^{1/n} \tag{2-100}$$

将公式 (2-100) 代入到公式 (2-88) 中,弹性轮由于压缩土壤产生的行驶阻力表达式变为

$$R_c = b(k_c/b + k_\phi)\left(\frac{z_0^{n+1}}{n+1}\right)$$

$$= \frac{b(p_i + p_c)^{(n+1)/n}}{(n+1)(k_c/b+k_\phi)^{1/n}} \tag{2-101}$$

在实践中,由于胎体刚度而施加在地面上的压力 p_c 是难以确定的,因为它会随着轮胎的胎压和法向载荷而变化。作为一种替代方案,Bekker 建议使用轮胎在硬地面上的平均地面压力 p_{gr} 来表示 p_i 与 p_c 之和。对于一个特定轮胎,其在给定的法向载荷和胎压下的平均地面压力 p_{gr},可以通过所谓"广义的轮胎变形图"(generalized deflection chart)导出,如图 2-84 所示,该图通常由轮胎制造商提供。轮胎的平均地面压力 p_{gr} 等于轮胎所承载的载荷除以图中

所示的对应接地面积 A。作为示例，图 2-85 示出了在各种法向载荷下 11.00 R16 XL 轮胎的平均地面压力 p_{gr} 和胎压 p_i 之间的关系。看起来对于所示的特定轮胎，由于胎体刚度而施加在地面上的压力 p_c 并非常数，并且其值会随着胎压和负载而变化。从图 2-85 可以注意到，当轮胎负载和充气压力在一定范围内时，平均地面压力 p_{gr} 低于轮胎的胎压 p_i。使用平均地面压力 p_{gr} 来表示 p_i 与 p_c 之和，公式（2-100）和公式（2-101）可以重写为

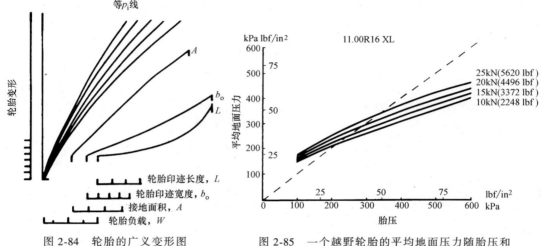

图 2-84　轮胎的广义变形图

图 2-85　一个越野轮胎的平均地面压力随胎压和法向载荷的变化关系

$$z_0 = \left(\frac{p_{gr}}{k_c/b + k_\phi} \right)^{1/n} \quad (2-102)$$

$$R_c = \frac{b p_{gr}^{(n+1)/n}}{(n+1)(k_c/b + k_\phi)^{1/n}} \quad (2-103)$$

对于宽度可与直径相比的轮胎，例如松软地面轮胎和气囊轮胎，在使用公式（2-102）和公式（2-103）来预测沉陷量和压实阻力时，必须要很小心。对于这种类型的轮胎，载荷面的短边，即压力-沉陷量公式（2-46）中 k_c 的分母，并不一定是轮胎的宽度；并且图 2-83 所示的接触长度 l_t 也可能是接地印迹的短边。这表明，为了预测这种类型轮胎的性能，首先必须通过考虑轮胎在竖直方向的平衡来计算接触长度 l_t。下面给出用于分析这种类型轮胎的性能的近似方法。

大体上，可以假定接触长度 l_t 是图 2-83 所示的轮胎变形 δ_t 的一个函数：

$$l_t = 2\sqrt{D\delta_t - \delta_t^2} \quad (2-104)$$

当 l_t 小于轮胎宽度时，其值将被用作计算沉陷量 z_0 时 k_c 的分母：

$$z_0 = \left(\frac{p_{gr}}{k_c/l_t + k_\phi} \right)^{1/n} \quad (2-105)$$

轮胎的法向载荷 W 由图 2-83 所示直线部分 AB 的地面压力 p_{gr} 以及曲线部分 BC 的反作用力平衡。大体上，可假定 BC 为半径 $r = D/2$ 的圆弧。由 BC 平衡的垂直载荷 W_{cu} 可用与上节讨论的刚性轮相类似的方法加以确定：

$$W_{cu} = -b\int_0^{z_0} p\mathrm{d}x = -b(k_c/l_t + k_\phi)\int_0^{z_0} \frac{z^n \sqrt{D}\,\mathrm{d}z}{2\sqrt{z_0 + \delta_t - z}} \tag{2-106}$$

令 $z_0 + \delta_t - z = t^2$；那么，$\mathrm{d}z = -2t\mathrm{d}t$，并且

$$W_{cu} = b(k_c/l_t + k_\phi)\sqrt{D}\int_{\sqrt{\delta_t}}^{\sqrt{z_0+\delta_t}} (z_0 + \delta_t - t^2)^n \mathrm{d}t \tag{2-107}$$

将 $(z_0 + \delta_t - t^2)^n$ 做级数展开，并且只取级数的前两项，得到

$$\begin{aligned}W_{cu} &= b(k_c/l_t + k_\phi)\sqrt{D}\int_{\sqrt{\delta_t}}^{\sqrt{z_0+\delta_t}}[(z_0+\delta_t)^n - n(z_0+\delta_t)^{n-1}t^2]\mathrm{d}t\\ &=[b(k_c/l_t+k_\phi)\sqrt{D}(z_0+\delta_t)^{n-1}]\\ &\quad \times\frac{[(3-n)(z_0+\delta_t)^{3/2}-(3-n)\delta_t^{3/2}-3z_0\sqrt{\delta_t}]}{3}\end{aligned} \tag{2-108}$$

作用在轮胎上的垂直力的平衡方程为

$$W = bp_{gr}l_t + W_{cu} \tag{2-109}$$

可见，给定轮胎的法向反作用力【译注：等于法向载荷】是 δ_t、l_t 和 z_0 的函数，并且 l_t、z_0 和 δ_t 之间的关系由公式（2-104）和公式（2-105）确定。这说明对于一个法向载荷已知的轮胎，存在一个轮胎变形 δ_t 的特性值，从而在一具体的地面上满足公式（2-109）。原则上，轮胎的变形量 δ_t 可由通过联立方程式（2-104）、式（2-105）、式（2-108）和式（2-109）来求解。然而，实际中用迭代方法来确定轮胎的变形会更为方便。在迭代过程中，先将假定 δ_t 值代入方程（2-104）中计算接触长度 l_t，然后使用公式（2-105）来计算沉陷量 z_0。由于 δ_t、l_t 和 z_0 的值是已知的，对于假定的 δ_t 值可以确定轮胎的法向反作用力。如果 δ_t 的假定值恰好合适，则计算得出的法向反作用力应该等于给定的法向载荷；否则，再假定一个新的 δ_t 值，重复上述过程直至收敛为止。得到正确的 δ_t 值之后，可以使用公式（2-104）和公式（2-105）来计算相应的接触长度 l_t 和沉陷量 z_0。压实阻力可由下式确定：

$$R_c = b(k_c/l_t + k_\phi)\left(\frac{z_0^{n+1}}{n+1}\right) \tag{2-110}$$

处于弹性工作模式的充气轮胎会发生变形。其结果是，除了压实阻力之外，轮胎材料的弹性迟滞和其他内部损耗也会消耗能量，这种损耗表现为作用在轮胎上的阻力。由于轮胎变形而导致的阻力取决于轮胎设计、结构、材料以及工作条件。该阻力值通常由实验方法加以确定。Bekker 和 Semonin 提出了以下公式来预测由于轮胎变形而引起的运动阻力[2.61]：

$$R_h = [3.581bD^2 p_{gr}\epsilon(0.0349\alpha - \sin 2\alpha)]/\alpha(D - 2\delta_t) \tag{2-111}$$

其中，p_{gr} 是平均地面压力，b、D 和 δ_t 分别为轮胎的宽度、直径和变形。参数 α 和 ϵ 可由下式计算：

$$\alpha = \cos^{-1}[(D - 2\delta_t)/D] \tag{2-112}$$

和

$$\epsilon = 1 - \exp(-k_e \delta_t/h) \tag{2-113}$$

其中，α 为接触角、其单位为度，h 为轮胎截面高度，k_e 是与轮胎构型相关的一个参数。斜线轮胎的 k_e 值为 15，子午线轮胎的 k_e 值为 7。

当轮胎有明显的沉陷时，Bekker 建议在计算轮胎的总运动阻力时需要将推土阻力也考

虑在内。

上面给出的用于预测轮胎-土壤界面上的接触几何形状的方法是基于简化假设的。为了改进预测，人们已经开发了基于有限元法的三维轮胎模型用于轮胎-地面相互作用的研究[2.62]。

应当注意到，上述方法适用于单个轮胎（或车轮）的预测。在实际中，车辆后面的轮胎常常行驶在前面轮胎压出的车辙中。为了预测多轴轮式车辆总的牵引性能，应该考虑地面对重复的法向和剪切载荷的响应。

例题 2-4：一个 11.00R16XL 型充气轮胎将要被安装到一台越野轮式车辆上。该轮胎的直径为 97.5cm（38.4in），截面高度为 28.4cm（11.2in），轮胎宽度为 28cm（11in）。该轮胎将要支承的载荷为 20kN（4496lbf）。该车辆将要行驶在某土壤中，其压力-沉陷量参数为 $n=1$，$k_\phi=680\mathrm{kN/m^3}$（$2.5\mathrm{lbf/in^3}$）。提议使用 100 和 200kPa（14.5 和 29lbf/in²）这两种胎压。图 2-85 示出了该轮胎在不同法向载荷下胎压 p_i 和平均地面压力 p_{gr} 之间的关系。比较轮胎在两种提议胎压下的沉陷量和压实阻力。

解：在给定的土壤中，可以使用公式（2-99）确定轮胎的临界压力 p_{gcr} 如下：

$$p_{gcr} = [k_\phi]^{1/(2n+1)} \left[\frac{3W}{(3-n)b\sqrt{D}}\right]^{2n/(2n+1)}$$

$$= 200\mathrm{kPa}(29\mathrm{lbf/in^2})$$

a. 根据公式（2-85），当法向压力为 20kN（4496lbf）、且胎压 $p_i=100\mathrm{kPa}$（14.5lbf/in²）时，平均地面压力 p_{gr} 等于 170kPa（24.7lbf/in²）。由于 $p_{gcr}>p_{gr}$，轮胎工作在弹性模式，轮胎与地面相接触的部分被压平。使用公式（2-102），沉陷量 z_0 由下式给出：

$$z_0 = \left(\frac{p_{gr}}{k_\phi}\right)^{1/n} = 0.25\mathrm{m}(10\mathrm{in})$$

使用公式（2-88），压实阻力 R_c 由下式给出：

$$R_c = b(k_\phi)\left(\frac{z_0^{n+1}}{n+1}\right)$$

$$= 5.95\mathrm{kN}(1338\mathrm{lbf})$$

b. 根据公式（2-85），当法向压力为 20kN（4496lbf）、且胎压 $p_i=200\mathrm{kPa}$（29lbf/in²）时，平均地面压力 p_{gr} 等于 230kPa（33.4lbf/in²）。由于 $p_{gcr}<p_{gr}$，轮胎表现类似于刚性车轮。使用公式（2-96），沉陷量 z_0 由下式给出：

$$z_0 = \left[\frac{3W}{b(3-n)k_\phi\sqrt{D}}\right]^{2/(2n+1)}$$

$$= 0.294\mathrm{m}(11.6\mathrm{in})$$

使用公式（2-88），压实阻力 R_c 由下式给出：

$$R_c = b(k_\phi)\left(\frac{z_0^{n+1}}{n+1}\right)$$

$$= 8.23\mathrm{kN}(1850\mathrm{lbf})$$

可以看出，当胎压为 200kPa（29lbf/in²）时轮胎的压实阻力比胎压为 100kPa（14.5lbf/in²）时的压实阻力大约高 38.3%。

2.8.3 车轮的驱动力与滑转率

为了评价刚性轮的驱动力和滑转率之间的关系,首先必须确定沿车轮-土壤分界面形成的剪切位移。可以根据车轮的滑转速度V_j来分析刚性轮沿接触面而产生的剪切位移。对于一个刚性车轮,轮缘上的一点相对于地面的滑转速度V_j,是该点绝对速度的切向分量,如图2-86所示[2.59]。轮缘上角度为θ的一点(图2-86),其滑转速度V_j的大小由下式给出[2.59]:

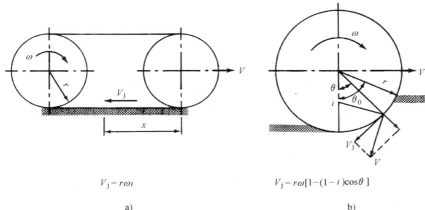

图2-86 在刚性履带(图a)和刚性车轮(图b)作用下剪切变形的形成

$$V_j = r\omega[1-(1-i)\cos\theta] \tag{2-114}$$

可见,刚性轮的滑转速度随角度θ和滑转率而变化。

沿车轮-土壤分界面上的剪切位移分布,由下式给出:

$$j = \int_0^t V_j dt = \int_0^{\theta_0} r\omega[1-(1-i)\cos\theta]\frac{d\theta}{\omega}$$
$$= r[(\theta_0-\theta)-(1-i)(\sin\theta_0-\sin\theta)] \tag{2-115}$$

其中,θ_0是进入角度(entry angle),该角度定义了轮缘上一点开始与地面接触时的角度,如图2-86所示。

根据前面所讨论的剪切应力和剪切位移之间的关系,可以确定刚性轮沿接触面上的应力分布。例如,使用公式(2-56),剪切应力的分布可由下式描述

$$\tau(\theta) = [c+p(\theta)\tan\phi](1-e^{-j/K})$$
$$= [c+p(\theta)\tan\phi][1-\exp^{-(r/K)[\theta_0-\theta-(1-i)(\sin\theta_0-\sin\theta)]}] \tag{2-116}$$

沿刚性轮法向压力分布$p(\theta)$可由不同方法来估计,包括前述由Bekker提出的简化方法[2.3,2.59]。图2-87示出了,一个刚性车轮在滑转率为22.1%时沿接触区域的剪切应力分布的测量值以及使用上述方法得到的预测值。详细的预测程序在参考文献[2.59]中给出。

将整个接触面上切向应力的水平分量积分,可以确定总的驱动力F:

$$F = rb\int_0^{\theta_0}\tau(\theta)\cos\theta d\theta \tag{2-117}$$

应当注意,接触面上剪切应力的垂直分量支撑了作用在车轮上的垂直载荷。这个事实在图2-81给出的车轮-土壤相互作用的简化模型中被忽略了。在对车轮-土壤相互作用的更全面的分析中,应该考虑剪切应力的作用,下面给出了预测刚性轮牵引性能的方法[2.4,2.59]:

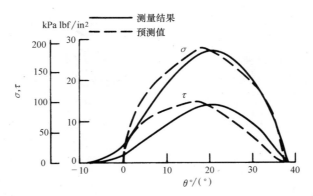

图 2-87 一刚性车轮在致密沙上的滑转率为 22.1%时,沿刚性轮缘法向应力和切向应力的测量值和预测值的比较

垂直载荷
$$W = rb\left[\int_0^{\theta_0} p(\theta)\cos\theta d\theta + \int_0^{\theta_0} \tau(\theta)\sin\theta d\theta\right] \quad (2\text{-}118)$$

牵引力
$$F_d = rb\left[\int_0^{\theta_0} \tau(\theta)\cos\theta d\theta - \int_0^{\theta_0} p(\theta)\sin\theta d\theta\right] \quad (2\text{-}119)$$

车轮转矩
$$M_\omega = r^2 b\int_0^{\theta_0} \tau(\theta)d\theta \quad (2\text{-}120)$$

应当指出,公式(2-116)用来预测主动刚性车轮沿接触面的剪切应力分布。对于自由滚动的从动轮,其剪切应力的分布特点是不同的,如图 2-88 所示。剪切应力在在车轮-土壤分界面上的一个特定点处改变方向,该点可被称为过渡点。如图 2-20 所示,该过渡点对应于从动轮下方土壤两个流动区域的交汇点。在轮缘 AD 部分的作用下,ABD 区域内的土壤向上和向前运动,而轮缘绕瞬心 I 转动。因此,土壤沿 AD 部分滑移,并在车轮滚动的相反方向上产生剪切应力,此时应力方向标记为正方向。在 A 与 E 之间,土壤向前缓慢移动,而轮缘以相对较快的速度向前移动。在该区域内,剪切应力的方向与车轮旋转的方向相反,此时应力方向标记为负方向。因此,作用在自由滚动的从动轮轮缘上的剪切应力,其关于车轮中心的合力矩为零。

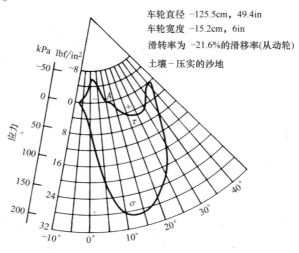

图 2-88 从动轮在沙上拖动时,沿刚性轮缘法向应力和切向应力的测量值和预测值的比较

用于预测充气轮胎驱动力的方法取决于其操作模式。如果平均地面压力 p_{gr} 大于公式（2-99）中所定义的临界压力 p_{gcr}，轮胎的表现类似于刚性轮，并且其剪切位移、剪切应力和驱动力可以分别使用公式（2-115）、（2-116）和公式（2-117）来预测。另一方面，如果 p_{gr} 小于 p_{gcr}，则一部分轮胎圆周将变平，如图 2-89 所示。在这些情况下，沿图 2-89 中的 BC 段所产生的剪切位移，可以用与先前描述的刚性轮相同的方式确定。对于平面部分 AB，滑动速度被认为是恒定的，这类似于第 2.5.2 节中所描述的刚性履带下方的速度。沿截面 AB

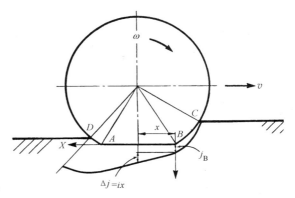

图 2-89 处于弹性工作模式下的轮胎，其下方剪切位移的形成

的剪切位移增量 Δj 与轮胎滑转率 i 和所讨论的点与点 B 之间的距离成正比，其表达式为

$$\Delta j = ix \tag{2-121}$$

在与点 B 距离为 x 处的累积剪切位移 j_x 由下式给出：

$$j_x = j_B + \Delta_j = j_B + ix \tag{2-122}$$

其中，j_B 是点 B 处的剪切位移，它可以用公式（2-115）确定。

沿着 AD 部分的剪切位移，是由于卸载时地面的弹性回弹而引起的，它可以用与刚性轮相同的方式确定。轮胎下方剪切位移的发展如图 2-89 所示。

在确定沿轮胎-地面分界面的剪切位移之后，对应的剪切应力分布可以通过对所考虑的地面使用适当的剪切应力-剪切位移关系来确定。然后，可以通过对整个接触面积上剪切应力的水平分量进行积分来确定驱动力。

图 2-90 示出了拖拉机轮胎（11.5-15）在砂壤土上以 10% 滑转率行驶时，在轮胎接地面上测量的法向应力和剪切应力分布。对于处于弹性工作模式的充气轮胎，其应力分布比刚性车轮更为均匀。

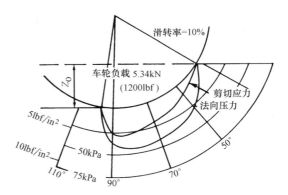

图 2-90 在拖拉机轮胎与砂壤土的接地面上测量的法向应力和剪切应力分布
（经许可转载自参考文献 2.63）

人们已经开发出了具有良好用户界面的计算机辅助方法，其中包含了上述程序，用于预测轮胎的牵引性能。人们还开发出了一种用于预测多轴式车辆总的牵引性能的计算机辅助方法，其中考虑到了由于挂钩牵引力而引起的纵向轴间（interaxle）载荷传递、轴的悬架刚度以及地面对重复载荷的响应[2.4]。其基本特性在后续部分中概述。

2.9 一种用于评价轮式越野车辆性能的计算机辅助方法

人们已经开发出了被称为 NWVPM 的计算机辅助方法,用于评估多轴的越野轮式车辆的性能和设计[2.4]。该方法考虑了车辆和轮胎的所有主要设计参数。所考虑的车辆参数包括车辆重量、重心位置、车轴数量、车轴类型(驱动或非驱动)、车轴负载、车轴间距、车轴悬架刚度、车轴间隙、车轴上的轮胎数量以及车辆轮距(或履带,同一轴上左右两侧轮胎之间的横向距离)。所考虑的轮胎参数包括直径、胎面宽度、截面高度、凸耳面积与胎体面积之比、凸耳的高度和宽度、轮胎胎压和平均地面压力(即第 2.8.2 节中定义的 p_{gr})以及轮胎构造(斜线或子午线,用于确定由于内部迟滞损失引起的轮胎运动阻力)。该模型中使用的地面参数与 NTVPM 或 RTVPM 中使用的相同。

2.9.1 基本方法

在 NWVPM 的开发中,考虑了以下因素:
1) 使用第 2.8 节中提出的方法来预测车辆上轮胎的操作模式、沉陷量、运动阻力和驱动力。
2) 如果所有轮轴的轮距相同,除了前轴上的轮胎之外,轮胎在由前面轮胎压出的车辙中行驶。在预测后续轮胎的性能时,考虑到了地面对重复性法向载荷和剪切载荷的响应。在 NWVPM 中提供了预防措施,以容纳后续轮胎的一部分在前面轮胎压出的车辙中行驶、而另一部分在未压过的地面上行驶这种情况。
3) 在预测车辆的整体性能时,考虑了由挂钩牵引力而引起的轴间动态载荷传递。
4) 还考虑了轴的悬架刚度对轴间动态载荷分布的影响。

NWVPM 可用于评估车辆设计和轮胎参数对处于稳态工作的轮式车辆在各种类型地面上的牵引性能的影响。

2.9.2 实验验证

NWVPM 的基本特征已经通过现有的实地试验数据得到证实[2.64]。图 2-91 和图 2-92 分别示出了一台拖拉机在已耕地(ploughed field)和留茬地(stubble field)上测得的和预测的挂钩牵引性能之间的比较[2.4]。在每个图中所示出的两条曲线分别为使用地面参数测量值的上限和下限得到的预测结果。使用 NWVPM 得到的关于挂钩牵引性能的预测结果与测量值接近。这表明 NWVPM 能够对田地中工作的越野轮式车辆的性能做出较为真实的预测。

2.9.3 应用到参数化分析

为了展示其应用,NWVPM 被用来评估一台两轴全轮驱动车辆上两种不同类型轮胎的胎压对其在两种地面上的性能的影响[2.4]。车辆前轴和后轴上的静载荷分别为 39.23 和 33.33kN(8820 和 7493lbf)。前轴和后轴的车轴悬架刚度分别为 2.42 和 1.57kN/cm(1382 和 896lbf/in)。车辆的轴距为 2.08m(82in)。车辆重心和牵引挂钩分别在地面以上 1.112 和 0.662m(44 和 26in)的地方。

图 2-93 和图 2-94 分别示出了车辆在中等土壤(medium soil)和黏土上的挂钩牵引力系

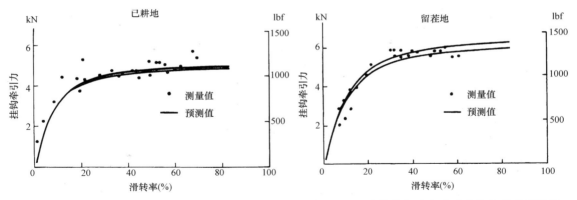

图 2-91　一台拖拉机在已耕地上的挂钩牵引性能的测量结果和预测值之间的比较

图 2-92　一台拖拉机在留茬地上的挂钩牵引性能的测量结果和预测值之间的比较

数随滑转率的变化，其中示出了在不同前后胎压组合下两种类型的轮胎（12.5/75R20 和 11R16）所对应的曲线。曲线上指示的第一个数字表示前轮胎的胎压，而第二个数字则表示

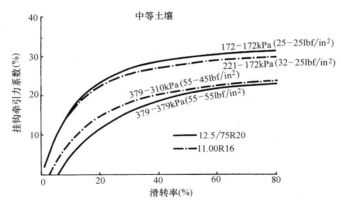

图 2-93　一台四轮驱动车辆在中等土壤（medium soil）上的挂钩牵引力系数随滑转率的变化，图中示出了在不同前后胎压组合下两种类型的轮胎

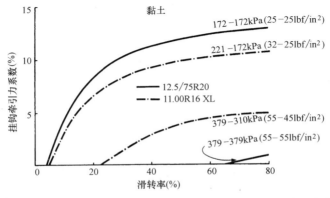

图 2-94　一台四轮驱动车辆在黏土上的挂钩牵引力系数随滑转率的变化，图中示出了在不同前后胎压组合下两种类型的轮胎

后轮胎的胎压。轮胎类型、前后轮胎的胎压组合以及地面条件对车辆性能具有显著影响。

NWVPM 已被北美和其他地区政府机构用于评估各种越野车辆的性能。NWVPM 也可用于评估行星探测无人车辆的机动性[2.65]。

2.10 用于研究车辆-地面相互作用的有限元和离散元方法

数值（计算）方法，例如有限元法（FEM，Finite Element Method）和离散（不同）元素法（DEM，Discrete (Distinct) Element Method），最近已被引入到车辆-地面相互作用的研究中。

2.10.1 有限元方法

有限元方法的基本概念是理想的连续体（例如轮胎胎体或土体）作为有限数量的元素的组合。对于二维连续体，有限元可能是三角形或四边形。对于三维分析，有限元可能是四面体、矩形棱柱或六面体。三角形或四边形的壳或膜元素也用于轮胎造型。这些元素在这被称为节点（nodes 或 nodal points）的接头处互连。选择诸如多项式的简单函数，来近似每个元素内的位移分布。为每个元素制定刚度矩阵，该矩阵由根据元素的材料和几何性质推导出的平衡方程的系数组成，通常使用力学的变分原理（例如最小势能原理）而获得。刚度将位移与施加在节点处的力关联起来。然后将各个元素的刚度矩阵组合起来得到整个物体的总刚度矩阵，同时将各元素节点力矢量组合起来得到总力或载荷矢量。当已知载荷施加到连续体时，对于节点求解上述平衡方程而得到其位移。根据预测的节点位移，可以计算元素的变形。根据已知或给定的材料性质，可以确定元素的应力和应变。作为示例，图 2-95 示出了一个直径为 1245mm（49in）、宽度为 305mm（12in）的刚性轮以 3.1% 的滑动率在沙子中行驶时，其有限元网格、变形模式以及轮子下方的垂直应力分布，其中作用在刚性轮上的垂直载荷为 9.28kN（2086lbf）[2.66,2.67]。

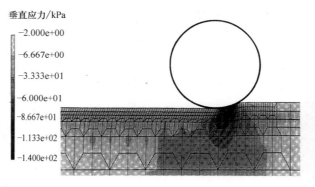

图 2-95 一个直径为 1245mm（49in）、宽度为 305mm（12in）的刚性轮在 9.28kN（2086lbf）的垂直载荷作用下，以 3.1% 的滑动率在沙子中行驶时，其有限元网格、变形模式以及轮子下方的垂直应力分布

在将有限元方法用于车轮（轮胎）-土壤相互作用的早期研究中，假定土壤为线性或非线性的弹性连续体。在车轮-土壤分界面上的法向和剪切应力分布被用作启动求解过程所需的输入[2.68,2.69]。如第 2.8 节所述，当轮胎-土壤接触面上的法向应力和剪切应力分布已知时，以运动阻力、驱动力、牵引力和牵引效率形式表示的车轮性能被完全确定。因此，在早期的工作中，有限元方法的作用受到限制，用于在给定车轮-土壤分界面上的法向应力和剪应力分布时预测土体的应力分布和变形[2.70]。

近年来，有限元方法在研究车轮-地面相互作用方面的研究取得了很大的进展。由于地面行为的复杂性和多变性,人们引入了许多关于地面材料的本构模型。压力相关的弹塑性模型被认为是地面材料行为的最合适的表示,这是因为当受到车轮-土壤分界面上的法向压力和/或剪切应力作用时,地面存在非弹性变形。在本构模型中,Drucker-Prager 屈服模型和 Cam-Clay 临界状态土壤模型是两种广泛使用的模型,尽管在某些情况下人们也使用 Mohr-Coulomb 屈服模型[2.66,2.67,2.7,2.73]。近年来,一些被认为适用于机器-地面间相互作用研究的综合有限元代码已经被广泛应用。所有这些都促进了有限元方法在研究车轮-地面相互作用的物理性质中的应用。现在可以采用有限元法连同改进的算法和解决程序,来预测接地面的几何形状以及车轮-土壤分界面上的法向和剪切应力分布,从而预测车轮的性能。

在文献 [2.66,2.67] 中关于车轮-沙土相互作用的二维研究中,修改的 Cam-Clay 临界状态土壤模型结合新的非线性弹性定律已经在有限元程序 MARC 得到实现。由于发生了大的土体变形,引起了塑性变形和局部失效,土壤模型在大应变的框架内实施。沙土的材料参数已经用来自静水压和三轴试验(triaxial test)的实验数据完成校准。文献 [2.66,2.67] 中对直径为 1245mm(49in)、宽度为 305mm(12in)、法向载荷为 9.28kN(2086lbf)的刚性轮,以及胎压为 345kPa(50lbf/in^2)、法向载荷为 9.23kN(2075lbf)的 12.5175R20 型轮胎的性能进行了仿真研究。在这两种情况下,施加垂直负载,然后车轮(轮胎)以各种滑转率在水平面上低速移动。假定车轮(轮胎)和沙土分界面上产生的剪切应力服从公式(2-116),其中沙土的内聚力 $c=0$、$\tan\phi=0.32$、$K=38\text{mm}$(1.5in)。图 2-96 示出了测得的刚性轮在松软沙土上的挂钩牵引性能与使用有限元方法得到的预测值之间的比较;两者相当接近。对于轮胎 12.5175R20,测得的挂钩牵引性能和预测值表现出类似的一致性。然而,在刚性轮的接地印迹上测得的法向应力和剪应力分布与预测值之间只有定性的一致性[2.66,2.67]。

为了为改进冬季轮胎的胎面花纹的设计提供指导,人们已经对轮胎-雪地相互作用的力学进行了三维分析[2.71]。在研究中,轮胎使用有限元法建模,而雪地则使用有限体积

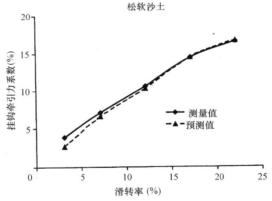

图 2-96 一刚性车轮在松软沙土中测得的挂钩牵引性能与预测值之间的比较,其中车轮直径为 1.245m(49in)、宽度为 0.305m(12in)、法向载荷为 9.28kN(2086lbf)

法(FVM,Finite Volume Method)建模。轮胎和雪地之间的耦合由耦合元素自动计算。假定雪是均匀的弹塑性材料。该研究采用如第 2.2 节中所述的 Mohr-Coulomb 屈服模型。雪的剪切强度参数为:内聚力为 0.016MPa(2.3lbf/in^2),内剪切阻力角为 31°。在研究中,使用计算机程序 MSC.Dytran 对一个 195/65R15 型轮胎在雪地上的牵引性能进行了仿真,其中轮胎的法向载荷为 4.0kN(900lbf),胎压为 200kPa(29lbf/in^2),行驶速度为 60km(37mile/h),滑转率为 30%。用于表示轮胎的三维元素的数量接近 60000;用于表示雪地区域的三维元素的数量约为 70000。研究中使用超级计算机来执行仿真。表 2-8 和表 2-9 分别示出了具有不同凹槽宽度和凹槽角度的 195/65R15 型轮胎牵引力的测量值和预测值。尽管在绝对值方面,预测的牵引力和测量结果之间存在显著的差异,但是当根据指数比较牵引力的预测值

和测量得到的实验数据时，它们之间具有良好的定性一致性，如表中所示[2.71]。

表2-8 具有不同槽宽的轮胎在雪上的驱动力的预测值和测量值之间的比较

沟槽宽度	预测的驱动力			测量的驱动力		
	kN	lbf	指数	kN	lbf	指数
窄	0.60	135	100	0.80	180	100
宽	0.65	146	108	0.89	200	111

数据来源：参考文献2.71。

表2-9 具有不同沟槽角度的轮胎在雪地上的驱动力的预测值和测量值之间的比较

沟槽角度/(°)	预测的驱动力			测量的驱动力		
	kN	lbf	指数	kN	lbf	指数
0[①]	0.69	155	100	0.94	211	100
30[②]	0.65	146	94	0.92	207	97
-30[③]	0.68	153	98	0.93	209	99

数据来源：参考文献2.71。
① 与轮胎旋转轴线平行的直槽。
② 在轮胎旋转方向上的 V 形槽，其两侧与轮胎旋转轴线成30°夹角。
③ 在轮胎旋转方向上的反向 V 形槽，其两侧与轮胎旋转轴线成30°夹角。

根据上述例子和文献中报道的研究结果，已经证明了有限元方法在阐明车轮（轮胎）-地面相互作用时某些物理性质方面的能力。已经表明，使用有限元法获得的预测结果和实验数据之间一般有良好的定性一致性；因此，它可以是用于在相对基础上比较轮胎设计和性能的一个有用工具。然而，使用有限元法进行车轮（轮胎）-地面间相互作用的详细三维仿真需要大量的计算资源。此外，将有限元方法用于车轮（轮胎）-地面间相互作用的研究时需要对其进行改进。这些改进包括：对地面建模的改进以更现实地反映其在实地中的行为，对获得关于地面参数的更可靠数据的改进，对表征车轮（轮胎）-地面间剪切行为的改进。有限元方法是基于连续力学的，因此，它在对处于车轮（轮胎）作用下的地面材料的塑性流动仿真中具有固有的局限性。已经观察到轮子下面有明显的土壤流动，特别是在如沙子的颗粒状土壤中，如图 2-19~图 2-22 所示。为了详细地仿真车轮（轮胎）和颗粒状土壤之间的相互作用，近年来人们引入了离散（不同）元方法。

2.10.2 离散元方法

离散（不同）元方法的基本概念是将土壤（地面）表示为多个离散元素的集合。对于二维分析，离散元素通常采取圆形形状。对于三维分析，离散元素通常是球形的。经过这样的理想化，可以通过检测车轮和相邻元素之间以及接触元素相互之间的机械式相互作用来分析车轮-土壤相互作用的特性。与车轮表面相接触的元素受到来自车轮的接触力。不与车轮表面接触的元素受到来自其他与其接触的元素的接触力。接触力的大小由接触元素的相对位移和相对速度决定。

最基本形式的离散元方法，假设每个元素具有由弹簧常数 k 表征的刚度（在各个法向和切向方向上），并且具有由黏性阻尼系数 η 表征的阻尼（在各个法向和切向方向）。在车轮表面和相邻元素之间或在互相接触的元素之间，假定在切向方向上存在由摩擦系数 μ 表征的摩擦。图 2-97 示意性地示出了两个接触元素之间或元素和车轮表面之间的机械式相互作用[2.74]。在一些其他版本的离散元方法中，还考虑了车轮表面和相邻元素之间的黏附、接触元素之间的内聚力或元素的库仑阻尼。

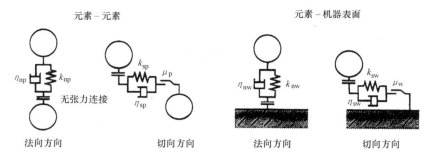

图 2-97 两个接触元素之间以及元素和车轮表面之间的机械式相互作用
（经许可转载自参考文献 2.74）

为了确定接触是在车轮表面和相邻元素之间或在元素之间发生，需要检查它们的几何关系。如果车轮表面和相邻元素中心之间的距离小于元素半径，则认为车轮表面和元素之间建立接触。另一方面，如果两个元素中心之间的距离小于这两个元素的半径之和，则认为它们之间发生接触。

在选定的时间间隔内，每个元素的位置逐步得到确定。每个元素的位置和其上的接触力决定了元素的运动。作为示例，对于二维分析，图 2-98 示出了在 t 时刻的两个接触元素 i 和 j 的位置。在 Δt 时间内，每个元素的运动方向由箭头指示。元素 i 和 j 在 Δt 时间内在 X 和 Y 方向的位移分别表示为 Δu_i、Δv_i、Δu_j 和 Δv_j。

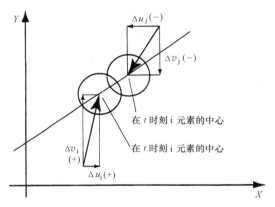

图 2-98 两个接触元素的运动方向和位移
（经许可转载自参考文献 2.74）

如前所述，假设作用在元素上的接触力与两个接触元素的相对位移和相对速度有关，或者与车轮表面和相邻元素之间的相对速度相关。例如，两个接触元素之间的相对位移的法向分量确定了由于弹性变形而引起的法向力，相对速度的法向分量决定了黏性阻尼力的法向分量。相对位移的切向分量会产生一个由于弹性变形而引起的切向力。然而，该切向力不能超过两个接触元素之间的最大摩擦力。相对速度的切向分量决定了黏性阻尼力的切向分量。对于二维分析，根据所有其他接触元素作用在元素上的合力，可以为每个元素建立三个运动方程：两个是关于质心在 X 和 Y 方向的线性运动，另一个是围绕元素质心的旋转。根据这些运动方程，可以确定质心在 X 和 Y 方向上的线性加速度和围绕元素质心的角加速度。通过对时间间隔内的加速度进行积分，并将所得值与前一步的速度相加，可以获得当前步骤下元素在各方向的速度。为了增强求解的稳定性，将前一步的位移增量和速度在当前时间间隔内的积分这两者的平均值取作当前时间间隔内的位移增量。

通过对所涉及的所有元素在指定的持续时间内重复这些过程，可以确定车轮-土壤界面上的相互作用力，并且可以确定在车轮作用下土壤颗粒（由离散元素表示）的移动。通常，通过指定车轮的垂直负载、前进速度和滑转率来启动求解过程。

虽然离散元方法已被应用于车辆-地面相互作用力学的研究中[2.75,2.76]，但它目前仍处于其发展的早期阶段。为了使用离散元方法进行真实的仿真，必须使用足够大数量的离散元素。因此，要达到类似的仿真结果，可能需要比有限元方法使用更多的计算资源。此外，需要进一步研究用于确定模型参数值的技术，以实际地表示地面属性（特别是在自然环境中的那些属性）。在三维或二维分析中分别使用球形或圆形元素来表示土壤颗粒不一定是现实的，因为这忽略了具有不同形状和尺寸的土壤颗粒之间的互锁功能。这表明，使用离散元方法对越野车的实地性能做出预测面临着相当大的挑战。

为了解决所需的计算资源问题，人们已经提出了在车辆-地面相互作用的仿真中联合使用离散元法和有限元法[2.77]。在该方法中，离散元用于表示上层地面，而有限元用于表示下层地面。这种组合可以减少对计算资源的需求。

由于自然地面行为的多变性和复杂性，应该对计算机仿真模型在预测越野车辆性能方面的作用保持一个适当的观点。目前，期望计算机仿真能够在各个方面复制在实验现场所观察到的实际车辆-地面相互作用是过于激进的。建议计算机仿真模型的主要作用是为车辆工程师提供可靠的工具，用于在相对基础上比较越野车辆设计或性能。

参 考 文 献

2.1　M. G. Bekker, *Theory of Land Locomotion*. Ann Arbor, MI：University of Michigan Press, 1956.

2.2　M. G. Bekker, *Off-the-Road Locomotion*. Ann Arbor, MI：University of Michigan Press, 1960.

2.3　M. G. Bekker, *Introduction to Terrain- Vehicle Systems*. Ann Arbor, MI：University of Michigan Press, 1969.

2.4　J. Y. Wong, *Terramechanics and Off-road Vehicles*. Amsterdam, The Netherlands：Elsevier Science, 1989.

2.5　W. Sohne, "Fundamentals of Pressure Distribution and Soil Compaction Under Tractor Tires," *Agricultural Engineering*, May 1958.

2.6　W. Sohne, "Agricultural Engineering and Terramechanics," *Journal of Terramechanics*, vol. 6, no. 4, 1969.

2.7　M. S. Osman, "The Mechanics of Soil Cutting Blades," *Journal of Agricultural Engineering Research*, vol. 9, no. 4, 1964.

2.8　K. Terzaghi, *Theoretical Soil Mechanics*. New York：Wiley, 1966.

2.9　D. R. P. Hettiaratchi and A. R. Reece, "The Calculation of Passive Soil Resistance," *Geotechnique*, vol. 24, no. 3, 1974.

2.10　L. L. Karafiath and E. A. Nowatzki, *Soil Mechanics for Off-road Vehicle Engineering*. Aedermannsdorf, Switzerland：Trans Tech Publications, 1978.

2.11　E. McKyes, *Soil Cutting and Tillage*, Developments in Agricultural Engineering 7. Amsterdam, The Netherlands：Elsevier Science, 1985.

2.12　J. Y. Wong and A. R. Reece, "Soil Failure Beneath Rigid Wheels," in *Proc. 2nd Int. Conf of the International Society for Terrain Vehicle Systems*. Toronto, Canada：University of Toronto Press, 1966.

2.13　J. Y. Wong, "Behaviour of Soil Beneath Rigid Wheels," *Journal of Agricultural Engineering Research*, vol. 12, no. 4, 1967.

2.14　L. L. Karafiath, "Plasticity Theory and Stress Distribution Beneath Wheels," *Journal of Terramechanics*, vol. 8, no. 2, 1971.

2.15　J. Y. Wong, "Review of 'Soil Mechanics for Off-road Vehicle Engineering,'" *Canadian Geotechnical Journal*, vol. 16, no. 3 and *Journal of Terramechanics*, vol. 16, no. 4, 1979.

2.16　Off-road Vehicle Mobility Evaluation, SAE J939, Society of Automotive Engineers, 1967.

2.17　A. A. Rula and C. J. Nuttall, "An Analysis of Ground Mobility Models (ANAMOB)," Technical Report M-71-4, U. S. Army Corps of Engineers Water-ways Experiment Station, Vicksburg, MS, 1971.

2.18　D. R. Freitag, "A Dimensional Analysis of the Performance of Pneumatic Tireson Soft Soils," Technical Report 3-688, U. S. Army Corps of Engineers Water-ways Experiment Station, Vicksburg, MS, 1965.

2.19　G. W. Turnage, "A Synopsis of Tire Design and Operational Considerations Aimed at Increasing In-soil Tire Drawbar Performance," in *Proc. 6th Int. Conf. of the International Society for Terrain-Vehicle Systems*, vol. 2, 1978.

2.20　R. D. Wismer and H. J. Luth, "Off-road Traction Prediction for Wheeled Vehicles," American Society of Agricultural Engineers, paper no. 72-619, 1972.

2.21　G. W. Turnage, "Prediction of In-sand Tire and Wheeled Vehicle Drawbar Performance," in *Proc. 8th Int. Conf. of the International Society for Terrain-Vehicle Systems*, vol. 1, 1984.

2.22　D. Rowland, "Tracked Vehicle Ground Pressure and Its Effect on Soft Ground Performance," in *Proc. 4th Int. Conf. of the International Society for Terrain-Vehicle Systems*, vol. 1, Stockholm, Sweden, 1972.

2.23　D. Rowland, "A Review of Vehicle Design for Soft-ground Operation," in Proc. *5th Int. Conf. of the International Society for Terrain-Vehicle Systems*, vol. 1, Detroit, MI, 1975.

2.24　J. Y. Wong, "On the Role of Mean Maximum Pressure as an Indicator of Cross-country Mobility for Tracked Vehicles," *Journal of Terramechanics*, vol. 31, no. 3, 1994.

2.25　J. Y. Wong, J. R. Radforth, and J. Preston-Thomas, "Some Further Studies of the Mechanical Properties of Muskeg," *Journal of Terramechanics*, vol. 19, no. 2, 1982.

2.26　J. Y. Wong, M. Garber, and J. Preston-Thomas, "Theoretical Prediction and Experimental Substantiation of the Ground Pressure Distribution and Tractive Performance of Tracked Vehicles," in *Proc. Institution of Mechanical Engineers*, Part D, *Transport Engineering*, vol. 198, no. D15, 1984.

2.27　J. Y. Wong and M. G. Bekker, "Terrain Vehicle Systems Analysis," Monograph, Department of Mechanical and Aerospace Engineering, Carleton University, Ottawa, ON, Canada, 1976, 1977, 1978, 1980, and 1985.

2.28　J. Y. Wong, "Data Processing Methodology in the Characterization of the Mechanical Properties of Terrain," *Journal of Terramechanics*, vol. 17, no. 1, 1980.

2.29　W. L. Harrison, "Vehicle Performance over Snow," U. S. Army Cold Regions Research and Engineering Laboratory, Technical Report 268, Dec. 1975.

2.30　J. Y. Wong, "Evaluation of Soil Strength Measurements," NRCC Report no. 22881, Division of Energy, National Research Council of Canada, 1983.

2.31　A. R. Reece, "Principles of Soil-Vehicle Mechanics," in *Proc. Institution of Mechanical Engineers*, vol. 180, part 2A, 1965-66.

2.32　J. Y. Wong, M. Garber, J. R. Radforth, and J. T. Dowell, "Characterization of the Mechanical Properties of Muskeg with Special Reference to Vehicle Mobility," *Journal of Terramechanics*, vol. 16, no. 4, 1979.

2.33　J. Y. Wong and J. Preston-Thomas, "On the Characterization of the Pressure-Sinkage Relationship of Snow Covers Containing an Ice Layer," *Journal of Terramechanics*, vol. 20, no. 1, 1983.

2.34　J. Y. Wong and G. J. Irwin, "Measurement and Characterization of the Pressure-Sinkage Data for Snow Obtained Using a Rammsonde," *Journal of Terrame-chanics*, vol. 29, no. 2, 1992.

2.35　B. M. D. Wills, "The Measurement of Soil Shear Strength and Deformation Moduli and a Comparison of the Actual and Theoretical Performance of a Family of Rigid Tracks," *Journal of Agricultural Engineering Research*, vol. 8, no. 2, 1963.

2.36　J. Y. Wong and J. Preston-Thomas, "On the Characterization of the Shear Stress-Displacement Relationship of Terrain," *Journal of Terramechanics*, vol. 19, no. 4, 1983.

2.37　H. M. S. Keira, *Effects of Vibration on the Shearing Characteristics of Soil Engaging Machinery*, Thesis, Carleton University, Ottawa, ON, Canada, 1979.

2.38　J. Y. Wong, "Computer-aided Analysis of the Effects of Design Parameters on the Performance of Tracked Vehicles," *Journal of Terramechanics*, vol. 23, no. 2, 1986.

2.39　J. Y. Wong and J. Preston-Thomas, "Parametric Analysis of Tracked Vehicle Performance Using an Advanced Computer Simulation Model," in *Proc. Institution of Mechanical Engineering*, Part D, *Transport Engineering*, vol. 200, no. D2, 1986.

2.40　J. Y. Wong and J. Preston-Thomas, "Investigation into the Effects of Suspension Characteristics and Design Parameters on the Performance of Tracked Vehicles Using an Advanced Computer Simulation Model," in *Proc. Institution of Mechanical Engineers*, Part D, *Transport Engineering*, vol. 202, no. D3, 1988.

2.41　J. Y. Wong, "Optimization of the Tractive Performance of Articulated Tracked Vehicles Using an Advanced Computer Simulation Model," in *Proc. Institution of Mechanical Engineers*, Part D, *Journal of Automobile Engineering*, vol. 206, no. D1, 1992.

2.42　J. Y. Wong, "Expansion of the Terrain Input Base for the Nepean Tracked Vehicle Performance Model NTVPM to Accept Swiss Rammsonde Data from Deep Snow," *Journal of Terramechanics*, vol. 29, no. 3, 1992.

2.43　J. Y. Wong, "Computer-aided Methods for the Optimization of the Mobility of Single-unit and Two-unit Articulated Tracked Vehicles," *Journal of Terrame-chanics*, vol. 29, no. 4, 1992.

2.44　J. Y. Wong and G. J. Irwin, "Adaptation of the Tracked Vehicle Performance Model NTVPM to NATO Requirements," in *Proc. Int. Society for Terrain-Vehicle Systems North American Regional Conference*, vol. 2, Sacra-mento, CA, March 25-27, 1992.

2.45　J. Y. Wong, "Computer Simulation Models for Evaluating the Performance and Design of Tracked and Wheeled Vehicles," in *Proc. 1st North American Work-shop on Modeling the Mechanics of Off-road Mobility*, sponsored by the U. S. Army Research Office and held at the U. S. Army Corps of Engineers Waterways Experiment Station, Vicksburg, MI, May 5-6, 1994.

2.46　J. Y. Wong, "Terramechanics—Its Present and Future," in *Proc. 6th European ISTVS Conference and the 4th OVK Symposium on Off-road Vehicles in Theory and Practice*, vol. 1, Vienna, Austria, September 28-30, 1994.

2.47　J. Y. Wong, "Computer-aided Methods for Design Evaluation of Track Systems," *Trans. Society of Automotive Engineers*, Section 2, Journal of Commercial Vehicles, paper no. 941675, 1994.

2.48　J. Y. Wong, "Application of the Computer Simulation Model NTVPM-86 to the Development of a New Version of the Infantry Fighting Vehicle ASCOD," *Journal of Terramechanics*, vol. 32, no. 1, 1995.

2.49　J. Y. Wong, "Dynamics of Tracked Vehicles," *Vehicle System Dynamics*, vol. 28, nos. 2 and 3, 1997.

2.50　J. Y. Wong, "Computer-aided Methods for Design Evaluation of Tracked Vehi-cles and Their Applications to Product Development," *International Journal of Vehicle Design*, vol. 22, nos. 1 and 2, 1999.

2.51　J. Y. Wong and W. Huang, "Evaluation of the Effects of Design Features on Tracked Vehicle Mobility Using an Advanced Computer-simulation Model," *International Journal of Heavy Vehicle Systems*, vol. 12, no. 4, 2005.

2.52　J. Y. Wong and W. Huang, "An Investigation into the Effects of Initial Tracked Tension on Soft Ground Mobility of Tracked Vehicles Using an Advanced Computer Simulation Model," in *Proc. Institution of Mechanical Engineers*, Part D, *Journal of Automobile Engineering*, vol. 220, no. 6, 2006.

2.53　J. Y. Wong, "Development of High-mobility Tracked Vehicles for over Snow Operations," Keynote Paper in

Proc Int. Society for Terrain-Vehicle Systems Joint North America. Asia-Pacific Conference and Annual Meeting of Japanese Society for Terramechanics, Fairbanks, Alaska, June 23-26, 2007.

2.54 J. Y. Wong and W. Huang, "Approaches to Improving the Mobility of Military Tracked Vehicles on Soft Terrain," *International Journal of Heavy Vehicle Systems*, vol. 14, 2008. (in press)

2.55 Y. Gao and J. Y. Wong, "The Development and Validation of a Computer-aided Method for Design Evaluation of Tracked Vehicles with Rigid Links," in *Proc. Institution of Mechanical Engineers*, Part D, *Journal of Automobile Engineering*, vol. 208, no. D3, 1994.

2.56 J. Y. Wong and Y. Gao, "Applications of a Computer-Aided Method to Parametric Study of Tracked Vehicles with Rigid Links," in *Proc. Institution of Mechanical Engineers*, Part D, *Journal of Automobile Engineering*, vol. 208, no. D4, 1994.

2.57 J. Y. Wong, "Optimization of Design Parameters of Rigid-link Track Systems Using an Advanced Computer-aided Method," in *Proc. Institution of Mechanical Engineers*, Part D, *Journal of Automobile Engineering*, vol. 212, no. D3, 1998.

2.58 O. Onafeko and A. R. Reece, "Soil Stresses and Deformations Beneath Rigid Wheels," *Journal of Terramechanics*, vol. 4, no. 1, 1967.

2.59 J. Y. Wong and A. R. Reece, "Prediction of Rigid Wheel Performance Based on the Analysis of Soil-Wheel Stresses, Part I and Part II," *Journal of Terrame-chanics*, vol. 4, nos. 1 and 2, 1967.

2.60 J. Y. Wong, "Performance of the Air Cushion-Surface Contacting Hybrid Vehi-cle for Overland Operation," in *Proc. Institution of Mechanical Engineers*, vol. 186, 30/72, 1972.

2.61 M. G. Bekker and E. V. Semonin, "Motion Resistance of Pneumatic Tires," *Journal of Automotive Engineering*, vol. 6, no. 2, 1975.

2.62 H. Nakashima and J. Y. Wong, "A Three-dimensional Tire Model by the Finite Element Method," *Journal of Terramechanics*, vol. 30, no. 1, 1993.

2.63 G. Krick, "Radial and Shear Stress Distribution Under Rigid Wheels and Pneumatic Tires Operating on Yielding Soils with Consideration of Tire Deformation," *Journal of Terramechanics*, vol. 6, no. 3, 1969.

2.64 M. G. Bekker, *The Effect of Tire Tread in Parametric Analysis of Tire-Soil Systems*, NRCC Report No. 24146, Division of Energy, National Research of Canada, 1985.

2.65 J. Y. Wong and V. M. Asnani, "Study of the Correlation between the Perfor-mances of Lunar Vehicle Wheels Predicted by the Simulation Model NWVPM and Test Data," submitted to Proc. Institution of Mechanical Engineers, Part D, Journal of Automobile Engineering.

2.66 C. H. Liu and J. Y. Wong, "Numerical Simulations of Tire-Soil Interaction Based on Critical State Soil Mechanics," *Journal of Terramechanics*, vol. 33, no. 5, 1996.

2.67 C. H. Liu, J. Y. Wong, and H. A. Mang, "Large Strain Finite Element Analysis of Sand: Model, Algorithm and Application to Numerical Simulation of Tire-Sand Interaction," *Computers and Structures*, vol. 74, no. 3, 1999.

2.68 J. V. Perumpral, J. B. Liljedal and W. H. Perloff, "A Numerical Method for Predicting the Stress Distribution and Soil Deformation under a Tractor Wheel," *Journal of Terramechanics*, vol. 8, no. 1, 1971.

2.69 R. N. Yong and E. A. Fattah, "Prediction of Wheel-Soil Interaction and Performance Using the Finite Element Method," *Journal of Terramechanics*, vol. 13, no. 4, 1976.

2.70 J. Y. Wong, "Discussion on 'Prediction of Wheel-Soil Interaction and Performance Using the Finite Element Method," *Journal of Terramechanics*, vol. 14, no. 4, 1977.

2.71 E. Sera, T. Kamegawa, and Y. Nakajima, "Prediction of Snow/Tire Interaction Using Explicit FEM and FVM," *Tire Science and Technology*, TSTCA, vol. 31, no. 3, 2003.

2.72 C. W. Fervers,"Improved FEM Simulation Model for Tire-Soil Interaction," *Journal of Terramechanics*, vol. 41, nos. 2-3, 2004.

2.73 T. Zhang, J. H. Lee, and Q. Liu, "Finite Element Simulation of Tire-Snow Interaction under Combined Longitudinal and Lateral Slip Condition," in *Proc. 15th Int. Conf. of the International Society for Terrain-Vehicle Systems*, Japan, 2005.

2.74 H. Tanaka, M. Momozu, A. Oida, and M. Yamazaki, "Simulation of Soil Defor-mation and Resistance at Bar Penetration by the Distinct Element Method," *Journal of Terramechanics*, vol. 37, no. 1, 2000.

2.75 Y. Shigeta and K. Aruga, "Application of 3D Distinct Element Method to Track Shoe Model," in *Proc. 15th Int. Conf. of the International Society for Terrain-Vehicle Systems*, Japan, 2005.

2.76 Z. Asaf, D. Rubinstein and J. Shmulevich, "Evaluation of Link-track Perfor-mances Using DEM," *Journal of Terramechanics*, vol. 43, no. 2, 2006.

2.77 H. Nakashima and A. Oida, "Algorithm and Implementation of Soil-Tire Con-tact Analysis Code Based on Dynamic FE-DE Method," *Journal of Terrame-chanics*, vol. 41, nos. 2-3, 2004.

习 题

习题 2.1：一个轮胎在坚硬干燥土壤上的接触面积近似一个圆【译注：通常亦可近似为一椭圆，例如长短轴分别为 20cm 和 30cm 的椭圆。】，其半径为 20cm（7.9in）。假定接触压力分布均匀，其值为 68.95kPa（10lbf/in^2）。对于这种类型的土壤，假定其集中系数为 3。计算在接触面中心深度为 20 和 40cm（7.9 和 15.8in）处的垂直合成应力。接触中心下方深度为多少时，该处的垂直应力为接触压力的十分之一？

习题 2.2：一个具有 18 个轮刺的窄缘钢轮安装在越野车辆的车轮上，以增加其在湿地上的牵引力。从刺顶处算起的钢轮外径为 1.5m（4.92ft）。轮刺宽度为 25cm（10in），在垂直位置其刺入土壤的深度为 12.5cm（5in）。当钢轮在 $c=13.79$kPa（2lbf/in^2）、$\phi=5°$、$\gamma_s=16$kN/m^3（102lbf/ft^3）的土壤中行驶时，预测一个轮刺在竖直位置处能够产生的牵引力。计算所需要的对应驱动转矩。钢轮轮缘是窄的，其作用可以忽略不计。假定轮刺表面是光滑的。

习题 2.3：具有均匀接地压力的履带车辆重 155.68kN（35000lbf），每条履带的宽度为 102cm（40in），长 305cm（120in）。预测车辆在某土壤上的运动阻力和驱动力-滑转率之间的关系，其中土壤参数如下：$n=0.5$、$k_c=0.77$kN/m^{n+1}（0.7lb/in^{n+1}）、$k_\phi=51.91$kN/m^{n+2}（1.2lbf/in^{n+2}）、$c=5.17$kPa（0.75lbf/in^2）、$\phi=11°$、$K=5$cm（2in）。如果履带的宽度减少 20%，同时长度增加 25%，其性能如何变化？

习题 2.4：一台四轮驱动拖拉机，其重量为 60kN（13489lbf），均匀分布在两个驱动桥上。四个轮胎均为 11.00 R16XL 子午线轮胎，其尺寸在例题 2.4 中给出，平均地面压力和轮胎胎压之间的关系由图 2-85 中给出。胎压为 150kPa（21.75lbf/in^2）。当该车辆在某土地上以 20% 的滑转率行驶时，预测其运动阻力和前轴的驱动力；其中地面参数为：$n=0.8$、$k_c=29.76$kN/m^{n+1}（9lbf/in^{n+1}）、$k_\phi=2083$kN/m^{n+2}（16lbf/in^{n+2}）、$c=8.62$kPa（1.25lbf/in^2）、$\phi=22°$、$K=2.5$cm（1in）。

习题 2.5：使用与水平方向成 57° 角的倾斜推土机铲刀去除一层深 15.2cm（6in）的土壤。铲刀的宽度为 4.62m（182in），其表面与土壤的摩擦角为 24°，并且两者之间无黏附。

土壤内剪切阻力角为 35°，其内聚力为 3.79kPa（0.55lbf/in²），重量密度为 16286N/m³（104lbf/ft³）。表征铲刀-土壤相互作用的 $K_{p\gamma}$ 和 K_{pc} 参数值分别为 10 和 2。试估计铲刀在没有超载的情况下进行初始切割所需的合力。同时确定由土壤施加在铲刀上的合力的水平和垂直分量的大小和方向。

习题 2.6：履带车辆的总重量为 125kN（28103lbf）。其两条履带均具有 2.65m（104in）的接地长度和 0.38m（15in）的接地宽度。履带下方具有多峰正弦形式的法向压力分布，如图 2-55b 所示。试估计车辆在习题 2.4 中描述的地面上以 20% 的滑转率行驶时的压实阻力和驱动力。

第 3 章

道路车辆的工作特性

道路车辆的工作特性是指其在直线行驶时的加速、减速和爬坡能力。本章将详细讨论决定车辆工作潜力的驱动力（或制动力）以及行驶阻力。本章还将提出预测和评价道路车辆工作特性的方法。

3.1 运动方程和最大驱动力

图 3-1 示出了作用在两轴式车辆上的主要外力。在纵向方向的外力包括空气动力学阻力 R_a、前后轮胎的滚动阻力 R_{rf} 和 R_{rr}、牵引力负载 R_d、坡度阻力 R_g（$W\sin\theta_s$）、前后轮胎的驱动力 F_f 和 F_r。对于后轮驱动车辆，$F_f = 0$；而对于前轮驱动车辆，$F_r = 0$。
【译注：空气动力学阻力也称风阻或气动阻力】

车辆沿纵向轴线 x 的运动方程为

$$m\frac{d^2x}{dt^2} = \frac{W}{g}a = F_f + F_r - R_a - R_{rf} - R_{rr} - R_d - R_g$$

(3-1)

其中，d^2x/dt^2 或 a 为车辆在纵轴方向的线性加速度，g 为重力加速度，m 和 W 分别为车辆的质量和重量。

根据惯性力的概念，上式可改写为

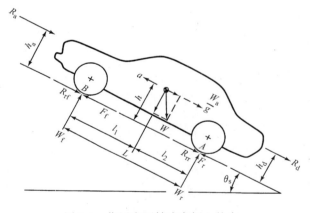

图 3-1 作用在两轴式车辆上的力

$$F_f + F_r - \left(R_a + R_{rf} + R_{rr} + R_d + R_g + \frac{aW}{g}\right) = 0$$

或

$$F = R_a + R_r + R_d + R_g + \frac{aW}{g}$$

(3-2)

式中，F 和 R_r 分别为车辆的总驱动力和滚动阻力。

为了评价车辆的工作能力，必须确定车辆所能发挥的最大驱动力。车辆的最大驱动力受限于两个因素：一是道路附着系数和作用在驱动轮轴上的垂直载荷；另一是车辆的动力装置的特性和所采用的传动系统。这两者中的最小值决定了车辆的性能潜力。

为了预测轮胎接地面上所能承受的最大驱动力，必须确定作用在轮轴上的垂直载荷。该垂直载荷的大小可利用对 A 点和 B 点（图 3-1）取矩的方法来计算。对 A 点取矩，则作用在前轮轴的垂直载荷 W_f 为

$$W_f = \frac{Wl_2\cos\theta_s - R_a h_a - haW/g - R_d h_d \mp Wh\sin\theta_s}{L} \tag{3-3}$$

式中，l_2 为后轮轴与车辆重心间的距离；h_a 为空气动力学阻力作用点的高度；h 为车辆重心高度；h_d 为牵引杆高度；L 为车辆轴距；θ_s 为坡度角。当车辆向上爬坡时，式中的 $Wh\sin\theta_s$ 项取负号。

同样，对 B 点取矩，作用在后轮轴上的垂直载荷则为

$$W_r = \frac{Wl_1\cos\theta_s + R_a h_a + haW/g + R_d h_d \pm Wh\sin\theta_s}{L} \tag{3-4}$$

式中，L 为前轮轴与车辆重心间的距离。当车辆向上爬坡时，式中 $Wh\sin\theta_s$ 项应取正号。

若坡度角较小，则 $\cos\theta_s$ 近似等于 1。对于乘用车，其空气动力学阻力的作用点高度 h_a 和牵引杆高度 h_d 可假定与重心高度 h 相同。因此，根据这些简化和假设，式（3-3）和式（3-4）可重写为

$$W_f = \frac{l_2}{L}W + \frac{h}{L}\left(R_a + \frac{aW}{g} + R_d \pm W\sin\theta_s\right) \tag{3-5}$$

和

$$W_r = \frac{l_1}{L}W + \frac{h}{L}\left(R_a + \frac{aW}{g} + R_d \pm W\sin\theta_s\right) \tag{3-6}$$

将式（3-2）分别带入以上两式，得

$$W_f = \frac{l_2}{L}W - \frac{h}{L}(F - R_r) \tag{3-7}$$

和

$$W_r = \frac{l_1}{L}W + \frac{h}{L}(F - R_r) \tag{3-8}$$

可以看出，以上两式等号右边的第一项，分别代表车辆停放在水平地面上时作用在车轮上的静载荷，而等号右边的第二项则是垂直载荷或动态负载转移的动态分量。

轮胎与地面接触所能承受的最大驱动力，取决于道路的附着系数 μ 和车辆的整车参数。对于后轮驱动的车辆，

$$F_{\max} = \mu W_r = \mu\left[\frac{l_1}{L}W + \frac{h}{L}(F_{\max} - R_r)\right]$$

和

$$F_{\max} = \frac{\mu W(l_1 - f_r h)/L}{1 - \mu h/L} \tag{3-9}$$

式中，总滚动阻力 R_r 用滚动阻力系数 f_r 和车辆重量 W 的乘积表示。对于前轮驱动的车辆：

$$F_{\max} = \mu W_f = \mu \left[\frac{l_2}{L} W - \frac{h}{L} (F_{\max} - R_r) \right]$$

和

$$F_{\max} = \frac{\mu W (l_2 + f_r h)/L}{1 + \mu h/L} \tag{3-10}$$

在推导上述公式时，没有考虑由于发动机扭转而产生左右车轮载荷变化（即，由于纵向安装的发动机转矩引起的横向载荷转移、或由于横向安装的发动机转矩引起的纵向载荷转移已被忽略），并假定左右车轮的工作性能是相同的。

对于牵引式半挂车，轮胎与地面接触处所能承受的最大驱动力的计算比两轴式车辆复杂。图 3-2 表示作用在该种车辆上的主要外力。对大多数牵引式半挂车而言，其牵引车是后轴驱动的。为计算由轮胎和地面附着性能所决定的最大驱动力，需要计算在工作状态时作用在牵引车后驱动轴上的垂直载荷。为此，可将牵引车和半挂车分别取脱离体（free body，也称自由体）计算之，若取半挂车为脱离体，则可确定作用在半挂车车轴上的垂直载荷 W_s 以及作用在挂接点处的垂直载荷 W_{hi} 和水平载荷 F_{hi}。

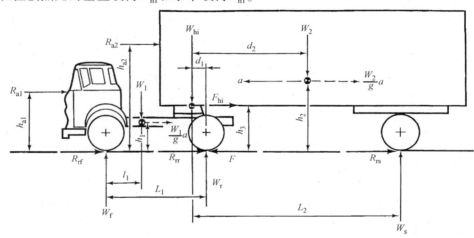

图 3-2 作用在牵引式半挂车上的力

当坡度角很小时，作用在半挂车车轴上的垂直载荷 W_s 为

$$W_s = \frac{W_2 d_2 + R_{a2} h_{a2} + h_2 a W_2/g \pm W_2 h_2 \sin\theta_s - F_{hi} h_3}{L_2} \tag{3-11}$$

式中，R_{a2} 为作用在半挂车上的空气动力学阻力，h_{a2} 为空气动力学阻力作用点的高度，W_2 为半挂车的重量；其他尺寸参数如图 3-2 所示。当车辆爬坡时，式 (3-11) 中的 $W_2 h_2 \sin\theta_s$ 取正号。

若 $h_{a2} \cong h_3 \cong h_2$，上述 W_s 的表达式可简化为

$$W_s = \frac{d_2}{L_2} W_2 + \frac{h_2}{L_2} \left(R_{a2} + \frac{aW_2}{g} \pm W_2 \sin\theta_s - F_{hi} \right) \tag{3-12}$$

作用在挂接点处的纵向水平力为

$$F_{hi} = R_{a2} + \frac{aW_2}{g} \pm W_2 \sin\theta_s + f_r W_s \tag{3-13}$$

将式（3-13）带入式（3-12），则W_s的表示式变为

$$W_s = \frac{W_2 d_2}{L_2 + f_r h_2}$$

而挂接点处的载荷为

$$W_{hi} = W_2 - W_s = \left(1 - \frac{d_2}{L_2 + f_r h_2}\right) W_2$$

$$= C_{hi} W_2 \tag{3-14}$$

取牵引车为脱离体，并对前轮接地点取矩，则作用在牵引车后轮轴上的垂直载荷W_r为

$$W_r = \frac{W_1 l_1 + R_{a1} h_{a1} + h_1 a W_1/g \pm W_1 h_1 \sin\theta_s + F_{hi} h_3 + (L - d_1) W_{hi}}{L_1} \tag{3-15}$$

式中，R_{a1}为作用在牵引车上的空气动力学阻力，h_{a1}为气动阻力R_{a1}的作用点高度，W_1为牵引车重量；其他参数和尺寸如图3-2所示。当车辆爬坡时，式（3-15）中的$W_1 h_1 \sin\theta_s$应取正号。

若$h_{a2} \cong h_3 \cong h_2$，$W_r$的表达式可简化为

$$W_r = \frac{W_1 l_1 + (R_{a1} + aW_1/g \pm W_1 \sin\theta_s + F_{hi}) h_1 + (L - d_1) W_{hi}}{L_1} \tag{3-16}$$

根据作用在牵引车上的纵向方向诸力的平衡关系，可求得驱动力F的表达式如下：

$$F = R_{a1} + \frac{aW_1}{g} \pm W_1 \sin\theta_s + f_r(W_1 + W_{hi}) + F_{hi} \tag{3-17}$$

由式（3-16）和式（3-17），后轮驱动牵引车轮胎接地面上所能承受的最大驱动力为

$$F_{max} = \mu W_r = \frac{\mu[l_1 W_1 - h_1 f_r(W_1 + W_{hi}) + (L - d_1) W_{hi}]/L_1}{1 - \mu h_1/L_1} \tag{3-18}$$

将式（3-14）代入上式，得

$$F_{max} = \frac{\mu[l_1 W_1 - h_1 f_r(W_1 + C_{hi} W_2) + (L - d_1) C_{hi} W_2]/L_1}{1 - \mu h_1/L_1} \tag{3-19}$$

由轮胎和路面间相互作用的性质所决定的最大驱动力，给车辆工作特征（如最高行驶速度、加速性能、爬坡性能和牵引力等）施加了一个基本限制。

3.2 空气动力学作用力和作用力矩

随着对燃油经济性和减少废气排放的重视，优化车辆的功率需求变得越来越重要。为了实现这一目标，需要减小气动阻力、滚动阻力和惯性阻力，它们与车辆重量成正比。对于以超过约80km/h（50mile/h）的速度巡航的普通乘用车而言，克服空气动力学阻力所需的功率大于克服轮胎滚动阻力和变速器中阻力所需的功率，如图3-3所示[3.1]。因为空气动力学阻力对中速和高速时的车辆功率需求有明显影响，所以在改进道路车辆的空气动力学特性方面人们做了大量工作。

产生空气动力学阻力有两个原因：一个是车身外部的空气流；另一个是为了实现冷却、加热和通风等目的而通过发动机散热器系统和车辆内部的气流。这两个因素中，前者占据主

导地位，它占乘用车总空气动力学阻力的 90% 以上。

外部空气流在车身上产生法向压力和剪切应力。根据空气动力学的性质，外部的空气动力学阻力包括两个分量，通常称为压差阻力（pressure drag）和表面摩阻（skin friction，也称表面黏滞阻力）。压差阻力来自车身上阻碍车辆运动的法向压力分量，而表面摩阻则是由与车身外表面相邻的边界层中（空气流）的剪切应力引起的。在这两种阻力中，压差阻力远大于表面摩阻，对于具有正常表面粗糙度的乘用车而言，压差阻力在总的外部空气动力学阻力中所占的比例大于 90%。然而，对于车体很长的车辆，例如公共汽车或牵引挂车列车，表面摩阻可能会变得更为明显。应当注意，车辆尾流中的空气动量损失和车辆通过其所产生的涡流而赋予空气的能量并不是额外的，而是对压差阻力和表面摩阻的一种替代测量[3.2]。

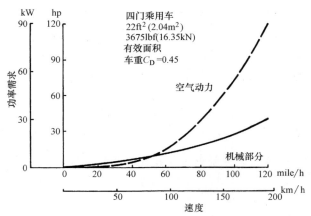

图 3-3 标准乘用车的功率需求与速度之间的函数关系（由 SAE 许可，转载自参考文献 3.1）

实际情况中，空气动力学阻力通常表示为以下形式：

$$R_a = \frac{\rho}{2} C_D A_f V_r^2 \tag{3-20}$$

式中，ρ 为空气密度；C_D 为表示上述所有因素综合效应的空气动力学阻力系数；A_f 为车辆特性面积，又称为迎风面积，其大小等于车辆在行驶方向上的投影面积；V_r 为车辆与空气流的相对速度。式中的空气动力学阻力与 V_r 的平方成正比；因此，为克服空气动力学阻力所需的功率按 V_r 的立方关系增加。若车辆速度提高一倍，则为克服空气动力学阻力所消耗的功率将增加 8 倍。

大气条件会影响空气密度 ρ，因而会影响到空气动力学阻力。例如，环境温度从 0℃ 上升到 38℃（从 32℉ 上升到 100℉）将会使空气动力学阻力减少 14%，高度增加 1219m（4000ft）将会使空气动力学阻力减少 17%。考虑到环境条件对空气动力学阻力的显著影响，有必要建立一个标准的条件集合，它可作为所有空气动力学测试数据的参考。常用的标准条件为：温度等于 519° Rankine（15℃ 或 59℉），大气压力等于 101.32kPa（14.7lbf/in²，76cmHg 或 29.92inHg）。在计算中，空气的密度 ρ 可以取为 1.225kg/m³（0.002378slug/ft³），其当量密度为 0.07651lbf/ft³。

如果无法获得车辆的准确图样，则可以根据从前面拍摄的照片来确定车辆的迎风面积 A_f。对于乘用车，迎风面积在根据整车宽度和高度所求得的面积 79%~84% 的范围内变化。

空气动力学阻力系数 C_D 可以通过比例模型或全尺寸车辆的风洞试验获得。在工业界和研究中心，采用了许多能够进行全尺寸乘用车试验的风洞[3.3]。虽然全尺寸测试避免了模型的缩放问题，但是它需要大的风洞并且花费昂贵。因此，在新产品开发中广泛使用比例模型测试，这是因为它比较便宜，并且更方便对形状进行修改（修形）。在美国，乘用车广泛使用 3/8 的比例模型，而在欧洲，1/4 的比例模型最为常用，尽管在小型风洞中也使用 1/5 的比例模型。对于商用车辆而言，推荐使用 1/2.5 的比例模型[3.3]。

在风洞试验中，无论使用比例模型还是全尺寸模型，需要特别注意两个基本问题：流场相似性和地平面建模。流场相似性是指风洞中的流动模式与在道路上真实驾驶条件下的流动模式之间的相似性。为了确保比例模型在风洞试验中的流场相似性，要求比例模型的雷诺数（Reynolds Number, RN）等于全尺寸车辆的雷诺数。雷诺数是气流速度和车辆特征长度的乘积与空气运动黏度的比率。因此为了满足这个要求，在风洞中 3/8 的比例模型，应该以全尺寸车辆气流速度的 8/3 倍进行测试。此外，模型（或全尺寸试验车辆）的阻塞比（blockage ratio）应当尽可能小，最好不超过 5%，其中阻塞比为迎风面积与风洞试验段横截面面积的比率[3.3]。

在风洞测试中需要仔细考虑的另一个问题是对地平面的合理建模。当车辆在零风速条件下在道路上行驶时，空气相对于道路是静止的。在常规的风洞中，空气相对于风洞隧道底部流动，形成边界层。这可能会显著影响到比例模型（或全尺寸测试车辆）的流动模式。为了缓解这个问题，人们使用了移动的接地平面。

道路测试中的减速方法，通常称为滑行试验，可用于确定空气动力学阻力[3.4~3.6]。使用该方法，车辆首先行驶到特定速度，最好是最高速度，然后动力传动系统与发动机断开，车辆减速。车速和/或距离随时间的变化被连续地记录下来。由轮胎的滚动阻力、传动系阻力、空气动力学阻力的叠加效应而引起的车辆减速度，可以从速度-时间、速度-距离之类的滑行测试数据中导出。在导出减速度之后，考虑传动系统中所有旋转部件（包括轮胎在内）的转动惯量的影响，可以导出总阻力。利用轮胎滚动阻力、与总阻力分开的传动系阻力，可以确定空气动力学阻力。

确定轮胎滚动阻力和传动系阻力的方法之一是进行额外的道路试验，其中被测车辆完全封闭在所谓的覆盖挂车（shrouding trailer）内[3.7]。挂车覆盖整个测试车辆，从而消除了任何的气动力。然而，测试车辆的轮胎保持与道路完全接触，并支撑了车辆的所有负载。压力传感器放置在挂车和测试车辆挂钩联结处，从而测量施加到挂车上的牵引力。在测试期间，使用另一辆车与测试车辆一起拖动挂车。由于测试车辆被挂车覆盖，并且没有空气动力学阻力作用其上，由测力传感器测得的牵引力是轮胎滚动阻力和测试车辆传动系阻力的总和。另一种测试方法，可以遵循由汽车工程师协会推荐的测试程序（SAE 推荐测试试验 J1263）进行测试，即从滑行测试数据中推导出空气动力学阻力，还可推导出轮胎滚动阻力和传动系阻力的合力。

如果确定了轮胎滚动阻力和传动系阻力，滑行减速测试方法可以测出道路车辆空气动力学阻力的精确结果。与风洞试验相比，该方法不需要昂贵的设备。然而，该方法需要平直道路（通常坡度不超过 0.5%），它还受环境条件的影响。

空气动力学阻力系数 C_D 是车辆设计和操作因素的函数。其中，车辆前部、后部和底部的形状，车轮和轮舱，导水槽，窗口凹部，外部后视镜以及挡泥板这些都对空气动力学阻力系数具有显著影响。图 3-4 示出了各种形状的乘用车空气动力学阻力系数，其中包括了从敞篷车一直到旅行车再到最佳流线形车辆等多种车型[3.8]。选定车型的空气动力学阻力系数列于表 3-1 中[3.9]。

表 3-1 乘用车的空气动力学阻力系数和迎风面积

车型	空气动力学阻力系数 C_D	m²	迎风面积 A ft²
小型车			
Fiat Uno ES	0.33~0.34	1.83	19.70
Peugeot 205GL	0.35~0.37	1.74	18.73
Honda Civic 1.2	0.37~0.39	1.72	18.51
VW Polo Coupe	0.39~0.40	1.72	18.51
Nissan Micra GL	0.40~0.41	1.78	19.16
中小型车			
VW Golf GTI	0.35~0.36	1.91	20.56
VW Jetta GT	0.36~0.37	1.91	20.56
Ford Escort 1.3 GL	0.39~0.41	1.83	19.70
Mazda 323 1.5	0.41~0.43	1.78	19.16
Toyota Corolla 1300 DX	0.45~0.46	1.76	18.95
中型车			
VW Passat CL	0.36~0.37	1.89	20.34
Audi 80CC	0.38~0.39	1.86	20.02
BMW 318i(320i)	0.39~0.40	1.86	20.02
Honda Accord 1.8 EX	0.40~0.42	1.88	20.24
Nissan Stanza Notchback	0.41~0.43	1.88	20.24
大中型车			
Audi 100 1.8	0.30~0.31	2.05	22.07
Mercedes 190E (190D)	0.33~0.35	1.90	20.45
BMW 518i(520i,525e)	0.36~0.38	2.02	21.74
Saab 900 GLi	0.40~0.42	1.95	20.99
Volvo 740 GLE	0.40~0.42	2.16	23.25
豪华车			
Saab 9000 Turbo 16	0.34~0.36	2.05	22.07
Jaguar XL-S	0.40~0.41	1.92	20.67
Mercedes 500 SEL	0.36~0.37	2.16	23.25
Peugeot 604 STI	0.41~0.43	2.05	22.07
BMW 728i(732i/735i)	0.42~0.44	2.13	22.93
运动车			
Porsche 924	0.31~0.33	1.80	19.38
Renault Fuego GTX	0.34~0.37	1.82	19.59
VW Scirocco GTX	0.38~0.39	1.74	18.73
Toyota Celica Supra 2.8i	0.37~0.39	1.83	19.70
Honda Prelude	0.38~0.40	1.84	19.81

数据来源于参考文献 3.9。

图 3-5 示出了车身形状细节对乘用车空气动力学阻力系数的影响[3.10]。图 3-6 和图 3-7 分别示出了乘用车的前后端形状对空气动力学阻力系数的影响[3.9,3.10]。为了改善车辆空气动力学性能，经常会用到附加装置。图 3-8 和图 3-9 分别示出了前后扰流器对空气动力学阻力系数的影响[3.10]。除了车体形状之外，车身迎角（车辆纵向轴线与水平线之间的角度）、离地间隙、负载条件和其他操作因素（例如，散热器的开启或关闭、窗户的开启或关闭）都会影响空气动力学阻力系数。图 3-10 示出了三种不同类型乘用车的车身仰角对 C_D 值的影响，而图 3-11 示出了不同类型车辆的离地间隙对 C_D 值的影响[3.10]。载荷条件和车轴之间的载荷分布可能会影响车辆的姿态（迎角）和离地间隙，从而改变空气动力学阻力系数。图 3-12 示出了负载条件对乘用车 C_D 值的影响[3.10]。图 3-13 示出了操作因素对乘用车 C_D 值的影响[3.10]。

阻力系数		C_D
	敞篷车	0.33～0.50
	越野车	0.35～0.50
	三厢车	0.26～0.35
	旅行车	0.30～0.34
	楔形车,小型灯挡泥板车身一体化,覆盖轮胎,车身腹板,最优空气动力	0.3～0.4
	小型灯,轮胎覆盖于车身内，车身腹板	0.2～0.25
	反楔形车(尾部截面最小)	0.23
	最优流线形	0.15～ 0.20

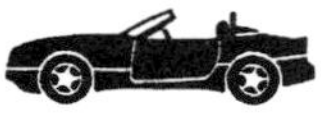

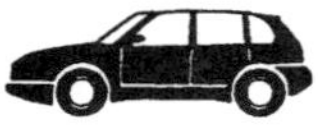

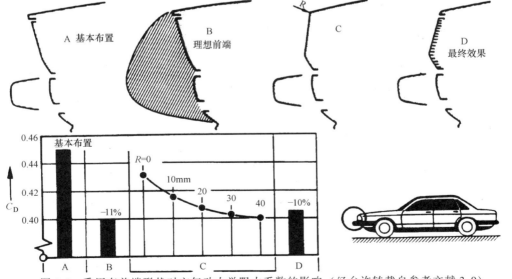

图 3-4　多种形状的乘用车的空气动力学阻力系数（经德国的 Robert Bosch 公司许可，转载自 Automotive Handbook，6th Edition）

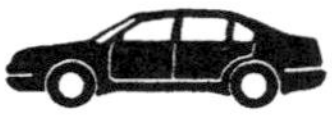

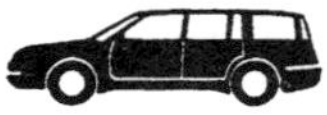

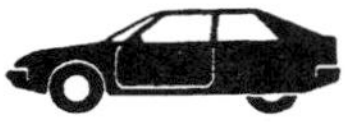

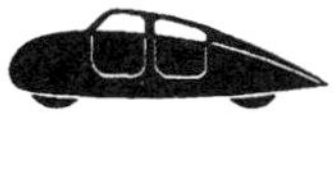

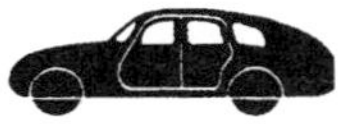

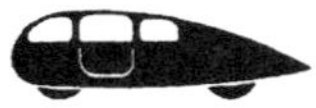

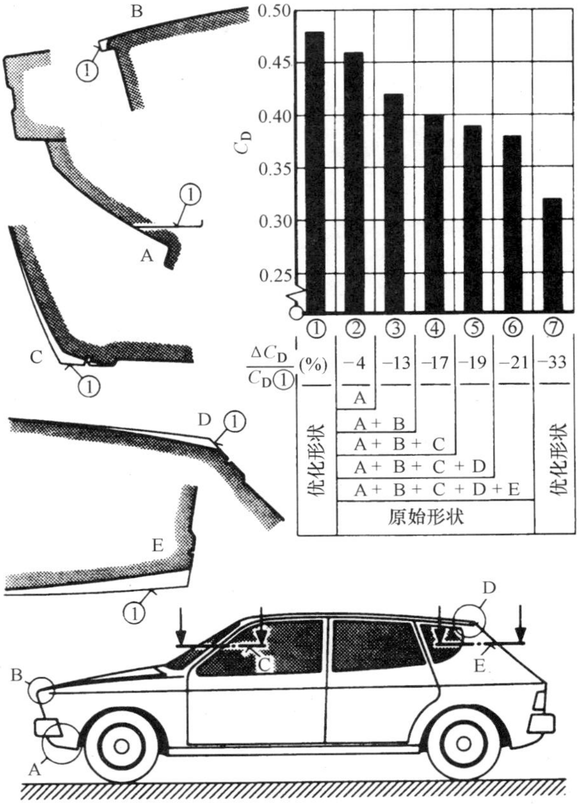

图 3-5　车身形状细节对乘用车空气动力学阻力系数的影响（经允许转载自参考文献 3. 10）

图 3-6　乘用车前端形状对空气动力学阻力系数的影响（经允许转载自参考文献 3. 9）

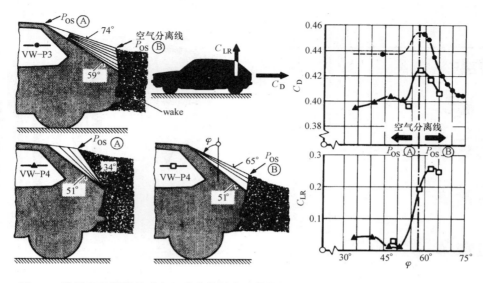

图 3-7　乘用车后端形状对空气动力学阻力系数的影响（经允许转载自参考文献 3.10）

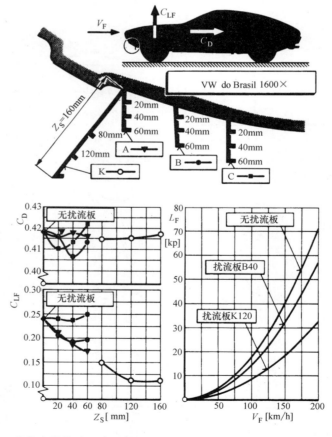

图 3-8　前扰流器设计对乘用车空气动力学阻力系数和空气动力学升力系数
的影响（经允许转载自参考文献 3.10）

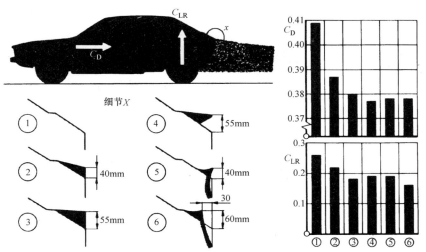

图 3-9 后扰流器设计对乘用车空气动力学阻力系数和空气动力学升力系数的影响（经允许转载自参考文献 3.10）

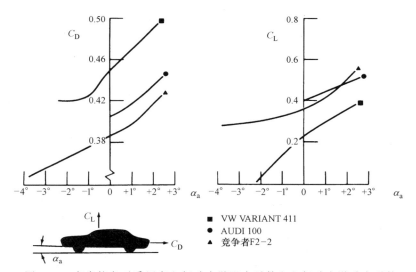

图 3-10 车身仰角对乘用车空气动力学阻力系数和空气动力学升力系数的影响（经允许转载自参考文献 3.10）

表 3-2 总结了一辆典型乘用车的各种空气动力学阻力分量及其最小可行值[3.2]。可以看出，降低气动阻力系数的最大潜力在于优化车体形状。据估计，由车体形状引起的空气动力学阻力系数分量，实际中最多可以减小到 0.1。对一辆典型乘用车而言，其空气动力学阻力系数的最小估计可行值约为 0.195，见表 3-2[3.2]。

图 3-14 示出了在稳态条件下一辆乘用车的空气动力学阻力系数对其燃油经济性的影响，其中车重为 1060kg（2332lbf），迎风面积为 $1.77m^2$（$19ft^2$），并采用子午线轮胎。从图中可以看出，在 97km/h（60mile/h）的稳定速度下，空气动力学阻力系数从 0.5 减小到 0.3，将会使燃油经济性提高约 23%。图 3-15 示出了在不同运行条件下，牵引式半挂车的气动阻力

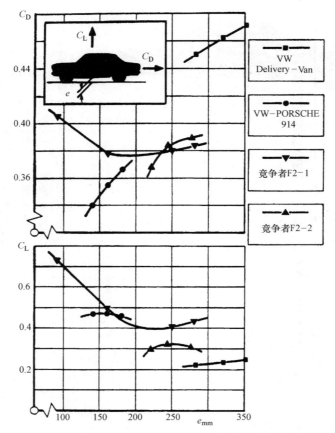

图 3-11 离地间隙对乘用车空气动力学阻力系数和空气动力学升力系数的影响（经允许转载自参考文献 3.10）

表 3-2 空气动力学系数的影响因素及其可达到的弱化程度

空气动力学阻力系数分量	最小可行值	空气动力学阻力系数分量	最小可行值
前部	−0.015	窗户凹形	0.005
后部	0.07	外反光镜	0.005
下部	0.02	整个凸起阻力	0.08
表面阻力	0.025	冷却系统	0.015
车身整体阻力	0.10	整个内部阻力	0.015
轮子和轮井	0.07	总体阻力	0.195
滴水槽	0		

来源：参考 3.2。

系数对其燃油经济性的影响[3.12]。当牵引式半挂车在水平路面上匀速行驶时，空气动力学阻力系数的减小对其燃油经济性的影响最为显著。

与乘用车相比，重型商用车，例如货车、牵引式半挂车和货车-挂车，通常具有很高的空气动力学阻力系数。这主要是因为这些车辆基本上都是箱形的。图 3-16 示出了牵引式半挂车和货车-挂车的空气动力学阻力系数随横摆角的变化，这里的横摆角是车辆行驶方向和风向之间的角度[3.12]。图 3-16 还示出了牵引车（或货车）和半挂车（或挂车）对整个组合的空气动力学阻力系数的贡献。可以看出，对于牵引式半挂车而言，牵引车的空气动力学阻

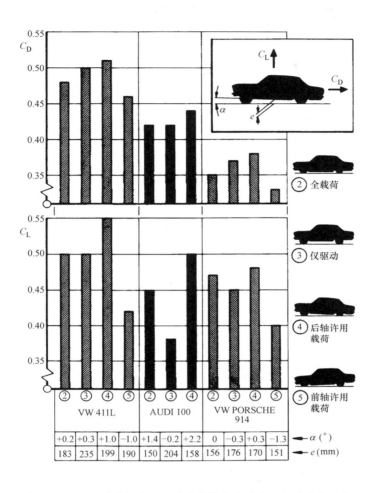

图 3-12 负载对乘用车空气动力学阻力系数和空气动力学升力系数的影响（经允许转载自参考文献 3.10）

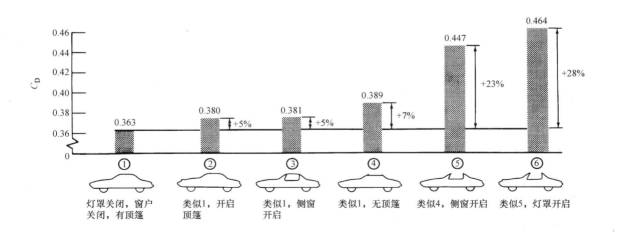

图 3-13 操作因素对乘用车空气动力学阻力的影响（经允许转载自参考文献 3.10）

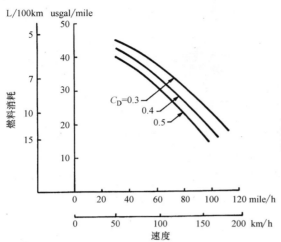
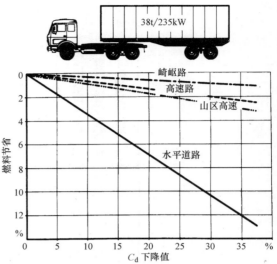

图 3-14 中型乘用车在不同速度下，其空气动力学阻力系数对燃油经济性的影响（经 SAE 允许，转载自参考文献 3.11）

图 3-15 牵引式半挂车空气动力学阻力系数的降低对燃料节省的影响（经允许转载自参考文献 3.12）

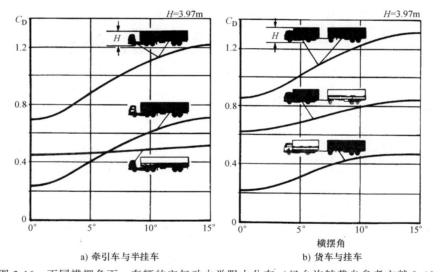

a) 牵引车与半挂车　　b) 货车与挂车

图 3-16　不同横摆角下，车辆的空气动力学阻力分布（经允许转载自参考文献 3.12）

力对横摆角并不敏感；并且当横摆角为 0°时，牵引车对整个组合的空气动力学阻力的贡献约为 60%。对于货车-挂车组合而言，当横摆角为 0°时，货车对整个组合的空气动力学阻力贡献约为 62%。表 3-3 示出了乘用车、货车、公共汽车、牵引式半挂车和货车-挂车的空气动力学阻力系数的典型值[3.12]。

为了改善重型商用车辆的空气动力学性能，引入附加装置，例如安装在牵引车或货车车顶上的空气导流板。图 3-17 示出了多种空气导流板对牵引式半挂车空气动力学阻力系数的影响[3.13]。从图中可以看出，与基准车辆（图中所示的类型 1）相比，在所有调查对象中表现最佳的空气导流板（类型 6），能够使空气动力学阻力系数降低 24%。在牵引车和半挂

表 3-3　不同类型车辆的空气动力学阻力系数的典型值

车型	空气动力学阻力系数 C_D
乘用车	0.3~0.50
货车	0.4~0.58
公交车	0.5~0.8
牵引式半拖车	0.64~1.1
货车-拖车	0.74~1.0

来源：参考 3.12。

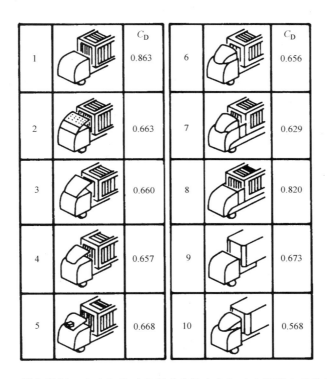

图 3-17　附加装置、车身细节对牵引式半挂车空气动力学阻力系数的影响
（经 SAE 许可，转载自参考文献 3.13）

车之间的间隙处安装密封体（类型 8），不会明显降低空气动力学阻力系数。在半挂车前端安装圆形垂直边缘并在车身安装光滑平板（类型 9），可以使空气动力学阻力系数降低 22%；同时，如果结合安装最优的空气导流板（类型 10），则可以使总的空气动力学阻力系数降低 34%。图 3-18 示出了具备不同附加装置和不同形状的牵引式半挂车的空气动力学阻力系数随横摆角的变化[3.12]。

作用在车辆上的空气动力学升力（简称气动升力）由车体从底部到顶部的压力差引起。中速时气动升力效果显著。空气动力学升力常常会使轮胎接地面的法向载荷减小。因此，车辆性能、方向控制和车辆稳定性都可能受到不利影响。在赛车领域，为了改善其转弯和牵引能力，广泛使用外挂的空气动力学套件，它能产生向下的气动压力，从而增加轮胎接地面上的法向载荷。

作用于车辆的气动升力用下式表示：

$$R_L = \frac{\rho}{2} C_L A_f V_r^2 \quad (3-21)$$

式中，C_L 为空气动力学升力系数（通常用风洞试验测取）。当把迎风面投影面积作为特性面积时，典型的乘用车 C_L 值的变化范围为 0.2~0.5。如同空气阻力系数一样，C_L 值不仅与车辆的形状有关，而且与车身仰角、离地间隙以及其他操作因素有关。后轮形状对后轴空气动力学升力系数 C_{LR} 的影响如图 3-7 所示。图 3-8 和图 3-9 分别示出了前后扰流板对前轴和后轴空气动力学升力系数 C_{LF} 和 C_{LR} 的影响。图 3-10、图 3-11 和图 3-12 分别示出了仰角、离地间隙和负载条件对空气动力学升力系数 C_L 的影响。

空气动力学俯仰力矩同样影响车辆的性能，这个力矩是气动阻力和气动升力对车辆重心的合成力矩。当车辆以中等以上速度行驶时，这个力矩可使前后轮上的垂直载荷产生明显的转移，因而影响车辆的操纵性和稳定性。

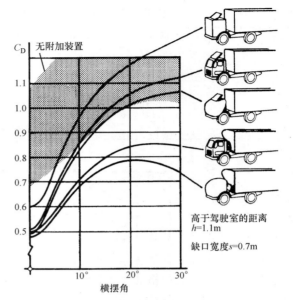

图 3-18　不同横摆角下，附加装置对牵引式半挂车的空气动力学阻力系数的影响（经允许转载自参考文献 3.12）

空气动力学俯仰力矩 M_a 用下式表示：

$$M_a = \frac{\rho}{2} C_M A_f L_C V_r^2 \quad (3-22)$$

式中，C_M 为空气动力学俯仰力矩系数，通常由风洞试验测得；L_c 为车辆的特性长度，车辆的轴距或总长可用作式 (3-22) 中的特性长度。当把轴距作为特性长度、迎风投影面积作为特性面积时，大多数乘用车的 C_M 值为 0.05~0.20。

3.3　车辆动力装置和传动系统特性

如前所述，道路车辆工作性能的限制条件有两个方面：一为轮胎接地面所能产生的最大驱动力；一为发动机的转矩及配置的传动系统所能提供的最大驱动力。两者中较小的一个驱动力将决定车辆的工作能力。当车辆在发动机节气门全开并以低速档行驶时，则驱动力可能受轮胎和地面间的附着性能的限制；当以高速档行驶时，则驱动力通常受发动机和传动系统性能的限制。为了预测道路车辆的工作特性，必须对发动机和传动系统的特性进行研究。本节还会讨论多种车用动力装置和变速器的通用特性。

3.3.1　内燃机

对于车辆应用而言，理想的动力装置性能特性是在全部转速范围内输出相同的功率。因此，如图 3-19 所示，发动机的输出转矩与转速的关系按双曲线规律变化。这样的发动机特性就能使低速行驶的车辆以更大的驱动力进行加速、爬坡或拖带负荷。对于车辆应用而言，有些动力装置具有接近上述理想化的转矩-功率-转速特性，例如本节将要讨论的永磁同步交流电动机。

内燃机的工作特性是不完善的，这样的发动机必须配合上一个合适的传动系统。尽管有这样的缺点，但由于内燃机具有较高的功率密度（单位重量的功率值较大）、合理的燃油经济性、低廉的价格、容易起动以及在一个世纪以来所积累的丰富的生产和使用经验，到目前为止它仍在汽车上得到最广泛的采用。内燃机使用具有高能量密度的燃料，使得车辆在再次加油之前具有相对较长的行驶范围。此外，其燃料通过现有的基础设施便可得到充足的供应。

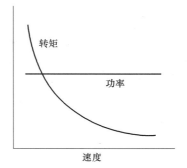

图3-19 车用动力装置的理想工作特性

鉴于社会对环保和节能的要求日益增加，以及对未来石油供应日益增长的关注，世界许多地方引进了越来越严格的废气排放和燃油经济性法规。这刺激了大量关于减少废气排放、提高内燃机的燃油经济性以及寻找替代动力装置和替代燃料等方面的研究和开发。

到目前为止，内燃机仍是汽车上采用最为广泛的动力装置，因此应当对其工作特性的基本特点进行必要的讨论，因为这些基本特点是预测车辆工作特性的基础。图3-20和图3-21分别示出了汽油发动机和柴油发动机的典型特性曲线。内燃机在某一转速下开始稳定运转（怠速）；当发动机转速上升到某一特定转速时，它获得最好的燃烧质量和最大的转矩；当发动机转速进一步增加，由于进气歧管的损耗增加，发动机的平均有效压力降低，导致转矩下降。然而发动机的输出功率是随着转速的升高而增加的，当超过最大功率点以后，由于发动机转矩的降低快于转速的升高，发动机的输出功率从此下降。通常汽车上用的内燃机的最高允许转速正好限定在最大输出功率点上。作为牵引用的车辆（如农业用或工业用拖拉机），由于其最大牵引性能取决于最大转矩而不是最大功率，这种车辆往往以较低的发动机转速工作。为了限制最高工作转速，长时间以重负荷工作的发动机常装有一个调速器。

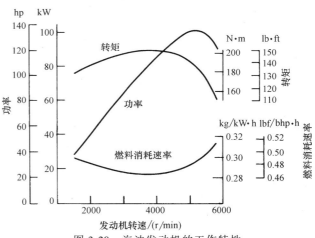

图3-20 汽油发动机的工作特性

应当注意，制造厂家所提供的发动机特性曲线图，是表示发动机在卸除了所有与运转无关的设备和附件的情况下测得的特性，称为发动机的"毛特性"。因此，发动机供给传动系统输入轴的有效功率应减去这些附件所产生的损失（如冷却系统的风扇、排气系统和空气滤清器等所产生的损失）。此外，还有一些附属设备也要消耗发动机的功率，例如发电机、空调、助力转向和制动装置。图3-22示出了一辆典型的全尺寸乘用车上的附属件功率消耗随发动机转速的变化曲线，附属件包括了空调单元、水泵和风扇、动力转向和发电机[3.14]。

在预计车辆性能时，为了得到传动系统输入轴上的有效功率，应当从发动机的毛功率中减去全部附件在整个发动机工作转速范围内所消耗的功率。

大气的状态对发动机的特性也有影响。为了比较不同发动机的特性，采用了标准大气状态作为比较的共同基础。已经有多种参考大气条件被推荐和使用。最通用的标准大气状态为：温度 T_o = 520° Rankine（15.5℃或60°F），大气压强 B_o = 101.32 kPa（14.7 lbf/in²，

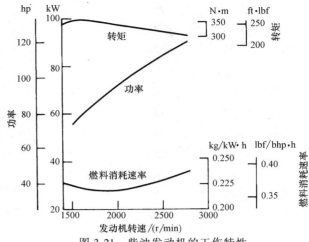

图 3-21 柴油发动机的工作特性

76cmHg 或 29.92 inHg）。对于节气门完全开启的汽油发动机，在标准大气状态下的发动机功率 P_o 与某一大气状态下的发动机功率 P 之间的关系用下式计算[3.15]：

$$P = \frac{P_o(B_a - B_v)}{B_o}\sqrt{\frac{T_o}{T}} \quad (3\text{-}23a)$$

式中，B_a 和 T 分别表示发动机空气进口处的大气压力和周围的背景温度（°R）；B_v 为反映空气湿度影响的蒸汽压力，除相当严重的情况外，通常它可以忽略不计。对于柴油机，大气状态对其性能的影响比汽油机更为复杂，可近似使用下式计算[3.15]：

$$P = \frac{P_o(B_a - B_v)T_o}{B_o T} \quad (3\text{-}23b)$$

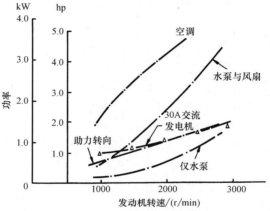

图 3-22 一辆全尺寸乘用车的附属件功率要求
（参考文献 3.14，SAE 允许使用）

大气状态能明显地改变发动机的特性。图 3-23 示出了发动机的进气温度和周围的环境大气压力对发动机特性的影响[3.15]。可以看出，相比于参考状态，空气进口处的温度越高、周围大气压力越低，则发动机的输出功率越小。

除了考虑上述的大气条件之外，汽车工程师协会建议采用的发动机额定功率条件（SAE J1995）如下：进气口温度 T_o = 25℃（77°F）；进气口压力绝对值 B_o = 100 kPa（14.5 lbf/in²）；干空气压力绝对值 B_{do} = 99 kPa（14.36 lbf/in²）。对于节气门完全开启的汽油发动机而言，在标准大气状态下的发动机功率 P_o 与某一大气状态下的发动机功率 P 之间的关系由下式给出：

$$P = \frac{P_o}{CA} = \frac{P_o}{1.18\left[\left(\dfrac{99}{B_d}\right)\left(\dfrac{T+273}{298}\right)^{1/2}\right] - 0.18} \quad (3\text{-}24)$$

式中，B_d 和 T 分别表示在给定大气条件下，进气口总压力中干空气部分的压力（单位为 kPa）和温度（单位为℃）。

对于柴油发动机而言，汽车工程师协会推荐的 P 和 P_o 之间的关系相当复杂。它取决于空压充气系统（自然吸气、机械增压或涡轮增压）、增压空气冷却系统、发动机冲程（两冲程或四冲程）、燃料密度和燃料黏度等。详情请参阅 SAE 标准 J1995。

随着人们对全球气候变化、空气质量和化石燃料未来供应的日益关注，许多国家和地区已经针对车辆废气排放和燃油经济性制定了越来越严格的规定。目前主要生效的排放控制法规包括[3.8]：

- 加州空气资源委员会（California Air Resources Board，CARB）规定

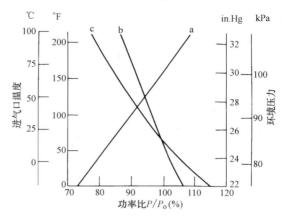

图 3-23 大气状态对发动机功率的影响（曲线 a 为功率比值与周围大气压力之间的变化关系；曲线 b 为汽油发动机的功率比值与进气温度之间的变化关系；曲线 c 为柴油发动机的功率比值与进气温度之间的变化关系）

- 美国环境保护署（Environmental Protection Agency，EPA）规定
- 欧盟（European Union，EU）规定
- 日本法规

其他国家参考了这些规定，从而制定出了适合本国的法规。

美国环境保护署的排放标准中对乘用车/轻型货车的下列排放物进行了限制：

- 一氧化碳（CO）
- 氮氧化物（NO_x）
- 非甲烷有机气体（NMOG）
- 甲醛（HCHO）
- 固体物质（PM，颗粒物）

表 3-4 示出了 EPA 二级标准中对于不同项目认证编号下，车辆在完整使用寿命期间的质量排放标准；该标准适用于轻型车、轻型货车和中型乘用车。轻型车和轻型货车的使用寿命是 10 年或 12 万 mile（193080km），将两者中率先达到者作为使用寿命。对于所有重型轻卡和中型乘用车而言，使用寿命为 11 年或 12 万 mile（193080km），将两者中率先达到者作

表 3-4 EPA 二级标准中规定的在完整使用寿命期间的质量排放标准（适用于轻型车、轻型货车和中型乘用车）

认证编号	NO_x		NMOG		CO		HCHO		PM	
	g/mile	g/km	g/mile	g/km	g/mile	g/km	g/mile	g/km	g/mile	g/km
5	0.07	0.044	0.090	0.056	4.2	2.61	0.018	0.011	0.01	0.006
4	0.04	0.025	0.070	0.044	2.1	1.31	0.011	0.007	0.01	0.006
3	0.03	0.019	0.055	0.034	2.1	1.31	0.011	0.007	0.01	0.006
2	0.02	0.012	0.010	0.006	2.1	1.31	0.004	0.002	0.01	0.006
1	0.00	0.00	0.000	0.000	0.0	0.00	0.000	0.000	0.00	0.000

来源：直接排放和蒸发排放标准，美国环境保护署。

为使用寿命。在表 3-4 中提及的认证项目或排放认证项目是指根据联邦测试程序（Federal Test Procedure，FTP）测量的适用于废气污染物的一组排放标准；其中项目编号越小，对废气污染物的要求越严格。第 1 号排放标准规定 NO_x、NMOG、CO、HCHO 和 PM 等污染物的排放均为零，这是对零排放车辆（ZEV，zero emission vehicle）的基本要求。第 5 号排放标准于 2007 车型年初开始实施，该标准对所有乘用车和轻型货车全面实施，包括定于 2009 年出产的总重量级超过 6000lb（2727kg）的车辆。未来将考虑实施其余标号的排放标准。表 3-4 所示的 EPA（美国环境保护署）排放标准，适用于汽油车辆和柴油车辆。

对于乘用车/轻型货车而言，加州空气委员会（CARB）的法规比美国环境保护署（EPA）的法规更为严格。对于使用柴油发动机的商用车而言，除了要满足为乘用车/轻型货车指定的排放限制之外，EPA 的废气排放标准中还为其专门规定了碳氢化合物（HC）和某些非甲烷碳氢化合物（NMHC）的排放限制以及废气透明度的要求。

欧盟的乘用车/轻型货车的排放限制项包括：
- 一氧化碳（CO）
- 碳氢化合物（HC）
- 氮氧化物（NO_x）
- 柴油发动机排放物中的固体物（PM，颗粒物）

表 3-5 示出了欧盟的乘用车排放标准。欧 4 标准于 2005 年 1 月开始实施，而欧 5 标准和欧 6 标准则分别预定于 2009 年 9 月和 2014 年 9 月实施。针对柴油车和汽油车所制定的排放标准不同。从表 3-4 和表 3-5 可以看出，EPA 和欧盟关于乘用车的排放标准在许多方面都不相同。对于在商用车辆排放标准中所规定的排放物类型，EPA 和欧盟制订的标准是相同的。

表 3-5 欧盟乘用车排放标准（M_1 类别[①]）

等级	日期	CO		HC		HC+NO_x		NO_x		PM	
		g/km	g/mile	g/km	g/mile	g/km	g/mile	g/km	g/mile	g/km	g/mile
柴油											
欧 4	2005.01	0.50	0.80	—	—	0.30	0.48	0.25	0.40	0.025	0.040
欧 5[②]	2009.09[②]	0.50	0.80	—	—	0.23	0.37	0.18	0.29	0.005	0.008
欧 6	2014.09	0.50	0.80	—	—	0.17	0.27	0.08	0.13	0.005	0.008
汽油											
欧 4	2005.01	1.0	1.61	0.10	0.16	—	—	0.08	0.13	—	—
欧 5[②]	2009.09[③]	1.0	1.61	0.10[④]	0.16	—	—	0.06	0.01	0.005[⑤]	0.008
欧 6	2014.09	1.0	1.61	0.10[④]	0.16	—	—	0.06	0.01	0.005[⑤]	0.008

来源：欧盟规定和相关修正。
① 超过 2500kg（5500lb）的乘用车归入 N_1 车型。
② 建议。
③ 对超过 2500kg（5500lb）的乘用车，日期为 2010.09。
④ 非甲烷碳氢化合物约 0.068g/km（0.109g/mile）。
⑤ 适用于直喷发动机车辆。

因国家或地区不同、车辆类型不同，废气排放的测试程序亦有差异。对于乘用车/轻型货车而言，在车辆底盘测功机上进行测试，其中采用特定的行驶工况，这些行驶工况包括如美国的联邦测试程序（Federal Test Procedure，FTP）和欧盟的新欧洲行驶工况（New European Driving Cycle，NEDC）。行驶工况是表示特定国家或地区的交通状况和驾驶行为的速度-时间序列。废气排放物的计量单位，欧盟使用 g/km，美国使用 g/mile。

对于重型商用车和越野车而言，在测试台（工作台）上遵循特定操作模式对发动机进行测试。例如，在美国，测试工况遵循瞬时驾驶计划，并在基于代表性交通条件下的高速路工况上进行；同时检测瞬态和准稳态操作条件下排气的不透明度。在欧盟，测试程序由一系列共 13 种不同的稳态运行模式组成，称为欧洲稳态工况（European Steady-State Cycle，ESC）。废气的不透明度采用欧洲负载响应（European Load Response，ELR）中的不透明度试验进行测试。在欧盟，商用车发动机还需要在动态的欧洲瞬时工况（European Transient Cycle，ETC）条件下进行测试，该工况源自在由城市区段、公路区段和高速公路区段组成的道路上记录的数据。排放量的单位为克/千瓦时（g/kW·h）。

目前，排放标准没有规定二氧化碳（CO_2）的排放限制，这是因为 CO_2 没有被划分为汽车废气排放污染物。然而，CO_2 却被认为是造成温室效应和全球气候变化的原因之一。一些国家或地区的汽车制造商，譬如欧洲的一些汽车制造商，针对 CO_2 实行了自愿限排的措施。许多国家制定了减少温室气体排放量的计划，从而减轻全球气候变化的趋势。

有两种减少污染物排放的基本方法：一种是防止污染物的形成；另一种是在污染物形成后，将其从废气中除去。

对于汽油发动机而言，改进燃烧过程可以减少不希望的废气排放。这些改进措施包括采用燃料直喷技术、具有一定水平过剩空气的稀薄燃烧技术、燃烧室中空燃物的受控分层燃烧技术、可变气门正时技术等。污染物离开燃烧室后，可以通过往排气歧管中充入空气来提高氧化程度以及在排放系统中使用三元催化转换器来降低（或去除）污染物。废气再循环系统，通过将废气再循环入进气歧管的方法，能够对减少汽油和柴油发动机的排放起到重要作用。汽油发动机的蒸发排放控制系统截取并收集了来自燃料箱的汽油蒸气。该系统在限制蒸发损耗排放和遵守相关法规等方面发挥了重要作用。

对于柴油发动机而言，通过改进发动机设计，例如使用高压燃料喷射来改善混合物的形成，采用共轨式喷射系统，利用废气再循环系统减少 NO_x 等措施，可以减少不希望的废气排放。对排放的废气进行处理，例如使用催化转换器、NO_x 聚合转换器、特殊过滤器等，在降低柴油发动机的污染物排放方面起到了重要作用。文献［3.16］中介绍了一种装置，它使用了催化剂和过滤器相结合的技术，能够有效降低废气中的一氧化碳、烃类物、微粒物等。

为了解决温室效应和全球气候变化的问题，减少对原油或石油的依赖性，同时提高燃料供应的可靠性，人们引入了内燃机的替代燃料并引起了相当大的关注，例如液化石油气（LPG，liquefied petroleum gas）、天然气以及从生物质中（例如植物、木材等）提取的生物燃料（例如乙醇和甲醇）等。与汽油相比，液化石油气燃烧产生的 CO_2 大约少 10%；而与柴油相比，液化石油气燃烧产生的颗粒物要低几个数量级[3.8]。由天然气驱动的车辆所产生的 CO_2 要少 20%~30%；其特点除了几乎不产生颗粒物之外，在与三元催化转换器相结合之后，排气中的 NO_x、CO 和 NMHC 含量水平极低。以乙醇或甲醇作为燃料的火花点火式发动机，其所产生的 CO_2 和污染物都较低，并且减少了臭氧和烟雾的形成；此外，乙醇和甲醇这类生物燃料完全不含硫。需要提及的是在一些国家，火花点火式发动机使用了混有生物燃料（例如乙醇）的汽油，而压燃式发动机使用了混有生物燃料的柴油，混有生物燃料的柴油常被称作生物柴油。

美国对汽车制造商的总体车辆平均燃料消耗有强制性要求，这一要求被称为公司平均燃油经济性（CAFE，Corporate Average Fuel Economy）。对于乘用车，当前的 CAFE 指标为 27.5mile/Usgal（8.6L/100km）；对于轻型货车，当前的 CAFE 指标为 20.3mile/Usgal（11.6L/100km）。2007 年的清洁能源法案（Clean Energy Act）要求汽车制造商在 2020 年时将公司平均燃油经济性猛增到 35mile/Usgal（6.7L/100km）。该法案适用于所有乘用车和轻型货车。

人们研究了汽油或者柴油发动机的替代方案，例如燃气轮机和斯特林循环发动机等，这些替代方案已被应用到机动车辆上了。燃气轮机具有若干优点：有利的功率重量比，多燃料操作能力，运行平稳，无须辅助排放控制装置即可实现清洁排气，良好的静态转矩特性，维护间隔长。燃气轮机的缺点包括：生产成本高，瞬态响应慢，较高的燃料消耗，比较不适合低功率机动车辆使用。斯特林循环发动机利用交替加热和冷却的工作介质（例如压缩的氦气或氢气）来生成有用功，其中工作介质的体积是恒定的。斯特林发动机的优点包括：排放中各种污染物（HC、CO 和 NO_x）的浓度非常低，无燃烧噪声的安静运行，可使用多种燃料的能力，与直喷柴油发动机相当的燃油经济性。斯特林发动机的缺点包括：较差的功率重量比，由于设计复杂导致的高生产成本。

3.3.2 电力驱动

为了解决废气排放问题，近年来，使用电池或燃料电池作为动力源、电动机作为原动机的电力驱动车辆已经引起了相当大的关注。一些地区对电动车特别感兴趣，例如美国的加利福尼亚州。在加利福尼亚州，相关部门强制规定新注册的车辆中必须有 10% 属于零排放汽车（ZEV）。零排放汽车是没有废气和蒸发排放物的车辆。电力驱动安静而高效，并且自身不产生废气排放。然而，用于给电池充电的电力生产或燃料电池中氢燃料的生产过程中都可能会产生排放物，具体的排放量则取决于所涉及的具体生产过程。

对于电动车辆而言，蓄电装置（电化学电池或燃料电池）通常决定了车辆的性能和行驶范围。本节后面将介绍燃料电池的工作原理。

根据具体应用可将目前使用的电动车辆分为两大类：电动工业货车和电动公路车辆，例如电动乘用车和货车。电动工业货车主要用于在工厂或仓库中进行货物运输，不允许其在公共道路上运行。其最高时速通常低于 50km。由于当前可用电池的能量密度低，电动公路车辆的行驶范围明显低于内燃机车辆的行驶范围。据估计，在所有新型工业货车中，有超过 50% 是电动的。然而，目前在道路上运行的电动乘用车和货车的数量仍然很少。

有三种类型的电池可用于电动车辆：铅酸电池、镍基（镍镉或镍金属氢化物）电池和锂（锂离子或锂聚合物）电池[3.8]。铅酸电池比其他两种类型的电池更便宜，并且广泛地用于电动工业货车。其能量密度在 25~30W·h/kg 的范围内，其功率密度在 100~200W/kg 的范围内。在工业车辆的应用中，铅酸电池的使用寿命为 7~8 年。对于电动乘用车而言，电池的可持续寿命通常约为 5 年。铅酸电池存储能量的能力随着温度的降低而恶化，这表明铅酸电池在低于 0℃ 的温度下工作时，可能需要使用加热系统进行加热。

镍基电池和锂电池正越来越多地用于电动道路车辆。镍基电池，例如镍镉或镍金属氢化物电池，其能量密度的范围为 35~80W·h/kg，其功率密度的范围为 100~1000W/kg，其使用寿命长达 10 年。因为镉元素对环境有害，所以镍氢电池的应用更为广泛。对于这种类型的电池，只需要在工作温度低于 -20℃ 的时候进行加热。由于其更高的能量和功率密度以及更长的使用寿命,镍氢电池正越来越多地用于电动或混合动力乘用车中,例如丰田的普锐斯、凯美瑞和汉兰达混合动力车。

在车辆应用方面,锂(锂离子或锂聚合物)电池具有超过 100W·h/kg 的能量密度和 300~1500W/kg 的功率密度。锂电池已经在电气设备中得到广泛应用,包括微型计算机、录像机和数字照相机。锂电池没有记忆效应。然而,锂电池需要相对复杂的保护系统来防止短路和过热。人们正在开发新型的锂电池,例如具有先进电极的锂电池,其中电极由纳米结构的钛酸锂制成。其功率密度高达 3kW/kg;它可以快速释放大量的电能,而不会过热或者损坏电池的内部结构,并且其充电时间仅为标准可充电电池的一小部分。

镍基电池和锂电池比铅酸电池贵许多。然而,它们具有更长的使用寿命以及更高的能量和功率密度,这些优点抵消了它们价格昂贵的劣势。

电动车辆的传动系统由三个主要部件组成:功率控制器,电动机和变速器。功率控制器调节电动机的电流和电压,从而调节电动机的输出转矩。电动机和驱动轮之间的传动,通常采用一级或两级减速齿轮。对于当前的大多数电动车辆而言,变速器使用单级减速齿轮,从而向车辆提供所需的爬坡能力和达到期望的最大速度。

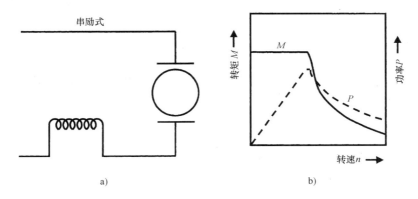

图 3-24 串励式直流电动机及其转矩-功率-转速特性

电动车中通常使用两种类型的电动机:直流(DC)电动机和交流(AC)电动机。在大多数电动工业货车中,常使用串励式直流电动机,其原理示意图如图 3-24a 所示;在这些电动机中,磁场和电枢之间是串联的。图 3-24b 示出了此类电动机代表性的转矩-功率-转速特性。虽然串励式直流电动机的效率相对较低,但由于其简单的设计和较低的成本,仍在使用。在一些电动车辆中也使用单独激励的直流电动机。

现在乘用车上标配的牵引电动机常为同步或异步交流电动机。为了将电池提供的直流电转换为交流电,需要使用变频器。这些交流电动机的维护成本低于直流电动机,因为它们不需要电刷换向或集电环系统。转子上安装有高密度的稀土永磁体的同步电动机,被广泛用于电动车或混合动力车辆;例如,丰田的普锐斯、凯美瑞和汉兰达混合动力车,它们使用的牵引电动机便是永磁同步交流电动机。如图 3-25a 所示,永磁体可以安装在转子表面上,也可以安装在转子内部。高速运行时,永磁体安装在转子内部比安装在转子表面会更加牢固。

由于消除了从能量源提取的激励电流和转子绕组(励磁绕组)中的欧姆损耗,永磁同步交流电动机的效率通常比传统同步电动机的效率要高。虽然稀土磁体会使电动机成本增加,但是它们使电动机拥有高转矩的紧凑设计。图 3-25b 示出了这类电动机的代表性转矩-

功率-速度特性[3.17]。电动机的最大转矩受定子绕组中的最大电流限制。在超出低速范围之外，电动机的功率输出是恒定的。如前面所述，永磁同步交流电动机的特性接近于机动车辆所需的理想特性；这使得我们可以在传动系中使用单级减速齿轮。

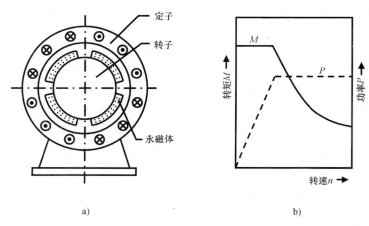

图 3-25　永磁同步交流电动机及其转矩-功率-转速特性

一辆商售的电动乘用车，其上装备了镍氢化合物电池和额定功率为49kW（66hp）的电动机，该车能够达到的最大速度为130km/h（81mile/h），续驶距离为200km（124mile），能量消耗为26kW·h/100km（0.56hp·h/mile）。另一辆电动乘用车，其上装备了锂离子电池和额定功率为63kW（84hp）的电动机，该车能够达到的最大速度为120km/h（75mile/h），行驶距离为200km（124mile），能量消耗率为23kW·h/100km（0.50hp·h/mile）。一辆电动厢式货车，其上装备了铅酸蓄电池和额定功率为80kW（107hp）的电动机，该车能够达到的最大速度为120km/h（75mile/h），行驶距离为90km（56mile），能量消耗率为35kW·h/100km（0.76hp·h/mile）[3.8]。

电动乘用车中的电池通常通过家用电源插座进行充电。对于工业货车而言，可以使用三相交流电源进行充电。

3.3.3　混合动力

"混合动力"这一术语表示：由两种或多种类型的动力源，组成推进车辆前进的驱动系统；例如，内燃机和由电池供电的电动机的组合，或者燃料电池和普通电池共同作为动力源的组合。为了解决社会日益增长的环境保护和节能问题，具有内燃机和电力驱动器（由电池供电）的混合动力车辆，现在已经作为商品出售并且越来越受欢迎。开发混合动力的目标是充分利用每种动力源的优点。例如，对于具有内燃机和通过电池供电的电力驱动器的混合动力车辆而言，其充分利用了内燃机的行驶距离长、工作性能良好、燃油经济性合理以及操作简单的特点，同时它也充分利用了通过电池供电的电力驱动器运行安静、高效以及自身没有废气排放的特点。

目前有三种类型的混合动力驱动，即串联式、并联式和功率分流式（或混联式），它们都是使用内燃机和通过电池供电的电动机/发电机的组合。

在串联式混合动力驱动中，内燃机驱动发电机发电，所产生的电能用于驱动牵引电动机，牵引电动机又驱动车辆的车轮转动。内燃机不连接到车辆的驱动轴。图3-26a示出了串联式混合动力的原理图。发动机可以设置在其效率最优的区域内运行，从而使废气排放、燃料消耗和噪声最小化。有关内燃机的燃油消耗特性，请参见第3.5节——燃油经济性。

串联式混合动力驱动具有以下潜在的运行模式[3.18]：

1) 发动机关闭，车辆由牵引电动机驱动，能量由电池提供。

2) 车辆由牵引电动机驱动，能量来自发动机通过发电机所产生的电力。

3) 驱动牵引电动机的电力来自电池和发动机-发电机组。

4) 发动机-发电机组产生电力，从而对电池进行充电，并推进车辆前进。

5) 在车辆制动期间，牵引电动机作为发电机使用，其所产生的电能用于对电池进行充电，这通常被称为"再生制动"（regenerative braking）。

6) 当车辆静止的时候，发动机-发电机组用于对电池进行充电。

7) 发动机-发电机组和牵引电动机（此时作为发电机使用）两者同时对电池进行充电，例如在车辆滑行期间便为此种运行模式。

串联式混合动力驱动的优点包括：

- 由于发动机没有与车辆驱动轴连接，可以使发动机运行在理想工作区内，从而提高燃油经济性，减少污染物排放。

- 如图3-24b和图3-25b所示，由于电动机具有比内燃机更好的转矩-功率-速度特性，牵引电动机和驱动轴间的变速器所需的传动比，将小于内燃机作为唯一动力源时所需的传动比。

然而，由于串联式混合动力驱动涉及多个能量转换（即，存储在燃料中的化学能通过内燃机转化为机械能，发动机产生的机械能通过发电机转换成电能，然后电能再通过牵引电动机转换回机械能来驱动车辆前进），系统的总体效率降低。据估计，串联式混合动力车辆中，如果将电池效率计算在内，从柴油发动机到驱动轴之间总的机械效率很难超过55%[3.8]。

串联式混合动力驱动主要目的在于减少排放，它通常用于重型车辆，例如货车和公共汽车。为了延长一些电动车辆的行驶距离，人们在车上安装了内燃机以驱动发电机对电池充电。这种布置方式类似于串联式混合动力驱

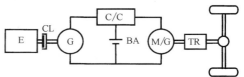

a) 串联式

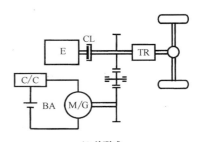

b) 并联式

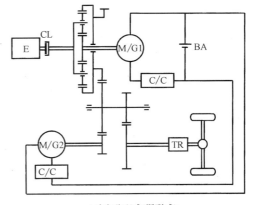

c) 功率分配式(混联式)

图3-26 具有内燃机-电动机/发电机组合的各种类型的混合动力驱动

注：图中，BA = battery = 电池；C/C = converter/controller = 转换器/控制器；CL = clutch = 离合器；E = engine = 发动机；G = generator = 发电机；M/G = motor/generator = 电动机/发电机；TR = transmission = 传动系统。

动，通常被称为"增程器"（range extender）。

图 3-26b 为并联式混合动力驱动的示意图。内燃机和牵引电动机均通过齿轮系统与驱动轴连接。当车速和所需驱动转矩较低时，例如在城市驾驶工况下，发动机关闭，此时车辆仅由牵引电动机驱动。在这种工况下，车辆排放为零。在加速或超车工况下，内燃机和牵引电动机一起驱动车轮，从而向车辆提供所需功率。在高速公路巡航工况下，车辆通常将由发动机单独驱动。如果电池的 SOC（state of charge，荷电状态）值接近预定的最小水平，则车辆将对电池进行自动充电，其中电能通过发动机驱动工作在发电机模式下的电动机供给。在制动工况下，电动机作为发电机工作，对电池进行充电。通过内燃机的起停控制和再生制动，并联式混合动力驱动可以显著地提高燃油经济性，并减少排放。当前，人们正在研发能够根据工况条件来调节内燃机和电力驱动运行的最优控制策略；该控制策略的目的是优化燃油经济性，减少废气排放。

对于并联式混合动力驱动而言，根据车辆在中等功率范围内运行时的操作需求来选定内燃机的额定功率。这样当需要更高的功率时，例如车辆处于加速或超车工况下，电力驱动将自动接合以弥补功率差异。例如，一辆紧凑型乘用车的标准版本配备 103kW（138hp）的汽油发动机，其混合动力版本则配备 70kW（94hp）的汽油发动机和 15kW（20hp）的牵引电动机。并联式混合动力常常用于厢式车和乘用车。

图 3-26c 示出了典型的功率分流式（混联式）混合动力驱动的示意图。混联式和并联式混合动力驱动之间的主要区别在于：混联式中有一额外的电动机/发电机（图中的 M/G1），它通过行星齿轮系与内燃机相连接。行星齿轮系使得来自内燃机的功率被分成两部分：一部分通过变速器传递到驱动轴；另一部分功率用于驱动发电机（图中的 M/G1 工作在发电机模式下）对电池进行充电，此时牵引电动机也被用来（图中的 M/G2）驱动车轮。牵引电动机 M/G2 的额定功率通常高于辅助电动机 M/G1 的额定功率。应当注意，对于并联式混合动力驱动而言，当牵引电动机驱动车轮时，不能同时对电池进行充电（注：这是因为牵引电动机不能同时工作在电动机和发电机模式下）。因此，当车辆由电动机驱动时，混联式可以延长车辆的行驶距离。这将帮助取得更好的燃油经济性并减少不希望的排放；这对于在城市环境中行驶特别重要。

在低车速下，M/G1 运行在发电机模式下为电池充电。在较高车速下，M/G1 则运行在电动机模式下，将额外的功率输送到驱动轴。在这些工况下，当车速给定时，行星齿轮系可以调节 M/G1 的转速，使发动机工作在期望的范围之内。因此，在一定速度范围内，该运行模式执行了无级变速器（CVT）的功能，从而提高了燃油经济性并且减少了废气排放。有关无极变速器（CVT）对车辆燃油消耗影响的更多信息，请参见第 3.5 节——燃油经济性。在混联式中，电动机 M/G1 也可以用作内燃机的起动器，因此并不需要单独为发动机配备起动器。

目前市场上的多种混合动力乘用车都是混联式的，例如丰田生产的凯美瑞混合动力和普锐斯混合动力。根据汽车制造商公布的数据，装备有四缸汽油发动机和手动变速器的凯美瑞 CE07 型，其城市驾驶环境和高速公路驾驶环境下的 EPA 油耗估计分别为 24mile/Usgal（9.8L/100km）和 34mile/Usgal（6.9L/100km）。对于凯美瑞混合动力 07 型而言，其城市驾驶环境和公路驾驶环境下的 EPA 油耗估计分别为 40mile/Usgal（5.9L/100km）和 38mile/Usgal（6.2L/100km）。这表明使用混合动力驱动装置明显改善了车辆的燃油经济性，特别是在城市驾驶环境下的燃油经济性。对于普锐斯 07 型而言，其城市、公路和城市-公路混合驾驶环境下的 EPA 油耗估计分别为 60mile/Usgal（3.9L/100km）、51mile/Usgal（4.6L/100km）和 55mile/Usgal（4.3L/100km）。对于上述混合动力车辆而言，城市驾驶环境下的燃油经济性优于公路驾驶环境下的燃油经济性。相比之下，仅由内燃机驱动的车辆，通常在高速公路驾驶环境下比在城市驾驶环境下具有更好的燃油经济性。

由于混联式混合动力驱动比串联式或并联式混合动力驱动更复杂，其控制系统也更复杂。开发能够协调各种子系统操作使其有效工作且高效运行的控制策略，从而改善燃油经济性并且减少不希望的排放，同时使得车辆性能水平保持在可接受的范围之内，这些都是十分重要的。虽然混合动力车辆改善了燃油经济性并且减少了废气排放，但是由于其电力驱动系统等子系统所带来的额外成本，使得混合动力车辆的价格高于仅由内燃机驱动的普通车辆。

3.3.4 燃料电池

燃料电池是将适宜燃料和氧化剂中的化学能，直接转化为低压直流电能的一种装置。有多种类型的燃料电池，例如质子交换膜（聚合物电解质膜）燃料电池、固体氧化物燃料电池、磷酸燃料电池、碱性燃料电池和熔融碳酸盐燃料电池。对于车辆应用，质子交换膜燃料电池被认为是最有希望的；这是因为，该燃料电池具有功率密度高（目前接近 2kW/L）、寿命长和低腐蚀的特点，并且其工作温度处于合理范围之内。燃料电池中最常使用的燃料是氢气（H_2）。人们还开发了将甲醇（CH_3OH）中的化学能直接转化为电能的燃料电池。燃料电池的氧化剂通常是大气中的氧气（O_2）。对于车辆应用，氢气可以直接车载储存，或者使用车载化学重组系统从其他燃料（例如汽油或者其他烃类燃料）中制备。

质子交换膜燃料电池（PEMFC, proton exchange membrane fuel cell）的示意图如图 3-27 所示。质子交换膜燃料电池（PEMFC）由下列基本组件构成[3.19]：

- 电极（Electrodes）：包括一个燃料电极（阳极）和一个氧化剂电极（阴极）。它们由多孔导电导热材料制成，例如多孔石墨。如图 3-27 所示，阳极和阴极通过双极板与外部电路连接。
- 电解质（Electrolyte）：PEMFC 使用质子交换膜作为电解质。对膜的要求是质子传导性高，化学和热稳定性高，耐久性良好和成本低。目前广泛使用的膜，用全氟磺酸盐材料制成；其厚度范围为 40~200μm。此外，正在开发设计一种芳香族电解质膜，其极大地改善了燃料电池的耐久性，并可在更广的温度范围内发电。
- 催化剂层（Catalyst Layers）：膜的两侧之一有一个催化剂层。电化学反应在催化剂表面上进行。最常用的催化剂是铂或者铂合金。催化剂层的厚度通常为 10μm。阳极、阴极、膜和两个催化剂层通常密封在一起，从而形成厚约为 1mm（或更小）的单个膜电极组件（MEA, membrane electrode assembly）。
- 气体扩散层（Gas Diffusion Layers）：这种布置包括一个与阳极接触的气体扩散层和一个与阴极接触的气体扩散层。它们的功能是确保氢气或空气能均匀有效地在催化剂层上扩散；使双极板在 MEA 表面上的负载分布均匀；并且使电能在双极板与阳极或阴极间导通。气体扩散层由多孔碳纸制成或用聚四氟乙烯处理过的布制成。
- 双极板（Bipolar Plates）：通常由石墨或导电金属（如钛涂层）制成。在双极板上加工有气体流动通道，用于为氢气和空气提供入口，同时为过量氢气提供再循环的出口（图

3-27 中的 A）以及为燃料电池中所产生的水提供出口（图 3-27 中的 B）。

燃料电池在工作中，将氢气供给到燃料电池；它通过气体扩散层和阳极扩散，并与催化剂表面接触。在催化剂表面上发生电化学反应；氢原子被分裂成电子和氢离子。电子从阳极流到阴极，通过双极板，产生用于驱动外部负载（如电动机）的电流。氢离子穿过质子交换膜，并在阴极一侧的催化剂表面上与电子和氧相互作用，发生电化学反应；电化学反应的结果是产生了水和热。因此，水和热的管理是燃料电池设计中必须仔细考虑的问题之一。氢气和空气的流量和压力、温度和膜湿度的精确控制对于燃料电池的有效工作至关重要[3.20]。

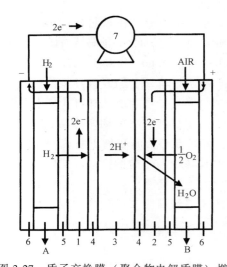

图 3-27 质子交换膜（聚合物电解质膜）燃料电池（PEMFC）中的基本组成部分
1—阳极 2—阴极 3—膜 4—催化剂 5—气体扩散层 6—双极板 7—电动机

燃料电池中基本的化学反应为

阳极反应：$H_2 \rightarrow 2H^+ + 2e^-$

阴极反应：$1/2 O_2 + 2H^+ + 2e^- \rightarrow H_2O$

总反应：$H_2 + 1/2 O_2 \rightarrow H_2O$

因为燃料电池中的电化学反应过程仅会产生水而没有污染物排放，所以燃料电池被认为是零排放的发电装置。

在 25℃ 和大气压条件下，氢/氧燃料电池所产生的理论电动势（电压）为 1.23V[3.21]。燃料电池在工作时，由于电池的内部损耗，可用电压总是低于理论电压。燃料电池所产生的电流取决于催化剂层的有效面积，电流密度约为 $1A/cm^2$。当前使用的一些燃料电池，其有效面积为 $200 \sim 600 cm^2$（甚至更高），它可以产生几百安的电流。在工作时，可用电压随电流的增加而减小。燃料电池的效率定义为其所产生的电能与所消耗的氢之间的比值，它与其电动势成正比。因此，燃料电池的理论（或最大可能）效率为 83%。燃料电池可以通过串联或并联构成燃料电池堆，以满足特定的工作要求。

由于燃料电池的上述特性，它被认为是很有希望的内燃机替代品，特别是考虑到日益严格的排放标准以及对未来燃油供应的担忧。然而，评估燃料电池对环境影响的时候，不仅必须考虑来自车辆的直接排放，而且还必须考虑燃料电池在制造过程中产生的直接排放，包括氢气的制取。相同的方法，同样适用于对燃料电池系统作为车辆动力源时总效率和节能影响的评估。

在北美、欧洲和其他地区的许多城市示范性项目中，作为移动动力源的燃料电池系统，其可行性和实用性，已经通过燃料电池动力公共汽车、运载货车和乘用车有所展现。然而，为终端用户提供有竞争性的产品（例如，当地交通部门，汽车公司和消费者），从而使燃料电池动力车辆商业化，这仍面临着巨大的技术和经济挑战。这些挑战包括燃料电池的耐久性、在寒冷天气下工作、充足且安全的车载储氢技术，外加同样重要的成本因素。此外，用于氢气生产和分配经销的基础设施的建设，是燃料电池动力车辆成功商业化的另一个巨大挑战。为解决这些问题和其他可能的问题，目前人们正在进行深入的研究和开发工作。例如，为了降低燃料电池系统的成本，人们正在优化铂金属的使用和探索更便宜的催化剂替代物。

为了开发用于生产和分配氢气的基础设施，人们提出的可能方案之一是利用广泛分布于许多城市和地区的天然气管道系统，在加油站安装小型的本地转化器，从而将天然气转化为氢气；这将消除与氢气输送相关的问题。为了确保车载储氢器有足够的安全性，同时保证其满足车辆期望的行驶距离，目前正致力于开发带有氢吸附层的高强度罐体用于储存压缩气态氢，同时寻求使用新材料的有效金属（例如铑金属）作为储氢介质。随着研究的深入和努力的开发以及公众环保意识的增强，结合适当的政府政策，燃料电池动力车辆商业化所面临的挑战将会随着时间而克服；在未来，对终端用户而言，燃料电池动力车辆将变得有竞争力和吸引力。

3.3.5 传动系统特性

前面曾提到，内燃机的功率-转矩-速度特性不适合作为直接驱动车辆的动力，而必须要有一个传动系统，从而为车辆提供能满足各种使用工况要求的驱动力-速度特性。所谓传动系统是包括用来将发动机动力传给驱动轮或驱动链轮的整个系统，动液力传动装置以及静液压传动系统。由于内燃机在未来一段时间内仍将是道路车辆的主要动力源，本节将会详细讨论在内燃机为唯一动力源的道路车辆上常用的变速器。道路车辆目前主要使用两种类型的变速器：手动变速器和带变矩器的自动变速器。其他类型的变速器，如无级变速器（CVT），也在使用中。

手动齿轮变速系统

变速器的主要要求是：

1) 使用适当的发动机实现所需的最大车速。

2) 为了能够在满载状态下在较陡的坡度上（典型坡度为33%，即1/3）沿道路正向和反向行驶，并且对于使用高档位的乘用车，能够使其在平缓坡度上（例如3%的坡度）保持88~96km/h（55~60mile/h）的速度。

3) 正确匹配发动机的特性，从而实现期望的燃油经济性和加速性。

人力操作的机械式传动系统（即手动齿轮变速系统）通常有离合器、齿轮变速器、传动轴和带有差速器的驱动桥组成，其中差速器使得从动轮在车辆转弯过程中相对旋转。在发动机前置的前轮驱动车辆或发动机后置的后轮驱动车辆中，齿轮箱和差速器通常集成在一个单元中，称为变速驱动桥（transaxle）。按常规，驱动桥有一个不变的齿轮减速比，如果没有超速齿轮的话，驱动桥传动比的大小取决于变速器以直接传动为最高档时的实际需要。当车辆需要很大的低速转矩时，还可在驱动轮处加装减速齿轮即最终传动。乘用车上变速器的档位数为3~7，商用车辆上的档位数为5~16，或者更多。如图3-28所示，以经济有效的方式选取档位数目，尽可能使得车辆接近理想的牵

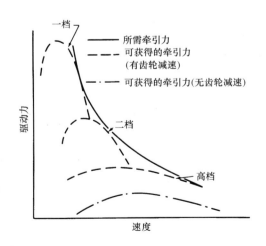

图3-28 一辆乘用车的驱动力-速度曲线
（经允许转载自参考文献3.15）

引力-速度特性。

选择最高档位的减速比（即最小的减速比），从而可以利用适当的发动机以实现期望的最大车速。发动机应具有足够的功率以克服变速器的内阻、轮胎的滚动阻力以及水平道路上在最大车速下的气动阻力。在实际中通常的做法是选择一定的减速比，使得在最大车速下发动机的转速略高于最大功率下的转速，如图 3-29 所示。这样确保了具有足够的功率储备来克服车辆工作期间临时增加的风阻或坡度阻力，同时克服发动机长期使用后的性能恶化，从而保持给定车速。基于该原理，变速器最高档位的减速比可以确定如下：

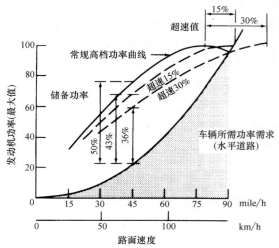

图 3-29 最高档减速比对车辆性能的影响
（经允许转载自参考文献 3.22）

$$\xi_n = \frac{n_{e1} r (1-i)}{V_{\max} \xi_{ax}} \tag{3-25}$$

式中，ξ_n 是 n 速变速器最高档位的减速比；n_{e1} 是最大车速下对应的发动机转速，对于乘用车而言，该转速值比发动机最大功率处的转速值略高 10%；r 是轮胎滚动半径；i 是轮胎滑转率；$V_{\max}$ 是期望的最大车速；ξ_{ax} 是驱动桥中的减速比。

最高档位下，变速器直接驱动（即 $\xi_n = 1$），根据公式（3-25）可以算出驱动桥中的减速比 ξ_{ax}。

对于乘用车而言，最低档位时的减速比（即最大的减速比）的选择应该能保证车辆在最低档位时有能力攀爬很陡的坡度，通常乘用车能攀爬的坡度应为 33%。另一个建议是，当车辆轮胎在典型道路上不打滑时，变速器在最低档位的减速比应该能使车辆攀爬可能的最大坡度。若遵循该方法，则变速器最低档位的减速比可以确定如下。

对于后驱车辆而言，根据式（3-9），车辆能攀爬的最大坡度 θ_{smax} 由轮胎接地面能够支承的最大牵引力来确定，其表达式为

$$W \sin \theta_{smax} = \frac{\mu W (l_1 - f_r h)/L}{1 - \mu h/L} - f_r W \tag{3-26}$$

在上述公式中，忽略了空气动力学阻力，这是因为在陡坡上时车速通常较低。

根据式（3-26），变速器最低档位的减速比 ξ_1 由下式给出：

$$\xi_1 = \frac{W (\sin \theta_{smax} + f_r) r}{M_{emax} \xi_{ax} \eta_t} \tag{3-27}$$

式中，M_{emax} 为发动机的最大转矩，η_t 为变速器的效率。

对于前驱车辆而言，对于最低档位减速比的类似表达式可以从式（3-10）和式（3-27）导出。

对于处于最高档位和最低档位之间的中间档位，选择其减速比的方法在很大程度上取决于车辆的类型（重型商用车辆或乘用车）。对于重型商用车辆，减速比通常以几何级数排

列；其基础在于车辆以不同档位工作时发动机都在相同的转速范围内工作，如图3-30所示。这将确保每个档位的发动机燃油经济性也相同。例如，对于四速变速器，可以建立下面的关系式（图3-30）：

$$\frac{\xi_2}{\xi_1} = \frac{\xi_3}{\xi_2} = \frac{\xi_4}{\xi_3} = \frac{n_{e2}}{n_{e1}} = K_g$$

和

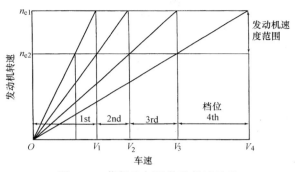

图 3-30　依据几何级数选择减速比

$$K_g = \sqrt[3]{\frac{\xi_4}{\xi_1}} \tag{3-28}$$

式中，ξ_1、ξ_2、ξ_3 和 ξ_4 分别为第Ⅰ、Ⅱ、Ⅲ、Ⅳ档的传动比。在一般情况下，若最高档的传动比 ξ_n 和最低档的传动比 ξ_1 已确定，变速器的档位数 n_g 为已知，则 K_g 值可按下式算出：

$$K_g = \sqrt[n_g - 1]{\frac{\xi_n}{\xi_1}} \tag{3-29}$$

和

$$\xi_n = K_g \xi_{n-1}$$

表3-6给出了为商用车设计的变速器的减速比。可以看出，这些变速器各档的传动比常常是按几何级数的原则进行分配的。因为齿轮的齿数是整数，所以在某些情况下，不可能以精确的几何级数来布置减速比。

表 3-6　商用车的减速比

档位	Allison HT70	Eaton Fuller RT-11608	Eaton-Fuller RT/RTO-15615	Eaton Fuller RT-6613	ZF Ecomid 16S 109
1	3.0	10.23	7.83	17.93	11.86
2	2.28	7.23	6.00	14.04	10.07
3	1.73	5.24	4.63	10.96	8.40
4	1.31	3.82	3.57	8.61	7.13
5	1.00	2.67	2.80	6.74	5.71
6	0.76	1.89	2.19	5.26	4.85
7		1.37	1.68	4.11	3.97
8		1.00	1.30	3.29	3.37
9			1.00	2.61	2.99
10			0.78	2.05	2.54
11				1.60	2.12
12				1.25	1.80
13				1.00	1.44
14					1.22
15					1.00
16					0.85
根据式(3-29)计算得到的 K_g 值	0.76	0.717	0.774	0.786	0.839

对乘用车而言，其减速比通常不按照几何级数进行分配。乘用车中间齿轮的减速比通常按照使达到某特定速度所需要的时间最短来选择，例如 100km/h（60mile/h）或者最大车速。还应该考虑到，高档位换档频率比低档位换档频率高，特别是在城市道路工况中。因而，高档位之间的减速比比低档位之间的减速比更加接近。例如，表3-7 所示的 Cadillac（Seville）变速器，四档减速比和三档减速比之间的比值为 0.7（0.7/1.00），而三档减速比和二档减速比之间的比值为 0.637（1.00/1.57），二档减速比和一档减速比之间的比值为 0.538（1.57/2.92）。类似情况可以在表3-7 中其他乘用车的变速器中观察到。

表 3-7　乘用车的减速比

车型	变速器类型	变速器减速比					后桥减速比
		1st	2nd	3rd	4th	5th	
Audi A4 1.8	手动档	3.50	2.12	1.43	1.03	0.84	4.11
Audi A6 Avant 2.5TDI	手动档	3.78	2.18	1.31	0.89	0.69	3.7
BMW 320i	手动档	4.23	2.52	1.66	1.22	1.00	3.45
BMW 525i	手动档	4.20	2.49	1.67	1.24	1.00	3.23
Buick Park Avenue 3.8i	自动档	2.92	1.57	1.00	0.70		2.97
Cadillac DeVille 4.6i	自动档	2.96	1.63	1.00	0.68		3.11
Cadillac Seville	自动档	2.92	1.57	1.00	0.70		2.97
Chrysler Voyager 3.0 V6	手动档	3.31	2.06	1.36	0.97	0.71	3.77
Dodge Intrepid 3.3i	自动档	2.84	1.57	1.00	0.69		3.66
Fiat Punto 1.6	手动档	3.91	2.16	1.48	1.12	0.90	3.73
Ford Escort 1.8TD	手动档	3.42	2.14	1.45	1.03	0.77	3.56
Ford Galaxy 2.0 16V	手动档	3.58	2.05	1.34	0.97	0.80	4.53
Honda Civic 1.5i	手动档	3.25	1.90	1.25	0.91	0.75	4.25
Honda Odyssey 2.2i	自动档	2.74	1.57	1.08	0.73		4.43
Mazda 323 1.8i	手动档	3.31	1.83	1.31	1.03	0.795	4.11
Mercedes-Benz C220	手动档	3.91	2.17	1.37	1.00	0.81	3.67
Mercedes-Benz E320	自动档	3.87	2.25	1.44	1.00		3.07
Mercedes-Benz S420	自动档	3.87	2.25	1.44	1.00		2.82
Mercury Cougar 3.8i	自动档	2.84	1.56	1.00	0.70		3.27
Nissan Sunny 2.0 diesel	手动档	3.33	1.96	1.29	0.93	0.73	3.65
Oldsmobile Aurora 4.0i	自动档	2.96	1.62	1.00	0.68		3.48
Peugeot 405 2.0i T16	手动档	3.42	1.82	1.25	0.79	0.77	3.93
Renault Laguna 2.0i	手动档	3.72	2.05	1.32	0.97	0.79	3.87
Toyota Corolla 1.3i	手动档	3.55	1.90	1.31	0.97	0.815	4.06
Toyota Camry Wagon 3.0i	手动档	3.54	2.04	1.32	1.03	0.82	3.63
Volkswagen Passat 2.0	手动档	3.78	2.12	1.46	1.03	0.84	3.68
Volvo 440 1.7i	手动档	3.73	2.05	1.32	0.97	0.79	3.73
Volvo S70	自动档	3.61	2.06	1.37	0.98		2.74
Volvo S70	手动档	3.07	1.77	1.19	0.87	0.70	4.00

虽然乘用车的减速比未按照几何级数进行分配，但是两个连续减速比之间的比值，其平均值非常接近于使用公式（3-29）所获得的 K_g 值。例如，Cadillac（Seville）的两个连续减速比之间的比值的平均值为 0.625 [(0.7+0.637+0.538)/3]，而使用公式（3-29）获得的 K_g 值为 0.621（$\sqrt[3]{0.7/2.92}$）。

在变速器中，由于轮齿之间、轴承和密封件中的摩擦以及润滑油的搅动，存在功率损失。变速器的机械效率是负载（转矩）和速度的函数。图 3-31 示出了三档位自动变速器的机械效率随输入速度的变化。变速器接到发动机上，节气门全开时的发动机最大转矩为 407N·m（300lbf·ft）[3.23]。在预测车辆性能时，可以使用变速器中主要子系统的机械效率作为近似，其平均值如下：

变速器——直接驱动　　98%

变速器——间接驱动　　95%

驱动轴　　95%

对于装有手动传动系统的车辆，其驱动力的大小按下式计算：

$$F = \frac{M_e \xi_o \eta_t}{r} \quad (3-30)$$

式中，M_e 为发动机的输出转矩，ξ_o 为传动系统的总减速比（包括变速器和驱动轴的变速比），η_t 为传动系统总机械效率，r 为驱动轮胎（或链轮）半径。必须指出的是，车辆在低档工作时的驱动能力，往往取决于轮胎接地面上所能承受的最大驱动力。

车辆行驶速度与发动机转速间的关系为

$$V = \frac{n_e r}{\xi_o}(1-i) \quad (3-31)$$

式中，n_e 为发动机转速，i 为车辆行驶中的滑转率。在正常使用工况下，道路车辆的滑转率通常假定为 2%~5%。图 3-32 表示某一乘用车的驱动力与行驶速度的变化关系。该车的传动系统是具有三个档位的手动式传动系统[3.15]。

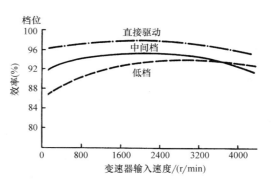

图 3-31　具有三个档位的自动变速器在节气门全开时的机械效率（经 SAE 许可，复制自参考文献 3.23）

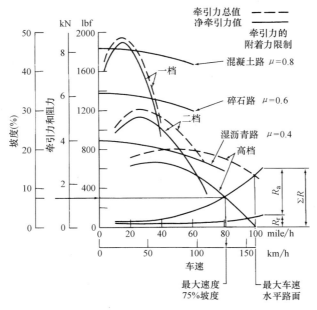

图 3-32　一辆具有三个档位的手动式传动系统的乘用车的工作特性（经允许转载自参考文献 3.15）

自动液力传动装置

在北美，带有变矩器的自动液力传动装置广泛用在乘用车上。这种传动装置带有一个变矩器和一个自动变速器。如图 3-33 所示，变矩器至少由三个旋转元件组成，即人所熟知的泵轮（叶轮）、涡轮和反应轮。泵轮与发动机输出轴相连，涡轮与变矩器的输出轴连成一体，变矩器输出轴又与一个多档位的变速器输入轴联接在一起，反应轮则与外壳相连，使之对变矩器中的循环油液产生反作用。反应轮的作用是使涡轮产生的输出转矩大于变矩器的输入转

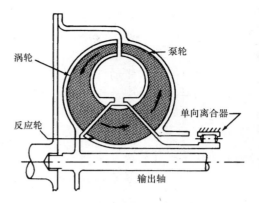

图 3-33 变矩器的原理图

矩，使变矩器的输出转矩得到增大。反应轮通常装在自由轮（单向离合器）上，以便起动终了涡轮转速接近泵轮转速时，反应轮可以自由运转。这时，变矩器的作用相当于输出与输入转矩的比值等于 1 的液力耦合器[3.22]。

在传动系统中引入液力变矩器的主要优点可以概括如下：
1) 当正确匹配时，工作中不会导致发动机熄火。
2) 在发动机和驱动轮（或驱动链轮）之间能柔和地传递动力。
3) 与一个选择得当的多档位变速器相配合，可以获得近乎理想的转矩-速度特性。

变矩器的工作特性通常用以下四个参数来评价：

$$速比 C_{sr} = 输出转速/输入转速$$

$$转矩比 C_{tr} = 输出转矩/输入转矩$$

$$效率 \eta_c = (输出转速 \times 输出转矩)/(输入转速 \times 输入转矩) = C_{sr}C_{tr}$$

$$容量因数（尺寸因数） K_{tc} = 转速/\sqrt{转矩}$$

容量因数是表示变矩器承担或传递转矩能力的一个指标，它与转速的平方成正比。

图 3-34 所示是变矩器的典型工作特性；图中绘出了转矩比、效率以及输入容量因数（输入速度与输入转矩的平方根之比）随速比变化的曲线[3.23]。转矩比在速比为零时达到最大值，之后随速比的增大而减小，最终变矩器的作用与转矩比等于 1 的液力耦合器相同。但这时，由于泵轮（叶轮）与涡轮间的滑转，输入转速与输出转速之间存在较小的差异。当输出轴转速为零（即速比等于零）时，变矩器的效率等于零，之后效率随着速比的增大而增高，而当变矩器当作液力耦合器工作时，其效率达到最大值。输入容量因数是确定变矩器工作状况和表明变矩器与发动机之间相匹配关系好坏的重要参数。变矩器的输入容量因数在速比为零时有一个最小值，然后随着

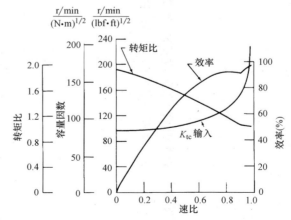

图 3-34 某变矩器的工作特性（经 SAE 允许，转载自参考文献 3.23）

速比的增加而增大。

由于变矩器由发动机驱动，为了确定变矩器的实际工作状况，必须要知道发动机的工作点。为了表征发动机的工况特性，以便决定发动机与变矩器的工作性能，自此引出一个按下式定义的发动机容量因数 K_e：

$$K_e = \frac{n_e}{\sqrt{M_e}}$$

式中，n_e 和 M_e 分别为发动机的转速和转矩。图 3-35 表示某发动机的容量因数与转速间的变化关系[3.23]。要达到正确的匹配，发动机和变矩器应具有相同的容量因数范围。

如前所述，发动机的输出轴通常是和变矩器的输入轴相连的，因此 $K_e = K_{tc}$。匹配过程从规定发动机的转速和转矩开始。知道了发动机的工作点，人们就能决定发动机的容量因数（图 3-35）。由于 $K_e = K_{tc}$，对应于发动机一定工作点的变矩器输入量便可知。而对于一定的 K_{tc} 值，可以从图 3-34 的变矩器特性曲线中确定变矩器相应的速比和转矩比。然后，变矩器的输出转矩和输出转速用下式求得：

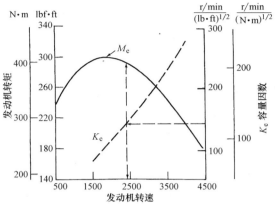

图 3-35 某一内燃机的容量因数（经 SAE 允许，转载自参考文献 3.23）

$$M_{tc} = M_e C_{tr} \tag{3-32}$$

和

$$n_{tc} = n_e C_{sr} \tag{3-33}$$

式中，M_{tc} 和 n_{tc} 分别为变矩器的输出转矩和输出转速。
在已知变速器和驱动轴的减速比的情况下，车辆的驱动力和行驶速度可按下式计算：

$$F = \frac{M_{tc}\xi_o \eta_t}{r} = \frac{M_e C_{tr}\xi_o \eta_t}{r} \tag{3-34}$$

和

$$V = \frac{n_{tc} r}{\xi_o}(1-i) = \frac{n_e C_{sr} r}{\xi_o}(1-i) \tag{3-35}$$

图 3-36 表示一辆装有变矩器和三档位变速器的乘用车的驱动力随行驶速度的变化关系[3.23]。

如图 3-34 所示，变矩器的效率在相当大的速比范围内都比较低。为了提高自动变速器的总体效率，同时提高燃油经济性，在变矩器中加装了"锁止"（lock-up）离合器。它在预定车速范围内工作；当锁止离合器接合时，发动机的功

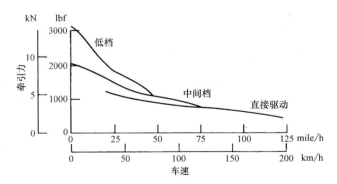

图 3-36 一辆装备三个档位的自动变速器的乘用车的驱动力-行驶速度特性曲线（经 SAE 允许，转载自参考文献 3.23）

率直接传到变矩器的输出轴上。

例题3-1： 一个具有图3-35所示转矩-速度特性的发动机配装一个具有图3-34所示特性的变矩器，当发动机转速为2450r/min、转矩为393N·m（290lbf·ft）进行工作时，试求变矩器的输出转速和输出转矩。

解： 发动机的容量因数 K_e

$$K_e = \frac{n_e}{\sqrt{M_e}} = \frac{2450}{\sqrt{393}} = 123 (r/min)/(N \cdot m)^{1/2}$$

因发动机的容量因数 K_e 与变矩器的容量因数 K_{tc} 相等，即

$$K_{tc} = 123 (r/min)/(N \cdot m)^{1/2}$$

由图3-34所示，当 $K_{tc} = 123$ 时，相应的速比 $C_{sr} = 0.87$，转矩比 $C_{tr} = 1.05$，则可算出变矩器的输出转速 n_{tc} 为

$$n_{tc} = 0.87 \times 2450 = 2132 r/min$$

变矩器的输出转矩 M_{tc} 为

$$M_{tc} = 393 \times 1.05 = 413 N \cdot m (304 lbf \cdot ft)$$

在此工况下的变矩器效率是

$$\eta_c = 0.87 \times 1.05 = 91.4\%$$

无级变速装置

随着对提高车辆燃油经济性的重视，无级变速器已经引起了人们的许多关注。这种类型的变速器提供了连续可变的减速比，从而使发动机能在一定的车速范围内以最经济的工作状态运转。车辆的燃油经济性将在本章后面谈到。

两种具有代表性的无级变速器是 Van Doorne 带系统和 Perbury 系统。如图3-37所示，Van Doorne 型系统具有一对锥形面带轮；因而带轮的有效半径和减速比能够通过调节带轮两侧的距离而改变。在原始系统中，减速比通过驱动带轮上的离心重量和发动机真空执行器来实现机械式的控制。最近，人们已经开发出了基于微处理器的控制系统[3.24,3.25]。Van Doorne 型无级变速器可以实现4~6的减速比。这类变速器的机械效率随负载和速度而变化。对于为轻型乘用车设计的系统，其减速比为1时的系统效率随输入转矩和速度的变化曲线示于图3-38中[3.24]。为了提高系统效率，减少噪声和磨损，人们开发了"分段钢带"或"推带系统"[3.26]；它包括一组约2mm（0.078in）厚的带元件，在带元件的每一侧都有狭槽以装配两个高拉力钢带，这些钢带将带元件接合在一起。与传统的V带不同，该系统利用带元件之间的压力而非张力来传递动力。Van Doorne 系统最适合于低功率的应用，它已成功用于小型乘用车和雪地车中。

Perbury 系统的示意图如图3-29所示[3.27]。该系统的关键部件是变速器（variator），它由三个盘组成，其外部的一对盘连接到输入轴，内部的一个盘则连接到输出轴。盘的内表面

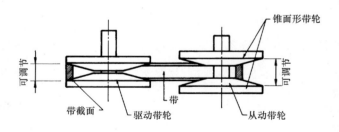

图3-37 Van Doorne 型无级变速器

是环形状,其上有球形滚柱滚动;滚柱可以绕其自身的轴线旋转。通过改变滚柱的倾斜度,可以实现连续的减速比。承载滚柱的载体是固定的。为了使磨损最小,滚柱与盘之间进行了润滑。为了传递足够的转矩,接触点之间需要大的法向力,这是因为滚柱和盘表面之间的牵引力系数较低,其值通常小于 0.1。正常工况下,滚柱和盘表面之间的相对滑动为 1%~2%。该系统可提供的减速比约为 5。与 Van Doorne 带系统相同,Perbury 系统不能提供零输出和倒档比;因此,起动和倒档需要别的装置。Perbury 系统比 Van Doorne 系统更适用于高功率的应用,该设计已经应用于 375kW 的公共汽车和货车上。该系统的机械效率平均值约 90%。

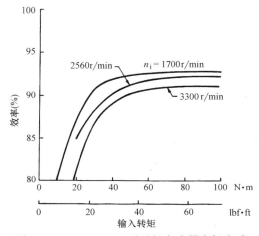

图 3-38 Van Doorne 型无级变速器在恒定减速比条件下的机械效率随输入转矩的变化情况(经 SAE 允许,引用自参考文献 3.24)

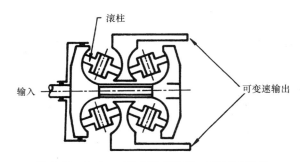

图 3-39 Perbury 型无级变速器(机械工程师协会理事会允许,引用自参考文献 3.27)

静液压传动装置

静液压传动系统既用在越野车辆上(特别是那些特殊用途的越野车辆上),也在某些道路车辆上得到采用,并已取得了一定程度上的成功[3.28]。静液压系统可分为三种类型。

固定排量的液压泵配固定排量的液压马达

这种形式的液压传动,常有一个齿轮泵或叶片泵通过控制阀驱动一个齿轮、叶片或柱塞的马达。系统中油液的最高工作压力约为 20685kPa(3000lbf/in^2),这种简单式的静液压传动系统已经十分广泛地运用在建筑器械上,如挖掘机中的驱动履带。每个齿轮泵单独驱动一个液压马达,从而允许两侧履带各自独立地进行工作。这样便可实现车辆的前进、倒退和转向。图 3-40a 是带有多档位齿轮变速器的此种静液压传动系统的驱动力-速度特性。

可变排量的液压泵配固定排量的液压马达

与上一种形式相比,这种形式的静液压传动具有较多的优点。可变排量泵是一种柱塞泵,这种泵可允许采用较高的工作压力,允许从零到最大之间无级地改变转速,可以采用闭合式油液循环回路以实现前进、倒退和制动作用。但为了扩大车辆的驱动力和速度范围,还需装用一个齿轮变速器。图 3-40b 是配装一个两速齿轮变速器的此种静液压传动系统的性能曲线。

可变排量的液压泵配可变排量的液压马达

这种静液压传动的泵和马达的排量都可以连续改变。如图 3-40c 所示,车辆的工作特性是接近理想的一种。虽然这种传动系统的性能和操纵是不成问题的，但生产成本、可靠性和维修保养方面的问题还需进一步解决。

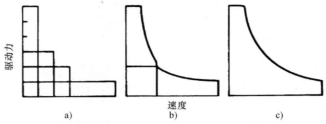

图 3-40 装有不同静液压传动系统的车辆的驱动力-速度特性（机械工程师协会理事会允许，引用自 "Why Has the British Manufacturer Been Hesitant to Adopt Hydrostatic Drives?" by Wardill, I. Mech. E. Conference on Making Technology Profitable-Hydrostatic Drives，1974）

与带有动液力变矩器的自动传动装置相比，静液压传动系统可实现更可靠的速度控制，其在车辆上的布置比较方便。图 3-41 所示是一个可供比较的动液力传动装置（变矩器配有一个两速式齿轮变速器）的效率曲线[3.28]。可以看出，在整个工作范围内，两者之间的效率存在一定的差别。因此，对长时间在低速档以大驱动力工作的车辆，似乎更益于采用静液压传动。图 3-42 表示一特制车辆分别装配上述两种传动系统时的油耗和输出功率。可见，当传动系统的输出转速足够高时，静液压传动允许发动机发出全部功率。因此，静液压传动车辆能够得到更高的工作速度。试验表明，与装有手动式机械传动系统的越野车辆相比，虽然手动机械传动系统的效率较高，但装有静液压传动系统的越野车辆的生产率仍比前者高[3.28]。

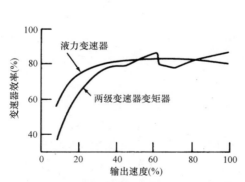

图 3-41 带有变矩器的自动变速器与静液压传动系统的传动效率随输出速度的变化曲线（经机械工程师协会理事会允许，转载自参考文献 3.28）

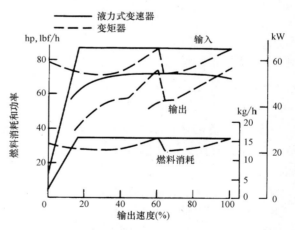

图 3-42 带有变矩器的自动变速器与静液压传动系统的油耗随输出速度的变化曲线（经机械工程师协会理事会允许，转载自参考文献 3.28）

3.4 车辆工作特性的预测

前面所讨论的车辆驱动力与行驶速度间的关系为预测道路车辆的工作特性提供了基础。

图 3-32 所示特性的乘用车，可作为一个例子来阐明预测车辆加速性能和爬坡性能的方法。

为了全面描述车辆的性能，除了驱动力和行驶速度间的关系外，必须确定车辆行驶阻力随行驶速度的变化关系。在水平地段上而又没有牵引负荷时，主要的阻力就是滚动阻力 R_r 和空气动力阻力 R_a。这些阻力都可用前面谈论过的方法估算出来。乘用车的 R_r 和 R_a 随行驶速度的变化关系如图 3-32 所示。驱动力与合成阻力之差称为用来使车辆加速或克服坡度阻力的"纯推进力"F_{net}。车辆推进力与合成阻力曲线的交点决定车辆所能达到的最高行驶速度，如图 3-32 所示。应当注意，轮胎接地面的附着性能是限制车辆最大驱动力的根本条件。乘用车轮胎接地面处所能承受的最大驱动力都已表示在图上，其中包括水泥路面、砂子路面和沥青路面。这些最大驱动力都是用 3.1 节中讨论的方法确定的。从图中可知，例如车辆用第二档工作时，由发动机转矩和传动系统性能所决定的车辆最大驱动力约为 5.5kN（1240lbf），而在湿的沥青路面上轮胎接地面处所能承受的最大驱动力只有 4kN（900lbf）；这就表明车辆在这种路面上用第二档工作时，实际所能发挥的驱动力实际上只有 4kN。图 3-32 还表示，当车辆用第二档工作而行驶速度低于 112km/h（70mile/h）时，车辆在湿的沥青路面上的驱动力受路面附着性能的限制，而不受发动机转矩的限制。

3.4.1 加速时间和加速距离

当确定了车辆"纯推动力"与行驶速度之间的变化关系后，便可以根据牛顿第二定律计算出车辆的加速度。但应当指出，车辆的直线运动是与跟车轮有运动联系的（包括发动机和传动系统在内）各部件的旋转运动相关联的。因此，车辆直线行驶速度的任何变动，将伴随着各有关部件的旋转运动的相应变动。为了把旋转部分的惯性对车辆加速性能的影响考虑进去，在下面计算车辆加速度 a 的公式中引进了一个质量因数 γ_m：

$$F - \sum R = F_{net} = \gamma_m m a \tag{3-36}$$

其中，m 为车辆质量。

γ_m 可以由旋转部分的转动惯量求得

$$\gamma_m = 1 + \frac{\sum I_w}{mr^2} + \frac{\sum I_1 \xi_1^2}{mr^2} + \frac{\sum I_2 \xi_2^2}{mr^2} + \cdots + \frac{\sum I_n \xi_n^2}{mr^2} \tag{3-37}$$

式中，I_w 为车轮的转动惯量，$I_1, I_2, \cdots, I_n$ 为相对于驱动轮的传动比分别为 $\xi_1, \xi_2, \cdots, \xi_n$ 的各有关转动部件的质量惯性矩，r 为驱动轮的滚动半径。乘用车的质量因数可用下面的经验公式计算[3.15]：

$$\gamma_m = 1.04 + 0.0025 \xi_o^2 \tag{3-38}$$

上式右边第一项代表车轮旋转惯量的影响，而第二项则代表各旋转部件相对驱动轮的总减速比为 ξ_o，并以等效当量的发动机转速旋转时所产生惯性的影响来表示。

在评价车辆加速性能时，应首先注意时间-速度关系和时间-距离关系。这些关系可以用微分形式的车辆运动方程来推导：

$$\gamma_m m \frac{dV}{dt} = F - \sum R = F_{net}$$

和

$$dt = \frac{\gamma_m m dV}{F_{net}} \tag{3-39}$$

从图 3-32 可以知道，用来使车辆加速的纯推进力 F_{net} 是车辆行驶速度的函数，即

$$F_{net} = f(V) \tag{3-40}$$

这就使具有下列形式的时间和速度关系表达式，难以用分析的方法积分进行求解。

$$t = \gamma_m m \int_{V_1}^{V_2} \frac{dV}{f(V)} \tag{3-41}$$

为了计算出车辆从 V_1 到 V_2 所需的加速时间，虽然这个积分用图解积分法也能提供足够精确的解，但最好还是用数字计算机的数字方法来处理。

从 V_1 加速到 V_2 的这段时间内，车辆的行驶距离 S 可用下面的积分式求得：

$$S = \int_{V_1}^{V_2} \frac{VdV}{F_{net}/\gamma_m m} = \gamma_m m \int_{V_1}^{V_2} \frac{VdV}{f(V)} \tag{3-42}$$

当装有手动变速器的车辆从静止开始起动时，在初始时段，离合器的主动件和从动件之间存在滑动，并且车速与发动机转速间并不直接关联。有一些用于分析离合器接合过程中的动力学的数学模型。然而在近似分析中，可以假设在离合器的接合过程中，发动机最大转矩被传输到变速器的输入轴。车辆速度从零到下一个速度增量之间的加速时间和距离，可以通过上述计算过程进行计算。

在计算最小加速时间和相应的行驶距离时，通常假定发动机以节气门全开方式进行工作。应当指出的是，在加速过程中变换档位也需要一定的时间；手动换档式传动系统变换档位需花费 1~2s，自动换档的传动系统则只需 0.5~1s。为了更精确地求得加速时间和加速距离，应该把换档过程的时间延迟也考虑进去。

图 3-43 表示某一乘用车的加速时间-距离和加速时间-速度的关系曲线，该乘用车的总重量为 17.79kN（4000lbf），其推进力-速度特性曲线如图 3-32 所示[3.15]。时间-速度曲线中的拐点表示因换档所耽误的时间。

例题 3-2 一乘用车包括四个轮子在内的重量为 21.4kN（4775lbf），每个车轮的滚动半径为 33cm（13in），回转半径为 25.4cm（10in）、重量为 244.6N（55lbf）；发动机在 3500r/min 转速时的输出转矩为 325N·m（240lbf·ft）；按发动机转速换算的各旋转部件的转动惯量为 0.733kg·m²（0.54slug·ft²）；传动系效率为 85%，第三档的总减速比为 4.28；车辆的迎风面积为 1.86m²（20ft²），空气阻力系数为 0.38；滚动阻力系数为 0.02。在以上这些条件下，试确定车辆在水平道路上的加速度。

解：

A. 第三档时的车辆质量因子 γ_m，由式（3-37）计算如下：

$$\gamma_m = 1 + \frac{\sum I_w + \sum I\xi^2}{mr^2}$$

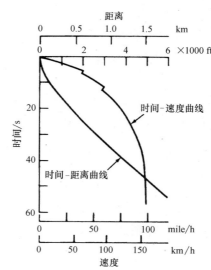

图 3-43 具有三档位手动变速系统的某乘用车的加速特性（经允许转载自参考文献 3.15）

$$= 1 + \frac{4 \times 1.61 + 0.733 \times 4.28^2}{2165 \times 0.33^2} = 1.084$$

B. 驱动力 F 通过式（3-30）确定如下：

$$F = \frac{M_e \xi_o \eta_t}{r} = 3583\text{N}(806\text{lbf})$$

C. 车速 V 用式（3-31）计算如下：

$$V = \frac{n_e r}{\xi_o}(1-i)$$

假设 $i = 3\%$；车速 V 为

$$V = 98.7\text{km/h}(61.3\text{mile/h})$$

D. 车辆的总阻力是空气动力学阻力 R_a 和滚动阻力 R_r 之和：

$$\sum R = R_a + R_r = 752\text{N}(169\text{lbf})$$

E. 车辆加速度 a 通过式（3-36）决定：

$$a = \frac{F - \sum R}{\gamma_m m} = 1.2\text{m/s}^2(3.94\text{ft/s}^2)$$

3.4.2 爬坡能力

爬坡能力指的是车辆以一定速度行驶（无加速度）时所能通过的最大坡度。这个参数主要用来评价重型车辆和越野车辆的性能。当在斜坡上等速行驶时，驱动力必须克服斜坡阻力、滚动阻力和气动阻力：

$$F = W\sin\theta_s + R_r + R_a$$

当 θ_s 不大时，$\tan\theta_s \approx \sin\theta_s$。因此，斜坡阻力可近似取为 $W\tan\theta_s$ 或 WG，此处 G 为按百分率计的斜坡度。

在等速情况下，车辆所能通过的最大坡度取决于以这个速度行驶时净驱动力的大小：

$$G = \frac{1}{W}(F - R_r - R_a) = \frac{F_{\text{net}}}{W} \tag{3-43}$$

为了确定各个特定斜坡上的行驶速度，可以利用图 3-32 所示的车辆工作特性曲线。例如，重量为 17.79kN（4000lbf）的一辆乘用车在坡度为 7.5% 的斜坡上行驶时的斜坡阻力为 1.34kN（300lbf）。在图上可画根水平线代表这个斜坡阻力，该水平线与净驱动力曲线相交在速度为 133km/h（82mile/h）的点上。这就表明，在上述工况下该乘用车所得到的最大行驶速度为 133km/h。但应当指出的是，轮胎和地面间的附着性能对驱动力的限制，往往决定着车辆的最大爬坡度。从图 3-32 可以看出，车辆在 $\mu = 0.6$ 的沙子路面上所能通过的最大坡度约为 35%。

3.5 工作燃油经济性

道路车辆工作时的燃油经济性取决于很多因素，其中包括发动机的燃料消耗特性、传动系统的特性、车辆的重量、空气动力学阻力、轮胎的滚动阻力、行驶工况（行驶条件）和驾驶人行为等。

图 3-44 和图 3-45 分别示出了汽油机和柴油机的典型燃油经济性特性[3.6]。这些发动机的燃油经济性通常会在小负荷小转矩工作状态下降低。在输出功率相同的情况下，以低转速大转矩工作比以高转速小转矩工作的燃油经济性好。例如，从图 3-44 可知，当发动机的输出功率为 22kW（30hp）时，发动机既可在 2500r/min 也可在 4000r/min 工作。转速为 2500r/min 时的耗油率是 0.29kg/kW·h（0.48lb/hp·h），而转速为 4000r/min 时的耗油率是 0.37kg/kW·h（0.60lb/hp·h）。若把发动机各负荷位置的工作点设定在最低耗油率的位置上，那么便可像图 3-44 那样，把发动机的最佳燃油经济性曲线画出来[3.22]。

当在特定行驶速度下的所需功率给定时，发动机的工作位置取决于传动系统的传动比。理论上传动系统的传动比最好能无级调节到任意的期望数值，这样发动机的工作位置才有可

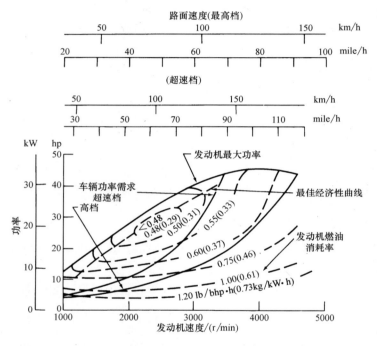

图 3-44 汽油发动机的燃油经济性（经允许转载自参考文献 3.22）

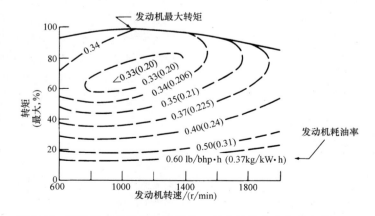

图 3-45 柴油发动机的燃油经济性（经允许转载自参考文献 3.22）

能在整个功率范围内处于最佳燃油经济性曲线上。这一要求促进了各种无级变速传动系统的发展（其中包括摩擦传动和液力传动等），如第3.3.5节所述。使用无级变速器的燃油经济性的潜在增益可以使用上面给出的例子来说明。如图3-44所示，当车辆速度为128km/h（80mile/h）且运行在最高档位时，所需功率为22kW（30hp），发动机工作在4000r/min，此时燃油消耗率为0.37kg/kW·h（0.60lb/hp·h）。然而，若使用无级变速器，则可通过调整变速器的减速比而使相同输出功率下的车速保持不变，发动机工作在2500r/min，此时燃油消耗率为0.29kg/kW·h（0.48lb/hp·h）。这表明21.6%的潜在油料节省。然而，当前无级变速器工作的机械效率通常低于手动变速器的机械效率。在实际中使用无级变速器所节省的燃油可能没有上述例子中那么多。对于配备相同1.6L发动机的小型乘用车，图3-46示出了使用Van Doorne型无级变速器和手动五档变速器燃油消耗率对比。可以看出，在60~150km/h（37~93mile/h）的恒定车速范围内，Van Doorne型无级变速器的燃油经济性比手动

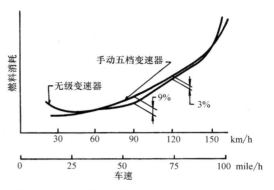

图3-46 小型乘用车中，配备无级变速器和手动变速器的燃油经济性对比（经机械工程师协会理事会允许，转载自参考文献3.25）

五档变速器的燃油经济性要好，尽管其机械效率较低（86%~90%）。

为了进一步说明传动比对道路车辆工作时燃油经济性的影响，下面以讨论乘用车超速档的工作情况作为一个例子。如图3-29所示，通常传动系统最高档传动比的选择方法是：用来驱动车轮的有效功率曲线与合成阻力曲线相一致，而该合成阻力曲线是在相应的行驶速度稍高于最大功率的行驶速度下求得的[3.6]。这种典型选择传动比的方法为车辆提供了足够的动力储备，以便车辆在加速和在行驶阻力暂时增加（由于逆风或爬坡等而引起）时保持车速。车辆在最高档位以不同的速度行驶时，所需的功率可以标画在发动机的特性图上，如图3-44所示。需要指出的是，在所述例子中，车辆在最高档位时的最大行驶速度为145km/h，相应的发动机转速为4500r/min，以这个速度行驶时用以克服合成阻力所需的功率为32.8kW（44hp）；由图可知，此时的耗油率为0.40kg/kW·h（0.65lb/hp·h）。这样，车辆在最高档以145km/h（90mile/h）行驶1h所消耗的燃料为13.1kg（28.8lb）。

然而，如果在传动系统中引进一个比最高档传动比小30%的超速档，则该车仍可得到145km/h的最高行驶速度（图3-29），但却减少了整个速度范围内的功率储备。由于所引入的超速档减小了传动比，对于相同的行驶速度，超速档时的发动机转速低于最高速档的转速，如图3-44所示。例如，当行驶速度为145km/h（90mile/h）时，超速档时的发动机转速为3400r/min，而最高档时的转速为4500r/min。同样，超速档时的发动机耗油率降为0.32kg/kW·h（0.53lb/hp·h）而不是最高档时的0.40kg/kW·h（0.65lb/hp·h）。因此，车辆用超速档以145km/h行驶1h将只消耗10.5kg（23.1lb）的燃料，即可节省20%的燃料。虽然这是一个具体的例子，但设有超速档的大多数车辆都同样能得到这方面的好处。总之，用一个超速档来获得车辆燃油经济性的改善是利用了这样一个事实，即当内燃机输出功率相同时，以低转速大转矩工作的经济性总是比高转速小转矩工作的经济性好。

减少车辆重量也是提高燃油经济性的重要方法之一。这是因为使车辆加速所需的推力和功率都与车辆的自身重量成正比。在城市环境中的"起停"工况下，频繁的加速致使较重的车辆比较轻车辆的燃料消耗要高。为了减小车辆重量，人们广泛使用整体式结构来取代分布式结构，并且引入了计算机辅助技术来优化车辆结构设计；此外还越来越多地在汽车部件中使用轻型材料，例如复合材料、低合金高强度钢、塑料、铝材和金属-塑料压层材料。发动机的布置形式从前置后驱变化到前置前驱，也使得车辆重量显著降低。据估计，车辆质量每减少 1kg 等效于燃料消耗降低 7.24×10^{-5} L/km，或质量每减少 1lb 等效于燃料消耗降低 1.4×10^{-5} USgal/mile[3.29]。对于乘用车而言，轮胎滚动阻力变化 10%，将导致燃油经济性改变大约 2%。空气动力学阻力对车辆燃料消耗的影响也很明显，这已在第 3.2 节中讨论过。

驾驶工况（条件）是显著影响燃料消耗的另一个因素。很明显，以低速和频繁起停形式行驶的城市工况，与以稳定和高速形式行驶的高速公路工况相比，前者的燃料消耗更高。为了提供用于比较不同车辆的燃油经济性的共同基础，美国环保总署（EPA）设计了城市（市区）驾驶工况和高速公路（郊区）驾驶工况。汽车制造商需要根据这些 EPA 驾驶工况进行燃油经济性测试。EPA 城市驾驶工况在 766s 的时间内包含有 10 个起停，其中最大速度为 60mile/h（97km/h）[3.29]。EPA 高速公路驾驶工况由四部分组成，这些部分分别模拟当地道路、支道、主干道和次干道；该工况持续时间为 765s，其中最大速度为 60mile/h（97km/h）。基于在 EPA 城市和公路驾驶工况的测试结果，根据下列公式建立以 mile/USgal（mpg）为单位的复合燃油经济性指标[3.29]：

$$\mathrm{mpg}_{composite} = \frac{1}{(0.55/\text{城市工况})+(0.45/\text{高速公路工况})} \qquad (3\text{-}44)$$

其他许多操作因素，包括发动机的起动和预热、环境条件、路面状况、车辆维护和驾驶人行为（习惯），都会影响发动机工作时的燃油经济性。

表 3-8 给出了一些乘用车的燃料消耗数据。对于配备相同发动机的同款车辆，燃料消耗取决于其所安装的变速器类型。数据显示，大多数情况下，城市和高速公路驾驶工况中，手动变速器与自动变速器相比，后者燃料消耗更高。

表 3-8 乘用车燃料消耗率

车型	发动机排量/L	气缸数	变速器	燃料消耗			
				城市道路工况		高速公路工况	
				L/100km	mile/USgal	L/100km	mile/USgal
Acura TL	3.5	6	M6+	11.6	24	7.3	39
Acura TL	3.5	6	S5E*	12.3	23	7.8	36
Audi A4	2.0	4	M6+	10.2	28	6.3	45
Audi A4	2.0	4	V+	9.8	29	6.7	42
BMW 328i	3.0	6	M6+	11.9	24	7.2	39
BMW 328i	3.0	6	E6+	11.3	25	7.1	40
Cadillac STS	4.4	8	S6E*	17.4	16	10.4	27
Chevrolet Malibu	2.2	4	E4E*	9.6	29	6.3	45
Chevrolet Malibu	3.5	6	E4E*	10.9	26	6.7	42
Chrysler 300	3.5	6	S5+	12.5	23	8.1	35
Chrysler 300 AWD	3.5	6	S5+	13.9	20	9.0	31
Ford Focus	2.0	4	M5+	8.7	32	5.9	48

(续)

车型	发动机排量/L	气缸数	变速器	燃料消耗 城市道路工况 L/100km	燃料消耗 城市道路工况 mile/USgal	燃料消耗 高速公路工况 L/100km	燃料消耗 高速公路工况 mile/USgal
Ford Focus	2.0	4	E4E*	9.0	31	6.5	43
Honda Accord	2.4	4	M5+	9.1	31	6.4	44
Honda Accord	2.4	4	E5E*	9.7	29	6.3	45
Lincoln Town Car	4.6	8	E4E*	14.3	20	9.3	30
Mercedes-Benz C280	3.0	6	E7E*	10.9	26	7.6	37
Mercedes-Benz E350 4-MATIC	3.5	6	E5E*	12.9	22	8.8	32
Mercedes-Benz S550V	5.5	8	E7E*	15.0	19	9.2	31
Nissan Altima	2.5	4	M6	8.9	32	6.1	46
Nissan Maxima	3.5	6	V	11.1	25	7.8	36
Toyota Prius①	1.5	4	V	4.0	71	4.2	67
Toyota Camry①	2.4	4	M5+	9.6	29	6.4	44
Toyota Camry Hybrid①	2.4	4	V	5.7	50	5.7	50
Volkswagen Passat	2.0	4	M6+	10.1	28	6.8	42
Volkswagen Passat	2.0	4	S6+	10.8	26	7.1	40
Volvo S60 2.4	2.4	5	M5+	10.9	26	7.4	38
Volvo S60 2.5T Turbo	2.5	5	E5E*	11.1	25	7.2	39

资料来源:《2007 燃料消耗指南》,加拿大政府自然资源部出版。

注意:此表中示出的数据,城市测试模拟距离为 12km(7.5mile)、平均速度为 32km/h(20mile/h)的起停工况,其中最高车速为 91km/h(57mile/h)。高速公路测试中模拟的距离为 16km(10mile/h),平均速度为 77km/h(48mile/h),最高时速为 97km/h(60mile/h)。更多详情,请参阅《指南》。

AWD = all-wheel-drive = 全轮驱动; E = electronic automatic = 电子自动档; M = manual = 手动; S = automatic with a manual mode = 具备手动模式的自动档; V = continuously variable = 无级变速(混合动力电动汽车中的无级变速器,请参见第 3.3.3 节); 1、2、3、4、5、6、7 为档位数; E* = electronic overdrive = 电子超速档; + = other overdrive = 其他超速档。

① 对于丰田普锐斯、凯美瑞和凯美瑞混合动力而言,此表中给出的燃油消耗率等级,不同于第 3.3.3 节中给出的美国 EPA 燃油消耗率等级。这是因为虽然加拿大和美国的燃油消耗率相似,但它们没有直接可比性。美国 EPA 燃油消耗率等级考虑了车辆销售和调整因素。有关详情,请参阅《指南》。

3.6 发动机与传动系统的匹配

从前面的讨论可以看出,发动机和变速器是影响车辆性能和燃油经济性的两个最重要的设计因素。车辆要达到期望的性能水平和燃油经济性,发动机与变速器之间的正确匹配是十分重要的。道路车辆的性能可以通过其从静止到给定速度(通常为 100km/h 或 60mile/h)的加速时间来表征,或通过行驶给定距离(例如 1/4mile 或 0.4km)所需的时间来表征;这可以使用第 3.4 节中描述的方法进行预测。燃油经济性可以通过在特定驾驶工况下行驶过给定距离所消耗的燃料来表征;这可以使用第 3.5 节中的程序进行评估。在美国,EPA 城市驾驶工况和高速公路驾驶工况下所获得的燃料消耗数据,可以用公式(3-44)计算得到的 $mpg_{composite}$ 来表征,通常将其作为燃油经济性指标。

对于具有特定发动机和特定减速比跨度(即最低减速比与最高减速比的比值)的车辆而言,加速时间和燃油经济性是驱动桥减速比的函数。图 3-47 示出了配备了大小不同发动机的车辆的驱动桥减速比对其性能和燃油经济性的影响。图 3-47 中的包络线是最佳性能与燃油经济性的折衷曲线;例如,点 A、B 和 C 处的驱动桥(其中配有特定变速器)减速比分别实现了大型、中型和小型发动机的性能和燃油经济性之间的最佳折中。图 3-48 示出了四档手动变速器的最佳性能和经济性之间的折中曲线,该变速器的减速比跨度为 3.56~5.94。若要求给定发动机的车辆在 13.5s 的时间内从 0 加速到 60mile/h(97km/h),使用减速比跨度为 5.94 的变速器单元 C 同时令驱动桥减速比处于最佳状态,与使用减速比跨度为 3.56 的变速器单元 A 这种情况相比,将会把燃油经济性提高 4.4%。车辆燃油经济性通过公式(3-44)中定义的 $\text{mpg}_{\text{composite}}$ 来衡量。

图 3-49 示出了具有最佳驱动桥减速比的三档自动变速器的减速比跨度和发动机排量(以 L 为单位)对前驱车辆性能和燃油经济性的影响[3.31]。图中表明了通过针对给定性能水平而改变变速器减速比跨度或发动机尺寸来获得的燃油经济性增益,该增益以行驶 1/4mile(0.4km)所花费的时间来表示。这向车辆工程师提供了用于匹配发动机和变速器的定量信息,从而实现期望的性能水平和燃油经济性。

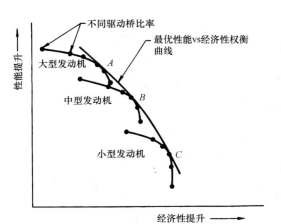

图 3-47 驱动桥减速比对乘用车性能和燃油经济性的影响(经 SAE 允许,转载自参考文献 3.30)

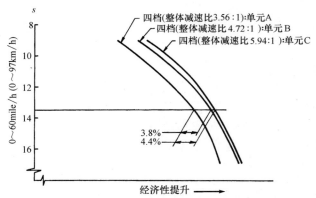

图 3-48 四档手动变速器的减速比跨度对乘用车性能和燃油经济性的影响(经 SAE 允许,转载自参考文献 3.30)

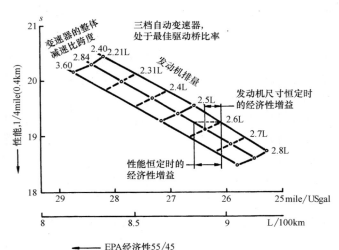

图 3-49 发动机尺寸和变速器的减速比跨度对乘用车性能和燃油经济性的影响(经 SAE 允许,转载自参考文献 3.31)

3.7 制动特性

车辆的制动特性无疑是影响车辆安全性的重要性能之一。由于近几年特别强调交通的安全性，在致力改善制动性能方面做了很大努力。许多国家已提出规定各种制动系统性能要求的安全标准。

这一节将介绍车辆制动性能特性的分析方法，讨论制动性能的评价指标和改善制动性能的方法。

3.7.1 两轴式车辆的制动特性

图 3-50 所示是作用在减速行驶的两轴式车辆上的主要外力。

来自制动系统而作用在轮胎接地面上的制动力 F_b 是使车辆停止的主要作用力。当制动力低于轮胎接地面上的附着极限时，制动力 F_b 为

$$F_b = \frac{T_b - \sum I\alpha_{an}}{r} \quad (3-45)$$

式中，T_b 为所施加的制动力矩，I 是减速时与车轮相连部分的转动惯量，α_{an} 是相应的角减速度，r 是轮胎滚动半径。

制动时，除制动力外，轮胎滚动阻力、空气动力学阻力、传动系统阻力和（上坡时的）斜坡

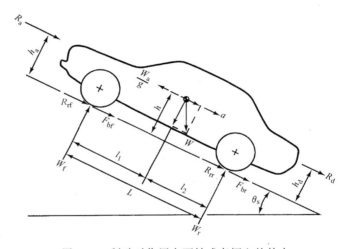

图 3-50 制动时作用在两轴式车辆上的外力

阻力也都影响车辆的运动。因此，合成制动力 F_{res} 可用下式表示：

$$F_{res} = F_b + f_r W\cos\theta_s + R_a \pm W\sin\theta_s + R_t \quad (3-46)$$

式中，f_r 为滚动阻力系数，W 为车辆重量，θ_s 为坡度角，R_a 为空气动力学阻力，R_t 为传动系统阻力。当车辆上坡时，式中 $W\sin\theta_s$ 取正号，下坡时取负号。在正常情况下，传动系统阻力不大，在制动特性计算中可以忽略不计。

制动时，存在着从后轴转移到前轴的载荷。当分别对前后轮的接地点取矩时，作用在前后轴上的垂直载荷 W_f 和 W_r 为

$$W_f = \frac{1}{L}\left[Wl_2 + h\left(\frac{W}{g}a - R_a \pm W\sin\theta_s\right)\right] \quad (3-47)$$

和

$$W_r = \frac{1}{L}\left[Wl_1 - h\left(\frac{W}{g}a - R_a \pm W\sin\theta_s\right)\right] \quad (3-48)$$

式中 a 为减速度。当车辆上坡时，式中 $W\sin\theta_s$ 取负号。在上述表达式中，假定空气动力学阻力作用在车辆重心上，且不存在牵引负荷。

根据车辆纵向方向的力平衡关系，可建立以下关系式：

$$F_b + f_r W = F_{bf} + F_{br} + f_r W = \frac{W}{g}a - R_a \pm W\sin\theta_s \tag{3-49}$$

式中，F_{bf} 和 F_{br} 分别为前后轮的制动力。将式（3-49）带入式（3-47）和式（3-48），作用在前后轴上的垂直载荷为

$$W_f = \frac{1}{L}[Wl_2 + h(F_b + f_r W)] \tag{3-50}$$

和

$$W_r = \frac{1}{L}[Wl_1 - h(F_b + f_r W)] \tag{3-51}$$

轮胎接地面上所能承受的最大制动力取决于垂直载荷和路面附着系数。对于前后轮都能制动的车辆，作用在前后轮上的最大制动力为（假设整个车辆最大制动力 $F_{bmax} = \mu W$）

$$F_{bfmax} = \mu W_f = \frac{\mu W[l_2 + h(\mu + f_r)]}{L} \tag{3-52}$$

$$F_{brmax} = \mu W_r = \frac{\mu W[l_1 - h(\mu + f_r)]}{L} \tag{3-53}$$

式中，μ 为道路的附着系数。应当注意的是，当制动力达到式（3-52）和式（3-53）所决定的数值时，就是轮胎临近滑移的时候，制动操纵力的任何增大将造成车轮被制动器抱死。

必须指出，在轮胎不被抱死的时候，制动力在前后轮之间的正确分配是制动系统设计的一项任务。对于常规的制动系统，制动力的分配主要取决于液力操纵（或气力操纵）的油液压力和前后制动器的制动油缸（或制动气室）面积。由式（3-52）和式（3-53）可以看出，只有当制动力在前后轮间的分配比例完全与前后轮上的垂直载荷的比例相同时，前后轴的最大制动力才能同时产生：

$$\frac{K_{bf}}{K_{br}} = \frac{F_{bfmax}}{F_{brmax}} = \frac{l_2 + h(\mu + f_r)}{l_1 - h(\mu + f_r)} \tag{3-54}$$

式中，K_{bf} 和 K_{br} 分别为前后轴上的制动力与总制动力之比，其值取决于制动系统的设计。它们也分别被称为前后轴上的配置制动力（作用力）分布。

例如，一辆轻型货车，68%的静载荷作用在后轮（即 $l_2/L = 0.32$，$l_1/L = 0.68$），$h/L = 0.18$，$\mu = 0.85$，$f_r = 0.01$。若要前后轮同时产生轮胎接地面所能承受的最大制动力，则前后制动器的制动力分配必须满足以下要求：

$$\frac{K_{bf}}{K_{br}} = \frac{0.32 + 0.18(0.85 + 0.01)}{0.68 - 0.18(0.85 + 0.01)} = \frac{47}{53}$$

换言之，要使车辆所具有的制动能力得到充分利用，必须把总制动力的47%施加在前轮，53%施加在后轮。这种能保证前后轮最大制动力同时产生的制动力分配被认为是理想的。假若制动力的分配不理想，那么，不是前轮就是后轮先被制动器抱死。

当后轮先被抱死时，车辆将失去行驶方向的稳定性。这可借助图3-51看出具体形象。该图表示在制动力和惯性力作用下的两轴式车辆的顶视图。当后轮抱死时，后轮承受侧向力的能力减小到零，这时若因侧面风力、路面倾斜或离心力等使后轮产生一个轻微的侧向运动，那么就将产生一个由惯性力引起的相对前轮横摆中心的横摆力矩，随着横摆程度的增

加,惯性力的作用力臂加大,因而横摆加速度也随之增大。当车辆后端摆过90°角后,惯性力的作用力臂逐渐减小,但车辆最终前后掉头超过180°。图3-52表示当前后轮分别抱死时经试验所测得的车辆偏向角[3.32]。

前轮抱死将造成车辆的方向控制失灵(失去操纵性),驾驶人无法实现转向。但应当指出,前

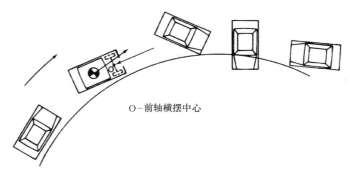

图3-51 由于后轮抱死失去行驶方向稳定性的情况

轮抱死并不影响车辆行驶方向的稳定性。这是因为每当前轮产生侧向运动时,将同时产生由于车辆惯性力引起的相对后轴横摆中心的自动回正力矩,结果有助于使车辆回到直线行驶方向。

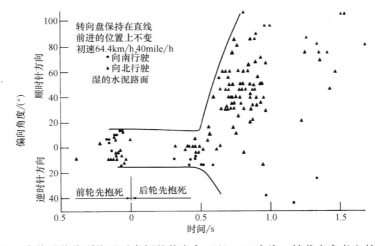

图3-52 当前后轮分别抱死时车辆的偏向角(经SAE允许,转载自参考文献3.32)

驾驶人对于转向失灵的情况可以比较容易地察觉出来,而且可利用松离或部分松离制动器的办法恢复转向的控制。与此相反,当后轮抱死且偏向角超过一定数值时,即使制动器完全松离并采用最熟练的驾驶技术,也不能恢复转向的控制。这就表明,后轮先被抱死是一种更危险的情况,特别是在附着系数低的路面上更为严重。在易滑路面上,由于制动力小,车辆动能消耗慢,车辆将在很长的制动距离上出现失去行驶方向稳定性的情况。制动时,由于轮胎抱死顺序对车辆行为有重要影响,一些国家的制动性能标准规定,配置制动力(installed braking force)分配必须使前轮在后轮达到临界加速度(例如$0.85g$)之前抱死。

因而必须对后轮首先抱死的情况进行定量分析。为了便于对问题的理解,下面的分析将只考虑制动力和滚动阻力的作用。

$$F_b + f_r W = F_{bf} + F_{br} + f_r W = \frac{W}{g} a \quad (3-55)$$

将公式(3-55)带入到公式(3-50)和公式(3-51)中,得到

$$W_f = \frac{W}{L}\left(l_2 + \frac{a}{g}h\right) \quad (3-56)$$

$$W_r = \frac{W}{L}\left(l_1 - \frac{a}{g}h\right) \qquad (3\text{-}57)$$

设计制动系统时所确定的前后轮制动力主要与前后制动器的操纵油缸面积（或制动气室面积）有关，其计算式为

$$F_{bf} = K_{bf}F_b = K_{bf}W\left(\frac{a}{g} - f_r\right) \qquad (3\text{-}58)$$

和

$$F_{br} = K_{br}F_b = (1-K_{bf})F_b = (1-K_{bf})W\left(\frac{a}{g} - f_r\right) \qquad (3\text{-}59)$$

前轮临近抱死的条件是

$$F_{bf} = \mu W_f \qquad (3\text{-}60)$$

将公式（3-56）和公式（3-58）带入到公式（3-60）中，得

$$K_{bf}W\left(\frac{a}{g} - f_r\right) = \mu W\left(\frac{l_2}{L} + \frac{a}{g}\frac{h}{L}\right) \qquad (3\text{-}61)$$

由式（3-61），把前轮临近抱死时的车辆减速率（以 g 为单位）定义为

$$\left(\frac{a}{g}\right)_f = \frac{\mu l_2/L + K_{bf}f_r}{K_{bf} - \mu h/L} \qquad (3\text{-}62)$$

同样，后轮临近抱死时的车辆减速率为

$$\left(\frac{a}{g}\right)_r = \frac{\mu l_1/L + (1-K_{bf})f_r}{1 - K_{bf} + \mu h/L} \qquad (3\text{-}63)$$

在一定的路面上，对制动力分配已定的车辆来说，前轮首先抱死的条件是

$$\left(\frac{a}{g}\right)_f < \left(\frac{a}{g}\right)_r \qquad (3\text{-}64)$$

而后轮首先抱死的条件则为

$$\left(\frac{a}{g}\right)_r < \left(\frac{a}{g}\right)_f \qquad (3\text{-}65)$$

由以上分析看出，对制动力分配已固定下来的车辆，只有在某一特定路面条件下，前后轮才能以相同的减速率抱死，在这种情况下，前后轮才能同时产生轮胎接地面所能承受的最大制动力，也就是说，车辆的制动能力得到了充分利用。在所有其他情况下，前后轮中总有一个首先被抱死，从而引起转向失灵或失去行驶方向的稳定性。由此可以认为，理想的制动力分配应该是可调的，以便在各种行驶条件下保证最佳的制动性能。

根据以上分析，人们可以定量地确定前后轮胎抱死的先后顺序与某轮胎抱死前所达到的减速度、车辆设计参数以及行驶条件等的相互关系。例如，图 3-53 是一轻型货车在满载和空载情况下随前轮制动力分配而变的制动特性曲线[3.33]。满载时的车辆总重为 44.48kN（10000lbf），空载时的车辆总重为 26.69kN（6000lbf）。两种载荷情况下的车辆重心与轴距之比为 0.18，道路附着系数为 0.85。

在图 3-53 中，实线和虚线分别表示满载和空载时前轮或后轮抱死前车辆所能达到的减速率界限。图中线 OA 和 $O'A'$ 表示后轮没有抱死时车辆减速率的极限值，而线 AB 和 $A'B'$ 则表示前轮没有抱死时车辆减速率的极限值。利用图 3-53 可以确定在不同行驶条件下该轻型

货车的制动特性。例如，若制动系统设计成总制动的 40% 在前轮，则车辆满载时，后轮抱死发生在前轮抱死之前，且后轮临近抱死时的车辆最大减速率将是 $0.75g$。反之，若总制动的 60% 分配在前轮，则满载时前轮先于后轮抱死，而前轮临近抱死时车辆的最大减速率为 $0.6g$。有趣的是，为了达到在附着系数为 0.85 的路面上充分利用制动能量，所需的最大减速率为 $0.85g$，满载时需要分配 47% 的总制动力在前轮，而空载时却要分配 72% 在前轮；可见，满载和空载时的最佳制动力分配存在 25% 的差别。因此，在解决制动力分配问题上必须有一个折衷办法。通常前轮的制动力分配值对应于 AB 和 $O'A'$ 的交点，即选取图 3-53 中的点 1。这时，在附着系数为 0.85 的路面上，货车满载和空载时车轮都未抱死前所能得到的最大减速率为 $0.64g$。

图 3-53 制动力分配对某轻型货车制动特性的影响（经 SAE 允许，转载自参考文献 3.33）

图 3-54 表示某一乘用车的制动特性[3.33]。由于乘用车满载和空载时的车辆重量差别比货车要小很多。从图 3-54 中容易看出，两种载荷情况下的制动特性很接近。为了达到 $0.85g$ 的最大减速率，满载时需要分配 62% 的总制动力在前轮，而空载时则需 67% 在前轮，两者只相差 5%。在这种情况下，作为折中办法，可以选取图 3-54 中的点 1 所对应的分配方案，即在前轮上分配 64.5% 的总制动力。这样，车辆在满载和空载时车轮抱死前的最大减速率为 $0.82g$。

上述例子及其分析表明了制动过程的复杂性质。这就是：保证最大减速率的最佳制动力分配，因不同载荷工况、车辆设计参数以及道路状况而不同。事实上，使用工况在很大范围内变化，因此，对于制动力分配不变的车辆，只能在特定载荷和道路条件下，前后轮上的最大制动力才能在同一时间产生，才能使车辆获得最大的减速率。而在所有其他情况下，不致引起转向失灵或失去行驶方向稳定性之前所能达到的减速率将减小。为了提高制动性能，已经使用了压力比例阀或负载感应比例阀。通常使用的压力比例阀向前制动器和后制动器施加相等的压力，直至达到一定的压

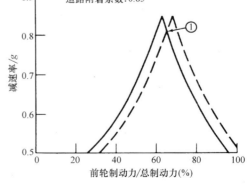

图 3-54 制动力分配对乘用车制动特性的影响（经 SAE 允许，转载自参考文献 3.33）

力水平，然后降低通往后制动器的压力的升高速率。负载感应比例阀已经用于货车，特别是在欧洲。这些阀根据前后车轴之间的负载分布调节制动力分布。

最近，人们引入了电子制动力分配（EBD，braking force distribution）系统。该系统利用来自轮速传感器的信息，检测制动期间前后轮滑移的差异。如果系统检测到后轮过度制动，则减小后轮制动压力的升高，从而降低车辆行驶方向不稳定性的风险。

为了改善制动性能，并在所有可能的使用工况下保证转向操纵和行驶方向稳定性，人们已经采用了防抱死制动系统；该系统的主要功能是防止车轮抱死，从而维持车轮承受侧向力的能力。防抱死制动系统的工作原理在3.7.4节中有简要描述。

例题 3-3 一乘用车重 21.24kN（4775lbf），轴距 2.87m（113in）。其重心在前轴后方 1.27m（50in）处，重心离地面高度 1.27m（50in）。制动力分配在前轮 60%，滚动阻力系数 0.02，试确定在道路附着系数分别为 $\mu=0.8$ 和 $\mu=0.2$ 的两种路面上，前后轮中哪个先抱死。

解答：

A. 在 $\mu=0.8$ 的路面上，前轮临界抱死时的车辆减速度可用式（3-62）确定：

$$\left(\frac{a}{g}\right)_f = \frac{\mu l_2/L + K_{bf} f_r}{K_{bf} - \mu h/L} = \frac{0.8 \times 0.558 + 0.6 \times 0.02}{0.6 - 0.8 \times 0.177} = 1.0$$

车辆后轮临界抱死时的减速度可用式（3-63）确定：

$$\left(\frac{a}{g}\right)_r = \frac{\mu l_1/L + (1-K_{bf}) f_r}{1 - K_{bf} + \mu h/L} = \frac{0.8 \times 0.442 + 0.4 \times 0.02}{0.4 + 0.8 \times 0.177} = 0.67$$

由于 $(a/g)_f > (a/g)_r$，在 $\mu=0.8$ 的路面上后轮先抱死。

B. 在 $\mu=0.2$ 的路面上，

$$\left(\frac{a}{g}\right)_f = \frac{0.2 \times 0.558 + 0.6 \times 0.02}{0.6 - 0.2 \times 0.177} = 0.219$$

$$\left(\frac{a}{g}\right)_r = \frac{0.2 \times 0.442 + 0.4 \times 0.02}{0.4 + 0.2 \times 0.177} = 0.221$$

由于 $(a/g)_f > (a/g)_r$，在 $\mu=0.2$ 的路面上前轮先抱死。

3.7.2 制动效率和制动距离

制动效率可用来评价道路车辆的制动性能。所谓制动效率 η_b 就是在车轮抱死前车辆所能达到的最大减速率（a/g，以 g 为单位）与道路附着系数 μ 和轮胎滚动阻力 f_r 之和的比值，即

$$\eta_b = \frac{a/g}{\mu + f_r} \tag{3-66}$$

制动效率表示车辆制动时对可用道路附着系数和轮胎滚动系数的利用程度。因此，当 $a/g < \mu + f_r$ 因而 $\eta_b < 1.0$ 时，减速率小于应达到的最大值，使制动距离增长。参考图3-53，若按点1将57%总制动力分配给前轮，则车轮抱死前的最大减速率为 $0.64g$。这表明在 $\mu=0.85$ 的路面上的制动效率是 75.3%。停止距离（stopping distance）是另一个被广泛用于评价车辆制动性能的参数。停止距离由以下部分组成：

1）反应距离（Reaction distance）：它是指在驾驶人反应时间段和制动系统从启用踏板

到开始制动动作的延迟时间段内车辆行驶过的总距离。据估计,驾驶人反应时间和制动系统延迟时间两者之和 t_r 在 0.75~2s 范围内变化。在该时间段内,车辆基本上以施加制动之前的初始车速 V_0 前进。反应距离 S_r 可以通过下式估计:

$$S_r = V_0 t_r \tag{3-67}$$

2) 压力建立阶段距离 (Pressure buildup distance): 它是指从制动动作开始直至制动系统达到最大制动压力这一时间段内车辆所经过的距离。压力建立时间 t_p 是驾驶人和制动系统克服系统内部阻力,从而允许制动压力到达车轮制动器气缸,最终在车轮和道路之间建立制动力这一阶段所需的时间。压力建立时间取决于驾驶人的制动行为和制动系统的设计。基于可用数据, t_p 在 0.3~0.75s 范围内变化。该时段内,车辆平均减速度 a_p 可以取最大制动压力下的减速度的一半,其表达式为

$$a_p = \frac{1}{2}\left(\frac{F_b + \sum R}{\gamma_b W/g}\right)$$

式中, F_b 是制动压力完全形成时车辆的总制动力, g 是重力加速度, W 是车辆重量, $\sum R$ 是车辆总阻力, γ_b 是考虑制动期间所涉及全部旋转部件的转动惯量的等效质量因子。由于制动期间离合器通常是断开的, γ_b 的值和加速预测计算中使用的 γ_m 值不一定相同。对于乘用车或轻型货车而言, γ_b 的值在 1.03~1.05 的范围内。

压力建立阶段距离 S_p 可以通过下式估计:

$$S_p = V_0 t_p - \frac{1}{2} a_p t_p^2 \tag{3-68}$$

3) 制动距离 (Braking distance): 它是指在最大制动压力阶段车辆行驶过的距离。从初始速度 $V_1 = V_0 - a_p t_p$ 到最终速度 V_2 ($V_2 = 0$, 完全停止) 的制动距离 S_b 可以表示为

$$S_b = \int_{V_2}^{V_1} \frac{\gamma_b W}{g} \frac{V dV}{F_b + \sum R}$$

将式 (3-46) 代入上式,并略去传动系阻力 R_r,则得到

$$S_b = \frac{\gamma_b W}{g} \int_{V_2}^{V_1} \frac{V dV}{F_b + f_r W \cos\theta_s \pm W \sin\theta_s + R_a} \tag{3-69}$$

空气动力学阻力与速度平方成正比,其表达式为

$$R_a = \frac{\rho}{2} C_D A_f V^2 = C_{ae} V^2 \tag{3-70}$$

用 $C_{ae}V^2$ 代替 R_a 并积分,得制动距离表达式为[3.15]

$$S_b = \frac{\gamma_b W}{2g C_{ae}} \ln\left(\frac{F_b + f_r W \cos\theta_s \pm W \sin\theta_s + C_{ae} V_1^2}{F_b + f_r W \cos\theta_s \pm W \sin\theta_s + C_{ae} V_2^2}\right) \tag{3-71}$$

最终速度 $V_2 = 0$,式 (3-71) 化简为

$$S_b = \frac{\gamma_b W}{2g C_{ae}} \ln\left(1 + \frac{C_{ae} V_1^2}{F_b + f_r W \cos\theta_s \pm W \sin\theta_s}\right) \tag{3-72}$$

对于给定车辆,若制动力分配和道路条件能使前后轮同时产生轮胎接触地面所能承受的最大制动力,那么,这意味着制动效率 $\eta_b = 100\%$,此时制动距离为最小。在这种情况下,制动器所产生的制动力矩已经克服了与车轮相关联的旋转零部件的惯性,而车轮接地面上所

产生的最大制动力则只用于克服车辆直线运动的惯性。因此，质量因数 $\gamma_b = 1$，最小制动距离可表示为

$$S_{b\min} = \frac{W}{2gC_{ae}} \ln\left(1 + \frac{C_{ae}V_1^2}{\mu W\cos\theta_s + f_r W\cos\theta_s \pm W\sin\theta_s}\right) \quad (3-73)$$

若制动效率 η_b 小于 100%（即，在轮胎抱死之前可实现的以 g 为单位的最大减速度小于路面附着系数与可用轮胎滚动阻力系数之和），则制动距离大于上式最小值。这时，制动距离可按下式计算：

$$S_b = \frac{W}{2gC_{ae}} \ln\left(1 + \frac{C_{ae}V_1^2}{\eta_b(\mu W + f_r W)\cos\theta_s \pm W\sin\theta_s}\right) \quad (3-74)$$

停止距离 S_s 是反应距离、压力建立阶段距离和制动距离之和，其表达式为

$$S_s = S_r + S_p + S_b$$

3.7.3 牵引式半挂车的制动特性

与两轴式车辆相比，牵引式半挂车的制动特性较为复杂。对于两轴式车辆，载荷转移只是随减速率而变的函数，而牵引式半挂车制动时的载荷转移不仅与减速率有关，而且还与半挂车上的制动力有关。因此，与两轴式车辆相比，牵引式半挂车更难达到最优制动。牵引式半挂车进行紧急制动时，将出现比两轴式车辆更为复杂的现象。除了由于牵引车的前轮抱死有可能使转向失灵外，牵引车后轮或半挂车车轮抱死，可造成牵引式半挂车行驶方向的不稳定性。牵引车后轮先抱死的情况常使牵引车与半挂车间产生弯折（jackknifing，两者之间出现相对转角——偏折角），因而经常引起车辆本身以及道路上的其他车辆发生重大事故。另一方面，半挂车车轮抱死还会引起半挂车偏摆（甩尾），虽然对牵引车的稳定性影响不大，但这对道路上的其他车辆，特别对迎面开来的车辆却是十分危险的[3.34]。

为了更好地弄清牵引式半挂车的制动特征，有必要对它的制动力学另做分析。图 3-55 示出了制动时作用在牵引式半挂车上的主要外力，为了简化起见，分析中不考虑空气动力学阻力和滚动阻力的影响。

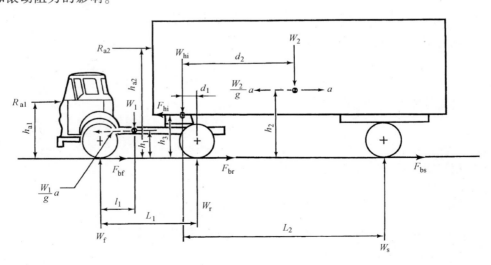

图 3-55　制动时作用在牵引式半挂车上的外力

力平衡方程如下：

1）对牵引车而言，

$$W_f + W_r = W_1 + W_{hi} \tag{3-75}$$

$$C_f W_f + C_r W_r = a/g W_1 + F_{hi} \tag{3-76}$$

$$(a/g) W_1 h_1 + F_{hi} h_3 + W_1 (L_1 - l_1 - d_1) + W_r d_1 = W_f (L_1 - d_1) \tag{3-77}$$

2）对半挂车而言，

$$W_{hi} + W_s = W_2 \tag{3-78}$$

$$F_{hi} + C_{se} W_s = (a/g) W_2 \tag{3-79}$$

$$W_2 d_2 + F_{hi} h_3 = (a/g) W_2 h_2 + W_s L_2 \tag{3-80}$$

3）联立求解上式可知，对牵引车-半挂车组合而言，

$$W_f + W_r + W_s = W_1 + W_2 \tag{3-81}$$

$$C_f W_f + C_r W_r + C_{se} W_s = (a/g)(W_1 + W_2) \tag{3-82}$$

$$(a/g) W_1 h_1 + (a/g) W_2 h_2 + W_r L_1 + W_s [L_1 - d_1 + L_2] = W_1 l_1 + W_2 [L_1 - d_1 + d_2] \tag{3-83}$$

式中，W_{hi}为作用在半挂车与牵引车连接点上的垂直载荷，F_{hi}为作用在连接点上的水平载荷，a为车辆的减速度，C_f、C_r和C_{se}分别为牵引车前轴、牵引车后轴和半挂车轴上的制动力与垂直载荷间的比值，其他参数如图3-55所示。应当注意，上述方程式是按单后轴牵引车和单轴挂车求得的。对于没有平衡杠杆的牵引车和半挂车，因为轴间载荷传递，上述方程式必须进行相应的修改。

由以上方程看出，不同轴上的垂直载荷可用下面的方程式求得。

1）牵引车前轴：

$$W_f = \frac{W_1 [L_1 - l_1 + (a/g) h_1 + (C_r - a/g) h_3]}{L_1 + (C_r - C_f) h_3} + \frac{W_2 [L_2 - d_2 + (C_{se} - a/g) h_3 + (a/g) h_2](d_1 + C_r h_3)}{(L_2 + C_{se} h_3)[L_1 + (C_r - C_f) h_3]} \tag{3-84}$$

2）牵引车后轴：

$$W_r = \frac{W_1 [l_1 - (a/g) h_1 + (a/g - C_f) h_3]}{L_1 + (C_r - C_f) h_3} + \frac{W_2 [(L_2 - d_2) + (C_{se} - a/g) h_3 + (a/g) h_2][(L_1 - d_1) - C_f h_3]}{(L_2 + C_{se} h_3)[L_1 + (C_r - C_f) h_3]} \tag{3-85}$$

3）半挂车车轴：

$$W_s = W_2 \frac{d_2 + (h_3 - h_2) a/g}{C_{se} h_3 + L_2} \tag{3-86}$$

由上述方程式可见，为了确定牵引式半挂车在不同车轴上的垂直载荷，必须要先知道减速率和半挂车车轴的制动力系数C_{se}。当减速率和半挂车车轴的制动力为已知时，则半挂车车轴的垂直载荷可由式（3-86）求得，而挂车与牵引车连接点处的垂直载荷W_{hi}和水平载荷F_{hi}可由式（3-78）和式（3-79）确定。知道了W_{hi}和F_{hi}，则可用式（3-75）和式（3-77）来计算牵引车前后轴上的垂直载荷。

若要获得最佳制动状况，即所有车轮都在同一时间产生轮胎接地面所能承受的最大制动

力，则全部车轴的制动力系数和以 g 为单位的减速率都等于道路附着系数，即 $C_f = C_r = C_{se} = a/g = \mu$。这时，上述计算车轴垂直载荷的表达式可简化如下。

1）牵引车前轴：

$$W_f = \frac{W_1(L_1 - l_1 + \mu h_1)}{L_1} + \frac{W_2(L_2 - d_2 + \mu h_2)(d_1 + \mu h_3)}{L_1(L_2 + \mu h_3)} \quad (3\text{-}87)$$

2）牵引车后轴：

$$W_r = \frac{W_1(l_1 - \mu h_1)}{L_1} + \frac{W_2(L_2 - d_2 + \mu h_2)(L_1 - d_1 - \mu h_3)}{L_1(L_2 + \mu h_3)} \quad (3\text{-}88)$$

3）半挂车车轴：

$$W_s = \frac{W_2[d_2 + \mu(h_3 - h_2)]}{\mu h_3 + L_2} \quad (3\text{-}89)$$

在最佳制动工况下，各车轴的制动力大小与相应的垂直载荷成正比，因此各轴间的制动力分配可用式（3-87）~式（3-89）确定。图 3-56 表示某牵引式半挂车在不同载荷下最佳制动力的分配，随道路附着系数而变化的情况[3.34]。分析中所用的整车参数为 $W_1 = 75.62$kN（17000lbf），半挂车空载时 $W_2 = 75.62$kN（17000lbf），半挂车部分装载时 $W_2 = 170.14$kN（38250lbf），半挂车满载时 $W_2 = 245.75$kN（55250lbf），$L_1 = 5.0$m（16.5ft），$L_2 = 9.75$m（32ft），$l_1 = 2.75$m（9ft），$d_1 = 0.3$m（1ft），$d_2 = 4.88$m（16ft），$h_1 = 0.84$m（2.75ft），$h_2 = 2.44$m（8ft），$h_3 = 0.98$m（3.20ft）。由以上数值看出，即使道路和载荷的变化范围很大，牵引车后轴上的制动力分配最佳值 K_{br} 变化也很小。另一方面，牵引车前轴制动力分配的最佳值 K_{bf} 和半挂车轴的最佳值 K_{bs}，则随道路附着系数和半挂车的装载情况的不同而有显著变化。这表明对于制动力分配不变的牵引式半挂车，最佳制动工况只有以某种装载量行驶在特定路面上才有可能出现；在所有其他情况下，则总是其中的某一车轴首先抱死。如前所述，牵引车前轴先抱死将导致转向失灵，牵引车后轴先抱死将造成折偏角，半挂车车轴先抱死将引起挂车摆尾。这就说明，车轴抱死的先后顺序对牵引式半挂车制动时的状态是特别重要的。

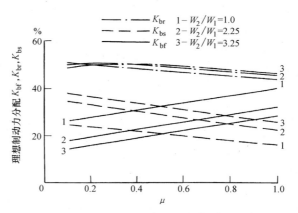

图 3-56　某牵引式半挂车理想制动力分配随道路附着系数和车辆负载条件的变化关系

由于产生折偏角是一种最危险的情况，首选车轴抱死顺序似乎为：首先是牵引车前轴，然后是半挂车轴和牵引车后轴。文献［3.34］中开发了一种用于预测牵引式半挂车车轮抱死顺序的程序。该文献表明，通过仔细选定各轴间的制动力分配和装载状况的适当控制,所要求的车轮抱死顺序可在一定范围内的道路条件上实现,从而减少干扰行驶方向的敏感性;然而在某些使用条件下这会引起制动效率的降低[3.34]。

牵引式半挂车制动过程的动力学特性和行驶方向的响应,对行车安全具有实质性的重要意义。参考文献 [3.34-3.41] 中曾做了深入的研究,并报道了他们的研究成果。

3.7.4 防抱死制动系统

前面曾提到,当车轮抱死时(即滑移率为100%),道路的附着系数降低到滑溜值 (sliding value),这时车轮承受侧向力的能力几乎减小到零。结果,车辆失去了行驶方向的控制和/或稳定性,制动距离加长。图 3-57 所示为制动力系数(制动力与轮胎垂直载荷的比值)和侧偏角一定时的侧偏力系数(侧偏力与垂直载荷的比值),随轮胎滑移率而变的一般特性曲线。

防抱死系统的主要功用是防止轮胎抱死并将轮胎滑移率限定在最佳范围内,如图 3-57 所示。这样既可保证轮胎充分发挥停车制动力,又可为车辆转向和行驶方向稳定性提供所需的侧偏力。20世纪80年代中期在德国和其他国家收集的数据表明,防抱死制动系统的引入显著地降低了涉及乘用车的交通事故数量,同时减轻了事故后果[3.42]。在一些国家,配备防抱死装置可以降低乘用车的保险费。

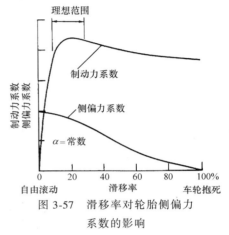

图 3-57 滑移率对轮胎侧偏力系数的影响

为了理解防抱死制动系统的工作原理,有必要简要回顾一下制动时轮胎的动力学特性,其中忽略了轮胎的滚动阻力。如图 3-58 所示,当轮胎上施加制动力矩T_b时,轮胎和地面之间形成相应的制动力F_b。该制动力F_b关于轮胎中心的力矩为T_t,其方向与施加的制动力矩T_b的方向相反。T_t和T_b之差使轮胎产生角加速度$\dot{\omega}$:

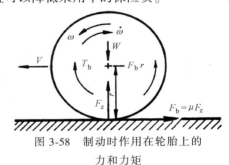

图 3-58 制动时作用在轮胎上的力和力矩

$$\dot{\omega} = (T_t - T_b)/I_w = (F_b r - T_b)/I_w \quad (3-90)$$

式中,I_w是轮胎组件绕其中心的转动惯量,r是轮胎半径。当$F_b r$ 和 T_b 之差为正时,轮胎加速;当两者之差为负值时,轮胎减速。

制动力F_b还使轮胎中心产生下列线性减速度a_c:

$$a_c = F_b/(W/g) \quad (3-91)$$

式中,W是轮胎所承载的载荷,g是重力加速度。

因为制动时轮胎滑移,所以轮胎中心的线性减速度a_c并不等于$r\dot{\omega}$。如前所述,轮胎的滑移率由式(1-30)决定,如下所示:

$$i_s = \left(1 - \frac{r\omega}{V}\right) \times 100\%$$

式中,ω 和 V 分别是轮胎中心的角速度和线速度。

如果施加的制动力矩 T_b 很大，则角减速度 $\dot{\omega}$ 也会很大，那么在短时间内轮胎将被抱死（即，轮胎角速度 ω 变为零，但是轮胎中心的线速度 V 却不为零）。防抱死装置的主要功能是监测轮胎的工作状态，通过调节制动压力来控制制动力矩以防止轮胎抱死，从而使轮胎的滑移率保持在理想范围之内。

现代防抱死制动系统是一个电子反馈控制系统。如图 3-59 中的示意图所示，防抱死系统包括一个传感器（或多个传感器）、电子控制单元和制动压力调制器。在实践中，难以准确地确定轮胎的滑移率，主要原因是缺乏实用且合适的方法可以直接测量制动期间的轮胎中心线速度 V。因此，防抱死装置的控制逻辑的制订通常基于一些容易测量的参数，诸如轮胎的角速度和角减速度（或加速度）以及车辆的线性减速度。

具有电磁脉冲拾取器和齿轮的传感器通常用于监测轮胎或传动系统中转动部件的转动。为了监测驱动轴上的轮胎的平均角速度，传感器可以安装在变速器输出轴的速度计电缆处或驱动轴上。为了监

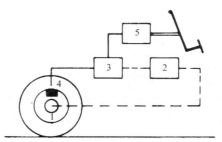

图 3-59 防抱死系统的组成元件
1—传感器 2—控制单元 3—调节器
4—制动轮缸 5—制动总缸

测单个轮胎的转动，传感器可直接安装在轮毂上。每当轮胎转动一圈，这些传感器将产生 90~100 个脉冲。通过将这些数字脉冲信号相对于时间微分，可推导出轮胎的角速度和角减速度（或加速度）。一些防抱死装置使用线性加速度计来监测车辆的纵向减速度。传感器产生的信号被传输到电子控制单元中使用。

控制单元通常包括四个模块：信号处理模块、监测轮胎是否处于抱死临界点的模块、确定是否开启避免抱死危险的模块、激活压力调制器的命令生成模块。在控制单元中，传感器产生的信号经过处理后，将测得的参数和/或由这些测量值导出的参数与相应的预定阈值进行比较。当测量参数和/或由其导出的参数满足预示轮胎即将发生抱死时的取值时，系统向调制器发出命令信号以开启制动器。在一些防抱死系统中用于预测轮胎抱死的方法如下所述[3.43~3.47]。

1) 在现有的一些防抱死装置中，当车轮的角减速度 $\dot{\omega}$ 及其滚动半径 r 的乘积超过规定值时，预示着车轮将会抱死，此时便将指令信号送给调制器使制动器松离。在某些系统中使用的阈值范围为 $1\sim1.6g$。

2) 在一个为乘用车设计的防抱死系统中，在控制单元中使用一个跟踪-保持电路来跟踪车轮的角速度，当车轮轮心的线减速度当量值大于 $1.6g$ 时，跟踪到的信号便可在记忆电路中储存约 140ms。在这段时间内，若测得的车轮实际角速度比原来的储存值小 5%，且车辆的减速度又不大于 $0.5g$，这就预示着车轮处于抱死状态，于是松放制动器的指令信号马上被传输到调制器。另一方面，若车辆的减速度大于 $0.5g$，则每当车轮角减速度比储存值小 15% 时，车轮被认为处于抱死状态，制动器被松离。

3) 当前许多的防抱死系统中，若满足以下两个条件时制动压力会降低[3.46,3.47]：轮胎滑移率估计值 $i_s>i_{s0}$ 且 $r\dot{\omega}=r\dot{\omega}_0$，其中 i_{s0} 是滑移率阈值，一般取 10%，$r\dot{\omega}_0$ 是轮胎的周向加速度，一般为 $1\sim1.6g$。

如前所述，由于缺乏直接测量轮胎中心线速度的实用方法，制动时轮胎的实际滑移率难以精确测定。因此，在很多情况下，基于用轮胎半径 r 和测得的角速度 ω 估算出的轮胎中心线速度，使用各种估计方法来计算轮胎的滑移率 i_s。为了避免在低速时轮胎滑移率估计值误差导致防抱死系统误操作，滑移率阈值 i_{s0} 随车速的降低而增加。

在制动过程中，传感器和控制装置连续不断地监控车轮和车辆的工作状态，当判定车轮处于抱死状态并松放制动器以后，控制装置中的另一元件则用来判定什么时候应重新施加制动。现有防抱死系统中采用的控制标准各不相同，下面介绍其中的几种[3.43~3.47]。

1）在某些系统中，每当上述松放制动器的控制标准不再得到满足时，指令信号便送给调制器，使之重新施加制动。

2）某些装置采用"时间滞后"的方法控制，即保证松放制动器后，再经过规定的一段时间才对制动器重新施加制动。

3）制动器释放时，车辆前进的动量使轮胎具有角加速度。某些系统中，一旦轮胎的角加速度 $\dot{\omega}$ 和滚动半径 r 的乘积超过预定值，制动器就会制动。已使用的 $r\dot{\omega}$ 的阈值范围为 $2.2 \sim 3g$。某些装置中，轮胎的角加速度决定了制动压力的建立速率。

作为示例，图 3-60 示出了为重型商用车设计的防抱死系统的特性[3.48]。图中示出了在湿路面上的模拟制动过程中，轮胎制动压力、滑移率、车速、轮胎的周向速度 $r\omega$ 和周向加速度 $r\dot{\omega}$ 随时间变化的曲线。可以看出，制动压力在防抱死装置制动时出现波动。制动压力降低、保持和恢复这一循环重复若干次，通常循环频率为 $5 \sim 16$ 次/s，直至车速降低到 $3 \sim 5$km/h（$2 \sim 3$mile/h），在这种低速情况下防抱死装置通常被停用。

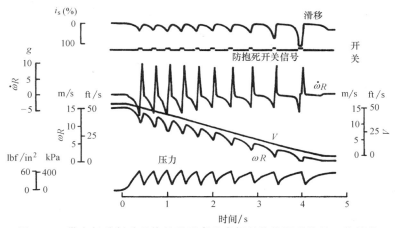

图 3-60 带有气动制动系统的重型商业车辆的防抱死系统的工作特性

已经有多种类型的防抱死系统布局被应用到道路车辆上。其主要的考虑是车辆的行驶方向控制与稳定性，不仅要在直线上制动时，并且要在弯道上和不对称路面（左右车轮的道路附着系数不同）上都能有好的表现。

乘用车常用的防抱死系统布局有四通道和四传感器、三通道和三传感器、三通道和四传感器，其示意图见图 3-61[3.49]。通道是指由控制单元/模块独立于制动系统其余部分来控制的一部分制动系统。例如，在图中所示的四通道和四传感器布局中，有四个液压制动回路，其中还有用于分别监测四个轮胎工况的传感器。基于各自传感器所获得的信息，对两个前轮进行独立控制。然而，对后轴的两个轮胎则是在"选低"工作模式下进行共同控制。"选低"意味着控制单元将使用来自两个轮胎中较慢的那个轮胎的信息，使用相同的制动压力来共同控制两个轮胎；而"选高"意味着控制单元将使用来自较快轮胎的信息来控制施加到两个轮胎的制动压力。当在不对称路面上行驶或转弯时，与"选高"工作模式相比，利用"选低"工作模式来控制后轴的两个轮胎，可以确保车辆的方向稳定性。这是因为，在"选高"模式下，不对称路面上摩擦力较低的那一侧或者弯道内侧的轮胎将发生抱死，而不对称路面上摩擦力较高的那一侧或者弯道外侧的轮胎则具有较高的制动力。这导致可用于车桥的转弯力的减小和大的偏转力矩，这将对车辆的方向稳定性具有不利影响。然而，与"选高"模式相比，使用"选低"模式的制动效率低，制动距离更长。此外，在四个轮胎独立控制的情况下，在不对称路面上运行时将会使前后轴的左右轮胎制动力分配不均。这种情况会使偏转力矩变大，不利于车辆的方向稳定性。三通道和三传感器布局具有三个液压回路，其中的两个液压回路独立控制两个前轮胎，余下的一个液压回路同时控制两个后轮胎；该布局利用两个安装在前轮胎上的传感器和用于监测两个后轮胎平均工作状态的另一个传感器所获得的反馈信息进行控制。三通道和四传感器布局下的"选低"工作模式与四通道和四传感器布局下的"选低"工作模式类似。

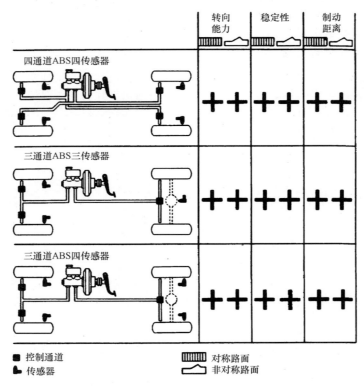

图 3-61　乘用车防抱死系统的各类布局（经 SAE 允许，转载自参考文献 3.49）

在一种双通道和四传感器的布局中，两个前轮胎通过"选高"模式进行共同控制，而两个后轮胎通过"选低"模式进行共同控制[3.50]。据称，该系统基本上可以抑制防抱死系统在不平路面上的过度操作,并且前轴"选高"和后轴"选低"这种组合模式在实现足够短的制动距离和保持足够的方向稳定性这两个目标之间实现了合理的折中。

3.7.5 牵引力控制系统

与改善车辆制动特性的防抱死装置类似,牵引力控制系统改善了车辆的牵引特性,该系统还能在加速期间保持方向控制和稳定性[3.51,3.52]。牵引力控制系统的主要功能如下:

1) 对于左右轮胎路面附着系数值不相等的不对称路面情形,该系统可改善牵引力。

2) 防止轮胎在加速期间或在光滑路面上行驶时打滑,并且理想地将轮胎的滑转率保持在期望范围内,以便保持足够的侧偏力来维持行驶方向控制和稳定性。

与防抱死制动系统类似,典型的牵引力控制系统包括一个或多个传感器,一个电子控制单元和一个制动压力调制器。另外,该系统中还有一个用于控制节气门、燃料喷射系统或点火的发动机控制装置。因为两个系统之间的相似性,牵引力控制系统通常会和防抱死系统集成到一起,它们共享了许多部件,例如传感器、电子控制单元和制动压力调制器。

对于具备简单差速器的驱动轴而言,驱动力矩均匀地分配于左右半轴。结果,当车辆在不对称路面上行驶时,道路附着系数较低的一侧轮胎将过度滑转,而道路附着系数较高的一侧轮胎的牵引力会受到限制。虽然差速锁,限滑差速器或黏性联轴器可以解决这个问题,但是牵引力控制系统可以代替这些方案。当可以确定驱动轴一侧上的轮胎处于过度滑转时,通过制动压力调节在该轮胎上施加制动力矩,以便增加可用于另一轮胎的驱动力矩以改善牵引性能。对于仅具有一个驱动轴的车辆,可以使用非驱动轴上的自由滚动轮胎的角速度作为参考来直接确定从动轮胎的滑移。

当车辆在道路附着系数较低的光滑路面上或者起动期间工作时,驱动轴上的两个轮胎都可能过度滑转。在这些情况下,牵引力控制系统对两个驱动轮胎施加制动力矩和/或降低发动机输出转矩,从而减小驱动力和滑转。这确保了前轮的方向控制和后轮的方向稳定性。当行驶在光滑的长直路面上时,为避免制动器过热,需要制动压力调制器和发动机的联合控制。由于发动机控制的动作时间、转动惯量和传动系弹性,牵引力控制对制动压力调制的响应通常比对发动机控制的响应快。

参 考 文 献

3.1　K. B. Kelly and H. J. Holcombe,"Aerodynamics for Body Engineers,"*Automotive Aerodynamics*,Progress in Technology Series,vol. 16,Society of Automotive Engineers,1978.

3.2　C. W. Carr,"Potential for Aerodynamic Drag Reduction in Car Design,"in M. A. Dorgham,Ed.,*Impact of Aerodynamics on Vehicle Design*,Technological Advances in Vehicle Design Series,SP3. Jersey,Channel Islands,UK:Inderscience Enterprises,1983.

3.3　W. -H. Hucho,"Wind Tunnels for Automobile Aerodynamics,"in W. -H. Hucho,Ed.,*Aerodynamics of Road Vehicles*. London:Butterworths-Heinemann,1990.

3.4　G. Rousillon,J. Marzin,and J. Bourhis,"Contribution to the Accurate Measurement of Aerodynamic Drag by the Deceleration Method,"in *Advances in Road Vehicle Aerodynamics*,BHRA Fluid Engineering,Cranfield,England,1973.

3.5　R. A. White and H. H. Korst,"The Determination of Vehicle Drag Contributions from Coastdown Tests,"*SAE*

Transactions, vol. 81, paper 720099, 1972.

3.6 G. W. Eaker,"Wind Tunnel-to-Road Aerodynamic Drag Correlation," in *Research* in *Automotive Aerodynamics*, Society of Automotive Engineers, Special Publication SP-747, 1988.

3.7 G. A. Necati," Measurement and Test Techniques," in W.-H. Hucho, Ed., *Aerodynamics of Road Vehicles*. London: Butterworths-Heinemann, 1990.

3.8 *Automotive Handbook*, 6th ed. Plochingen, Germany: Robert Bosch, 2004. (Distributed by Society of Automotive Engineers)

3.9 W.-H. Hucho," Aerodynamic Drag of Passenger Cars," in W.-H. Hucho, Ed., *Aerodynamics of Road Vehicles*. London: Butterworths-Heinemann, 1990.

3.10 L. J. Janssen and W.-H. Hucho," The Effect of Various Parameters on the Aerodynamic Drag of Passenger Cars," in *Advances* in *Road Vehicle Aerodynamics*, *BHRA Fluid Engineering*, Cranfield, England, 1973.

3.11 W.-H. Hucho, L. J. Janssen, and H. J. Emmelmann," The Optimization of Body Details-A Method for Reducing the Aerodynamic Drag of Road Vehicles," Society of Automotive Engineers, paper 760185, 1976.

3.12 H. Gotz," Commercial Vehicles," in W.-H. Hucho, Ed., *Aerodynamics of Road Vehicles*. London: Butterworths-Heinemann, 1990.

3.13 C. Berta and B. Bonis," Experimental Shape Research of Ideal Aerodynamic Characteristics for Industrial Vehicles," Society of Automotive Engineers, paper 801402, 1980.

3.14 C. W. Coon and C. D. Wood," Improvement of Automobile Fuel Economy," Society of Automotive Engineers, paper 740969, 1974.

3.15 J. J. Taborek," Mechanics of Vehicles," *Machine Design*, May 30-Dec. 26, 1957.

3.16 J. McKnight," Transportation in the 21st Century-Our Challenges and Opportunities," The 11th George Stephenson Lecture, Institution of Mechanical Engineers, Oct. 1999.

3.17 S. A. Nasar, I. Boldea, and L. E. Unnewehr, *Permanent Magnet*, *Reluctance*, *and Self-Synchronous Motors*. Boca Raton, FL: CRC Press, 1993.

3.18 M. Ehsani, Y. Gao, S. E. Gay, and A. Emadi, *Modem Electric*, *Hybrid Electric*, *and Fuel Cell Vehicles*. Boca Raton, FL: CRC Press, 2005.

3.19 R. H. Thring (Ed.), *Fuel Cells for Automotive Applications*. New York: American Society of Mechanical Engineers, 2004.

3.20 J. T. Pukrushpan, A. G. Stefanopoulou, and H. Peng, *Control of Fuel Cell Power Systems*. London: Springer-Verlag, 2005.

3.21 Nigel Sammes (Ed.), *Fuel Cell Technology-Reaching Towards Commercialization*. London: Springer-Verlag, 2006.

3.22 J. G. Giles, *Gears and Transmissions*, Automotive Technology Series, vol. 4, London: Butterworths, 1969.

3.23 H. I. Setz," Computer Predicts Car Acceleration," *SAE Transactions*, vol. 69, 1961.

3.24 A. Bonthron," CVT-Efficiency Measured Under Dynamic Running Conditions," Society of Automotive Engineers, paper 850569, 1985.

3.25 D. Hahne," A Continuously Variable Automatic Transmission for Small Front Wheel Drive Cars," in *Drive line' 84*, Institution of Mechanical Engineers, 1984.

3.26 K. Newton, W. Steeds, and T. K. Garrett, *The Motor Vehicle*, 10th ed. London: Butterworths, 1983.

3.27 C. J. Greenwood," The Design, Construction and Operation of a Commercial Vehicle Continuously Variable Transmission," in *Driveline 184*, Institution of Mechanical Engineers, 1984.

3.28 C. K. J. Price and S. A. Beasley," Aspects of Hydraulic Transmissions for Vehicles of Specialized Nature," in *Proc. Institution of Mechanical Engineers*, vol. 178, part 3C, 1963-1964.

3.29 D. Cole, "Automotive Fuel Economy," in J. C. Hilliard and G. S. Springer, Eds., *Fuel Economy in Road Vehicles Powered by Spark Ignition Engines*. New York: Plenum Press, 1984.

3.30 H. E. Chana, W. L. Fedewa, and J. E. Mahoney, "An Analytical Study of Transmission Modifications as Related to Vehicle Performance and Economy," Society of Automotive Engineers, paper 770418, 1977.

3.31 F. C. Porter, "Design for Fuel Economy-The New GM Front Drive Cars," Society of Automotive Engineers, paper 790721, 1979.

3.32 R. D. Lister, "Retention of Directional Control When Braking," *SAE Transactions*, vol. 74, paper 650092, 1965.

3.33 D. J. Bickerstaff and G. Hartley, "Light Truck Tire Traction Properties and Their Effect on Braking Performance," *SAE Transactions*, vol. 83, paper 741137, 1974.

3.34 J. Y. Wong and R. R. Guntur, "Effects of Operational and Design Parameters on the Sequence of Locking of the Wheels of Tractor-Semitrailers," *Vehicle System Dynamics*, vol. 7, no. 1, 1978.

3.35 J. R. Ellis, *Vehicle Handling Dynamics*. London: Mechanical Engineering Publications, 1994.

3.36 E. C. Mikulcik, "The Dynamics of Tractor-Semitrailer Vehicles: The Jackknifing Problem," *SAE Transactions*, vol. 80, paper 710045, 1971.

3.37 R. W. Murphy, J. E. Bernard, and C. B. Winkler, "A Computer Based Mathematical Method for Predicting the Braking Performance of Trucks and TractorTrailers," Report of the Highway Safety Research Institute, University of Michigan, Ann Arbor, MI, Sept. 1972.

3.38 C. B. Winkler, J. E. Bernard, P. S. Fancher, C. C. MacAdam, and T. M. Post, "Predicting the Braking Performance of Trucks and Tractor-Trailers," Report of the Highway Safety Research Institute, University of Michigan, Ann Arbor, MI, June 1976.

3.39 R. R. Guntur and J. Y. Wong, "Application of the Parameter Plane Method to the Analysis of Directional Stability of Tractor-Semitrailers," *Transactions of the ASME*, *Journal of Dynamic Systems*, *Measurement and Control*, vol. 100, no. I, March 1978.

3.40 C. P. Lam, R. R. Guntur, and J. Y. Wong, "Evaluation of the Braking Performance of a Tractor-Semitrailer Equipped with Two Different Types of Antilock System," *SAE Transactions*, vol. 88, paper 791046, 1979.

3.41 V. S. Verma, R. R. Guntur, and J. Y. Wong, "Directional Behavior During Braking of a Tractor-Semitrailer Fitted with Antilock Devices," *International Journal of Vehicle Design*, vol. I, no. 3, 1980.

3.42 H. -C. Klein, "Anti-lock Brake Systems for Passenger Cars, State of the Art 1985," in *Proceedings of the XXI FISITA Congress*, paper 865139, Belgrade, Yugoslavia, 1986.

3.43 R. R. Gunter and H. Ouwerkerk, "Adaptive Brake Control Systems," in *Proceedings of the Institution of Mechanical Engineers*, vol. 186, 68172, 1972.

3.44 J. Y. Wong, J. R. Ellis, and R. R. Guntur, *Braking and Handling of Heavy Commercial Vehicles*, Monograph, Department of Mechanical and Aeronautical Engineering, Carleton University, Ottawa, ON, Canada, 1977.

3.45 R. R. Guntur and J. Y. Wong, "Some Design Aspects of Anti-Lock Brake Systems for Commercial Vehicles," *Vehicle System Dynamics*, vol. 9, no. 3, 1980.

3.46 M. Satoh and S. Shiraishi, "Excess Operation of Antilock Brake System on a Rough Road," in *Braking of Road Vehicles 1983*, Institution of Mechanical Engineers, 1983.

3.47 H. Leiber and A. Czinczel, "Antiskid System for Passenger Cars with a Digital Electronic Control Unit," Society of Automotive Engineers, paper 790458, 1979.

3.48 R. Srinivasa, R. R. Guntur, and J. Y. Wong, "Evaluation of the Performance of Anti-lock Brake Systems Using Laboratory Simulation Techniques," *International Journal of Vehicle Design*, vol. I, no. 5, 1980.

3.49 H. Leiber and A. Czinczel, "Four Years of Experience with 4-Wheel Antiskid Brake Systems (ABS)," Society of Automotive Engineers, paper 830481, 1983.

3.50 M. Satoh and S. Shiraishi, "Performance of Antilock Brakes with Simplified Control Technique," Society of Automotive Engineers, paper 830484, 1983.

3.51 H. W. Bleckmann, H. Fennel, J. Graber, and W. W. Seibert, "Traction Control System with Teves ABS Mark Ⅱ," Society of Automotive Engineers, paper 860506, 1986.

3.52 H. Demel and H. Hemming, "ABS and ASR for Passenger Cars-Goals and Limits," Society of Automotive Engineers, paper 890834, 1989.

习 题

习题 3.1：一车辆重为 20.02kN（4500lbf）、轴距 279.4cm（110in）、重心与前轴距离为 127cm（50in）、重心离地面高度为 50.8cm（20in）、车辆迎风面积为 2.32m²（25ft²）、空气动力学阻力系数为 0.45、滚动阻力系数 $f_r = 0.0136 + 0.4 \times 10^{-7} V^2$（式中 V 为车辆行驶速度，其单位为 km/h）、轮胎滚动半径为 33cm（13in）、道路附着系数等于 0.8。当车辆分别为后轮驱动和四轮驱动时，试计算车辆在水平路面上和 20% 坡度路面上，以车轮接地面所能承受的最大驱动力运行时的车辆最大行驶速度。画出合成阻力与车辆行驶速度的关系曲线，并示出这两种驱动形式的车辆最大推进力。

习题 3.2：车辆参数与习题 3.1 相同，车上所装发动机的转矩-速度特性曲线如下表所示。变速器传动比：Ⅰ档 4.03、Ⅱ档 2.16、Ⅲ档 1.37、Ⅳ档 1.0，驱动桥传动比为 3.54，传动系统效率为 88%。当车辆为后轮驱动行驶在水平路面和坡度 20% 路面上时，试按发动机转矩经传动系统提供的驱动力来计算车辆最大行驶速度。画出不同档位的车辆推进力与行驶速度间的关系曲线。

		发动机特性								
发动机转速	/(r/min)	500	1000	1750	2500	3000	3500	4000	4500	5000
发动机转矩	/N·m	339	379.7	406.8	393.2	363.4	325.4	284.8	233.2	189.8

习题 3.3：某车辆装有一个由变矩器和三档变速器组成的自动传动系统，所装变矩器和发动机的特性曲线分别如图 3-34 和图 3-35 所示，以第 Ⅲ 档工作时，变速器和驱动桥的总传动比为 2.91，总效率为 0.90，轮胎滚动半径等于 33.5cm（1.1ft）。当变速器接上Ⅲ档、发动机以转速 2000r/min、转矩 407N·m（300lbf·ft）运转时，试计算车辆的驱动力和行驶速度，并确定包括变矩器在内的传动系统效率。

习题 3.4：某一乘用车重量为 12.45kN（2800lbf），其中包括四个车轮的重量；每个车轮的有效直径为 67cm（2.2ft）、回转半径为 27.9cm（11in）、重量为 222.4N（50lbf）。发动机在 4000r/min 时的功率为 44.8kW（60hp），传动线上各旋转零部件换算到发动机曲轴上时的等效重量为 444.8N（100lbf）、回转半径为 10cm（4in）。传动效率为 88%，变速器以Ⅱ档工作时的总传动比等于 7.56:1。车子的迎风面积为 1.67m²（18ft²），空气动力学阻力系数为 0.45，平均滚动阻力系数为 0.015。在以上条件下，试计算车辆在水平路面上的加速度。

习题 3.5：某乘用车重 20.02kN（4500lbf）、轴距 279.4cm（110in）、重心距前轴 127cm（50in）、重心离地面高度 50.8cm（20in）。使用时，该车遇上道路附着系数为 0.2~0.8 范围的不同路面，滚动阻力系数为 0.015。根据车辆在道路附着系数小的路面上进行紧急制动时不致失去行驶方向稳定性的要求,你认为制动力在前后轴之间该如何分配?

习题 3.6: 有一牵引车-半挂车组合,牵引车重 66.72kN(15,000lbf),半挂车重 266.88kN(60,000lbf)。牵引车轴距 381cm(150in),半挂车轴位于牵引车后轴后距离为 1016cm(400in)的地方。半挂车的挂接点位于牵引车后轴前 25cm(10in)处,挂接点离地面高度为 122cm(48in)。牵引车的重心在其前轴后方距离为 203.2cm(80in)的地方,重心离地高度为 96.5cm(38in)。半挂车的重心位于半挂车车轴前方距离为 508cm(200in)的地方,重心离地高度为 177.8cm(70in)。试计算确保所有轮胎在路面附着系数为 $\mu=0.6$ 的道路上同时抱死时各轮轴所需的制动力分配应为多少?同时计算在这种情况下各轮轴上的垂直载荷和挂接点上的作用力。

习题 3.7: 为估计车辆的空气动力学阻力系数 C_D 和滚动系数 f_r,进行"滑行"测试。测试在风速为 8km/h(5mile/h)的水平路面上进行。车辆首先行驶到 97km/h(60mile/h)的速度,然后换档至空档。车辆在空气动力学阻力、轮胎滚动阻力和传动系内部阻力的作用下开始减速。在 160m(525.5ft)的距离内,车速从 97km/h(60mile/h)减小到 88.5km/h(55mile/h);在 162.6m(533.5ft)的距离内,车速从 80km/h(50mile/h)减小到 72.4km/h(45mile/h)。车重为 15.568kN(3500lbf),迎风面积为 2.32m²(25ft²)。假设轮胎滚动阻力与速度无关并忽略传动系的内部阻力,试估计空气动力学阻力系数 C_D 和滚动系数 f_r 的值。

习题 3.8: 对于内燃机而言,可以在发动机性能图上绘制出发动机的最佳油耗曲线,如图 3-44 所示。该曲线标明了发动机在给定输出功率下的最低油耗工作点。性能如图 3-44 所示的一汽油发动机,安装在重量为 11.28kN(2536lbf)的小型汽车上。该车的迎风面积为 1.83m²(19.7ft²),空气动力学阻力系数为 0.4,轮胎的滚动半径和滚动阻力系数分别为 0.28m(11in)和 0.015,驱动轴的传动比 3.87。

1)若该车配备一台机械效率为 0.88 的无级变速系统(CVT),确定其在车速为 100km/h(62mile/h)时能提供最佳燃油经济性的传动比。

2)在上述操作条件下估计汽车的燃油消耗,以 L/100km(或 mile/USgal)计。汽油密度取 0.75kg/L(或 6.26lb/USgal)。

习题 3.9: 已知乘用车重量为 20.75kN(4665lbf),其迎风有效面积为 2.02m²(21.74ft²),空气动力学阻力系数为 0.36。轮胎的滚动阻力系数由下式给出:$f_r = 0.0136 + 0.4×10^{-7}V^2$,其中 V 是车速,单位为 km/h。

1)在风速为零的水平路面上,估算能在 8s 的时间内以恒定速率将车辆从静止状态加速到 97km/h(60mile/h)所需的最大发动机功率。变速器在最高档位时的质量因子 γ_m 为 1.08,平均传动效率为 0.9。

2)估算以 97km/h 的恒定速度巡航时所需的发动机功率。对比巡航所需功率和 1)问中加速所需的功率。

3)若车重减少 20%(通过使用高强度的轻型材料以及先进的设计和制造技术来达到),在与 1)问题中相同的条件下减速时,估算发动机所需的最大功率。比较车重减少 20% 前后的功率需求。

第 4 章

越野车辆的工作特性

根据功能的要求，人们常采用不同的指标来评价不同类型的越野车辆的工作特性。对于拖拉机，它们的主要功能是提供足够的牵引力，以拖带各种类型的工具和机器，因此，其牵引性能最为重要。牵引性能可以用牵引力-车重比、牵引功率和牵引效率来表征。对越野运输车辆，通常以运输生产率和效率作为评价其性能的主要指标。对于军用车辆，在给定区域内的两个规定点之间能够实现的最大工作速度被用作评价其机动性（mobility）的指标。

尽管有不同的指标来评价不同类型越野车辆的性能，但对于所有越野车辆来讲，它们有一个共同的基本要求：车辆在未整备过的地面上的机动性。从广义上讲，机动性与车辆在软地面上的性能、处理和躲避障碍、通过粗糙不平地面时的行驶平顺性以及涉水操作有关。在软地面上的性能构成了车辆机动性的基本问题，因此对车辆性能、车辆设计参数和地面之间关系的详细分析是至关重要的。

在本章中，我们将讨论用于评价和预测越野车辆牵引性能的方法。对各种类型的越野车辆的性能指标也要进行详细分析。

4.1 牵引性能

4.1.1 牵引力和牵引功率

对于为进行牵引操作而设计的越野车辆（即拖拉机）而言，其牵引性能最为重要，因为它代表车辆拖拉或推动各种类型的工作机器（包括农业机械、建筑和推土机械）的能力。牵引力 F_d 是牵引挂钩上发出的力，它等于行走装置产生的驱动力 F 和滚动阻力的合力 $\sum R$ 两者之差：

$$F_d = F - \sum R \tag{4-1}$$

对一辆动力装置和传动系统性能皆为已知的车辆，我们可以使用与第 3 章所述相类似的方法来确定驱动力和车辆速度。然而应当指出，如第 2 章所述，在越野行驶中，最大驱动力通常受车辆-地面相互作用特性的限制。而且，在未整备的地面上产生推力时通常会产生相当大的滑转率。因此，牵引力和车辆速度是滑转率的函数。作用在越野车辆上的阻力，包括行走装置的内部阻力、由车辆-地面相互作用引起的阻力、坡度阻力以及空气动力学阻力。

行走装置内部阻力

对轮式车辆来说，行走装置的内部阻力主要是由轮胎材料的弹性迟滞损耗而引起的，这在第1章已经有过讨论。对履带式车辆来说，履带及其悬架系统的内部阻力是重要组成部分。履带销钉、链轮轮齿与履带销钉之间、链轮轮毂和负重轮轴承的摩擦损耗，以及负重轮在履带上的滚动阻力，它们构成了履带-悬架系统的大部分内部阻力。实验结果表明，履带悬架系统所耗用总功率的63%～75%是由履带自身摩擦引起的。在使用参数中，履带张紧力和车辆速度对内部阻力具有显著影响，分别如图4-1和图4-2所示[4.1,4.2]。

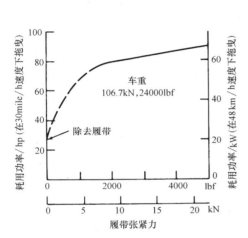

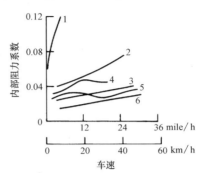

1. 农业拖拉机
2. 适用于一般情况的经验公式
3. 半履带橡胶履带
4. 橡胶衬套履带
5. 刚履带
6. 具有重叠承重轮的有润滑的履带

图4-1 履带张紧力对所耗用功率的影响
（经机械工程师协会允许，转载自参考文献4.1）

图4-2 车速对不同类型履带内部阻力系数的影响（出自 M.G. Bekker 博士的 Introduction to Terrain-Vehicle Systems，版权©密歇根大学，1969 年；密歇根大学出版社许可使用）

由于履带-悬架系统内部阻力的复杂性质，要想建立一个具有足够精度的预测其内部阻力的解析方法，即使不是不可能，也是相当困难的。作为一种初步近似，下面由 Bekker 提出的公式可被用于计算常规履带车辆内部阻力的平均值 R_{in} [4.2]：

$$R_{in} = W(222+3V) \tag{4-2}$$

其中，R_{in} 的单位为 N；W 是车重，其单位为 t；V 是车速，其单位为 km/h。

对于现代轻型履带车辆，其内部阻力可能较小，其所对应的经验公式为[4.2]

$$R_{in} = = W(133+2.5V) \tag{4-3}$$

对于行驶在光的硬路面上的军用履带车辆，其运动阻力系数 f_r 为运动阻力相对于车重之比，可以用下述经验公式来估算[4.3]：

$$f_r = f_o + f_s V \tag{4-4}$$

其中，f_o 和 f_s 是经验系数，V 的单位是 km/h。对于装有橡胶衬套双销钉和橡胶衬垫的履带，其 f_o 值通常为 0.03；对于全钢的单销钉履带，其 f_o 值为 0.025；对于装有带滚针轴承的封闭润滑销钉，其 f_o 值可以低到 0.015。f_s 的值随履带类型而变化，作为一个初步估算，可

将 f_s 取为 0.00015。

由车辆-地面相互作用而引起的阻力

这种阻力对越野车辆而言是最重要的阻力之一，而且它在很大程度上决定了车辆通过未整备过的地面时的机动性。该阻力包括由于压实地面和推土效应所引起的阻力，可用第 2 章中所述的方法或实验来确定该阻力。

地面障碍阻力

在越野行驶中，可能遇到诸如柱墩和石头这样的障碍物。通常可将障碍阻力看作大小可变的一个阻力，其作用方向与地面平行且有一定离地高度。当这个阻力的作用线不通过车辆重心时，它将产生一个力矩而引起相当明显的负载转移，在构建车辆运动方程的时候应该考虑该阻力。一般说来，障碍阻力通过实验得到。

空气动力学阻力

对于行驶速度低于 48km/h（30mile/h）的越野车辆而言，空气动力学阻力一般不是重要因素。而对于那些为高速行驶而设计的车辆，例如军用车辆，在其性能计算中必须要考虑空气动力学阻力。可用第 3 章中所叙述的方法来计算空气动力学阻力。

如前所述，空气动力学阻力系数主要取决于车辆形状。对于重型战斗车辆，例如主战坦克，其空气动力学阻力系数 C_D 之值大约为 1.0，而其迎风面积在 $6 \sim 8 m^2$（$65 \sim 86 ft^2$）这样一个量级[4.3]。对于重量超过 50t 的坦克，其空气动力学阻力系数为 1.17，迎风面积 $6.5 m^2$（$70 ft^2$），在 48km/h（30mile/h）的车速下，为克服空气动力学阻力所耗功率大约为 11.2kW（15hp）。一辆轻型履带车辆，重量为 10t，迎风面积为 $3.7m^2$（$40ft^2$），以 56km/h（35mile/h）车速行驶时，为克服空气动力学阻力所耗功率可能为 10.5kW（14hp）。

当车辆爬坡时，除去上述阻力外还必须考虑坡度阻力。对于重型战斗车辆，通常要求它们能够爬上坡度为 30°（58%）的坡。

为了表征牵引性能，通常绘制出行走装置的滑转率和每一档位的车辆速度随驱动力和牵引力而变的关系曲线，如图 4-3 所示。牵引力和车辆速度的乘积通常称为牵引功率，它代表车辆潜在的生产能力，即其所能完成工作的生产率。牵引功率 P_d 由下式给出：

$$P_d = F_d V = (F - \Sigma R) V_t (1-i) \quad (4-5)$$

其中，V 和 V_t 分别为车辆的实际速度和

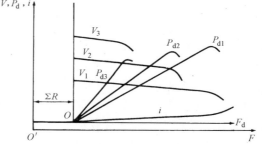

图 4-3 拖拉机的牵引特性曲线

理论速度。车辆的理论速度是无滑转（或无滑移）时的车辆速度，它由发动机转速、传动系统减速比以及轮胎（或履带驱动链轮）半径来确定。通常情况下，每一档的牵引功率随牵引力而变化的曲线也表示于牵引性能曲线上。例如，图 4-4 示出了在沥青碎石路面上所测定的 MF-165 型拖拉机的牵引性能[4.8]。牵引性能曲线为比较和评价不同拖拉机的牵引性能提供了依据。该曲线也为使用人员提供了所需信息，以合理匹配拖拉机和工作机械。

4.1.2 牵引效率

为了表征一辆越野车辆将发动机功率转变为挂钩上可用功率的转化效率，通常使用牵引

效率（或挂钩效率）。其定义为牵引功率P_d相对于发动机的输出功率P的比值：

$$\eta_d = \frac{P_d}{P} = \frac{F_d V}{P} = \frac{(F-\Sigma R)V_t(1-i)}{P} \tag{4-6}$$

发动机的输出功率可表示为驱动轮（或履带驱动链轮）所得功率和传动系统效率η_t的函数，如下：

$$P = \frac{FV_t}{\eta_t} \tag{4-7}$$

将公式（4-7）代入到公式（4-6）中，则牵引效率表达式变为

$$\eta_d = \frac{F-\Sigma R}{F}(1-i)\eta_t = \frac{F_d}{F}(1-i)\eta_t = \eta_m \eta_s \eta_t \tag{4-8}$$

其中，η_m为运动效率，它等于F_d/F；η_s为滑转效率，它等于$1-i$。

运动效率指的是将驱动轮的驱动力转变为挂钩上的牵引力时的损失。如果运动阻力为恒值，则运动效率η_m随牵引力的增大而增加，如图4-5所示。

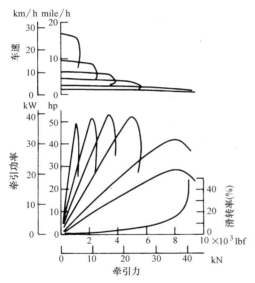

图 4-4 一辆 MF-165 型拖拉机在沥青碎石路面上的牵引特性（摘自参考文献 4.4，Journal of Agricultural Engineering Research 许可使用）

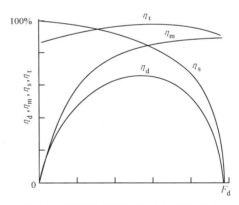

图 4-5 牵引效率随牵引力的变化曲线

滑转效率表征功率损失，也表征由于行走装置的滑转所引起的车辆速度的降低。如图4-5所示，由于滑转率随驱动力和牵引力的增加而增大，滑转效率随牵引力的增大而减小，如图4-5所示。通常情况下，滑转是越野车辆在未整备地面上运行时功率损失的主要来源。因此，减少滑转对提高越野车辆的运作效率具有实际意义。

从公式（4-8）可以看出，牵引效率是传动效率、运动效率和滑转效率的乘积。一般来说，在牵引力的某一中间值，牵引效率呈现峰值，如图4-5所示。为了提高牵引效率，选择车辆行走装置的最佳形式与尺寸至关重要。在这一方面，第2章里所述的地面力学起重要作用。

例题 4-1：一辆轮式越野车辆，其发动机的转矩-速度特性见表 4-1。车辆行驶在具有表 4-2 所给出的驱动力-滑转率特性的土壤上。总的运动阻力为 2.23kN(500lbf)，传动效率为 0.85，轮胎的滚动半径为 0.76m(2.5ft)。车辆挂在 4 档，总减速度比为 $\xi_o = 20.5$，试确定车辆的牵引功率和牵引效率。

解：驱动力可用第 3 章中的公式（3-30）来计算：

$$F = \frac{M_e \xi_o \eta_t}{r}$$

根据表 4-2，可确定某已知驱动力所对应的滑转率。使用第 3 章中的公式（3-31）可以确定车速：

$$V = \frac{n_e r}{\xi_o}(1-i)$$

对于发动机的一个给定工作点，车辆速度和驱动力之间相互联系。因此，可以确定在某一特定理论速度下的滑转率，且可计算车辆的实际速度。F 和 V 的计算结果列于表 4-3。牵引力由下式给出：

$$F_d = F - \sum R$$

由于总运动阻力已知，即可计算牵引力。其结果列于表 4-3 中。牵引功率可用公式（4-5）来确定：

$$P_d = F_d V$$

牵引效率可用公式（4-6）或公式（4-8）计算如下：

$$\eta_d = \frac{F_d V}{P}$$

P_d 和 η_d 的计算结果列于表 4-3 中。可以看出，在给定工作条件下，车辆的最大牵引效率约为 66%，这表明发动机的功率有 34% 损失在传动系统中，用以克服运动阻力和车辆滑转。

应当指出，越野车辆的发动机通常装有调速器，以限制最大工作速度。当在调速器工作区段（即介于调速器的全负荷与无负荷设定之间的工作区段）的发动机特性已知，车辆与该区段相对应的牵引特性可用上述相同方法进行预测。

表 4-1　发动机特性

发动机转速/(r/min)	发动机转矩 M_e		发动机转速/(r/min)	发动机转矩 M_e	
	N·m	lbf·ft		N·m	lbf·ft
800	393	290	2000	746	550
1200	650	479	2400	705	520
1600	732	540	2800	610	450

表 4-2　驱动力-滑转率特性

滑转率(%)	驱动力 F		滑转率(%)	驱动力 F	
	kN	lbf		kN	lbf
5	10.24	2303	25	26.68	5998
10	16.0	3597	30	28.46	6398
15	20.46	4600	40	32.02	7199
20	24.0	5396			

表 4-3 牵引性能

发动机转速 n_e/(r/min)	推力 F		滑转率 $i(\%)$	车速 V		牵引力 F_d		牵引功率 P_d		变速器效率 η_t (%)	滑转效率 η_s (%)	牵引效率 η_d (%)
	kN	lbf		km/h	mile/h	kN	lbf	kW	hp			
800	9.01	2025	4.4	10.7	6.7	6.78	1525	20.1	27	85	95.6	61.1
1200	14.90	3350	9.0	15.3	9.5	12.67	2850	53.8	72.2	85	91.0	65.7
1600	16.78	3772	10.9	19.9	12.4	14.55	3272	80.4	107.8	85	89.1	65.6
2000	17.10	3844	11.23	24.9	15.5	14.87	3344	102.8	137.9	85	88.7	65.6
2400	16.16	3633	10.2	30.2	18.8	13.93	3133	116.8	156.7	85	89.8	65.8
2800	13.98	3143	8.3	36.0	22.4	11.75	2643	117.5	157.5	85	91.7	65.5

4.1.3 四轮驱动

在农业、推土作业、伐木以及越野运输中，不断要求更高的生产效率。因而，新车辆上所装动力装置的功率一直在持续增加。对于轮式拖拉机而言，为充分利用所装发动机的功率和保持高的牵引效率，四轮驱动的拖拉机已经越来越被人们所公认；这是因为四轮驱动拖拉机的全部重量都被用来产生牵引力，而对于后轮驱动车辆，其作用在驱动轮上的重量仅为总重的 60%~70%。因此，在行驶过软地面时，在相同的滑转率下，四轮驱动拖拉机和与其相当的后轮驱动车辆相比，具有产生更大驱动力的潜力。此外，前后轮胎大小相同的四轮驱动车辆和与之相当的两轮驱动车辆相比，其总的滚动阻力系数要小[4.5]。这是因为它的后轮胎行驶在前轮胎压出的车辙里，因而降低了它们的运动阻力。图 4-6a 和 b 分别示出了两轮驱动和四轮驱动拖拉机在留有残茬的干壤土和湿黏土上的牵引性能对比[4.6]。在留有残茬的干壤土，在滑转率分别为 20% 和 50% 时，四轮驱动拖拉机的牵引力比两轮驱动拖拉机分别要高 27% 和 20%；四轮驱动拖拉机和两轮驱动拖拉机的最大牵引效率分别为 77% 和 70%[4.6]。在湿黏土上，在滑转率分别为 30% 和 50% 时，四轮驱动拖拉机的牵引力比两轮驱动拖拉机分别要高 57% 和 44%；四轮驱动拖拉机和两轮驱动拖拉机的最大牵引效率分别为 51% 和 40%。

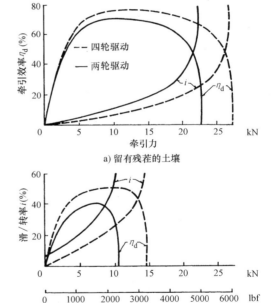

图 4-6 四轮驱动和两轮驱动拖拉机在留有残茬的干壤土和湿黏土上的牵引性能对比（经版权方允许摘自参考文献 4.6）

对于一辆四轮驱动拖拉机，为了达到最佳牵引效率，它需满足一些特定要求。为了定量地定义这些要求，需要审查四轮越野车辆的牵引效率，特别是滑转效率。对于一辆四轮驱动车辆，因滑转所引起的功率损失既发生在前轮也发生在后轮。假定两个前轮胎的性能完全一致，两个后轮胎亦是如此，一台四轮驱动车辆的滑转效率 η_{s4} 由下式确定[4.7]：

$$\eta_{s4} = 1 - \frac{i_f M_f \omega_f + i_r M_r \omega_r}{M_f \omega_f + M_r \omega_r} = 1 - \frac{i_f V_{tf} F_f + i_r V_{tr} F_r}{V_{tf} F_f + V_{tr} F_r} \tag{4-9}$$

其中，M_f 和 M_r 分别为前、后轮的驱动力矩，ω_f 和 ω_r 分别为前、后轮的角速度，V_{tf} 和 V_{tr} 分别为前、后轮的理论速度，F_f 和 F_r 分别为前、后轮的驱动力，i_f 和 i_r 分别为前、后轮的滑转率。

四轮驱动车辆在直线行驶时，前后轮的平移速度之间存在一定的关系，该关系可表示为

$$V_{tf}(1-i_f) = V_{tr}(1-i_r) = V$$

或

$$K_v = \frac{V_{tf}}{V_{tr}} = \frac{\omega_f r_f}{\omega_r r_r} = \frac{(1-i_r)}{(1-i_f)} \tag{4-10}$$

其中，K_v 为前轮理论速度与后轮理论速度之比，它常被称为理论速度比率；r_f 和 r_r 分别为前后轮胎的自由滚动半径。这是由于前后车轮通过同一车架相连，在直线运动中前后车轮的平移速度也必须相同。

因此，

$$\eta_{s4} = 1 - \frac{[(1-i_r)/(1-i_f)] i_f V_{tr} F_f + i_r V_{tr} F_r}{[(1-i_r)/(1-i_f)] V_{tr} F_f + V_{tr} F_r} = 1 - \frac{i_f(1-i_r) - (i_f - i_r) K_d}{(1-i_r) - (i_f - i_r) K_d} \tag{4-11}$$

其中，K_d 为驱动力分配系数，它等于 $F_r/(F_f + F_r)$。

公式 (4-11) 表明，一般情况下，四轮驱动车辆的滑转效率不仅取决于前后轮的滑转，而且取决于驱动力在前后轮上的分配。例如，图 4-7 示出了一台四轮驱动拖拉机在农田工作时，在不同的总牵引力与车重之比 F/W 下，拖拉机滑转效率 η_{s4} 随驱动力分配系数 K_d 的变化曲线[4,7]。图中所示的结果基于以下假设：车重在前后轮上均匀分配，前后轮在相同的土壤中行驶，前后轮牵引系数（即牵引力与法向载荷之比）与滑转之间的关系相同。

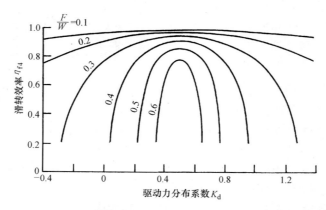

图 4-7　四轮驱动拖拉机在前后驱动轴之间的驱动率分配对滑转效率的影响

由于牵引力分配对四轮驱动车辆的牵引效率有显著影响，对影响驱动力分配的实际因素进行分析是很重要的。一般来讲，有两个基本因素：第一，前后轴之间的连接方式，可以采用刚性连接、轴间差速器、超越离合器、黏性连接等；第二，前后车轮的理论速度（无滑

转或无滑移时的车轮速度）之差。

在实际使用条件下，经常存在理论速度之差，它通常是由前后轮胎的胎压不等、轮胎磨损不均或载荷转移而使前后轮胎半径产生变化造成的。有证据表明，实际中，全轮驱动越野车辆驱动轴理论速度差别可能高达 10%。当前后轮胎尺寸不同时，很难提供完全正确的传动比，这也造成了前后轮理论速度的差别。

最常见类型的四轮越野车辆，其前后驱动轴之间采用刚性连接。对这类车辆而言，前后轮角速度之比是固定的。因此，直线行驶时，前轮滑转率与后轮滑转率的关系是前后轮理论速度之比 K_v 的函数，如下所示：

$$i_r = 1 - \frac{V_{tf}}{V_{tr}}(1-i_f) = 1 - K_v(1-i_f) \tag{4-12}$$

图 4-8 示出了 i_r 随 i_f 和 K_v 的变化关系曲线。当理论速度之比 K_v 等于 0.85（即前轮理论速度是后轮理论速度的 85%）且 i_r 小于 15% 时，前轮滑移，且产生负的驱动力（即制动力）。另一方面，当 K_v 等于 15%（即前轮理论速度比后轮理论速度大 15%）且 i_f 小于 13% 时，后轮滑移，且产生负的驱动力。在这两种情况下，车辆的最大前进推力减小，在传动系统中不可避免地会发生扭转加载现象（torsional wind-up）。这将导致传动零件的应力增加以及传动效率的降低。图 4-9 示出了一台四轮驱动车辆在干的水泥地面上前进和倒退时，车辆前后轴上的力矩[4.8]。当前轮半径小于后轮半径，那么在车辆前进时，在初始起动阶段之后，前轴的力矩为负值，而后轴力矩为正值。这表明前轮滑移并产生制动力，而后轮滑转并产生前进推力。在这些情况下，会发生扭转加载现象。当车辆在后退时，会产生类似的现象。

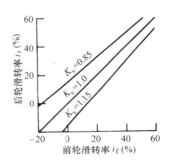

图 4-8 具有刚性轴间连接的四轮驱动拖拉机的前、后轮胎的理论速度比对其前、后轮胎滑转率的影响

在车辆转向时，前后车轮通常遵循具有不同转弯半径的不同路径，这就要求前后车轮具有不同的平移速度。如果前轴和后轴之间刚性连接，则前轮将会滑移并产生制动力。图 4-10 示出了一台四轮驱动车辆在干水泥地面上转向时前后轴的力矩[4.10]。当车辆前进时，在初始起动阶段之后，前轴力矩为负值，而后轴力矩为正值。这表明前轮滑移并产生制动力，而后轮滑转并产生前进推力。在这些情况下，再次发生扭转加载现象。

如第 2 章所述，由于车轮滑转率与驱动力有关，驱动力在前后驱动轴上的分配取决于理论速度比。图 4-11 示出，一台轴间重量分配相等的四轮驱动车辆（与图 4-7 为同一车辆），行驶于农田土壤上直线行驶时，在不同的驱动力与重量比 F/W 之下，其驱动力分配系数 K_d 和理论速度比 K_v 之间的关系[4.7]。该图表明，当车辆的总驱动力与重量之比较大时，例如当车辆拖拉重载时，前后车轮的理论速度之差对驱动力分配的影响较小。同时注意到，当车辆的总驱动力与重量之比 F/W 等于 0.2 且理论速度比 K_v 等于 0.9 时，驱动力分配系数 K_d 等于 1.0。这表明，从实际效果来看，该车辆基本上等同于一台后轮驱动车辆，并未实现四轮驱动的优越性。

由于理论速度比 K_v 会影响前后轮滑转率之间的关系，从而影响驱动轴间驱动力的分配，

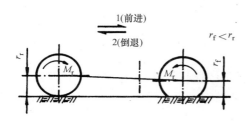

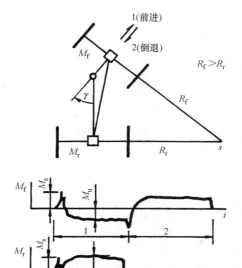

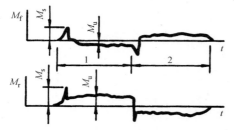

图 4-9 具有刚性轴间连接的四轮驱动拖拉机，当其前轮轮胎半径小于后轮轮胎半径时，前后轴之间的力矩分布（经版权方允许摘自参考文献 4.8）

图 4-10 具有刚性轴间连接的四轮驱动拖拉机在转弯时，其前后轴之间的力矩分布（经版权方允许摘自参考文献 4.8）

滑转效率 η_{s4} 是理论速度比的函数。图 4-12 所示为一台四轮驱动车辆（与图 4-7 为同一车辆）以不同的理论速度比 K_v 做直线运动时，滑转效率 η_{s4} 随总驱动力与重量之比 F/W 的变化曲线。

公式（4-11）表明，一台四轮驱动车辆，其滑转效率是前后轮驱动力分配的一个函数，那么我们期待探索是否存在一个最优的驱动力分配系数，能够在给定操作条件下使滑转效率达到最大值。为了寻找这一最佳的驱动力分配，取 η_{s4} 相对于 K_d 的偏导数并令其等于零：

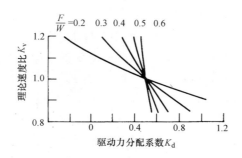

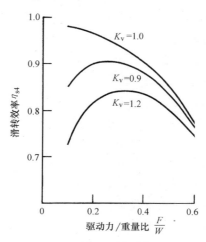

图 4-11 具有刚性轴间连接的四轮驱动拖拉机的驱动力分配系数与理论速度比之间的变化曲线

图 4-12 具有刚性轴间连接的四轮驱动拖拉机，在不同的理论速度比之下的滑转效率随驱动力/重量比值的变化曲线

$$\frac{\partial \eta_{s4}}{\partial K_d} = \frac{(1-i_f)(1-i_r)(i_f-i_r)}{[(1-i_r)-(i_f-i_r)K_d]^2} = 0 \tag{4-13}$$

这一条件仅在前轮或后轮的滑转率达到100%时，或者前后轮的滑转率相等时才能满足。当前轮或后轮的滑转率达到100%时，车轮无法向前运动，牵引效率等于零。因此在正常工作条件下，只有当前后轮滑转率相等时，一阶偏导数才等于零。详细分析结果表明，在给定操作条件（如在某特定地面上行驶，其中总驱动力与车重之比给定）下，前后轮滑转率相等是达到最优滑转效率的充分必要条件；但其大前提是满足下列两个条件之一：

1) 前轮的牵引系数与滑转率间的关系与后轮相同。
2) 前轮的牵引系数与滑转率间的关系与后轮虽然不同，但前轮的牵引系数与滑转率间的关系与后轮呈线性关系。

通过使用理论速度比K_v来替代公式（4-11）中的$(1-i_r)/(1-i_f)$，滑转效率η_{s4}可被表示为另一种形式：

$$\eta_{s4} = 1 - \frac{i_f K_v - (K_v-1)K_d}{K_v - (K_v-1)K_d} \tag{4-14}$$

取η_{s4}相对于K_d的一阶偏导数并令其等于零，可得

$$\frac{\partial \eta_{s4}}{\partial K_d} = \frac{(K_v-1)K_v(1-i_f)}{[K_v-(K_v-1)K_d]^2} = 0 \tag{4-15}$$

这导致与理论速度比值K_v等于1.0时（这等效于直线运动时前轮和后轮的滑转率相等）相同的结论，η_{s4}相对于K_d的一阶偏导数将等于零。与上述结论类似，如果前轮和后轮的牵引系数与滑转率之间的关系相同，或者如果它们的关系不同，但是前轮的牵引系数与滑转率之间的关系和后轮之间是线性的，则理论速比K_v等于1.0是四轮驱动越野车辆实现最大滑转效率的充分必要条件。

在越野车辆（例如农用拖拉机）的正常工作条件下，车轮的滑转率通常保持小于20%。在0~20%之间的滑转率范围内，在各种地形上牵引系数和滑转率之间的关系通常近似于线性。这表明，即使前轮的牵引系数和滑转率之间的关系与后轮不同，在滑移小于20%的正常工作条件下，以下结论具有实际意义：当前轮和后轮的滑转率相等或理论速度比K_v等于1.0，则滑动效率将为最大值。

详细分析的结果还表明，只有当前轮的牵引系数和滑转率间的关系与后轮不同时，前轮的牵引系数和滑转率间的关系与后轮的牵引系数和滑转率间的关系之间非线性，这将是与上述内容不同的、达到最大滑转效率的条件。然而，即使在十分特殊的工况下，例如前轮在类似于农场土壤的表面上工作、同时后轮在如沥青路面一样坚硬的表面上工作，当车辆总的推力重量比F/W在0.6以内的正常工作范围内，最佳理论速度比K_v仅稍微偏离1.0[4.9]。例如，在上述工作状况下，当F/W等于0.6（对应于在农田土壤上大约20%的车轮滑转率）时，最佳理论速度比K_v等于1.0406，这与K_v=1.0相比仅有4.06%的偏差。在最佳理论速度比K_v=1.0406处的滑转效率为90.84%，与之相比，在理论速度比K_v=1.0处的滑转效率为90.44%[4.9]。这两种情况下的滑转效率的差异仅为0.4%，这种差异在实践中是可以忽略不计的。

上述四轮驱动越野车辆的滑转效率的分析方法，可应用于具有任何数量的驱动轮的全轮驱动越野车辆，例如6×6和8×8的越野车辆。

人们进行了一系列现场测试，用以检查理论速度比对四轮驱动车辆的滑转效率、牵引效

率和燃料效率的影响[4.10-4.12]。测试车辆是带有 Case-IH Magnum 前轮辅助的仪表化四轮驱动拖拉机。当前轮驱动啮合时，两个驱动轴以 0.752~1 的传动比刚性地连接。具有压载的前轴上的静载荷为 43.26kN(9726lbf)，其后轴上的静载荷为 64.16kN(14424lbf)。在农田中测量测试车辆的牵引性能，该车辆具有在多种胎压下的七种不同尺寸的前后轮胎组合；七种前后轮胎组合为 13.6R28 和 20.8R38、14.9R28 和 20.8R38、16.9-26 斜线轮胎和 20.8R38、16.9R26 和 20.8R38、16.9R28 和 20.8R38、13.6R28 和 18.4R38，以及 14.9R28 和 18.R38。轮胎胎压在 82kPa(12lbf/in^2) 到 193kPa(28lbf/in^2) 的范围内变化。多种前后轮胎组合产生一系列理论速度比值，其范围为 0.908~1.054。理论速度比通过前后轮胎的自由滚动半径计算，并考虑前后驱动轴之间的固定传动比。在现场测试期间，监测前轴和后轴上的驱动力矩、前后轮胎的滑转率、牵引力、车辆前进速度和拖拉机的燃料消耗。

现场试验数据表明，在各种胎压下，所有前轮胎的驱动力-滑转率关系非常相似，后轮胎亦是如此。因此，在各种胎压下用七组轮胎获得的约 350 组性能数据，被组合起来用于评估理论速度比 K_v 对拖拉机的滑转效率、牵引效率和燃料效率的影响。

图 4-13 示出了测得的滑转效率 [由公式 (4-11) 或公式 (4-14) 定义]、总的驱动力（即前后轮胎的驱动力之和）和理论速度比之间的关系。如图 4-13 所示，使用最小二乘法将测量数据拟合为一个三维曲面，该曲面以总驱动力和理论速度比的二次函数的形式表示滑转效率。沿一个定常总驱动力平面切割该曲面，可以获得在各种总驱动力值下的滑转效率和理论速度比之间的关系，如图 4-14 所示。从图中可以看出，对于 0.45 以内的总推量比 F/W 或在 48kN

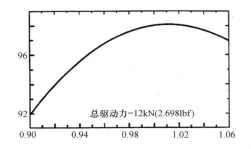

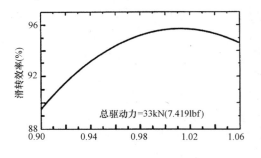

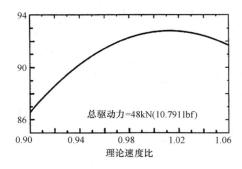

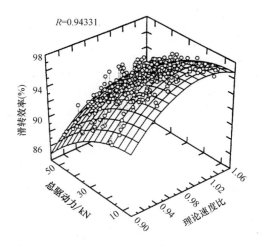

图 4-13 四轮驱动拖拉机在黏土地面上行驶时所测得的滑转效率、总驱动力和理论速度比之间的关系

图 4-14 在各种总驱动力作用时滑转效率与理论速度比之间的关系

（10791lbf）以内的总驱动力，当理论速度比接近或等于1.0时，四轮驱动拖拉机的滑转效率确实是最大的。因此，当理论速度比等于1.0时滑转效率将达到其峰值，这一分析发现通过实验得到证实。这也示于图4-14中，如果理论速度比高于或低于1.0，滑转效率将低于其最大值。

图4-15示出了测量的牵引效率（定义为牵引功率与前后驱动轮胎的功率之和的比率）、总驱动力和理论速度比之间的关系。沿一个定常总驱动力平面切割图4-15中的曲面，可以获得在各种总驱动力值下的牵引效率和理论速度比之间的关系，如图4-16所示。可以看出，当理论速比接近或等于1.0时，四轮驱动拖拉机的牵引效率也处于其峰值；这主要是由于滑转效率是牵引效率

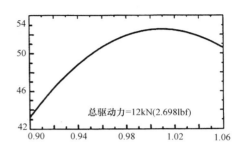

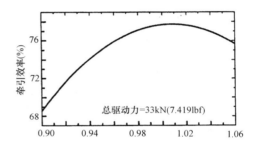

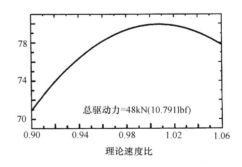

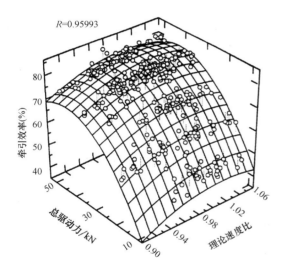

图4-15 四轮驱动拖拉机在黏土地面上行驶时所测得的牵引效率、总驱动力和理论速度比之间的关系

图4-16 在各种总驱动力作用时牵引效率与理论速度比之间的关系

的主要组成部分这一事实。

图4-17示出了测量的燃油效率（定义为每小时消耗单位体积柴油燃料所产生的牵引功率）、总驱动力和理论速度比之间的关系。沿一个定常总驱动力平面切割图4-17中的曲面，可以获得在各种总驱动力值下的燃油效率和理论速度比之间的关系，如图4-18所示。当理论速度比接近或等于1.0时，四轮驱动拖拉机的燃油效率也是最大的。

试验结果表明，在所述的工作条件下，当理论速比接近或等于1.0时，试验车辆的滑转效率、牵引效率和燃油效率达到它们各自的最大值。这表明，所有驱动轮胎保持相等的滑转率或理论速度比$K_v=1.0$是全轮驱动越野车辆实现高效率操作的实用指导。

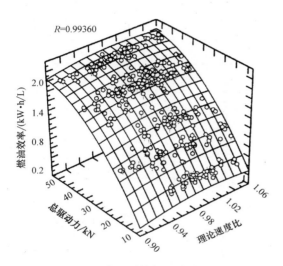

图 4-17 四轮驱动拖拉机在黏土地面上行驶时所测得的燃油效率、总驱动力和理论速度比之间的关系

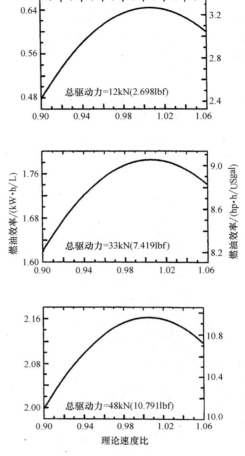

图 4-18 在各种总驱动力作用时燃油效率与理论速度比之间的关系

4.1.4 牵引力系数

在评价越野车辆的牵引性能时,挂钩牵引力相对于作用在车辆驱动轮上的车辆重量 W_d 之比,通常被称为牵引力系数 μ_{tr},该参数被广泛使用。其表达式如下:

$$\mu_{tr} = \frac{F_d}{W_d} = \frac{F - \sum R}{W_d} \qquad (4-16)$$

应当指出,由于牵引力是滑转率的函数,不同车辆的牵引力系数应在同一滑转率下进行比较。图 4-19 示出了两轮驱动和与之相当的四轮驱动拖拉机在田间中行驶时的牵引力系数对比[4.5]。

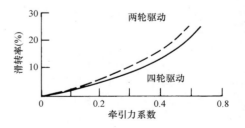

图 4-19 两轮驱动和四轮驱动拖拉机的牵引力系数随滑转率而变化的关系曲线(经机械工程师协会理事会允许,摘自参考文献 4.5)

4.1.5 越野车辆的重量-功率比

为牵引而设计的越野车辆，其所期望的重量与发动机功率之比取决于，最佳利用发动机功率产生期望牵引力的必然要求。因此，它是车辆工作速度的函数。根据公式（4-7），车辆重量对发动机功率之比与工作速度的关系可用下式表示[4.13]：

$$P = \frac{FV_t}{\eta_t} = \frac{(F_d + \sum R)V_t}{\eta_t} = \frac{(W_d \mu_{tr} + W f_r)V}{(1-i)\eta_t} \tag{4-17}$$

和

$$\frac{W}{P} = \frac{(1-i)\eta_t}{(\mu_{tr} W_d/W + f_r)V} = \frac{(1-i)\eta_t}{(\mu_{tr} K_{we} + f_r)V} \tag{4-18}$$

其中，W 是车辆总重，f_r 是运动阻力系数，K_{we} 被称为重量利用系数，它是 W_d 与 W 之比。对于两轮驱动拖拉机而言，其重量利用系数 K_{we} 小于 1；对四轮驱动或履带式车辆，其重量利用系数等于 1。如果有重量从机具转移到车辆上，K_{we} 的值可能大于 1。

公式（4-18）表明，对于为在一定速度范围内工作而设计的车辆，其重量与发动机功率之比应在某一特定范围内，从而使牵引效率能够保持在一定水平之上。图 4-20 示出了两轮驱动和四轮驱动拖拉机，在特定的工作环境下，其所期望的重量与发动机功率之比随工作速度的变化曲线。

在农业中，人们试图用增加拖拉机-农机具系统的工作速度的方法来提高在田间的生产率。这就要求研究适宜的机具和拖拉机，从而实现高速操作的全部优越性。公式（4-18）为高速拖拉机设计和性能参数的选择提供了指导原则。该式表明，为了最佳利用发动机功率并保持高水平的牵引效率，在提高工作速度的同时，必须要相应地减小拖拉机的重量与发动机功率之比。

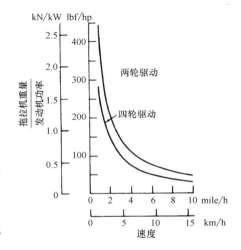

图 4-20 两轮驱动和四轮驱动拖拉机的最佳重量与功率之比随工作速度而变化的关系曲线（经机械工程师协会理事会允许，摘自参考文献 4.13）

4.2 越野行驶时的燃油经济性

越野车辆的燃油经济性，不仅取决于发动机的燃油经济性，而且还取决于传动系统特性、行走装置的内部阻力、外部阻力、牵引力和工作速度。当合成阻力、牵引力和工作速度均为已知时，需要的发动机输出功率 P 由下式确定：

$$P = \frac{(\sum R + F_d)V}{(1-i)\eta_t} \tag{4-19}$$

每小时工作所消耗的燃料量 u_h 可用下式来计算：

$$u_h = P u_s \tag{4-20}$$

其中，u_s 是发动机的比燃料消耗量，其单位是 kg/kW·h（或 lb/hp·h）。对于变化的工作条件，仍可用上面给出的基本公式来逐步计算变化的功率需求和燃油消耗。

越野车辆通过给定地面时，其运动阻力和滑转率会影响功率需求，并且在很大程度上取决于行走装置和车辆构型的设计，如第 2 章所述。因此，车辆的牵引特性对越野行驶的燃油经济性有显著影响。这可用下面的例子来说明。

例题 4-2： 参考第 2 章中的例题 2.3，如果车辆 A 和车辆 B 牵引负载需要的牵引力为 45kN（10117lbf），当这两台车辆皆以 10km/h（6.2mile/h）的速度行驶时，试估算其燃料消耗量的差别。在计算中，可假定柴油发动机的平均比燃料消耗量为 $0.25\text{kg/kW}\cdot\text{h}(0.41\text{lb/hp}\cdot\text{h})$。

解： 参考例题 2-3，车辆 A 的压土阻力为 3.28kN(738lbf)，车辆 B 的压土阻力为 2.6kN(585lbf)。两车的重量皆为 135kN(30350lbf)。两车以 10km/h 的速度行驶时，其内部阻力可用公式（4-2）来估算：

$$R_{in} = W(222+3V) = 3.47\text{kN}(780\text{lbf})$$

1) 为了拖动指定负载（45kN），车辆 A 需要产生的驱动力 F，等于合成阻力和牵引力之和：

$$F = \sum R + F_d = 3.28 + 3.47 + 45 = 51.75\text{kN}(11.634\text{lbf})$$

根据表 2-6，车辆 A 产生这个驱动力时的滑转率为 20.7%。假定传动系统的效率 η_t 为 0.85。当车辆 A 以 10km/h(6.2mile/h) 的速度行驶时，所需的发动机功率可用公式（4-17）计算如下：

$$P = \frac{(\sum R + F_d)V}{(1-i)\eta_t} = 213.3\text{kW}(286\text{hp})$$

每一小时工作所消耗的燃料量为

$$u_h = Pu_s = 53.3\text{kg/h}(117.3\text{lb/h})$$

2) 为了拖动指定负载（45kN），车辆 B 需要产生的驱动力为

$$F = 2.6 + 3.47 + 45 = 51.07\text{kN}(11.482\text{lbf})$$

根据表 2-6，车辆 B 产生这个驱动力时的滑转率为 15.5%。当车辆 B 以 10km/h(6.2mile/h) 的速度行驶时，所需的发动机功率为

$$P = 197.5\text{kW}(264.8\text{hp})$$

每一小时工作所消耗的燃料量为

$$u_h = 49.4\text{kg/h}(108.6\text{lb/h})$$

计算结果表明，车辆 A 比车辆 B 多消耗约 7.9% 的燃料，这是因为在这种情况下，车辆 A 的运动阻力和滑转率比车辆 B 要大。两台车辆在牵引性能方面的差别是由履带的尺寸不同而造成的。【译注：这表明，越野车辆行走装置的结构对其燃料经济性有重要意义。】

不同类型越野车辆运行时的燃料经济性，也可以用反映车辆完成的工作生产率参数来评价。例如，一台农业拖拉机，其运行时的燃料经济性，可根据其完成单位面积工作所消耗的燃料量 u_a 来表示：

$$u_a = \frac{Pu_s}{B_m V_m} \tag{4-21}$$

其中，B_m 是拖拉机所拖带的农机具或机器的工作幅宽，V_m 是平均工作速度。

为了评价一台拖拉机在生成牵引功率时的燃料经济性，可用每小时生成单位牵引功率所消耗的燃料量 u_d 作为指标：

$$u_d = \frac{u_h}{P_d} = \frac{Pu_s}{P\eta_m\eta_s\eta_t} = \frac{u_s}{\eta_m\eta_s\eta_t} \tag{4-22}$$

其中，u_h 是每小时所消耗的燃料量，P 是发动机功率，P_d 是牵引功率，u_s 是发动机的比燃料消耗量，η_m 是运动效率，η_s 是滑转效率，η_t 是传动效率。

在 Nebraska 大学的测试项目中，每消耗单位体积燃料时所能得到的牵引能量 E_d，被用作评价其燃料经济性的一个指标：

$$u_e = \frac{E_d}{u_t} = \frac{F_d V t}{u_t} = \frac{P_d t}{u_t} \tag{4-23}$$

其中，u_t 是时间 t 内所消耗的燃料量。

对于越野运输车辆，可将运输单位静载重通过单位距离时所消耗的燃料量 u_{tr} 作为评价其燃料经济性的一个指标：

$$u_{tr} = \frac{Pu_s}{W_p V_m} \tag{4-24}$$

其中，W_p 是净载重，u_{tr} 的单位是"L/t·km"或"USgal/t·mile"。

在无法及时补充燃料的地区工作时，必须采用特殊的燃料运输车来为运载车辆提供燃料。因此，运输单位净载重的总油耗应该包括运油车的油耗[4.2]。

4.3 运输生产率和运输效率

用于比较商用越野车辆的一个绝对指标是，在特定路线上运输单位净载重的相对成本。这不仅涉及车辆性能和燃料消耗特性，而且还涉及车辆在行驶前存在的未知因素，如载荷系数和用户喜好。不过，在研制的初始阶段，可用一些基本的性能指标进行评价和比较。现将其中的某些指标讨论如下。

运输生产率，其定义是净载重与驶过特定区域的平均越野速度的乘积，它可作为评价越野运输车辆的工作特性的一个指标。对于现有车辆，其平均速度可以通过实验测定。但是，对于正在研制中的车辆，要预测该车辆通过某一特定区域时的平均速度可能会非常复杂，这是因为地面条件的变化可能很大。

除车辆的牵引性能之外，其他的很多因素，如克服障碍的能力、在河流环境中的机动性以及不平地面引起的车辆振动，这些也都影响车辆的越野速度。

为了表征运输系统的效率，也可采用运输效率 η_{tr}，其定义为运输生产率与系统的功率输入之比[4.14,4.15]：

$$\eta_{tr} = \frac{W_p V}{P} \tag{4-25}$$

其中，W_p 是净载重，P 是系统的输入功率。上述定义的运输效率有三个基本组成部分，即升力/阻力比 C_{ld}（车辆总重对总运动阻力之比）、结构效率 η_{st}（净载重对车辆总重之比）以及推进效率 η_P：

$$\eta_{tr} = \frac{W_p V}{P} = \frac{W_p V}{(\Sigma R)V/\eta_P} = \frac{W}{\Sigma R}\frac{W_p}{W}\eta_P = C_{ld}\eta_{st}\eta_P \tag{4-26}$$

推进效率包括车辆的传动效率和滑转效率。

用单位运输生产率所耗功率来表示的运输效率倒数，也可用来表征运输系统的性能。

4.4 机动性地图和机动性分布

为了表征军用车辆（诸如后勤车辆和装甲运兵车）的机动性，可以用给定区域内两点间的最大可能速度作为一个基本指标[4.16]。最大可能速度是表示车辆和使用环境之间多种相互作用总效果的高度综合的参数。这一指标得到越来越广泛的接受，特别是在军事战略计划者和军用车辆驾驶人中间。

为了预测最大可能速度，已经有多种计算机仿真模型，例如已开发出来的 AMC-71、AMM-75 以及 NRMM（NATO Reference Mobility Model，北约参考机动性模型）[4.16,4.17]。鉴于野外环境条件的变化，在这些计算机模型中，将人们感兴趣的地区分为小块，在每一小块中地面被看成是绝对均匀的，以容许用车辆直线运动的最大速度来定义车辆的机动性。

对于这些计算机模型，地面特性、车辆和驾驶人被要求作为输入。地表组成、地表几何、植物以及线性几何，如河流横断面、水流速度和深度，必须加以标明。车辆的几何特性、惯性特性和机械特性，连同驾驶人的反应时间、识别距离以及乘坐舒适性，也必须加以标明。

对于计算机模型而言，地面可被分为三类：地区（areal patch），具有线性特征的区块（如河流、沟渠、堤坝），道路或崎岖道路。

当车辆通过一个区域性地面时，最大可能车速可能受到下述一个或几个因素联合作用的限制：

1）用于克服沉陷、坡度、障碍、植被等所形成的阻力的驱动力。
2）驾驶人对通过不平地面时乘坐不舒适的忍耐极限和对障碍碰撞的忍耐极限。
3）受到道路前方能见度的限制，驾驶人不情愿超过能够及时停车的车速。
4）车辆躲避障碍的机动性。
5）在障碍物之间加速和减速以及由于机动躲避障碍而引起的速度降低。

计算和比较上述每个因素对速度的影响，便可确定在特定地区内所能达到的最大车速。

当车辆通过线性特征区域，如河流、人工渠、运河、陡坡、铁路和公路堤坝时，应当使用适宜的模型来确定其所能达到的最大速度。在模型中需要考虑进入该区域、通过该区域和从该区域驶出所需的时间。必要时还得包括诸如起吊和挖掘之类工程作业的时间在内。

为了预测车辆在一般道路或崎岖道路上的最大可能速度，除因受运动阻力而限制的速度之外，还必须考虑因乘坐舒适性、可见度、轮胎特性和道路曲率等而限制的速度。选取这些速度中的最小值作为在该道路或崎岖道路区域内的最大可能速度。

根据上述分析所得到的结果，可以很方便地使用机动性地图来表示，如图 4-21 所示[4.16]。地图中的数字表示某一特定车辆在所考虑的整个区域内每个部分所能达到的速度（单位：mile/h）。这为选择最佳路径提供了依据，从而使车辆通过某一给定区域的平均速度最大化。可将机动性地图里所包含的信息概括为图 4-22 中的机动性分布曲线[4.16]，它提供了在特定区域内车辆机动性的整个统计描述。它把车辆所能经受的速度表示为在所考虑整个地区内百分比的函数。例如，图 4-22 中 90% 的截点（点 A）表明，车辆可在 90% 的区域内达到 13.7km/h（8.5mile/h）的平均速度。从多种目的（例如操作计划和可行性分析）来看，机动性地图和机动性分布曲线都是用来表征车辆机动性的一种适宜方式。但是，它们并不适宜直接用于车辆设计中的参数化分析。

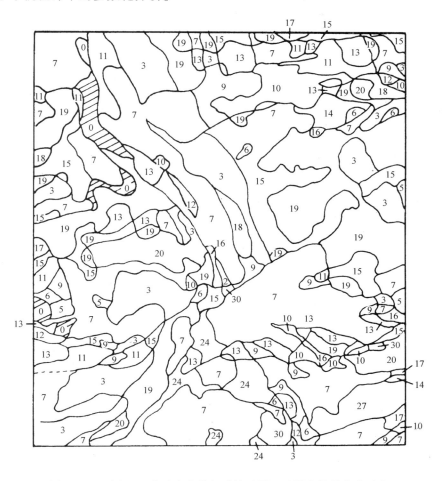

图 4-21　一辆 2.5t 载重汽车的机动性地图。地图中的数字表示在给定区域内的最大可达速度，其单位是 mile/h；交叉阴影区域表示车辆无法通过该区域（经汽车工程师协会允许，摘自参考文献 4.6）

当以自身的能源行驶时，诸如坦克等战斗车辆的机动性，可用操作机动性和战场机动性来进行描述。

操作机动性是指坦克在工作区域内的移动能力。它与功率-重量比、车辆重量、工作范围和可靠性有关。车辆的功率-重量比越高，车辆从一个区域移动到另一个区域的潜在速度就越高。车辆重量影响其在松软地面上的牵引性能，正如第 2 章中所讨论的那样，并且车重还限制车辆可通过的道路桥的类型。

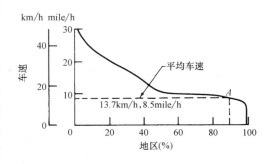

图 4-22　一辆 2.5 吨重的货车在确定地区内的机动性分布（经 SAE 允许，摘自参考文献 4.16）

车辆的工作范围影响其从原点到目的地过程中加油的频率,并因此影响车辆的平均速度。车辆的可靠性也影响工作机动性,因为可靠性越高,坦克按计划到达目的地的可能性就越大。

战场机动性是坦克在战场与敌人部队战斗时的移动能力。坦克车辆应该能在从松软地面到粗糙硬地面等各种类型的地面上移动,并能以最快的可能速度翻越障碍,从而尽量减少其暴露于敌人火力的可能性。战斗车辆的履带-悬架系统的重量和设计,会极大地影响其在松软地面上的性能以及在粗糙地面上的速度。车辆的功率-重量比在很大程度上决定了车辆的加速度和敏捷性,因此决定了其在战场条件下采取规避动作的能力。图 4-23 示出了两辆坦克(豹-1 和豹-2)在具有不同的功率-重量比之下,加速距离与时间的关系。豹-2 坦克的功率-重量比为 27hp/t(20kW/t),相比于功率-重量比为 20.5hp/t(15.3kW/t) 的豹-1 坦克,豹-2 可以更快地达到指定速度或通过规定的距离[4.3]。图 4-24 示出了不同功率-重量比的多个坦克在硬路面上从静止加速到 32 或 48km/h (20 或 30mile/h) 所需的时间。当功率-重量比高达约 40hp/t(30kW/t) 时,将车辆加速到 32km/h (20mile/h) 的速度所需的时间会或多或少地接近一个恒定值。这表明,对于给定的工作条件,当功率-重量比超过某一水平之后再增加推重比(对提高车辆的加速性能)是无效的。装甲保护也影响坦克的战场机动性能。使用更好的装甲防护,在战场条件下可以更自由地移动,并且提高了战场生存能力。

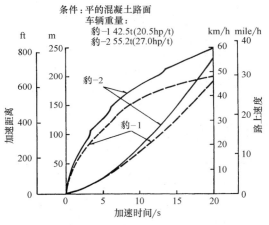

图 4-23 豹-1 和豹-2 这两个主战坦克的速度(上部曲线)和距离(下部曲线)与加速时间之间的关系(MTU Motoren-und Turbinen-Union Friedrichshafen, Germany 允许使用)

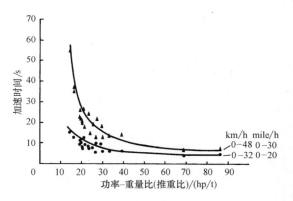

图 4-24 车辆从静止到某给定速度的加速时间随车辆功率-重量比而变化的曲线(经允许摘自 Technology of Tanks by R. M. Ogorkiewicz, Jane's Information Group, 1991)

4.5 越野行驶中车辆构型的选择

车辆构型一般可根据形式、尺寸、重量和功率来定义[4.2]。车辆构型的选择主要基于任务和操作需求以及车辆将要工作的环境。此外,还要考虑燃料经济性、安全性、成本、对环境的影响、可靠性、可维修性和其他因素。因此,为了根据已知任务和环境来确定车辆的最佳构型,应当采用一种系统化的分析方法。

地面-车辆系统的分析通常始于确定任务要求，例如所需完成的任务类型、运输载荷的种类以及车辆的使用特性，后者包括生产率、成本和经济性。搜集车辆所要驶过地面的物理和几何性质作为输入。根据过去的经验和未来的发展趋势，可用完成特定任务需求的概率，选定有竞争力的车辆概念；然后分析比较被选中车辆的工作特性和性能。在评价时可采用第2章和本章前几节所讨论的方法和技术。经过系统分析之后，建立起被选车辆的优劣顺序，并据此选出最佳车辆构型[4.2]。

因此，对于已知任务和环境，选择车辆构型是一个复杂过程，不详加分析就不能确定最佳构型。然而根据越野运输技术的当前状态，可制定出有关现有车辆构型的优点和缺陷的某些通用准则[4.18]。一般来说，有两种主要类型的地面车辆能够在一定范围内的未整备过的地面上工作：轮式车辆和履带车辆。

轮式车辆

参考第2章和本章前面部分对越野车辆牵引性能所做的分析，车辆牵引力对其重量比的最大值可用下式表示：

$$\frac{F_d}{W} = \frac{F - \sum R}{W} = \frac{cA + W\tan\phi - f_r W}{W} = \frac{c}{p} + \tan\phi - f_r \quad (4-27)$$

上式表明，对具有一定内聚力 c 和内剪切阻力角 ϕ 的已知地面，最大牵引力对其重量之比是接地压力 p 和运动阻力系数 f_r 的函数。接地压力和运动阻力系数越小，则最大牵引力对重量之比就越大。由于接地压力和运动阻力取决于车辆设计，正确选择车辆构型极为重要。

如果外形轮廓尺寸和总重量给定，履带式车辆比轮式车辆具有更大的接地面积。因此，履带车辆的接地压力、沉陷量和外部阻力比尺寸与之相当的轮式车辆要小。此外，当外廓尺寸相同时，履带车辆的接地长度要比轮式车辆大。因此，对于相同驱动力的车辆，履带车辆的滑转率通常要比与之相当的轮式车辆要低。其结果是，履带车辆在困难地形内的机动性整体上要优于轮式车辆。

然而，当需要经常在道路上高速行驶时，相比于履带车辆，轮式车辆是个更为合理的选择。

履带车辆

尽管履带式车辆能在大范围的未整备过的地面上行驶，然而想要充分发挥其潜力，必须精心设计履带-负重轮系统。在过去，履带式车辆的名义接地压力（即车辆总重对名义接地面积之比），已被广泛当作与松软地面机动性相关的一个设计参数。然而，现在该参数的普遍应用（通用）所带来的缺点已经明显，它不仅忽略了履带下方实际压力的变化，而且不能区分那些具有相同名义接地压力、但在松软地面上具有不同机动性的履带结构。在第2章中已经表明，车辆的沉陷量，亦即车辆的运动阻力，取决于车辆作用在地面上的最大压力，而不取决于名义接地压力。因此，在履带-负重轮系统的设计中最首要的是，在运行条件下，该设计应提供尽可能均匀的接地压力。

对低速履带式车辆，例如工作在农场和建筑领域内的车辆，通过采用较为刚性的长履节履带以及多个数量的小直径负重轮，就能得到相当均匀的接地压力。不过，为了达到最优牵引性能，负重轮间距与履带节距之比，应当处于一定范围之内，如2.7节所述。

对于高速履带车辆，例如那些用于越野运输或军事用途的车辆，为了最大程度地降低车辆和履带系统的振动，同时提供足够的越障能力，需要使用较大直径的负重轮以及相当行程的悬架。这些车辆中的履带，通常为短节距履带或橡胶履带。这通常会导致履带下方的压力分布极不均匀。图 2-61c 所示的重叠布置的负重轮，在满足高速运行和松软地面的机动性这一对矛盾要求方面，提供了一个折中方案。第 2.6 节也表明，履带的初始张紧力通常也会对接地压力分布有非常明显的影响。为了提高牵引性能，仔细选择初始履带张紧力十分重要。安装一个初始履带张紧力调节装置（由驾驶人控制）是提高车辆在松软地面上机动性的一个经济有效的方法。当需要穿越松软地面时，这个遥控装置使得驾驶人能够非常方便地提高履带初始张紧力；类似地，在穿过松软地面之后，该遥控装置还可以使驾驶人能够非常方便地降低履带初始张紧力，从而减小履带-悬架系统的磨损。履带初始张紧力调节系统在改善履带车辆在松软地面机动性方面的作用，类似于中央轮胎充气系统在改善轮式车辆在松软地面机动性方面的作用。

橡胶履带正在越来越广泛地应用于农业和工业拖拉机中。这主要是因为与金属履带相比，橡胶履带能够在铺设好的道路上行驶而不损坏其表面，同时它还有操作噪声低和重量轻的优点。橡胶履带也已被提议用于未来的战斗车辆。

经验和分析表明，转向方式对履带式车辆在困难地面上的机动性也很重要。在松软地面上，相比于滑移转向，铰接转向能够为车辆提供更好的机动性和操纵性。此外，铰接转向还能使车辆获得更为合理的外形；这是因为在松软地面上，对于同样的接地面积，长而窄的车辆要比短而宽的车辆的外部阻力小【译注：铰接车辆与采用滑移转向的类似车辆相比，其行驶平顺性明显较佳，接触长度大是主要原因；因为它使纵向角振动的振幅减小】。从环境角度来看，在转向时，铰接转向比滑移转向对地面的破坏要小。在第 6 章，我们将详细分析履带式车辆各种转向方式的特点。

传动系统特性对车辆在松软地面上的机动性也有重要作用。一般来说，优先选择自动传动系统，因为它允许在不切断传给行走装置动力的情况下进行换挡。

轮式车辆与履带车辆的对比

上面概述了用于越野操作的轮式和履带式车辆的优点和不足，下面将针对在给定的任务和环境下如何选择车辆构型提供更详细的指导意见。在下文中，基于第 2 章中所描述的地面力学原理，从牵引性能角度来详细审视轮式车辆与履带车辆之间的对比问题[4.19]。

对于轮式车辆，如果假设其轮胎的接地印迹基本平坦且为矩形，接地印迹内法向压力均匀分布，并且各轮胎具有相同的接地长度 L_{ti}，车辆重量在各轮胎上均匀分布；那么，在给定滑转率 i 下车辆的 n_{ti} 个轮胎所产生的总驱动力（或牵引力）F_{ti}，可以表示为 [假设剪切应力-剪切形变关系由式 (2-56) 描述]

$$F_{ti} = n_{ti}[cb_{ti}L_{ti} + (W/n_{ti})\tan\phi][1-(K/iL_{ti})(1-\exp(-iL_{ti}/K))] \quad (4-28)$$

其中，b_{ti} 是轮胎的接地宽度，并且假定所有轮胎具有相同的接地宽度；W 是车辆的总重量；i 是滑转率，并假定所有轮胎的滑转率相同；K 为剪切变形参数。

对于履带式车辆，如果假设履带的接地印迹基本平坦且为矩形，接地印迹内法向压力均匀分布，并且各履带具有相同的接地长度 L_{tr}，车辆重量在各履带上均匀分布；那么，在给定滑转率 i 下车辆的 n_{tr} 条履带所产生的总驱动力 F_{tr} 的表达式为

$$F_{tr} = n_{tr}[cb_{tr}L_{tr} + (W/n_{tr})\tan\phi][1-(K/iL_{tr})(1-\exp(-iL_{tr}/K))] \quad (4-29)$$

式中，b_{tr} 是履带的接地宽度，并且假定所有履带具有相同的接地宽度；W 是车辆的总重量；i 是滑转率，并假定所有履带的滑转率相同。

根据公式（4-28）和公式（4-29），轮式车辆驱动力与履带车辆驱动力之比 F_{ti}/F_{tr}（以下称为驱动力之比）的表达式为

$$\frac{F_{ti}}{F_{tr}}=\frac{n_{ti}[cb_{ti}L_{ti}+(W/n_{ti})\tan\phi][1-(K/iL_{ti})(1-\exp(-iL_{ti}/K))]}{n_{tr}[cb_{tr}L_{tr}+(W/n_{tr})\tan\phi][1-(K/iL_{tr})(1-\exp(-iL_{tr}/K))]} \quad (4-30)$$

为了从牵引角度来说明轮式车辆和履带车辆之间的差异，比较由越野轮式车辆和履带车辆所产生的驱动力。图 4-25 是 8×8 轮式车辆一侧的四个轮胎以及与之相当的履带式车辆一侧履带的示意图。在对比中，假定 $b_{ti}=b_{tr}=0.38m(15in)$，$B$（轮式车辆的轴距）= L_{tr}（履带的接地长度）= 3.3m(130in)，轮胎的外径为 0.984m(38.7in)（对应于 325/85 R16 轮胎的外径），轮式和履带车辆的重量 W 均为 110.57kN(24858lbf)，两车的滑转率均为 20%。

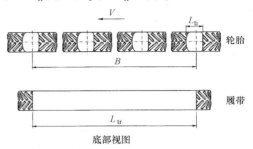

图 4-25 在研究中使用的 8×8 轮式车辆一侧的四个轮胎以及与之相当的履带式车辆一侧的履带的示意图

根据公式（4-30），图 4-26 和图 4-27 分别示出了轮式车辆和履带车辆在两种土壤上的驱动力之比 F_{ti}/F_{tr} 随接地长度之比 L_{ti}/L_{tr} 的变化曲线；其中图 4-26 中为具有不同剪切变形参数 K 的砂土，而图 4-27 中则为具有不同剪切变形参数 K 的高含水量（HMC，high moisture content）黏土。在这两种地面上，驱动力之比 F_{ti}/F_{tr} 总是小于 1，这表示轮式车辆产生的驱动力总是低于与之相当的履带车辆所产生的驱动力。这主要是因为以下事实：履带的接地长度更短，因而在同样的滑转率下，轮胎接地印迹后部的剪切变形将比履带要小很多。这在许多情况下可能限制轮胎接地印迹上剪切应力的充分发展，尤其是当 K 值较高的时候。由于车辆行走装置产生的驱动力是剪切应力在接地区域上的积分，而轮式车辆的剪切应力较低且接地面积较小，轮式车辆所产生的驱动力通常将低于与之相当的履带车辆。这种情况示于图 4-28 中，其中比较了 8×8 轮式车辆轮胎下方的剪切应力状况和与之相当的履带式车辆的剪切应力状况。然而，在相同的车重下，由于其

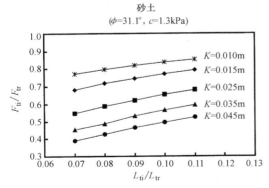

图 4-26 当滑转率为 20% 时，轮式与履带式车辆的驱动力之比随它们在砂土上的接地长度之比的变化状况

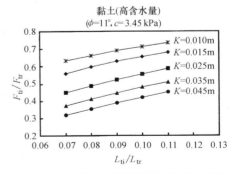

图 4-27 在高含水量的黏土地面上，当滑转率为 20% 时，轮式车辆与履带车辆的驱动力之比随接地长度之比的变化状况

接地面积较小,轮式车辆轮胎下方的法向压力将高于与之相当的履带车辆履带下方的法向压力。图 4-26 和图 4-27 所示的结果中考虑了这个因素。

在图 4-26 和图 4-27 中,驱动力之比 F_{ti}/F_{tr} 通常随接地长度之比 L_{ti}/L_{tr} 的增加而增大。应当提到的是,轮胎接地长度 L_{ti} 随胎压的降低而增大。这表明,在松软地面上,降低轮胎压力通常可以改善轮式车辆的驱动力,从而提高驱动力之比 F_{ti}/F_{tr}。

图 4-26 和图 4-27 也表明,当 K 值增加时,驱动力之比 F_{ti}/F_{tr} 在所检测的两种土壤上都呈现出明显的下降。这是因为当 K 值增大时,用于产生最大剪切应力所需的剪切位移也增大,请参见 2.4.3 节中的公式 (2-56) 和图 2-45。这意味着,由于轮胎具有比履带短得多的接地长度,增大 K 值对轮式车辆驱动力的影响远大于其对履带车辆驱动力的影响,如先前所述并如图 4-28 所示。

尽管上面给出的分析说明了轮式车辆和履带车辆之间在驱动力方面的基本差异,但是该分析基于简化假设,例如轮胎或履带下方的法向压力是均匀分布的,并且接地印迹是矩形,这在许多情况下并不一定真实。此外,车辆的牵引性能不仅取决于驱动力,还取决于运动阻力,如 4.1 节所述。为了实际地比较轮式车辆与履带车辆的性能,应当使用诸如在 2.6 节、2.7 节和 2.9 节中所描述的那些计算机辅助方法。图 4-29 示出了当滑转率为 20% 时 8×8 轮式越野车辆(类似于广泛使用的轻型装甲车辆)和具有柔性履带的车辆(类似于广泛使用的装甲运兵车)在四种类型的土壤(砂土、壤土、高含水量的黏土和中等含水量的黏土)上的牵引性能随轮胎压力(或履带压力)的变化曲线[4.19]。

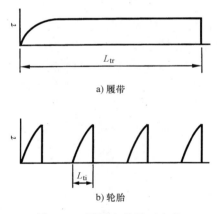

图 4-28 履带和轮胎下方的理想剪切应力分布对比

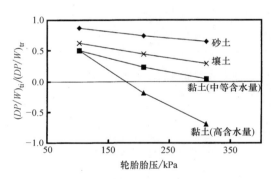

图 4-29 当滑转率为 20% 时,在不同类型的土壤上,轮式车辆的驱动力对车重之比相对于履带车辆的驱动力对车重之比的比值随胎压的变化情况

这两种车辆的基本参数在表 4-4 中给出。在图中,$(DP/W)_{ti}$ 表示使用 2.9 节中概述的 NWVPM 程序预测而得到的轮式车辆的驱动力与车重之比,$(DP/W)_{tr}$ 表示使用 2.6 节中概述的 NTVPM 程序预测而得到的履带车辆的驱动力与车重之比[4.19]。在所考察的四种地面上,$(DP/W)_{ti}$ 与 $(DP/W)_{tr}$ 之比总小于 1,并且该比值随轮胎胎压的增大而减小。在高含水量的黏土上,当轮胎压力超过约 180kPa(26lbf/in^2) 时,该比率变为负值,这表明轮式车辆将不能驱动自身而变得不可动。这进一步表明,第 2 章中介绍的计算机辅助方法是从牵引角度出发真实评估越野车辆的性能和设计的有用工具。

表 4-4 8×8 轮式车辆和履带车辆的基本参数

车辆参数	轮式车辆	履带车辆
总重/kN	127.48	110.57
轴距(轮式车辆)或名义履带接地宽度(履带车辆)/m	3.475	2.67
一侧的轮胎数目或负重轮数目	4	5
轮胎或负重轮的外径/m	0.984	0.61
轮胎或履带宽度/m	0.393	0.38

参 考 文 献

4.1 G. V. Cleare, "Factors Affecting the Performance of High-speed Track Layers," *Proc. Institution of Mechanical Engineers*, vol. 178, part 2A, no. 2, 1963-1964.

4.2 M. G. Bekker, *Introduction to Terrain-Vehicle Systems*. Ann Arbor, MI: University of Michigan Press, 1969.

4.3 R. M. Ogorkiewicz, *Technology of Tanks*. Surrey, UK: Jane's Information Group, 1991.

4.4 Z. Kolozsi and T. T. McCarthy, "The Prediction of Tractor Field Performance," *Journal of Agricultural Engineering Research*, vol. 19, pp. 167-172, 1974.

4.5 L. E. Osborne, "Ground-Drive Systems for High-powered Tractors," *Proc. Institution of Mechanical Engineers*, vol. 184, part 3Q, 1969-1970.

4.6 W. Sohne, "Four-wheel-drive or Rear-wheel-drive for High Power Farm Tractors," *Journal of Terramechanics*, vol. 5, no. 3, 1968.

4.7 J. Y. Wong, "Optimization of the Tractive Performance of Four-wheel-drive Offroad Vehicles," *SAE Transactions*, vol. 79, paper 700723, 1970.

4.8 P. A. Dudzinski, "The Problems of Multi-axle Vehicle Drives," *Journal of Terramechanics*, vol. 23, no. 2, 1986.

4.9 B. C. Besselink, "Tractive Efficiency of Four-wheel-drive Vehicles: An Analysis for Non-uniform Traction Conditions," in *Proc. Institution of Mechanical Engineers*, Part D, *Journal of Automobile Engineering*, vol. 217, no. 5, 2003.

4.10 J. Y. Wong, N. B. McLaughlin, Z. Knezevic, and S. Burtt, "Optimization of the Tractive Performance of Four-wheel-drive Tractors: Theoretical Analysis and Experimental Substantiation," in *Proc. Institution of Mechanical Engineers*, Part D, *Journal of Automobile Engineering*, vol. 212, no. D4, 1998.

4.11 J. Y. Wong, N. B. McLaughlin, Zhiwen Zhao, Jianqiao Li, and S. Burtt, "Optimizing Tractive Performance of Four-wheel-drive Tractor-Theory and Practice," in *Proc. I 3th Int. Conf of the International Society for Terrain-Vehicle Systems*, vol. 2, Munich, Germany, 1999.

4.12 J. Y. Wong, Zhiwen Zhao, Jianqiao Li, N. B. McLaughlin, and S. Burtt, "Optimization of the Performance of Four-wheel-drive Tractors-Correlation Between Analytical Predictions and Experimental Data," *SAE Transactions*, Section 2, Journal of Commercial Vehicles, paper 2000-01-2596, 2000, and *SAE Journal of Off-highway Engineering*, February 2001.

4.13 A. R. Reece, "The Shape of the Farm Tractor," in *Proc. Institution of Mechanical Engineers*, vol. 184, part 3Q, 1969-1970.

4.14 J. Y. Wong, "On the Application of Air Cushion Technology to Overland Transport," *High Speed Ground Transportation Journal*, vol. 6, no. 3, 1972.

4.15　J. Y. Wong, "System Energy in High Speed Ground Transportation," *High Speed Ground Transportation Journal*, vol. 9, no. 1, 1975.

4.16　C. J. Nuttall, Jr., A. A. Rula, and H. J. Dugoff, "Computer Model for Comprehensive Evaluation of Cross-country Vehicle Mobility," *SAE Transactions*, paper 740426, 1974.

4.17　M. P. Jurkat, C. J. Nuttall, and P. W. Haley, "The U. S. Army Mobility Model (AMM-75)," in *Proc. 5th Int. Conf of the International Society for Terrain Vehicle Systems*, vol. 4, Detroit, MI, 1975.

4.18　J. Y. Wong, *Terramechanics and Off-Road Vehicles*. Amsterdam, The Netherlands: Elsevier Science, 1989.

4.19　J. Y. Wong and W. Huang, "Wheels vs. Tracks-A Fundamental Evaluation from the Traction Perspective," *Journal of Terramechanics*, vol. 43, no. 1, 2006.

习　题

习题 4.1：例题 4.1 中所述越野车辆挂三档时，其总传动比为 33.8。试计算该车辆在不同行驶速度下的牵引功率和牵引效率。

习题 4.2：一越野车辆拖带一阻力为 17.792kN(4000lbf) 的机具。车辆运动阻力为 6.672kN(1500lbf)。在此条件下，行走装置的滑转率为 35%，传动效率为 0.80。试求解将发动机功率转变为牵引功率时，损失功率的百分比。

习题 4.3：一辆四轮驱动越野车辆，其前、后驱动轴之间刚性连接。其前后轴的驱动力-滑转率特性相同，如下表所示。由于轮胎气压不等、磨损不均匀，前轮胎的理论速度比后轮胎要大 6%。车辆的运动阻力为 1.67kN(375lbf)。车辆拖带一阻力为 16.51kN(3712lbf) 的机具。试确定在传动系统中是否会发生扭转加载（torsional wind-up）。同时确定前、后轴的驱动力分配和车辆的滑转效率。

	前、后驱动轴的驱动力-滑转率特性						
滑转率(%)	5	10	15	20	25	30	40
驱动力/kN	5.12	8.0	10.23	12.0	13.34	14.23	16.01

习题 4.4：如果在习题 4.3 中所述的四轮驱动越野车辆的前、后驱动轴间装一单向离合器（而不是刚性连接），从而使得当后轮胎的滑转率小于 10% 时，前轮不驱动。试确定当车辆拖带一阻力为 14.06kN(3160lbf) 的机具时，前、后驱动轴间的驱动力分配和车辆的滑转效率。车辆的运动阻力为 1.67kN(375lbf)。

习题 4.5：一台两轮驱动拖拉机被设计主要用于在 10~15km/h(6.2~9.3mile/h) 的速度范围内工作，该拖拉机的重量利用系数为 75%。假定其传动效率和滑转效率均为 85%。其运动阻力系数的平均值为 0.1，牵引力系数为 0.4。试计算该拖拉机的功率-重量比的大致范围。

习题 4.6：一越野运输车辆的总重为 44.48kN(10000lbf)，其净载重为 17.79kN(4000lbf)。车辆的运动阻力系数为 0.15。传动效率和和滑转效率均为 0.85。如果该运输车以 15km/h(9.3mile/h) 的速度行驶，发动机的平均比燃料消耗量为 0.25kg/kW·h(0.41lb/hp·h)，试确定该车辆将 1t 静载重运输 1km 所消耗的燃料量。同时计算运输生产率、单位生产率的功率消耗以及车辆系统的运输效率。

第 5 章

道路车辆的操控特性

道路车辆的操控特性是指车辆对转向信号和影响车辆行驶方向的外部环境输入信号（如风力和不平道路引入的干扰）的响应状况。在车辆操控中有两个基本问题：一是（能否按照需求）控制车辆的行驶方向；二是在有外部干扰的情况下稳定保持其行驶方向的能力。

作为刚体的车辆具有 6 个自由度，沿 x、y 和 z 轴的平移以及围绕这些轴的旋转，如图 5-1 所示。与车辆的操控特性相关联的主要运动是纵向、侧向和横摆运动（分别为沿 x 轴的平移、沿 y 轴的平移和绕 z 轴的旋转）。实际上，在转向操控期间，车身侧倾（即绕 x 轴旋转）；这种侧倾运动可能导致车轮转向，从而影响车辆的操控性能。此外，车体的起伏和前后俯仰运动（分别为沿 z 轴的平移和绕 y 轴的旋转）也可以影响车辆的转向响应。然而，仅当考虑操控特性的限制时，才需要在分析中包括这些运动。

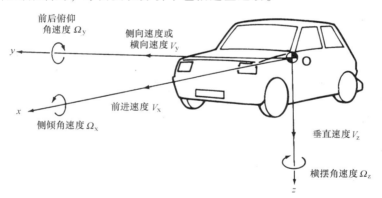

图 5-1　车辆运动的六自由度轴线系统

本章的目的是作为对道路车辆操控特性研究的一个初步介绍。这里介绍的模型是忽略悬架特性的简化线性模型，它主要被用于研究乘用车辆和牵引式半挂车的操控特性。这些模型阐明了车辆设计和操作的多种参数（例如轮胎特性、车辆重心位置以及前进速度）对操控特性的影响，并导出有关行驶方向控制及其稳定性的具有实际意义的结论。车辆对转向盘转向输入的响应以及转向盘固定在某一位置时车辆行驶方向的稳定性——它常被称为"定控特性"，也要分析。

5.1　转向几何

我们在分析道路车辆的操控特性时，以下述内容作为开始会比较方便：在忽略离心力影响的前提下，讨论低速车辆的转向运动状况。对于道路车辆来讲，其转向通常是通过转向系统来改变前轮的导向来完成，尽管四轮转向系统已经被引入到乘用车辆中。在低速时，车辆的运动方向和转向盘转角之间存在一个简单关系式。在设计转向系统时的主要考虑是使转向时轮胎的滑擦（scrub）最小，这便要求转向时所有轮胎应该为纯滚动而无侧向滑移。为了满足这一要求，全部车轮应该绕一组不同半径的同心圆弧行驶，如图 5-2 所示。这样我们便确定了内侧前轮转角 δ_i 和外侧前轮转角 δ_o 之间的合理关系式。从图 5-2 可以看出，转角 δ_i 和 δ_o 之间需要满足下列关系式：

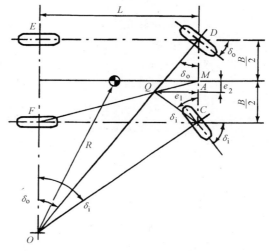

图 5-2 转向几何关系

$$\cot\delta_o - \cot\delta_i = B/L \tag{5-1}$$

其中，B 和 L 分别为车辆的轮距（或履带间距）和轴距。

满足公式（5-1）的转向几何通常被称为 Ackermann 转向几何；其中，式（5-1）中 δ_i 和 δ_o 的关系可以用图解法来表示。根据图 5-2，首先做前轴中点 M 与内侧后轮中心点 F 的连线 MF，然后在前轴上画出外侧前轮的转角 δ_o，连接 DO 交 MF 于 Q，再做点 Q 与内侧前轮中心点 C 之间的连线 QC；于是 $\angle QCM$ 便是满足式（5-1）的内前轮转角 δ_i。这可以从图 5-2 所示的几何关系得到证明：

$$\cot\delta_o = (B/2 + e_2)/e_1$$
$$\cot\delta_i = (B/2 - e_2)/e_1$$

两式相减得

$$\cot\delta_o - \cot\delta_i = 2e_2/e_1 \tag{5-2}$$

由于 ΔMAQ 与 ΔMCF 相似，

$$\frac{e_2}{e_1} = \frac{B/2}{L}$$

因而，公式（5-2）可被写为

$$\cot\delta_o - \cot\delta_i = B/L$$

以上分析结果表明，如果前轮转角 δ_i 和 δ_o 满足公式（5-1），那么当在前轴上画出转向角 δ_i 和 δ_o 时，其非公共边的交点（即图 5-2 中的点 Q）必须处在前轴中点与内后轮中点的连线上（即图 5-2 中的 MF 线上）。

图 5-3 表示 $B/L = 0.56$ 的某汽车三种转角特性的比较。一是 δ_o 和 δ_i 满足公式（5-1）的理论转角曲线；二是平行四杆机构的转角曲线（$\delta_i = \delta_o$）；三是实际中采用的一种典型转向机构的转角曲线。

为了评价某个特定转向机构相对于 Ackermann 转向几何的特性，可以采用图解法。如图 5-4 所示，首先从转向臂 CH 的原始位置开始为内前轮（转角为 δ_i）画出几个大小适当的转角增量，然后以内转向臂销轴中心 H 为圆心、以横拉杆 HI 的长度为半径画一圆弧，该圆弧

与外前轮转向臂 DI 所画圆弧相交，其交点也就确定了所对应的外前轮转角 δ_o 的大小。如果将内前轮的每个内前轮转角 δ_i 和相应的外前轮转角 δ_o 画在前轴上，则它们的非公共边将分别在点 O_1、O_2 和 O_3 相交，如图 5-4 所示。如前所述，如果转向机构的结合关系满足公式 (5-1)，那么 δ_i 和 δ_o 的非公共边交点应该位于直线 MF 上。因此，连接 O_1、O_2 和 O_3 的曲线（即曲线 $O_1O_2O_3$）偏离直线 MF 的大小就是该转向机构的几何关系与理论标准 (Ackermann) 之间的误差大小。图 5-4 所示的这种严重偏离 MF 直线的转向机构，将会使轮胎在转向时出现明显的滑摩，从而使轮胎严重磨损，同时增大转向力。

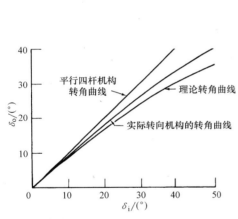

图 5-3 不同转向连杆机构的
转角特性（摘自参考文献 5.1）

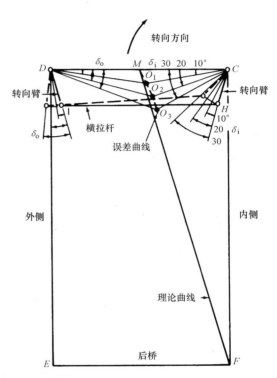

图 5-4 转向连杆机构的误差曲线

应当指出，上述图解方法只适用于图 5-4 所示的平面转向机构，这种转向机构通常用在前轴为刚性梁的车辆上。对于具有独立前悬架的车辆，其转向机构比较复杂。根据独立悬架种类的不同，前轮转向可用三节式横拉杆或带有外横拉杆的齿条齿轮机构来实现。绘制这种转向机构的误差曲线的方法与上述方法相类似，不过过程比较复杂。

5.2 两轴式车辆的稳态操控特性

稳定操控特性是指转向工况不随时间而改变的情况下车辆的行驶状况。以恒定前进速度在等半径的圆弧道路上行驶的车辆就是稳态转向的一个例子。在分析稳态操控特性时，可以不考虑车辆的惯性。

当车辆以中速或高速转向时，就不能不考虑作用在车辆重心的离心力（由加速度法向分量而引起的、且方向指向转弯中心的一个惯性力）。为了平衡离心力，轮胎上必须产生相应的侧偏力。正如第 1 章所述，作用在轮胎上的侧偏力将会生成一个轮胎侧偏角。因此，当车辆以中速或高速转向时，四个轮胎将分别产生相应的侧偏角。如图 5-5 所示，为了简化分析，前后轮轴上的每对轮胎将分别用具有其两倍刚度的单个轮胎来表示。车辆的操控性能在很大程度上取决于前后轮胎侧偏角 α_f 和 α_r 之间的关系。

与低速情况相比，中高速车辆对转向输入时的稳态操控响应将会更为复杂。根据图 5-5 所示的几何关系，前轮转角 δ_f、转弯半径 R、轴距 L 以及前后轮胎侧偏角 α_f 和 α_r 有如下关系[5.2]：

$$\delta_f - \alpha_f + \alpha_r = L/R$$

或

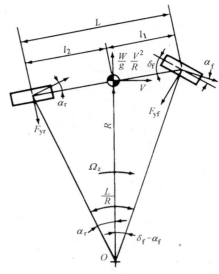

图 5-5 两轴车辆的稳态操控特性分析的简化模型

$$\delta_f = L/R + \alpha_f - \alpha_r \tag{5-3}$$

这就表明：车辆通过某个给定圆弧道路时所需的转角 δ_f 不仅是转弯半径 R 的函数，而且是前后轮胎侧偏角 α_f 和 α_r 的函数。侧偏角 α_f 和 α_r 的大小取决于作用在前后轮胎上的侧偏力和轮胎的刚度。作用在前后轮胎上的侧偏力 F_{yf} 和 F_{yr}，可根据车辆在横向方向上的动态平衡条件来确定。当转角较小时，作用在前后轮胎上的侧偏力可近似用以下关系式来计算：

$$F_{yf} = \frac{W}{g} \frac{V^2}{R} \frac{l_2}{L} \tag{5-4}$$

$$F_{yr} = \frac{W}{g} \frac{V^2}{R} \frac{l_1}{L} \tag{5-5}$$

其中，W 为车辆总重，g 为重力加速度，V 为车辆前进速度，其他参数如图 5-5 所示。在静止条件下，每个前轮和每个后轮上的垂直载荷 W_f 和 W_r 分别为

$$W_f = Wl_2/2L$$

$$W_r = Wl_1/2L$$

公式（5-4）和公式（5-5）可被重写为

$$F_{yf} = 2W_f \frac{V^2}{gR} \tag{5-6}$$

$$F_{yr} = 2W_r \frac{V^2}{gR} \tag{5-7}$$

正如第 1.4.1 节所述，在一定范围内，可以认为侧偏角与侧偏力之间存在一个由定常侧偏刚度联系在一起的线性关系。因此，侧偏角 α_f 和 α_r 可由下式表示：

$$\alpha_f = \frac{F_{yf}}{2C_{\alpha f}} = \frac{W_f}{C_{\alpha f}} \frac{V^2}{gR} \tag{5-8}$$

$$\alpha_r = \frac{F_{yr}}{2C_{\alpha r}} = \frac{W_r}{C_{\alpha r}} \frac{V^2}{gR} \tag{5-9}$$

其中，$C_{\alpha f}$ 和 $C_{\alpha r}$ 分别为每个前、后轮胎的侧偏刚度。如第 1 章所述，对于一个给定轮胎，其侧偏刚度与一系列操作使用参数相关，其中包括轮胎气压、垂直载荷、驱动力（或制动力）和侧偏力。因此，只有在一定的使用范围内，侧偏刚度才能被认为是一个常数。

将公式（5-8）和公式（5-9）带入到公式（5-3），那么，车辆行驶在给定圆弧道路上时所需的转角 δ_f 的表达式变为[5.2]

$$\delta_f = \frac{L}{R} + \left(\frac{W_f}{C_{\alpha f}} - \frac{W_r}{C_{\alpha r}}\right)\frac{V^2}{gR} = \frac{L}{R} + K_{us}\frac{V^2}{gR} = \frac{L}{R} + K_{us}\frac{a_y}{g} \tag{5-10}$$

其中，K_{us} 通常被称为不足转向系数，并用 rad 作为单位；a_y 为横向加速度。

公式（5-10）是判定道路车辆稳态操控特性的基本公式。它表明了车辆通过给定圆弧道路时所需的导向轮转角取决于车辆的轴距、转弯半径、前进速度（或横向加速度）以及不足转向系数，后者是车辆重量分布和轮胎侧偏刚度的函数。

根据不足转向系数 K_{us} 值的大小或前后轮胎侧偏角的关系，稳态操控特性可以被划分为三类：准确转向、不足转向和过度转向[5.2]。

5.2.1 准确转向

当不足转向系数 $K_{us} = 0$ 时，亦即前后轮胎的侧偏角相等时（即 $\alpha_f = \alpha_r$，$W_f/C_{\alpha f} = W_r/C_{\alpha r}$），通过给定圆弧道路所需的导向轮转角 δ_f 与车辆前进速度无关，其表达式为

$$\delta_f = L/R \tag{5-11}$$

车辆的这种操控特性被称为"准确转向"。在图 5-6 所示的导向轮转角-速度特性曲线上，转弯半径不变的准确转向特性曲线是一条水平线。

对于能够准确转向的车辆，当车辆在转向半径不变的情况下加速时，驾驶人应该保持转向盘的位置不变。换言之，当转向盘位置固定不变而加速车辆时，车辆的转向半径将会保持不变，如图 5-7 所示。如果原本直线行驶着的一辆能够准确转向的车辆，遇到作用在车辆重心上的一个侧向力时，此时前后轮胎将会产生相同大小的侧偏角（即 $\alpha_f = \alpha_r$）。因此，该车辆将按原来行驶方向成一定角度的另一直线行驶，如图 5-8 所示。

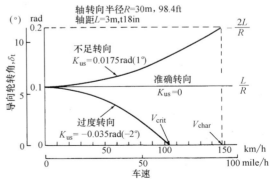

图 5-6 三种转向（准确转向、不足转向、过度转向）情况下车辆导向轮转角与速度之间的关系曲线

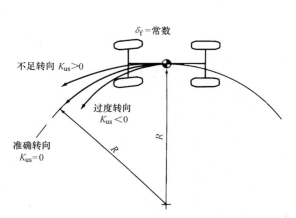 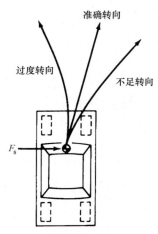

图 5-7 当导向轮转角不变时，三种转向（准确转向、不足转向、过度转向）特性车辆的转向半径变化情况

图 5-8 直线行驶中，重心上有侧向力作用时三种操控特性（准确转向、不足转向、过度转向）车辆的行驶方向变化情况

5.2.2 不足转向

当不足转向系数 $K_{us}>0$ 时，亦即前轮的转向角 α_f 大于后轮转向角 α_r 时（即 $\alpha_f>\alpha_r$，$W_f/C_{\alpha f}>W_r/C_{\alpha r}$），以给定半径转向时所需的导向轮转角 δ_f，将会随车辆前进速度（或横向加速度）平方值的增加而增大。具有这种转向特性的车辆被称为不足转向。在图 5-6 的导向轮转角-速度曲线中，转向半径不变的不足转向特性曲线是一条抛物线。

对于一辆不足转向的车辆，当它以不变的转向半径加速时，驾驶人必须增大导向轮的转角。换言之，当转向盘固定不动而使车辆加速时，车辆的转向半径增大，如图 5-7 所示。当转向盘位置和车辆行驶速度相同时，不足转向车辆的转向半径要比准确转向车辆的半径要大。假设某不足转向车辆初始时沿一条直线前进，如果在其重心上作用一个侧向力，则前轮所产生的侧偏角大于后轮侧偏角（即 $\alpha_f>\alpha_r$）。其结果是，车辆产生横摆运动，并向着侧向力的作用方向偏转，如图 5-8 所示。

不足转向的车辆有个特征速度 V_{char}。如图 5-6 所示，当车辆以该速度转向时导向轮转角等于 $2L/R$。由公式（5-10）可得

$$V_{char}=\sqrt{\frac{gL}{K_{us}}} \tag{5-12}$$

5.2.3 过度转向

当不足转向系数 $K_{us}<0$，亦即前轮转角 α_f 小于后轮转角 α_r（即 $\alpha_f<\alpha_r$，$W_f/C_{\alpha f}<W_r/C_{\alpha r}$）时，车辆以给定转向半径转向所需的导向轮转角 δ_f 随车速（或横向加速度）的增加而减小。具有这种操控特性的车辆被称为"过度转向"。图 5-6 中同样表示了转向半径不变时，车辆导向轮转角与车速之间的关系曲线。

当过度转向车辆在转向半径不变的情况下加速时，驾驶人必须减小导向轮转角。换言之，在转向盘固定不动的前提下加速该车辆，它的转向半径相应减小，如图 5-7 所示。在转

向盘位置和车辆前进速度相等的前提下，过度转向车辆的转弯半径小于准确转向车辆的转弯半径。当直线行驶中的这种车辆的重心上有侧向力作用时，前轮胎产生的侧偏角将会小于后轮胎的侧偏角（即$\alpha_f<\alpha_r$）。其结果是，车辆将会产生横摆，并朝有侧向力的一侧偏转，如图5-8所示。

对于过度转向车辆，其存在一个临界速度V_{crit}；如图5-6所示，该车辆以临界速度转向时，任意转向半径所需的导向轮转角都等于零。由公式（5-10）可得

$$V_{crit}=\sqrt{\frac{gL}{-K_{us}}} \tag{5-13}$$

应当指出，对于过度转向车辆，上式中的过度转向系数K_{us}为负号。后面我们将会进一步说明，当过度转向车辆超过上述临界速度后将会出现行驶方向不稳定的状况。

影响车辆稳态操控特性的重要因素是车辆的重量分配和轮胎的侧偏刚度。发动机前置的前轮驱动车辆，由于其主要重量载荷分配在车辆前轮上，容易出现不足转向的状况。而另一方面，发动机后置的后轮驱动车辆，由于其主要重量载荷分配在车辆后轮上，容易出现过度转向这种状况[5.1]。载荷分配的变化将会影响车辆的操控性能。例如，当车辆在转弯处加速时，由于在车辆纵向方向从前到后的载荷转移，前轮胎的侧偏角将会增大，而后轮胎的侧偏角将会减小，正如1.4.1节中所述；其结果是，该车辆倾向于发生不足转向的状况。而另一方面，当该车辆减速时，由于载荷从后向前转移，前轮胎侧偏角减小的同时，后轮胎的侧偏角将会增大；其结果是，该车辆倾向于产生过度转向的状况。图5-9示出了一个四驱车的转向性能的测试结果，其中车辆前后轴的驱动力矩平均分布，同时在加速和减速的过程中，转向盘位置保持固定[5.3]。

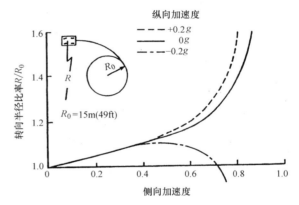

图5-9 具有横向加速度的四驱车在不同纵向加速度时所对应的转弯半径（该图摘自 Shibahata, Y. et al. (1993), Vehicle System Dynamics 22, pp. 465-481, 经 Swets & Zeitlinger 许可使用）

该图表明，车辆在加速过程中表现出不足转向特征。另一方面，如果在横向减速度不足约0.7g的情况下减速时，该车辆表现出过度转向特征。

有一系列设计和使用参数将会影响轮胎的侧偏刚度，从而影响车辆的操控性能。如果在同一辆车上混用子午线轮胎和斜线轮胎，将会对车辆的操控特性产生非常严重的影响。在前轮使用侧偏刚度大的子午线轮胎，同时在后轮采用柔性相对较大的斜线轮胎，这将可能使不足转向的车辆变为过度转向车辆。由于轮胎的侧偏刚度通常随气压的降低而减小，降低后轮胎的气压，也会得到同样的效果。根据第1章的讨论，如果车辆转向时其横向载荷由内侧轮向同一轴上的外侧轮转移，这必将增大侧偏角以产生所需的侧偏力。因此，横向载荷的转移也影响车辆的操控性能。第1章中还指出，由于驱动力矩或制动力矩会改变轮胎的侧偏特性，转向时对车轮施加的驱动或制动力矩也将影响车辆的转向性能。对于后轮驱动车辆，由于转弯时施加的驱动力将会减小后轮的侧偏刚度，会产生过度转向效应。另一方面，对于前轮驱动车辆而言，转弯时施加的驱动力将会减小前轮的侧偏刚度，因而产生不足转向效应。

还应当指出的是,在某些使用条件下,侧倾转向(即由于悬架质量相对于非悬架质量的侧倾而使前轮或后轮产生转向运动)、车轮外倾角的变化(即由于悬架质量与非悬架质量之间的相对运动而引起车轮外倾角的变化)以及牵连转向(即由于受到悬架和转向机构的牵制而引起车轮相对于悬架质量的转向运动)等都会变得很明显;在详细分析车辆操控特性时,应当考虑这些影响因素。不过,我们可以将这些影响因素包括在修正后的不足转向系数K_{us}中,此时用于描述稳态操控性能的公式(5-10),其形式保持不变。

总之,有一系列设计和使用参数会影响车辆的不足转向系数,从而影响其操控性能。对于实际使用的车辆,其不足转向系数随使用条件的不同而变化。图 5-10 中展示了四种乘用汽车的不足转向系数(用度数为表示单位)随侧向加速度的变化曲线[5.4]。曲线 1 表示了一种常规的前置发动机后轮驱动汽车的特性,该车的不足转向系数随侧向加速度的增加而急剧增加。曲线 2 表示一种前置发动机前轮驱动的欧洲汽车的特性,其变化情况与曲线 1 基本相似。曲线 3 表示一种后置发动机后轮驱动欧洲汽车的特性;该曲线表明,在侧向加速度不足 $0.5g$ 的范围内该车辆展现出不足转向特性,超过 $0.5g$ 时则变成过度转向。曲线 4 是一种后置发动机后轮驱动美国汽车的特性;从该曲线可知,该车在全部操作范围内都是过度转向。

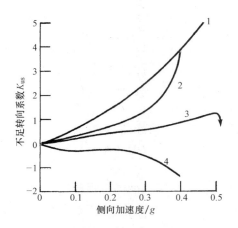

图 5-10 几种汽车的不足转向系数随横向加速度的变化情况(经允许摘自参考文献 5.4)
1—发动机前置、后轮驱动的常规汽车
2—发动机前置、前轮驱动的欧洲汽车
3—发动机后置、后轮驱动的欧洲汽车
4—发动机后置、后轮驱动的美国汽车

后面我们将进一步讨论,根据车辆行驶方向稳定性的要求,这三种稳态操控性能中的过度转向是人们所不希望出现的。理想情况是,车辆在侧向加速度小于某个典型值(例如 $0.4g$)的范围内具有较小程度的不足转向,而当超过该值时又能使不足转向值增大[5.4]。这样做有以下优点:在大多数转向条件下都能得到较小程度的不足转向响应;在侧向加速度较大时所增大的不足转向值,又可为急转弯提供必要的稳定性。

为了说明道路车辆的操控性能随操作条件的变化,经常使用操控图(handling diagram,也可称为操稳图)。在该图中,将以 g(重力加速度)为单位的车辆横向加速度 a_y/g(V^2/gR)绘制为参数($L/R-\delta_f$)的函数,其中 L 是轴距,R 是转向半径,δ_f 是前轮胎转向角的平均值。在转向操控期间,转向半径 R 可能难以直接测量。然而,它容易根据横摆角速度 Ω_z(使用速率陀螺仪测量)和车辆的前进速度 V 得到确定,$R = V/\Omega_z$。因此,在操控图中,以 g 为单位的横向加速度 a_y/g 通常被绘制为参数($\Omega_z L/V - \delta_f$)的函数,如图 5-11 所

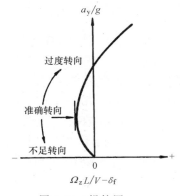

图 5-11 操控图

示。根据公式（5-10），a_y/g 和 $(\Omega_z L/V-\delta_f)$ 之间的关系由下式表示：

$$K_{us}\frac{V^2}{gR}=K_{us}\frac{a_y}{g}=-(L/R-\delta_f)=-(\Omega_z L/V-\delta_f)$$

操控图（图5-11）所示曲线的斜率由下式给出：

$$\frac{\mathrm{d}(a_y/g)}{\mathrm{d}(\Omega_z L/V-\delta_f)}=-\frac{1}{K_{us}} \tag{5-14}$$

这表明，道路车辆的操控特性可以通过操控图所示曲线的斜率来确定。如果斜率为负，则意味着不足转向系数 K_{us} 为正值；因此，车辆表现出不足转向的特性。如果斜率是无穷大，则表示不足转向系数 K_{us} 为零并且车辆为准确转向。另一方面，如果斜率为正，则意味着不足转向系数 K_{us} 为负并且车辆为过度转向。

参数 $(\Omega_z L/V-\delta_f)$ 的值对 Ω_z、V 和 δ_f 中的测量误差敏感。Ω_z、V 和 δ_f 值中的小误差可能导致参数 $(\Omega_z L/V-\delta_f)$ 的值中出现显著误差。例如，如果车辆的轴距 L 为2.7m（8ft，10in），Ω_z、V 和 δ_f 的名义值分别为 0.1389rad/s(7.96°/s)、50km/h(31mile/h) 和 0.0427rad（2.45°），那么，这些参数值中±1%的误差将导致 $(\Omega_z L/V-\delta_f)$ 中出现大约±6%的误差；这些参数值中±5%的误差将导致 $(\Omega_z L/V-\delta_f)$ 中出现-29.9%到+31.7%的误差。

例题5-1： 某一乘用车的重量为 20.105kN(4520lbf)，其轴距等于 2.8m(9ft，2in)。在静态条件下，前轴的重量分布为 53.5%，后轴的重量分布为 46.5%。

1）如果每个前轮的侧偏刚度为 38.92kN/rad(8750lbf/rad)，每个后轮的侧偏刚度为 38.25kN/rad(8600lbf/rad)，试确定该车的稳态操控特性。

2）如果后轮胎保持不变，前轮胎换为子午线轮胎，每个子午线轮胎的侧偏刚度为 47.82kN/rad(10750lbf/rad)，试确定此种情况下该车的稳态操控特性。

解：

1）车辆的不足转向系数为

$$K_{us}=\frac{W_f}{C_{\alpha f}}-\frac{W_r}{C_{\alpha r}}=\frac{20.105\times 0.535}{2\times 38.920}-\frac{20.105\times 0.465}{2\times 38.250}=0.016\mathrm{rad}(0.92°)$$

由于该车的 $K_{us}>0$，该车为不足转向，其特征速度为

$$V_{\mathrm{char}}=\sqrt{\frac{gL}{K_{us}}}=41.5\mathrm{m/s}=149\mathrm{km/h}(93\mathrm{mile/h})$$

2）当前轮换装侧偏刚度大的子午线轮胎时，该车的不足转向系数为

$$K_{us}=\frac{20.105\times 0.535}{2\times 47.820}-\frac{20.105\times 0.465}{2\times 38.250}=-0.0097\mathrm{rad}(-0.56°)$$

此时该车的 $K_{us}<0$，为过度转向；其临界速度为

$$V_{\mathrm{crit}}=\sqrt{\frac{gL}{-K_{us}}}=53.1\mathrm{m/s}=191\mathrm{km/h}(119\mathrm{mile/h})$$

5.3 转向输入的稳态响应

整个汽车可以被看为一个能施加各种输入信号的控制系统。在转向操控时，驾驶人给出

的导向轮转角可被认为是系统的输入，而车辆的各种运动变量，例如横摆角速度、侧向加速度和转向曲率等，则是该系统的输出。横摆角速度、侧向加速度和转向曲率相对于转向输入的比率，可被用来比较不同车辆的响应特性[5.2]。

5.3.1 横摆角速度响应

稳态横摆角速度与转向角的比率被称为横摆角速度增益，它是用于比较道路车辆转向响应的一个常用参数。在稳定状态下，车辆的横摆角速度为 Ω_z，它等于车辆的前进速度 V 除以转向半径 R。根据公式（5-10），横摆角速度增益 G_{yaw} 用下式计算：

$$G_{yaw} = \frac{\Omega_z}{\delta_f} = \frac{V}{L + K_{us}V^2/g} \tag{5-15}$$

公式（5-15）给出了横摆角速度增益与前轮转向角之间的关系。如果需要求得相对于转向盘角度的横摆角速度增益，则应将公式（5-15）求得的值除以转向器的传动比。

如图 5-12 所示，对于准确转向的车辆，不足转向系数 K_{us} 等于零；横摆角速度增益随前进速度的增加而呈线性增加。对于不足转向车辆，不足转向系数 K_{us} 为正值；其横摆角速度增益随前进速度的增加而增加，并且在某个特定速度时该增益到达最大值，如图 5-12 所示。可以证明这个特定速度也就是前文中提到的特征速度 V_{char}。

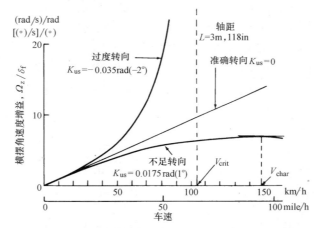

图 5-12 三种操控情况（准确转向、不足转向、过度转向）
下车辆所对应的横摆角速度增益特性曲线

对于过度转向车辆，不足转向系数 K_{us} 为负值，其横摆角速度增益随前进速度的增加而快速增加，如图 5-12 所示。由于 K_{us} 为负值，在某个特定速度时，公式（5-15）的分母等于零，横摆角速度增益逐渐接近于无穷大。这个特定速度也就是前文中提到的过度转向车辆的临界速度 V_{crit}。

以上分析结果表明，相对于转向输入的操控响应角度而言，过度转向车辆比准确转向车辆反应灵敏，准确转向车辆又比不足转向车辆的反应灵敏。由于车辆横摆角速度这一参数容易测量，横摆角速度增益和前进速度的特征曲线可以通过实验求得。那么，车辆的操控性能便可以从横摆角速度增益特性来评价。例如，假若发现某车辆的横摆角速度增益大于前进速度除以轴距的商（即准确转向响应），该车辆为过度转向；若增益值小于前进速度除以轴距，为不足转向。

5.3.2 侧向加速度响应

稳态侧向加速度与转向角的比率，被定义为侧向加速度增益，它是评价车辆转向响应的另一个常用参数。使用公式（5-10）可以求得侧向加速度增益G_{acc}的表达式如下：

$$G_{acc} = \frac{V^2/gR}{\delta_f} = \frac{a_y/g}{\delta_f} = \frac{V^2}{gL + K_{us}V^2} \qquad (5-16)$$

其中，a_y是侧向加速度。

公式（5-16）给出了侧向加速度增益与前轮转向角之间的关系式。如果需要求得与转向盘转角相对应的加速度增益，则应将公式（5-16）中所求得的数值除以转向器的传动比。

对于准确转向的车辆，不足转向系数K_{us}为零；侧向加速度增益与前进速度的平方成正比，如图5-13a所示。对于不足转向的车辆，不足转向系数K_{us}为正值；侧向加速度增益随前进速度的增加而增大，如图5-13a中所示。在很高的速度行驶时，公式（5-16）分母中的第一项要远小于第二项，侧向加速度增益逐渐接近于$1/K_{us}$。

对于过度转向车辆，其不足转向系数K_{us}为负值。由于公式（5-16）分母随速度的增加而减小，侧向加速度增益随前进速度的增加而加速增大【译注：曲线斜率随速度增加而增大】。在某一特定速度时，公式（5-16）中的分母变为零，侧向加速度增益趋近于无穷大，如图5-13a所示。这个特定速度也就是过度转向车辆的临界速度。

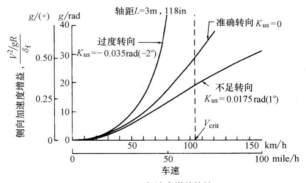

a）加速度增益特性

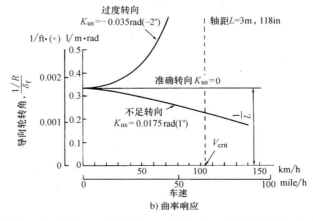

b）曲率响应

图5-13 不同操控特性（准确转向、不足转向、过度转向）车辆的侧向加速度增益特性和曲率响应

5.3.3 曲率响应

稳态转向曲率 $1/R$ 与转向角 δ_f 的比值，是用来评价车辆响应性能的另一个常用参数。由公式（5-10）可得该参数的表示式如下：

$$\frac{1/R}{\delta_f}=\frac{1}{L+K_{us}V^2/g} \tag{5-17}$$

公式（5-17）给出了曲率（$1/R$）相对于前轮转向角（δ_f）的响应。如果需要求得相对于转向盘角度的曲率响应，则应将公式（5-17）中所得值除以转向器的传动比。

对于准确转向的车辆，不足转向系数 K_{us} 为零；曲率响应与前进速度无关，如图5-13b所示。对于不足转向的车辆，不足转向系数 K_{us} 为正值；曲率响应随前进速度的增大而减小，如图5-13b所示。

对于过度转向的车辆，不足转向系数 K_{us} 为负值；曲率响应随前进速度的增加而增大，并在某一特定速度时，曲率响应趋近于无穷大，如图5-13b所示。这种情况意味着转向半径趋近于零，车辆可以任意回转而失去控制。这个特定速度其实就是前文中讨论的过度转向车辆的临界速度 V_{crit}。

以上分析结果表明，从转向响应角度来看，过度转向车辆反应最为灵敏，而不足转向车辆的反应最慢。

例题5-2：某车重20.105kN（4520lbf），轴距为3.2m（10.5ft），重心到前轴的距离与轴距之比为0.465。每个前轮轮胎的侧偏刚度为38.92kN/rad（8750lbf/rad），而每个后轮轮胎的侧偏刚度为38.25kN/rad（8600lbf/rad）。转向器传动比的均值为25。试确定该车相对于转向盘转角的横摆角速度增益和侧向加速度增益。

解：该车的不足转向系数为

$$K_{us}=\frac{W_f}{C_{\alpha f}}-\frac{W_r}{C_{\alpha r}}=\frac{20105\times0.535}{2\times38920}-\frac{20105\times0.465}{2\times38250}=0.016\text{rad}(0.92°)$$

根据公式（5-15），相对于转向盘转角的横摆角速度增益为

$$G_{yaw}=\frac{\Omega_z}{\delta_f\xi_s}=\frac{V}{(L+K_{us}V^2/g)\xi_s}$$

其中，ξ_s 是转向器的传动比。图5-14示出了该车的横摆角速度随前进速度的变化曲线。根据公式（5-16），相对于转向盘转角的侧向加速度增益为

$$G_{acc}=\frac{a_y/g}{\delta_f\xi_s}=\frac{V^2}{(gL+K_{us}V^2)\xi_s}$$

侧向加速度增益相对于前进速度的变化曲线示于图5-14中。

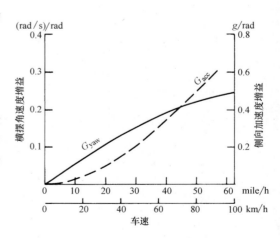

图5-14 某乘用车辆的横摆角速度增益曲线和侧向加速度增益特性曲线

5.4 操控特性试验

为了测量稳定工作状态下道路车辆的实际操控性能，可以在平坦的大面积测试场地上进行各种试验。试验可以分为三类：保持转向半径不变的测试，保持前进速度不变的测试，保持前轮转向角不变的测试。在这些试验中，车辆的转角、前进速度和横摆角速度（或侧向加速度）的数据通常可以通过测量得到。横摆角速度可以用速率陀螺仪测量，或者用测得的侧向加速度除以车辆的前进速度得到。侧向加速度可用加速度计测量，或者用测得的横摆角速度乘以车辆前进速度而得到。根据试验中得到的转向角和侧向加速度或横摆角速度之间的关系，便可评价车辆的操控特性。

5.4.1 等半径试验

在等半径试验中，车辆以各种不同速度沿等半径圆弧轨道行驶。这时应该测出以每种前进速度行驶时，为了保持车辆转向半径不变所需的导向轮（前轮）转向角 δ_f 或转向盘转角以及相应的侧向加速度。稳态侧向加速度也可用前进速度和给定的转向半径推导而得出。其结果可用图 5-15 中的形式表示出来[5.5]。车辆的操控性能可由导向轮转角-侧向加速度曲线的斜率而确定。根据公式（5-10），对于等半径转向而言，该曲线的斜率为

$$\frac{\mathrm{d}\delta_f}{\mathrm{d}(a_y/g)} = K_{us} \quad (5\text{-}18)$$

这表明，曲线的斜率即为车辆的不足转向系数值。

如图 5-15 所示，若车辆以任意前进速度在等转向半径圆弧道路上行驶时所需的导向轮转向角不变（即导向轮转角-侧向加速度曲线的斜率为零），则该车辆为准确转向。当曲线斜率为正值时，即不足转向系数 K_{us} 大于零，车辆为不足转向，如图 5-15 所示。当曲线斜率为负值时，即不足转向系数 K_{us} 小于零，车辆为过度转向，如图 5-15 所示。

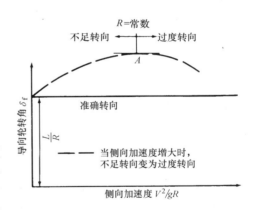

图 5-15 等半径操控特性实验曲线
（经版权方允许，摘自 Vehicle Dynamics by J. R. Ellis, Business Books, 1969）

对于实际使用的车辆而言，由于轮胎和悬架的非线性、负载转移以及驱动力（或制动力）等的影响，不足转向系数 K_{us} 的值随操作工况的变化而变化。因此，导向轮转角-侧向加速度曲线之间的关系通常由一条曲线而非直线来表示。如图 5-15 所示，对于一个车辆而言，在较低的侧向加速度范围内展现出不足转向特性，而在侧向加速度较高的范围内则展现出过度转向特性。

5.4.2 等车速试验

在这个试验中，车辆以不变的前进速度通过不同半径的弯道。试验中测量导向轮转向角以及侧向加速度；测量结果如图 5-16 所示[5.5]。那么，车辆的操控特性可以根据导向轮转角-侧向

加速度曲线的斜率来确定。根据公式（5-10），对于等速转向，曲线的斜率由下式给出：

$$\frac{d\delta_f}{d(a_y/g)} = \frac{gL}{V^2} + K_{us} \quad (5\text{-}19)$$

如果车辆是准确转向，不足转向系数K_{us}将等于零，导向轮转角-侧向加速度曲线将是斜率为恒值的直线，其斜率值为gL/V^2，如图5-16所示[5.5]。

如图5-16所示，在给定前进速度相同的情况下，当导向轮转角-侧向加速度曲线的斜率大于准确转向响应曲线的斜率（gL/V^2）时，这表明不足转向系数K_{us}为正值，此时车辆被认为不足转向。类似地，在给定前进速度相同的情况下，当导向轮转角-侧向加速度曲线的斜率小于准确转向响应曲线的斜率（gL/V^2）时，这表明不足转向系数K_{us}为负值，此时车辆被认为过度转向，如图5-16所示。

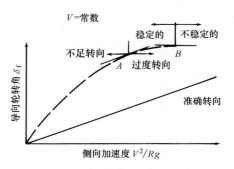

图5-16　等车速度操控特性试验曲线
（经版权方允许，摘自 Vehicle Dynamics by J. R. Ellis, Business Books, 1969）

当曲线的斜率等于零时，有

$$\frac{gL}{V^2} + K_{us} = 0$$

即

$$V^2 = \frac{gL}{(-K_{us})} = V_{crit}^2$$

这表明过度转向车辆正以临界速度行驶，因而车辆即将失去行驶方向稳定性。

如果在试验过程中测量的参数为导向轮转角和横摆角速度，那么导向轮转角-横摆角速度曲线的斜率，同样可以被用来评价车辆的稳态操控性能。

5.4.3　等转向角试验

在进行等转向角试验时，车辆以固定的导向轮转角、不同的前进速度进行转向。试验中，测量不同前进速度转向时的侧向加速度。根据测得的侧向加速度和前进速度，用$1/R = a_y/V^2$这一关系计算出该车辆的转向曲率$1/R$；图5-17示出了转向曲率与侧向加速度之间的关系曲线。然后，车辆操控性能可以根据曲率-侧向加速度曲线的斜率来判定。根据公式（5-10），对于固定的导向轮转角这种情况，该曲线的斜率由下式给出：

$$\frac{d(1/R)}{d(a_y/g)} = -\frac{K_{us}}{L} \quad (5\text{-}20)$$

如果车辆为准确转向，不足转向系数K_{us}的取值将为零，曲率-侧向加速度曲线的斜率也将为零。因此，准确转向车辆的特征曲线为一条水平直线，如图5-17所示。

如图5-17所示，当曲率-侧向加速度曲线的斜率为负值时，这意味着不足转向系数K_{us}为正值，此时该车辆被认为是不足转向。当曲率-侧向加速度曲线的斜率为正值时，这意味着不足转向系数K_{us}为负值，此时该车辆被认为是过度转向。

综上所述可知，等转向半径试验是最简单的，且所需测试仪器也较少。试验中需要测量的参数只有导向轮转角（或转向盘转角）和车辆的前进速度，这是因为稳态侧向加速度可通过车辆前进速度和给定的转向半径计算出来。与等半径转向试验相比，等行驶速度试验更能反映出车辆的实际情况，这是因为驾驶人通常会尽量保持车速不变，同时按照通过圆弧道路所需的导向轮转角来调节转向盘转角。另一方面，保持导向轮转角固定不变的试验也容易实现。不过，等前进速度试验和等转向角试验都需要测量侧向加速度和横摆角速度。

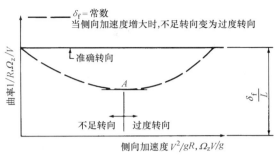

图 5-17　等转向角操控特性试验曲线

5.5　瞬时响应特性

在给出转向输入信号开始到形成稳定的运动状态之前，车辆处于瞬时运动状态。车辆在该时间段内的性能被称为"瞬时响应特性"。车辆操控特性的好坏，在很大程度上取决于其在过渡状态的运动状况。具有最优瞬时响应特性的车辆，可以在最短的时间段内、以最小的波动过渡到稳定运动状态。

分析瞬时响应时必须考虑车辆的惯性。车辆在转向过程中既有直线运动又有回转运动。为了描述此种类型的车辆运动，采用固定于车体并随之运动的坐标系会比较方便，这是因为相对于该坐标系的车辆转动惯量保持不变；而相对于附地坐标系（该坐标系相对于地球固定），车辆的转动惯量将会随着其位置的改变而变化。

为了建立车辆在转弯过程中的瞬态运动方程，必须用固定于车体的参考坐标系来表示车辆中心的绝对加速度（即相对于附地坐标系的加速度）[5.6]。

如图 5-18 所示，在 t 时刻时，以车辆重心为附着在车体上的坐标系原点，令 ox 和 oy 分别为该坐标系的纵坐标和横坐标，V_x 和 V_y 分别为车辆重心沿 ox 和 oy 轴线上的分量。由于车辆在转向时既有直线运动又有回转运动，当时间为 $t+\Delta t$ 时，重心速度的方向和幅值大小以及车辆纵坐标轴和横坐标轴的方位都发生了变化，如图 5-18 所示。平行于 ox 轴的速度分量的变化为

$$(V_x+\Delta V_x)\cos\Delta\theta-V_x-(V_y+\Delta V_y)\sin\Delta\theta=$$
$$V_x\cos\Delta\theta+\Delta V_x\cos\Delta\theta-V_x-V_y\sin\Delta\theta-\Delta V_y\sin\Delta\theta \tag{5-21}$$

考虑到 $\Delta\theta$ 很小【译注：略去二阶项，$\sin\Delta\theta=\Delta\theta$，$\cos\Delta\theta=1$】；上述表达式成为

$$\Delta V_x-V_y\Delta\theta \tag{5-22}$$

将上述表达式除以 Δt，便可得到车辆重心绝对加速度沿纵轴的分量；取极限值可得

$$a_x=\frac{\mathrm{d}V_x}{\mathrm{d}t}-V_y\frac{\mathrm{d}\theta}{\mathrm{d}t}=\dot{V}_x-V_y\Omega_z \tag{5-23}$$

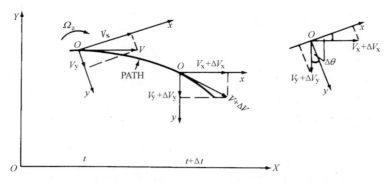

图 5-18 使用附着在车体上的坐标系来分析车辆的平面运动

上式中的 dV_x/dt 分量（或 $\dot{V}_x$ 分量）是由于速度分量 V_x 的幅值大小变化而引起的，其方向指向 ox 轴；$V_y d\theta/dt$ 分量（或 $V_y \Omega_z$ 分量）是由于速度分量 V_y 的方向变化而引起的。采用类似方法，车辆重心绝对加速度沿横轴的分量 a_y 为

$$a_y = \frac{dV_y}{dt} + V_x \frac{d\theta}{dt} = \dot{V}_y + V_x \Omega_z \tag{5-24}$$

车辆重心的加速度分量 a_x 和 a_y 也可以用另一种方式来推导得出。当车辆沿一条圆弧曲线道路行驶时，重心的绝对加速度 a 可以通过切向分量 a_t 和法向分量 a_n 来表示，如图 5-19a 所示。切向分量 a_t 的方向与重心合速度 V 的方向相同，它与车辆纵轴 ox 之间的夹角为 β，如图 5-19a 所示。β 通常被称为车辆横向滑移角度。a_t 可以被分解为两个分量：dV_x/dt（或 $\dot{V}_x$）、dV_y/dt（或 $\dot{V}_y$），它们分别沿 ox 和 oy 轴。法向分量 a_n 方向指向转向中心，其幅值大小等于 V^2/R，其中 R 为转弯半径。a_n 可以被分解为沿 ox 和 oy 轴的两个分量，$-(V^2/R)\sin\beta$ 和 $(V^2/R)\cos\beta$。注意到 $-(V^2/R)\sin\beta = -V\Omega_z\sin\beta = -V_y\Omega_z$，并且 $(V^2/R)\cos\beta = V_x\Omega_z$，如图 5-19a 所示。将 a_t 和 a_n 沿 ox 和 oy 轴的分量结合起来，我们可以得到与公式（5-23）和公式（5-24）给出的关于 a_x 和 a_y 的同样表达式。

根据图 5-19a，对于平面运动的车辆，其相对于附体坐标系（该坐标系与车身固连）的运动方程如下所示：

$$m(\dot{V}_x - V_y \Omega_z) = F_{xf}\cos\delta_f + F_{xr} - F_{yf}\sin\delta_f \tag{5-25}$$

$$m(\dot{V}_y + V_x \Omega_z) = F_{yr} + F_{yf}\cos\delta_f + F_{xf}\sin\delta_f \tag{5-26}$$

$$I_z \dot{\Omega}_z = l_1 F_{yf}\cos\delta_f - l_2 F_{yr} + l_1 F_{xf}\sin\delta_f \tag{5-27}$$

其中，I_z 为车辆绕 z 轴的转动惯量（图 5-1）。

在推导上述公式的时候，我们假设车体相对于纵向平面（即图 5-1 中的 xoz 平面）对称，同时车体（关于 ox 轴）的侧倾运动可以忽略。

如果车辆在纵向 ox 轴方向既无加速也无减速，则可以忽略公式（5-25），车辆的侧向运动以及横摆运动由公式（5-26）和公式（5-27）决定。

参照图 5-19b，并使用小角度假设，侧偏角 α_f 和 α_r 可通过车辆的运动变量 Ω_z 和 V_y 来

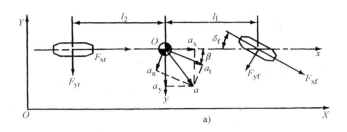

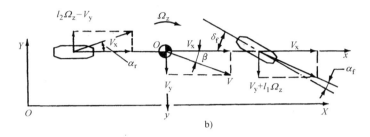

图 5-19 用于瞬态分析的简单车辆模型

定义：

$$\alpha_f = \delta_f - \frac{l_1 \Omega_z + V_y}{V_x} \tag{5-28}$$

$$\alpha_r = \frac{l_2 \Omega_z - V_y}{V_x} \tag{5-29}$$

作用在前后轮胎上的侧向力是相应侧偏角和侧偏刚度的函数，其表达式如下所示：

$$F_{yf} = 2C_{\alpha f}\alpha_f \tag{5-30}$$

$$F_{yr} = 2C_{\alpha r}\alpha_r \tag{5-31}$$

综合公式（5-26）~公式（5-31），同时假设导向轮转角较小且 $F_{xf}=0$，则对于只把导向轮转角作为输入变量的车辆，其侧向运动和横摆运动方程变为

$$m\dot{V}_y + \left(mV_x + \frac{2l_1 C_{\alpha f} - 2l_2 C_{\alpha r}}{V_x}\right)\Omega_z + \left(\frac{2C_{\alpha f} + 2C_{\alpha r}}{V_x}\right)V_y = 2C_{\alpha f}\delta_f(t) \tag{5-32}$$

$$I_z\dot{\Omega}_z + \left(\frac{2l_1^2 C_{\alpha f} + 2l_2^2 C_{\alpha r}}{V_x}\right)\Omega_z + \left(\frac{2l_1 C_{\alpha f} - 2l_2 C_{\alpha r}}{V_x}\right)V_y = 2l_1 C_{\alpha f}\delta_f(t) \tag{5-33}$$

在上述方程中，$\delta_f(t)$ 表示前轮转角随时间而变化的函数。如果除导向轮转角之外，还有外力或力矩，如空气动力学作用力和力矩作用在车辆上，则这些外力和力矩应该作为输入变量加入到公式（5-32）和公式（5-33）的等号右侧。

当输入变量（如导向轮转角和外部干扰力）以及初始条件已知时，车辆响应便可通过求解微分方程而得到确定，其中横摆角速度 Ω_z 和侧向速度 V_y 可表示为关于时间的函数。例如，图 5-20 示出了某三厢轿车在使用不同类型轮胎时的横摆角速度的响应特性，其中车辆行驶速度为 97km/h(60mile/h)，导向轮转角的阶跃输入量为 0.01rad(0.57°)[5.7]。图 5-21

示出了同一车辆的横摆角速度相对于侧向空气动力学作用力的阶跃响应特性，其中阶跃输入为890N(200lbf)。

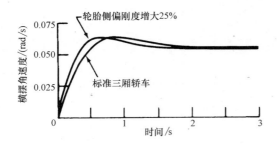

图5-20 某三厢轿车的横摆角速度相对于导向轮转角的阶跃响应，其中导向轮转角的阶跃输入为0.01rad，车速为97km/h(60mile/h)
（经SAE允许，摘自参考文献5.7）

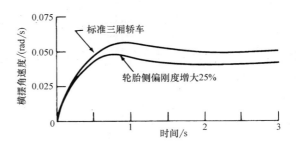

图5-21 某三厢轿车的横摆角速度相对于侧向力输入的阶跃响应，其中阶跃输入为890N(200lbf)，车速为97km/h(60mile/h)
（经SAE允许，摘自参考文献5.7）

5.6 行驶方向稳定性

5.6.1 行驶方向稳定性准则

车辆的行驶方向稳定性，是指车辆抵抗外界干扰以保持运动方向的能力。如果在外部干扰作用后的有限时间内，车辆能够返回到稳定运动状态，则认为该车辆的行驶方向是稳定的。而行驶方向不稳定的车辆，即使在外部干扰去除之后，也会越来越偏离原来的行驶方向。外部干扰力主要来自于横向风力、不平道路对轮胎的短时间作用力、转向盘的轻微运动以及其他多种因素。

当在平衡位置处施加很小的扰动时，车辆可被认为是线性的动态系统。这时侧向运动方程式和横摆运动方程式为一组带有常系数的线性微分方程，如方程（5-32）和（5-33）所示。在干扰作用后，侧向速度 V_y 和横摆角速度 Ω_z，将会随时间成指数变化，即 $V_y = A_1 e^{\psi t}$，$\Omega_z = A_2 e^{\psi t}$。车辆的稳定性取决于 ψ 的值；如果 ψ 为正实数时，侧向速度 V_y 和横摆角速度 Ω_z 将会随时间成指数增加，因而车辆行驶方向不稳定。如果 ψ 为负实数时，车辆运动在有限时间内会收敛到稳定状态，此时车辆行驶方向是稳定的。如果 ψ 为带有正实部的复数时，车辆将会发生摆动且摆动幅度越来越大，因此车辆的行驶方向不稳定。如果 ψ 为带有负实部的复数时，车辆摆动的幅度会越来越小，因此车辆的行驶方向是稳定的。

因此，要评价车辆行驶方向的稳定性，必须要确定 ψ 值。由于只有干扰作用后的车辆运动被用来作稳定性评价，可把转向输入以及其他类似输入都取作零。这就相当于在初始干扰作用之后，研究车辆在侧向方向和横摆方向的自由振动。为了获取 ψ 的值，我们对侧向运动和横摆运动微分方程［即公式（5-32）和公式（5-33）］的求解做如下假设：

$$V_y = A_1 e^{\psi t} \tag{5-34}$$

$$\Omega_z = A_2 e^{\psi t} \tag{5-35}$$

那么，

$$\dot{V}_y = A_1 \psi e^{\psi t} \tag{5-36}$$

$$\dot{\Omega}_z = A_2 \psi e^{\psi t} \tag{5-37}$$

将上述各式带入到式（5-32）和式（5-33），同时令方程右边等于零，得到

$$mA_1\psi + \left(\frac{2C_{\alpha f}+2C_{\alpha r}}{V_x}\right)A_1 + \left(\frac{mV_x^2+2l_1 C_{\alpha f}-2l_2 C_{\alpha r}}{V_x}\right)A_2 = 0 \tag{5-38}$$

$$I_z A_2 \psi + \left(\frac{2l_1 C_{\alpha f}-2l_2 C_{\alpha r}}{V_x}\right)A_1 + \left(\frac{2l_1^2 C_{\alpha f}+2l_2^2 C_{\alpha r}}{V_x}\right)A_2 = 0 \tag{5-39}$$

上述方程可被写为

$$mA_1\psi + a_1 A_1 + a_2 A_2 = 0 \tag{5-40}$$

$$I_z A_2 \psi + a_3 A_1 + a_4 A_2 = 0 \tag{5-41}$$

其中

$$a_1 = \frac{2C_{\alpha f}+2C_{\alpha r}}{V_x}$$

$$a_2 = \frac{mV_x^2+2l_1 C_{\alpha f}-2l_2 C_{\alpha r}}{V_x}$$

$$a_3 = \frac{2l_1 C_{\alpha f}-2l_2 C_{\alpha r}}{V_x}$$

$$a_4 = \frac{2l_1^2 C_{\alpha f}+2l_2^2 C_{\alpha \gamma}}{V_x}$$

公式（5-40）和公式（5-41）就是人们所熟知的振幅方程，它们是线性齐次代数方程。为了求得ψ的有效解，振幅行列式必须等于零；因此有

$$\begin{vmatrix} m\psi+a_1 & a_2 \\ a_3 & I_z\psi+a_4 \end{vmatrix} = 0 \tag{5-42}$$

将行列式展开得到特征方程如下

$$mI_z\psi^2 + (I_z a_1 + m a_4)\psi + (a_1 a_4 - a_2 a_3) = 0 \tag{5-43}$$

可以看出，如果（$I_z a_1 + m a_4$）和（$a_1 a_4 - a_2 a_3$）均为正值，那么，ψ必须是负实数或带有负实部的复数。显然，$I_z a_1$和$m a_4$这两项永远为正；因此，我们可以得出以下结论：当$a_1 a_4 - a_2 a_3$为正时，该车的行驶方向是稳定的；可以证明$a_1 a_4 - a_2 a_3$的条件如下：

$$L + \frac{V_x^2}{g}\left(\frac{W_f}{C_{\alpha f}} - \frac{W_r}{C_{\alpha r}}\right) > 0$$

或者

$$L + \frac{V_x^2}{g} K_{us} > 0 \tag{5-44}$$

其中，K_{us}是先前所定义的不足转向系数。这意味着，车辆行驶方向稳定性的判定现在转化为判定公式（5-44）中的条件是否能够得到满足。当不足转向系数K_{us}为正值时，公式（5-44）将永远成立，这意味着当车辆为不足转向时，它的行驶方向永远是稳定的。当不足转向系数K_{us}为负值时，车辆过度转向，此时只有当行驶速度低于某个特殊值时，车辆的行驶方向才是稳定的，即

$$V_x < \sqrt{\frac{gL}{-K_{us}}} \tag{5-45}$$

事实上，这个特定速度正是前文所述的过度转向车辆的临界速度V_{crit}。这就表明，要使过度转向车辆行驶方向稳定，必须使其前进速度低于临界速度。

本章中所阐述的车辆操控行为分析，是以简化的车辆模型为基础而进行的。对于实际中使用的车辆，侧向运动和横摆运动与纵平面的诸运动是相耦合的，包括图 5-1 中沿 x 轴方向的前后运动、侧倾（绕 x 轴的旋转）、俯仰（绕 y 轴的旋转）以及上下振跳（沿 z 轴的平移）。这种耦合是通过机构相联系的，其中包括由于驱动力或制动力而引起的轮胎侧偏性能的变化、转向过程中载荷在纵向和横向方向上的转移，以及由于车体和非悬架部分之间相对运动而引起的车辆转向特性的变化。在为更全面地评价道路车辆操控特性而进行的研究中，人们考虑了横向平面诸运动和纵向平面诸运动之间的相互作用[5.5,5.8-5.13]。

还应当指出，实际中，车辆的操控特性还包含驾驶人和车辆之间连续的相互作用。因此，为了进行车辆操控特性的综合研究，还应该把驾驶人的因素考虑进去。然而这已超出了本书的范围。

5.6.2 车辆稳定性控制

在转弯过程中，当轮胎力接近或处于道路所能提供牵引力的极限时，车辆可能会显著偏离驾驶人预期的运动方向和路径。例如，当驾驶人尝试进行突然操控以避免碰撞（或避障）或出现对曲线道路的严重误判时，可能发生这种情况。在这些情况下，驾驶人可能失去对车辆的控制；失去控制可能是由于车辆航向改变太快（旋转失控，spinning out）或改变不够快（犁出，plowing out）而引发的。

虽然车辆行驶方向稳定性的失稳或失控，也可能由于制动期间车轮的抱死或在加速期间驱动轮的打滑而引起，如第 3.7.1 节所述；这可以通过使用防抱死系统或牵引力控制系统，如 3.7.4 和 3.7.5 节所述。然而，这些系统不能主动地控制车辆的行驶方向行为（directional behavior），例如前面部分中定义的横摆角速度（横摆速率）和/或车辆横向滑移角度。

随着人们对道路安全越来越重视，出现了用于主动控制道路车辆行驶方向行为的系统。它们旨在提高车辆行驶方向的稳定性以及在所有操作条件下的控制和跟踪性能，包括在加速、惯性滑行和减速期间的严重转向操作。这种类型的主动控制系统在下文中被称为车辆稳定性控制系统，尽管人们已经使用了各种商业名称，诸如主动横摆控制（Active Yaw Control, AYC）、AdvanceTrac【译注：Advanced Traction, 先进驱动】、直接横摆力矩控制（Direct Yaw Moment Control, DYMC）、动态稳定性控制（Dynamic Stability Control, DSC）、动态稳定性和牵引力控制（Dynamic Stability and Traction Control, DSTC）、电子稳定性控制（Electronic Stability Control, ESC）、电子稳定性程序（Electronic Stability Program, ESP）、保时捷稳定性控制（Porsche Stability Management, PSM）、车辆动态控制（Vehicle Dynamic Control, VDC）、车辆滑移控制（Vehicle Skid Control, VSC）、车辆稳定性辅助（Vehicle Stability Assist, VSA）、车辆稳定性控制（Vehicle Stability Control, VSC）、车辆稳定性增强（Vehicle Stability Enhancement, VSE）和 StabiliTrak[5.14-5.20]。车辆稳定性控制系统与防抱死系统和牵引力控制系统集成在一起。

虽然其设计特征、细化水平和控制算法有所差异，但各种类型的车辆稳定性控制系统的基本操作原理是非常相似的。一般来说，首先根据转向盘角度、车轮旋转速度、加速踏板位置（表示传递到驱动轮的发动机转矩）和制动压力等建立车辆的预期（标称或期望）路线。使用车载传感器从测量得到的横摆角速度和横向加速度等推断出实际路线。车辆稳定性控制系统连续地监测车辆的行驶方向行为，并且每隔几毫秒将预期路线与车辆的实际路线进行比较。如果它们两者之间的差异大于规定水平，则车辆稳定性控制系统将介入并调节特定轮胎上的制动压力。其目的是产生恢复横摆力矩，从而使车辆的行进路线与期望路线之间的偏差最小化。如果需要的话，系统还将减小传递到驱动轮的发动机转矩，以便降低车辆速度并帮助将车辆恢复到预期的路线。图5-22示出了车辆稳定性控制系统的基本操作原理框图。

在当前大多数车辆稳定性控制系统中，车辆横摆角速度 Ω_z 和横向滑移角度 β（图5-19），被用作确定车辆的行驶方向行为的基本参数。因此，它们是车辆稳定性控制系统被设计用来控制的参数。横摆角速度控制将使车辆保持期望的速率和绕其垂直轴线的旋转方向。然而，单独的横摆角速度控制不足以保持车辆沿着预期路径移动。例如，在光滑道路上同时使用横摆角速度控制和转向校正，只能使车辆保持期望的横摆角速度和朝向，但是车辆的横向滑移角度可能与预期值有显著差异。结果，车辆可能相当大地偏离其预期路线，如图5-23所示[5.14]。这表明，需要同时控制横摆角速度和车辆横向滑移角度。

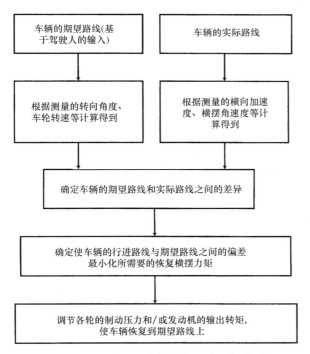

图 5-22　一种车辆稳定性控制系统的操作原理

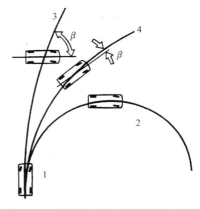

图 5-23　使用横摆角速度控制的车辆行驶方向行为与同时使用横摆角速度和横向滑移角度控制的车辆行驶方向行为之间的比较（经许可摘自自SAE论文第950759号，©汽车工程师协会，1995）
1—转向盘上的阶跃输入　2—在高摩擦路面3—在湿滑路面上，同时使用转向校正和横摆角速度控制　4—在湿滑路面上，同时使用横摆角速度控制和横向滑移角度控制

在确定预期的（名义的或期望的）和实际的横摆角速度和车辆横向滑移角度之后，对它们进行比较。如果发现它们之间的差异高于规定值，则车辆稳定性控制系统的控制单元将向执行器发送命令信号，以调节特定轮胎上的制动压力，从而产生恢复横摆力矩，以保持车

辆在预定的行驶路线上。在某些情况下，车辆稳定性控制系统还将减小发动机转矩，以帮助恢复车辆的行驶方向行为，如前所述。

例如，如果一台向左转弯的后轮驱动车辆，由于其后驱动轮胎向外滑移而处于失去方向稳定性的边缘，对于未装备有车辆稳定性控制系统的车辆，横摆角速度和车辆横向滑移角度将会变得过大，此时车辆将会"旋转失控"（spinning out），如图5-24a中的左图所示[5.19]。然而，一台配备有车辆稳定性控制系统的车辆，可以立即检测到横摆角速度和车辆横向滑移角度的变化速率比适于驾驶人的预期航向和路径的速率更快。它立刻向右前轮胎施加制动以产生横摆力矩，从而将车辆恢复回预期的路线，如图5-24a中的右图所示。在某些情况下，车辆稳定性控制系统还通过调节节气门、发动机的点火延迟时间或通过切断一些气缸的燃料供给，来减小传递到驱动轮胎的转矩。这降低了驱动轮胎的牵引力和车辆速度，从而减小了由于离心效应而作用在轮胎上的侧向力。如第1.4节所述，驱动轮胎上牵引力和侧向力的减小都将降低轮胎产生侧向滑移的倾向。所有这些都有助于恢复车辆的行驶方向行为。车辆稳定性控制系统的干预运行快速且平稳，因此在许多情况下不会被驾驶人察觉。

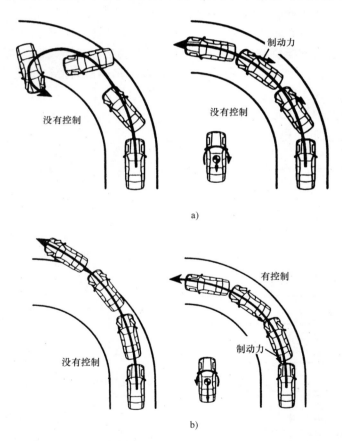

图5-24 比较具有和没有车辆稳定性控制系统的车辆在处于后轮胎发生横向滑移和前轮胎发生横向滑移的边缘时的行驶方向行为（经丰田汽车公司许可，摘自"Toyota Vehicle Stability Control System," Automotive Engineering, page 34, August 1995）

另一方面，如果一台向左转弯的前轮驱动车辆，由于其前驱动轮胎向外滑移而处于失去行驶方向控制的边缘，对于未装备有车辆稳定性控制系统的车辆将会处于"犁出"（plowing out）状态，如图 5-24b 中的左图所示[5.19]。一台配备有车辆稳定性控制系统的车辆，可以立即检测到横摆角速度和车辆横向滑移角度的变化速率比适于驾驶人的预期航向和路径的速率更慢。它立刻向左后轮胎施加制动以产生横摆力矩，从而将车辆恢复到预期的路线，如图 5-24b 中的右图所示。类似于上述情况，在某些情况下，车辆稳定性控制系统将减小传递到驱动前轮胎的转矩，以便降低前轮胎出现侧向滑移的倾向。这有助于恢复车辆的行驶方向控制。注意，车辆对制动压力调制的响应比对发动机干预的响应要快得多。

在当前使用的许多车辆稳定性控制系统中，系统连续地监测车辆的转向盘角度、加速踏板位置、制动压力、车轮转速、横摆角速度和侧向加速度。可以根据转向盘角度、车轮旋转速度和横向加速度导出预期的（名义的或期望的）横摆角速度和车辆横向滑移角度。实际的横摆角速度值由车载传感器测量得到，而车辆横向滑移角度值从测得的转向盘角度、横摆角速度、横向加速度和估计的车辆纵向速度推导得出[5.14]。商用车辆的稳定性控制系统的控制算法是专有的，并且其细节很少揭示。

为了说明用于开发车辆稳定性控制系统控制算法的方法，下面给出一个示例。在示例中描述的算法用于在不配备车载横摆角速度传感器的前轮驱动车辆的稳定性控制系统中。为了估计车辆的横摆角速度和车辆横向滑移角度，该算法使用转向盘角度、车轮转速和横向加速度作为输入[5.21]。

该算法首先生成关于车辆横摆角速度的两个初始估计值：一个是基于测得的车轮转速，从两个非驱动后轮之间的相对前进速度导出；另一个是基于测得的车辆横向加速度。

假设非驱动后轮胎是自由滚动的，则可根据下式来估计车辆横摆角速度 Ω_z（参考图 5-2）

$$\Omega_z = (V_{ro} - V_{ri})/B \tag{5-46}$$

其中，V_{ro} 和 V_{ri} 分别为外侧后轮胎和内侧后轮胎的圆周速度，B 是轮距（即两个后轮胎中心之间的横向距离）。V_{ro} 和 V_{ri} 可以分别用外侧后轮胎和内侧后轮胎的滚动半径和测得的旋转速度来确定。

在转弯期间，由于作用在车辆悬架质量中心处的离心力而引起的侧倾力矩，存在从内侧轮胎到外侧轮胎的横向负载传递。这将改变外侧后轮胎的滚动半径和内侧后轮胎的滚动半径。因此，考虑到所测量的横向加速度、车辆悬架质量、其质心距离地面的高度、轮胎径向刚度以及后悬架的侧倾刚度与前悬架和后悬架的组合侧倾刚度之比，在计算内、外侧后轮胎的滚动半径时引入一个校正因子。

还可以使用以下关系从测量的横向加速度估计车辆横摆角速度 Ω_z 的近似值：

$$\Omega_z = a_y/V_x \tag{5-47}$$

其中，a_y 是横向加速度，V_x 是车辆的纵向速度，如图 5-19 所示。

只有在具有恒定或缓慢变化的转向盘角度和车辆速度的基本稳态操控中，公式（5-47）才是横摆角速度的合理近似。横摆角速度和横向加速度之间更完整的关系由公式（5-24）给出，其中包括一个未知项 dV_y/dt。因此，使用公式（5-47）得出的横摆角速度估计在快速瞬态操控过程中一般会恶化。

使用式（5-46）和式（5-47）得出的横摆角速度的初始估计，其准确度取决于在操控条件下基本假设的被满足程度。如果在操作中违反任何假设，则对应估计的置信水平会降低。例如，如果车轮制动时产生显著的滑移且与自由滚动相差甚远，则使用式（5-46）得到的横摆角速度估计，其置信水平将降低。基于后轮转速得到的估计值，其置信水平在范围由低到高的若干预定数值中选取。根据车辆横向加速度得到的估计值，其置信水平在当车辆处于大致稳态转向操控时较高，而当车辆处于快速瞬态转向操控时置信水平较低。

横摆角速度的初步估计，是作为基于测量的车轮转速和车辆横向加速度估计的加权平均而计算的，其中权重与对应的置信水平成正比。如此确定的车辆横摆角速度的初步估计被馈送给一个观测器（observer），后者给出对车辆横摆角速度的最终估计以及对车辆横向速度的一个估计。该观测器是横摆平面中车辆动力学的一个简化模型，如公式（5-26）和公式（5-27）所描述的那样，其中忽略公式（5-25）。该模型涉及作用在前、后车轴上的侧向力 F_{yf} 和 F_{yr} 以及车辆纵向速度 V_x。当车辆在处于或接近于道路牵引力的极限处工作时（这种情况是车辆稳定性控制系统设计中的首要关注对象），侧向力 F_{yf} 和 F_{yr} 可以分别通过道路附着系数 μ 和前、后轴的法向载荷而估计。可以从所测得的横向加速度来估计横向方向上的道路附着系数 μ。可以根据测得的车轮转速和转向盘角度来估计车辆的纵向速度 V_x。观测器使用测得的转向盘角度、横向加速度以及车辆横摆角速度的初步估计作为反馈信号。当估计值偏离实际值时，反馈项提供校正，从而防止因为模型和车辆之间的不匹配以及由于外部干扰而使估计值随时间发散[5.21]。

在求解观测器方程[即式（5-26）和式（5-27）]之后，获得车辆横摆角速度 Ω_z 的最终估计和车辆横向速度 V_y 的估计。然后根据下式估计车辆横向滑移角度 β：

$$\beta = \arctan(V_y/V_x) \tag{5-48}$$

图 5-25 标明了上述用于估计车辆横摆角速度和横向滑移角度的算法。该算法已经在包括雪和冰的各种表面上进行过实现和测试。结果表明，即使在极端机动中，也可以实现对横摆角速度和横向滑移角度与期望值偏差的良好测量，该算法可以用于车辆稳定性控制。初始测试还表明该算法在参数变化、道路粗糙度、道路坡度角和轮胎充气压力差等方面的良好鲁棒性。然而，建议进行进一步的敏感性分析研究，包括传感器误差，从而完全建立该算法的鲁棒性[5.21]。

除了车辆稳定性控制系统的基本功能之外，即产生恢复横摆力矩并减小传递到驱动轮的驱动转矩，从而将车辆恢复到其预期路线，许多系统还具有附加功能。这些附加功能包括在所有四个车轮上执行高减速的自动制动，同时保持不均匀的左右（side-to-side）制动以产生恢复横摆力矩。在某些情况下，这可能加快车辆行驶方向行为的恢复过程[5.20]。在具有高重心的

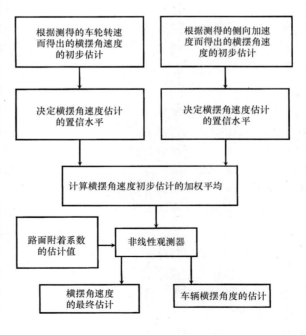

图 5-25 用于估计在车辆稳定性控制系统中使用的
车辆横摆角速度和横向滑移角度的算法流程图

车辆（例如运动型多用途车辆）上使用的一些系统，拥有被称为侧倾稳定性控制的附加功能。它使用附加的侧倾速度传感器来测量车辆的侧倾角，以确定车辆是否处于侧翻危险中。如果它检测到翻车风险，将通过对外前轮或两个前轮施加硬制动来减少引起侧倾运动的横向加速度，从而进行干预。在任一情况下，所产生的制动力必须足够大，从而使前轮产生大的纵向滑移。这大大减小了前轮的可用侧偏力并且校正了车辆的路径，因此增大了有效转弯半径。此外，通过硬制动，车辆前进速度降低。增加有效转弯半径和减小前进速度的组合效应将会显著降低横向加速度和车辆侧翻的倾向。侧倾稳定性控制系统的干预可能会恶化车辆的路径跟随能力，但是对于驾驶人而言，后者的风险被认为比翻车更低[5.20]。

在欧洲、日本和美国进行的研究表明，车辆稳定性控制系统在防止碰撞方面非常有效[5.20]。在德国，据估计该系统将防止80%的滑移碰撞和所有死亡事故中的35%。在瑞典，它将防止所有除后端碰撞的伤害事故中的16.7%以及21.6%的严重和致命事故。在日本，据估计该系统将防止35%的单车碰撞、50%的致命单车碰撞、30%的正面碰撞和40%的致命正面碰撞。

在美国，据估计，车辆稳定性控制系统在防止致命单车碰撞方面，对乘用车其有效率为30%，对运动型多用途车辆为63%。对于所有单车碰撞，对应的有效率为35%和67%[5.20]。鉴于车辆稳定性控制系统的有效性，美国交通部的国家公路交通安全管理局（National Highway Traffic Safety Administration，U.S. Department of Transportation）已经引入了第126号联邦机动车安全标准（FMVSS，Federal Motor Vehicle Safety Standard）。它要求乘用车、多用途乘用车、货车以及总车辆重量等级（GVWR，gross vehicle weight rating）不超过4536kg（10000lb）的公共汽车配备满足FMVSS第126号标准规定的功能和性能要求的电子稳定性控制系统。所有轻型车辆制造商，包括多级制造商、替代者和小批量制造商，需要在2012年9月1日完全符合标准。

5.7 牵引式半挂车的稳态操控特性

可以采用与第5.2节中所述两轴式车辆的分析方法相类似的方法来评估具有三个轴的牵引式半挂车的稳态行驶特性，如图5-26所示。对于牵引车，控制其稳态行驶性能的方程类似于方程（5-10），其表达式为

$$\delta_\mathrm{f} = \frac{L_1}{R} + \left(\frac{W_\mathrm{f}}{C_{\alpha\mathrm{f}}} - \frac{W_\mathrm{r}}{C_{\alpha\mathrm{r}}}\right)\frac{V^2}{gR} = \frac{L_\mathrm{t}}{R} + K_{\mathrm{us,t}}\frac{V^2}{gR} \tag{5-49}$$

其中，L_t是牵引车的轴距，$K_\mathrm{us,t}$是牵引车的不足转向系数。

对于大多数牵引式半挂车，其第五个车轮位于牵引车后轴中心的前方一点。然而，在下面的简化分析中，我们假设第五个车轮位于牵引车后轴中心的上方。在这种假设下，牵引车的后轮胎可被认为是半挂车的

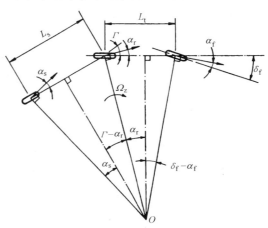

图5-26 牵引式半挂车的简化稳态行驶模型

"转向轮胎",并且牵引车和半挂车之间的铰接角度 Γ 可以表示为

$$\Gamma = \frac{L_s}{R} + \left(\frac{W_r}{C_{\alpha r}} - \frac{W_s}{C_{\alpha s}}\right)\frac{V^2}{gR} = \frac{L_s}{R} + K_{us,s}\frac{V^2}{gR} \qquad (5\text{-}50)$$

其中,L_s 是半挂车的轴距,W_s 和 $C_{\alpha s}$ 分别是半挂车车轴上每个轮胎的负载和侧偏刚度,$K_{us,s}$ 是半挂车的不足转向系数。

铰接角 Γ 与牵引车前轮胎的转向角 δ_f 之间的比率通常称为铰接角增益,并且由下式给出:

$$\frac{\Gamma}{\delta_f} = \frac{L_s/R + K_{us,s}(V^2/gR)}{L_t/R + K_{us,t}(V^2/gR)} \qquad (5\text{-}51)$$

检验上述方程,便可揭示牵引式半挂车可能具有五种不同类型的稳态操控行为[5.22]。

1)牵引车和半挂车均转向不足。在这种情况下,$K_{us,t}$ 和 $K_{us,s}$ 均为正值,并且在所有前进速度下,铰接角增益都是有限的正值,如图 5-27 所示。因此,牵引式半挂车是行驶方向稳定的。

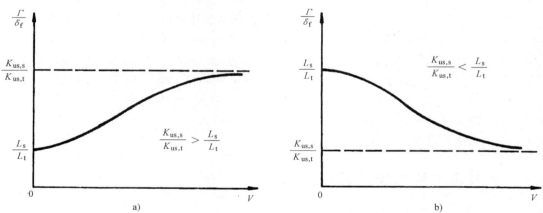

图 5-27 当 $K_{us,t}>0$ 且 $K_{us,s}>0$ 时,牵引式半挂车的稳态操控特性

2)牵引车为不足转向,而半挂车则为过度转向。在这种情况下,$K_{us,t}$ 为正值,$K_{us,s}$ 为负值,并且在所有前进速度下,铰接角增益均为有限值,如图 5-28 所示。然而,当前进速度 V 大于下式给出的 V_{ct},铰接角增益从正值变为负值:

$$V_{ct} = \sqrt{\frac{gL_s}{-K_{us,s}}} \qquad (5\text{-}52)$$

这表明,当前进速度 V 接近于 V_{ct},铰接角 Γ 趋近于零,并且当 $V>V_{ct}$ 时,半挂车相对于牵引车的方向将与图 5-26 所示的相反。

3)牵引车为过度转向,而半挂车则为不足转向。在这种情况下,$K_{us,t}$ 为负值,$K_{us,s}$ 为正值。当前进速度趋近于下式给出的 V_{ct} 时,公式(5-51)中的分母趋近于零,并且铰接角增益接近无穷大,如图 5-29 所示。

$$V_{crit} = \sqrt{\frac{gL_t}{-K_{us,t}}} \qquad (5\text{-}53)$$

这表明，当前进速度 V 趋近于 V_{crit} 时，牵引车纵向轴线越来越指向转弯中心，从而出现弯折。

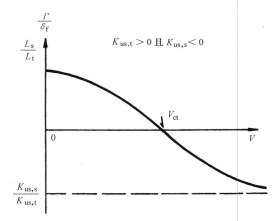

图 5-28　当 $K_{us,t}>0$ 且 $K_{us,s}<0$ 时，牵引式半挂车的稳态操控特性

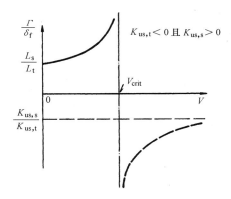

图 5-29　当 $K_{us,t}<0$ 且 $K_{us,s}>0$ 时，牵引式半挂车的稳态操控特性

4) 牵引车和半挂车均为过度转向，半挂车与牵引车的不足转向系数之比小于半挂车轴距与牵引车轴距之比。在这种情况下，$K_{us,t}<0$、$K_{us,s}<0$、$(K_{us,s}/K_{us,t})<(L_s/L_t)$；铰接角增益随前进速度的变化状况如图 5-30 所示。这与第 3 种情况类似，当前进速度趋近于公式 (5-53) 中定义的临界值时，将会出现弯折现象。

5) 牵引车和半挂车均为过度转向，半挂车与牵引车的不足转向系数之比大于半挂车轴距与牵引车轴距之比。在这种情况下，$K_{us,t}<0$、$K_{us,s}<0$、$(K_{us,s}/K_{us,t})<(L_s/L_t)$；铰接角增益随前进速度的变化状况如图 5-31 所示。可以看出，铰接角增益随着前进速度的增加而减小。当前进速度 V 趋近于由公式 (5-52) 中定义的 V_{ct} 时，增益趋近于零。随着前进速度的进一步增加，当前进速度接近于由公式 (5-53) 中定义的 V_{crit} 时，增益变为负值并趋近于负无穷大。在这种情况下，半挂车纵向轴线越来越指向转弯中心，从而导致半挂车摆动。

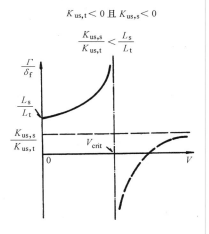

图 5-30　当 $K_{us,t}<0$、$K_{us,s}<0$ 且 $(K_{us,s}/K_{us,t})<(L_s/L_t)$ 时，牵引式半挂车的稳态操控特性

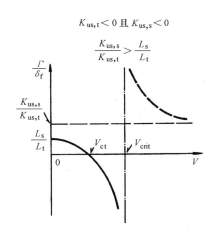

图 5-31　当 $K_{us,t}<0$、$K_{us,s}<0$ 且 $(K_{us,s}/K_{us,t})>(L_s/L_t)$ 时，牵引式半挂车的稳态操控特性

上述分析结果表明，要想出现任何形式的行驶方向不稳定性（弯折或半挂车摆动），牵引车必须为过度转向。当半挂车为不足转向或过度转向时，可能会发生弯折。然而，要想出现半挂车摆动现象，除了半挂车必须为过度转向这一条件之外，还要求半挂车与牵引车的不足转向系数之比大于半挂车轴距与牵引车轴距之比。对铰接式车辆（包括货车-半挂车）的转向响应的进一步分析，可在参考文献［5.5,5.23,5.24］中找到。

5.8　铰接式道路车辆行驶方向行为的仿真模型

随着重型铰接式车辆或公路列车（其包括牵引车单元和一个或多个半挂车或全挂车）在道路运输中使用得越来越多，人们对其在操作中的安全性的关注日益增长。这激发了人们对这种类型车辆的行驶方向控制和稳定性进行密集的理论和实验研究。人们已经开发了许多计算机仿真模型。下面给出了一些模型基本特征的简要描述[5.25-5.32]。

1. 线性横摆平面模型

这个模型是一个用于研究多铰接关节车辆的行驶方向行为的线性数学模型。它是密歇根大学交通研究所（UMTRI, University of Michigan Transportation Research Institute）开发的，最初是为了分析双底罐罐车的行驶方向行为。

在开发模型的运动方程时，忽略了车辆的侧倾动力学。此外，假设车辆以恒定的前进速度行驶。在该模型中考虑的自由度被限制为牵引车的侧向和横摆运动以及多铰接关节车辆的其他悬架质量在水平面中的铰接。

以下是推导运动方程时的主要假设：

1）假定在轮胎-道路分界面处产生的侧偏（横向）力和回正力矩为轮胎侧偏角的线性函数。

2）车辆列车的各个单元形成的铰接关节角度较小。

3）车辆的运动发生在水平表面上。

4）在纵向方向上（牵引或制动）不存在显著的轮胎力。

5）悬架质量的俯仰和侧倾运动小，因此可被忽略。

6）所有关节都是无摩擦的，并且铰接围绕垂直轴线发生。

7）铰接车辆的每个单元被假定为刚体，并且假定非悬架质量刚性地连接到各自的悬架质量上。

2. TBS 模型

TBS 模型是一个简化的非线性数学模型，最初由 Leucht 制定[5.30]。Moncarz 等人开发了一种基于 Leucht 模型的交互式计算机程序[5.26]。在开发模型的运动方程时，所做的基本假设类似于线性横摆平面模型的假设。然而，人们已经引入了以下改进：

1）使用非线性轮胎模型来表示轮胎的侧偏力-侧偏角关系。

2）在确定每个轮胎的法向载荷时，已经考虑了（纵向和横向）动态载荷传递。

3. 横摆/侧倾模型

横摆/侧倾模型是在 UMTRI 开发的，其目的是预测铰接车辆在接近侧翻状态的转向机动时的方向和侧倾响应。

在该模型中，假设引导单元的前进速度在操控期间保持恒定。每个悬架质量被视为具有多达 5 个自由度（取决于连接处的约束）的刚体：横向、垂直、横摆、侧倾和俯仰。车轴被视为梁轴，它可相对于所附接的悬架质量而自由地侧倾和起伏弹跳。

该模型的基本假设如下：

1) 非悬架质量和悬架质量之间的相对滚动运动围绕滚动中心而发生，该滚动中心位于悬架质量下方固定的距离。

2) 考虑悬架的力-位移关系中的非线性，例如悬架间隙。

3) 由给定轮胎产生的侧偏力和回正力矩是侧偏角和垂直载荷的非线性函数。忽略车轮外倾对生成横向力的影响。

4) 该模型可用于分析配备有以下四种连接机构中的任何一种铰接式车辆，即常规的第五轮、倒置的第五轮、枢轴钩和中枢销。

5) 闭环（定义的路径输入）和开环（定义的转向角输入）模式的转向输入均可适用，并考虑转向系统柔性的影响。

该模型的运行时间大约是线性横摆平面模型的五倍，并且它需要大量的输入数据。

4. 第四阶段模型

该模型最初于 1980 年在 UMTRI 开发，用于货车、牵引式半挂车、双挂车和三挂车的制动和转向动力学的仿真。它是一种用于仿真商用车辆的制动和转向响应的综合计算机模型。第四阶段模型可用于货车/牵引车、半挂车和最多两个全挂车的时域数学仿真。车辆运动用基于牛顿力学的微分方程来表示，可以通过数字积分来求解该方程在逐次时间增量的取值。

该数学模型具有多达 71 个自由度。自由度的数量取决于车辆构型，这些自由度源自以下因素：

1) 货车/牵引车的悬架质量的 6 个自由度（3 个平移和 3 个旋转）。

2) 半挂车的 3 个旋转自由度（半挂车的另外 3 个平移自由度通过在铰接件处的动态约束而被有效地消除）。

3) 两个完整挂车中的每一个具有 5 个自由度。

4) 13 个车轴中的每一个具有两个自由度（上下起伏和滚动）。

5) 26 个车轮中的每一个具有 1 个车轮旋转自由度。

对于横向动态行为的仿真，该模型结合了货车轮胎侧偏力特性和与侧偏行为有重要意义的车辆悬架属性的现实表示。该程序可以在开环或闭环，以及在指定坡度或交叉坡度的道路上工作。

这些模型在能力、复杂性、所考虑的自由度数目以及所需的输入数据量方面差异很大。例如，取决于车辆构型，第四阶段模型具有高达 71 个自由度，并且需要高达大约 2300 行的输入数据。另一方面，线性横摆平面模型仅包括牵引车的侧向和横摆运动以及铰接车辆的其他悬架质量在水平平面中的铰接运动，该模型仅需要 35 行的输入数据。

人们已经研究了上述仿真模型的能力和局限性[5.28,5.29]。在文献中，人们使用四种模型对一台具有代表性的五轴牵引式半挂车在变换车道时的稳态转向响应和横向动态行为进行了预测，并与已有实验数据进行了比较。图 5-32 示出了使用四种模型预测的牵引式半挂车进行稳态转弯时对转向输入的横向加速度响应，其中该车辆在干燥光滑的沥青路面上以 69km/h(43mile/h) 的前进速度行驶；图中也示出了测量值。根据预测的牵引车横向加速度和横摆角速度，绘制出车辆的操控图，如图 5-33 所示；为了比较，图中还示出了测量数据。图中的方形符号表示根据测得的牵引车横摆角速度得到的计算值,该车的前进速度为69km/h (43mile/h),而三角形符号表示从参考文献[5.31]中获得的值。

从图5-32中可以看出,当前轮转向角在2°(相当于约0.3g的横向加速度)范围之内时,使用线性横摆平面模型、TBS模型和横摆/侧倾模型预测的牵引车横向加速度结果相当接近。然而,当前轮转向角大于1.5°(相当于约0.2g的横向加速度)时,使用第四阶段模型预测的横向加速度和使用其他三个模型得到的预测值之间存在显著差异。当平均前轮转向角$\delta_f = 1.0°$时,测量的横向加速度和使用第四阶段模型、横摆/侧倾模型、TBS模型和线性横摆平面模型得到的预测值之间的差别分别为17.5%、1.2%、2.3%和7.7%。当平均前轮转向角$\delta_f = 1.5°$时,对应的差别分别为10.3%、13.1%、13.8%和

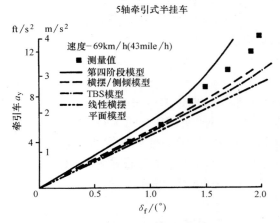

图5-32 比较使用各种模型预测的牵引式半挂车的稳态横向加速度对转向输入的响应

22.3%。这表明当横向加速度大于约0.2g时,第四阶段模型给出的横向加速度预测值比其他三个模型都要好。基于图5-32所示的数据,看起来当横向加速度低于0.2g时,四个计算机仿真模型给出类似的预测结果,并且预测值与测量值有很好的一致性。当横向加速度大于0.2g时,与其他三个模型和测量值之间的差异相比,第四阶段模型对横摆发散趋势做出了更好的预测。然而,第四阶段模型高估了响应,而横摆/侧倾模型和TBS模型则低估了响应。当横向加速度大于0.2g时,线性横摆平面模型在四个模型中给出的预测误差最高。这主要是由于以下事实:在线性横摆平面模型中,采用了线性轮胎模型,并且在预测中使用了在零侧偏角时获得的轮胎侧偏刚度。此外,载荷传递及其对轮胎特性的影响也被完全忽略。

还应注意到,使用第四阶段模型、横摆/侧倾模型和TBS模型预测的使内侧轮胎提离地面的横向加速度,显着低于参考文献[5.31]中所报道的测量值。

图5-33说明了由四个计算机仿真模型预测的车辆的稳态行驶特性。使用第四阶段模型预测的车辆从不足转向过渡到过度转向时的横向加速度,该值被称为"过渡加速度",它刚好在0.2g以下。使用横摆/侧倾模型和TBS模型预测的过渡加速度分别为大约0.25g和0.3g,而测量值大约为0.2g。在过渡加速度以下,与测量数据相比,第四阶段模型低估了不足转向水平(或不足转向系数),而TBS模型和线性横摆平面模型对不足转向水平存在不同程度的过度估计。由于使用了线性轮胎模型,线性横摆平面模型无法预测车辆的

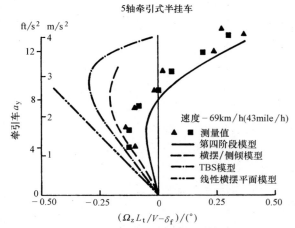

图5-33 比较使用各种模型预测的牵引式半挂车的操作特性

行驶性能随横向加速度的任何变化，其预测的不足转向水平保持恒定。

通常，在所研究的四个模型中，对于所检测的五轴牵引式半挂车，第四阶段模型对其行驶性能随横向加速度的变化给出了最佳的总体预测，但是预测值和测量值之间仍然存在明显的差异，如图5-33所示。

图5-34~图5-38示出了使用第四阶段模型、横摆/侧倾模型、TBS模型和线性横摆平面模型预测的牵引式半挂车在车道变换操控中的横向加速度、横摆角速度和铰接角度。这些仿真结果与参考文献［5.32］中所报道的测量数据进行了比较。

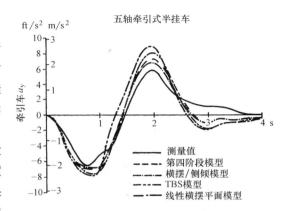

图5-34 在车道变换操控中，使用不同模型预测的牵引车的横向加速度随时间的变化

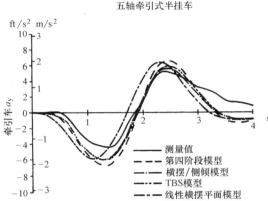

图5-35 在车道变换操控中，使用不同模型预测的半挂车的横向加速度随时间的变化

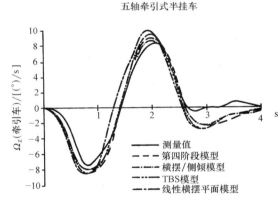

图5-36 在车道变换操控中，使用不同模型预测的牵引车的横摆角速度随时间的变化

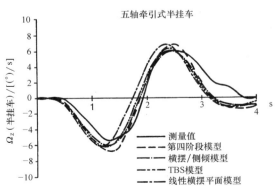

图5-37 在车道变换操控中，使用不同模型预测的半挂车的横摆角速度随时间的变化

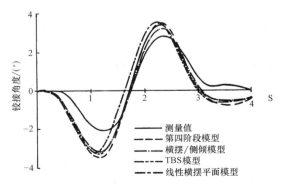

图5-38 在车道变换操控中，使用不同模型预测的铰接角度随时间的变化

可以看出，由四个模型预测的牵引车和半挂车的响应，通常遵循与测量结果相同的趋势。然而，在预测的峰值和测量的峰值之间存在差异。例如，牵引车横向加速度的测量峰值与使用第四阶段模型、横摆/侧倾模型、TBS 模型和线性横摆平面模型预测的峰值之间的差异大约分别为 16%、10%、33% 和 46%，如图 5-34 所示。半挂车横向加速度的测量峰值与预测的峰值之间的一致性，优于牵引车横向加速度的一致性。半挂车横向加速度的测量峰值和使用第四阶段模型、横摆/侧倾模型、TBS 模型和线性横摆平面模型预测的峰值之间的差异分别约为 20%、8%、12% 和 20%，如图 5-35 所示。测量的牵引车横摆角速度响应与使用四个模型的预测结果之间具有良好的一致性。牵引车横摆角速度的测量峰值与使用第四阶段模型、横摆/侧倾模型、TBS 模型和线性横摆平面模型预测的峰值之间的差异分别约为 9.8%、4.9%、15.8% 和 21.9%，如图 5-36 所示。测量的半挂车横摆角速度响应和使用四个模型得到的预测结果再次显示出良好的一致性。半挂车横摆角速度的测量峰值与使用第四阶段模型、横摆/侧倾模型、TBS 模型和线性横摆平面模型预测的峰值之间的差异分别约为 13.3%、0%、3.3% 和 13.3%，如图 5-37 所示。使用四个模型预测的铰接角度响应相当接近。使用四个模型预测的铰接角峰值之间的差异在 10% 以内。然而，在铰接角的测量和预测峰值之间存在显著的差异。例如，使用第四阶段模型预测的铰接角度峰值和测量峰值之间的差值约为 22%，如图 5-38 所示。

从图中注意到，在测量响应和预测响应之间存在相移，并且在 3~4s 的时间段期间内的测量响应和预测响应之间存在显著差异。

总之，对于一台具有代表性的牵引式半挂车，与测量数据相比，使用四个仿真模型预测的稳态转向响应看起来都具有不同程度的差异；并且当横向加速度在小于 0.25g 的范围内，使用四个模型预测的稳态转向响应没有显著差异。然而，在大多数情况下，使用四个仿真模型预测的行驶特性存在显著差异，如操控图（图 5-33）所示。由于线性横摆平面模型没有考虑负载转移的影响，并且它使用线性轮胎模型，无法预测具有横向加速度的行驶性能的变化。另一方面，第四阶段模型、横摆/侧倾模型和 TBS 模型在不同程度上考虑到了负载转移和轮胎的非线性行为的影响。因此，这三个模型可以预测具有横向加速度的行驶特性的变化。然而，由这三个模型得出的预测结果仍然明显不同于现有测量数据。对于一台具有代表性的牵引式半挂车做变换车道机动，由四个仿真模型预测的响应通常遵循与测量结果相同的趋势。然而，在测量值和预测值之间存在明显的差异。

近年来，已经有多种商用多体动力学软件包，例如 MSC. ADAMS、DADS 等。它们可用于详细模拟道路车辆及其子系统进行各种运动时的行为。

参 考 文 献

5.1　K. J. Bunker, "Theoretical and Practical Approaches to Motor Vehicle Steering Mechanisms," in J. G. Giles, Ed., *Steering, Suspension and Tyres*, Automotive Technology Series, vol. 1. London：Butterworths, 1968.

5.2　R. T. Bundorf, "The Influence of Vehicle Design Parameters on Characteristic Speed and Understeer," *SAE Transactions*, vol. 76, 1968.

5.3　Y. Shibahata, K. Shimada, and T. Tomari, "Improvement of Vehicle Maneuverability by Direct Yaw Moment Control," *Vehicle System Dynamics*, vol. 22, nos. 5-6, 1993.

5.4 J. Fenton, Ed., *Handbook of Automotive Design Analysis*, London: Butterworths, 1996.

5.5 J. R. Ellis, *Vehicle Dynamics*. London: Business Books, 1969.

5.6 W. Steeds, *Mechanics of Road Vehicles*. London: Iliffe & Sons, 1960.

5.7 R. T. Bundorf, D. E. Pollock, and M. C. Hardin, "Vehicle Handling Response to Aerodynamic Inputs," Society of Automotive Engineers, paper 716B, June 1963.

5.8 L. Segel, "Theoretical Prediction and Experimental Substantiation of the Response of the Automobile to Steering Control," in *Proc. Institution of Mechanical Engineers*, Automobile Division, 1956-1957.

5.9 D. W. Whitcomb and W. F. Milliken, Jr., "Design Implications of a General Theory of Automobile Stability and Control," in *Proc. Institution of Mechanical Engineers*, Automobile Division, 1956-1957.

5.10 H. S. Radt and H. B. Pacejka, "Analysis of the Steady State Turning Behavior of an Automobile," in *Proc. Institution of Mechanical Engineers, Symposium on the Control of Vehicles During Braking and Cornering*, June 1963.

5.11 D. E. Cole, *Elementary Vehicle Dynamics*, Department of Mechanical Engineering, University of Michigan, Ann Arbor, 1971.

5.12 J. C. Dixon, *Tires, Suspension and Handling*, 2nd ed. Society of Automotive Engineers, 1996.

5.13 W. F. Milliken and D. L. Milliken, *Race Car Vehicle Dynamics*. Society of Automotive Engineers, 1995.

5.14 A. T. vanZanten, R. Erhardt, and G. Pfaff, "VDC, the Vehicle Dynamics Control System of Bosch," Society of Automotive Engineers, paper 950759, 1995.

5.15 A. T. van Zanten, R. Erhardt, A. Lutz, W. Neuwald, and H. Bartels, "Simulation for the Development of the Bosch-VDC," Society of Automotive Engineers, paper 960486, 1996.

5.16 Y. Yasui, K. Tozu, N. Hattori, and M. Sugisawa, "Improvement of Vehicle Directional Stability for Transient Steering Maneuvers Using Active Brake Control," Society of Automotive Engineers, paper 960485, 1996.

5.17 K. Koibuchi, M. Yamamoto, Y. Fukada, and S. Inagaki, "Vehicle Stability Control in Limit Cornering by Active Brake," Society of Automotive Engineers, paper 960487, 1996.

5.18 M. Abe, "Vehicle Dynamics and Control for Improving Handling and Active Safety: From Four-wheel Steering to Direct Yaw Moment Control," in *Proc. Institution of Mechanical Engineers*, Part K, *Journal of Miltibody Dynamics*, vol. 213, no. 4, 1999.

5.19 "Toyota Vehicle Stability Control System," Technical Briefs, *Automotive Engineering*, August 1995.

5.20 *FMVSS No. 126 Electronic Stability Control Systems, Final Regulatory Impact Analysis*, Office of Regulatory Analysis and Evaluation, National Center for Statistics and Analysis, National Highway Traffic Safety Administration, U. S. Department of Transportation, March 2007.

5.21 A. Hac and M. D. Simpson, "Estimation of Vehicle Side Slip Angle and Yaw Rate," Society of Automotive Engineers, Technical Paper Series 2000-01-0696, 2000.

5.22 R. D. Ervin and C. Mallikarjunarao, "A Study of the Yaw Stability of TractorSemitrailer Combinations," in *Proc. 7th IAVSD Symp. on Dynamics of Vehicles on Roads and Tracks*. Amsterdam, The Netherlands: Swets & Zeitlinger, 1982.

5.23 M. El-Gindy and J. Y. Wong, "Steering Response of Articulated Vehicles in Steady-state Turns," Society of Automotive Engineers, paper 852335, 1985.

5.24 M. El-Gindy and J. Y. Wong, "Steady-state Steering Response of an Articulated Vehicle with a Multi-axle Steering Dolly," Society of Automotive Engineers, paper 850537, 1985.

5.25 C. B. Winkler, C. Mallikarjunarao, and C. C. MacAdam, "Analytical Test Plan, Part I-Description of Simulation Models for Parameter Analysis of Heavy Truck Dynamic Stability," Report of the University of

Michigan Transportation Research Institute, April 1981.

5.26 H. T. Moncarz, J. E. Bernard, and P. S. Fancher, "A Simplified, Interactive Simulation for Predicting the Braking and Steering Response of Commercial Vehicles," Report UMHSRI-PF-75-8, The University of Michigan Highway Safety Research Institute, August 1975.

5.27 J. Y. Wong and M. El-Gindy, "Computer Simulation of Heavy Vehicle Dynamic Behavior, User's Guide to the UMTRI Models," Technical Report 3, Vehicle Weights and Dimensions Study, Road and Transportation Association of Canada, June 1985.

5.28 J. Y. Wong and M. El-Gindy, "A Comparison of Various Computer Simulation Models for Predicting the Lateral Dynamic Behavior of Articulated Vehicles," Technical Report of Vehicle Weights and Dimensions Study, vol. 16, Roads and Transportation Association of Canada, July 1986.

5.29 M. El-Gindy and J. Y. Wong, "A Comparison of Various Computer Simulation Models for Predicting the Directional Responses of Articulated Vehicles," *Vehicle System Dynamics*, vol. 16, nos. 5-6, 1987.

5.30 P. M. Leucht, "The Directional Dynamics of the Commercial Tractor-Semitrailer Vehicle During Braking," Society of Automotive Engineers, paper 700371, 1970.

5.31 R. D. Ervin, R. L. Nisonger, C. Mallikarjunarao, and T. D. Gillespie, "The Yaw Stability of Tractor-Semitrailers During Cornering," Report DOT HS-805 141, PB80-116775, U. S. Department of Commerce, National Technical Information Service, June 1979.

5.32 P. S. Fancher, C. Mallikarjunarao, and R. L. Nisonger, "Simulation of the Directional Response Characteristics of Tractor-Semitrailer Vehicles," Report UMHSRI-79-9, PB 80-189632, U. S. Department of Commerce, National Technical Information Service, March 1979.

习　题

习题 5.1：某乘用车重量为 20.02kN(4500lbf)，轴距为 279.4cm(110in)。重心与前轴的距离为 127cm(50in)。如果两个前轮均为子午线轮胎，各轮胎的侧偏刚度为 45.88kN/rad[180lbf/(°)]；两个后轮胎均为斜线轮胎，各轮胎的侧偏刚度为 33.13kN/rad[130lbf/(°)]。试问该车是不足转向还是过度转向，并酌情计算车辆的特性或临界速度。如果前轮胎和后轮胎互换，车辆的稳态操作特性会发生什么变化？

习题 5.2：一辆跑车重 9.919kN(2230lbf)，轴距为 2.26m(7.4ft)。其重心距前轴为 1.22m(4ft)。每个前轮胎的侧偏刚度均为 58.62kN/rad[230lbf/(°)]，每个后轮胎的侧偏刚度为 71.36kN/rad[280lbf/(°)]。转向器传动比为 20∶1。确定车辆在 10～160km/h(6.2～99.4mile/h) 的前进速度范围内的稳态横摆角速度增益和侧向加速度增益。

习题 5.3：习题 5.2 中所述的跑车绕通过中心的垂直轴线的质量惯性矩为 570kg·m^2(420slug·ft^2)。如果该车在车速为 80.5km/h(50mile/h) 时，给予 30°的车辆转向盘的阶跃输入，试确定横摆角速度响应的上升时间。

习题 5.4：习题 5.1 中所述的乘用车的前轮胎和后轮胎由相同类型的子午线轮胎代替，其中侧偏系数和胎压之间的关系如图 1-29 所示。当前轮胎的胎压为 276kPa(40lbf/in^2)、后轮胎的胎压为 220kPa(32lbf/in^2) 时，确定车辆的稳态行驶特性。

第 6 章

履带式车辆的转向

履带式车辆的操控特性具有一定的独特功能，它与轮式车辆的特性完全不同。因此，有必要单独处理履带车辆的转向问题。有多种方法可以使履带车辆完成转向。这些方法中包括滑移转向 (skid-steering)、铰接转向 (steering by articulation) 以及曲轨转向 (curved track steering)。

如图 6-1 所示，在滑移转向中，一条履带的推力增加，而另一条履带的推力减小，从而生成一个转向力矩，用以克服由履带在地面上滑移以及车辆转动惯量而引起的转向阻力矩。由于转向阻力矩通常会相当大，转向所需要消耗的功率远比直行时要大得多。此外，转向时通常需要制动内侧履带。这将会减小车辆所能生成的最大合成前进推力；在较差的地形条件下，这通常会引起停车。

由两个或更多单元部分组成的履带车辆，可采用转向铰链关节，使得车辆一个单元部分相对于另一个单元部分转动，从而使车辆按照预先给定的曲线路径行驶，如图 6-2 所示[6.1]。在铰接转向中，转向由两个单元部分中间的转向铰接引发，而无须调节外侧履带和内侧履带的推力。因此在转向过程中，车辆的合成前进推力保持不变。因此在转向操控时，与滑移转向相比，铰接转向可为履带车辆提供更好的机动性，特别是在松软地面上行驶时。

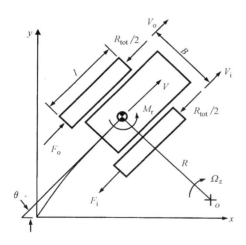

图 6-1 滑移转向原理（出自 M.G. Bekker 博士的 Theory of Land Locomotion，版权©密歇根大学，1956 年；密歇根大学出版社许可使用）

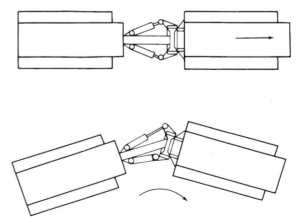

图 6-2 铰接转向（经许可摘自参考文献 6.1）

用于履带车辆方向控制的另一种方法是曲轨转向。在起始转弯时，在横向具有一定挠性的履带在地面上形成一条曲线形状，如图6-3所示[6.2]。这可以通过使用各种机械结构来实现，图6-3所示即为其中的一种。在这个具体结构中，履带的每个负重轮可以围绕与纵向水平平面在竖直方向呈一定角度的轴线旋转，以致这些轴的运动使负重轮下部产生位移，从而形成一条曲轨。负重轮的转向运动，可以使用普通的转向盘通过齿轮齿条和独立推杆来实现[6.2]。与滑移转向相比，这种转向方法的

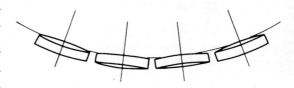

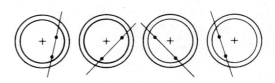

图6-3 曲轨转向（经许可摘自参考文献6.2）

主要优点在于转向时所需功率较小。然后，因受到履带横向挠性的限制，车辆的最小转弯半径很大。要想得到更小的转弯半径，必须加入辅助转向机构，例如滑移转向。因此，这不仅增加了车辆设计的复杂性，而且曲轨转向在节省功率这方面的潜在优势不能完全得到实现。

在履带式车辆采用的各种转向方法中，通常采用的方法是滑移转向和铰接转向。因此，在本章中我们将详细讨论这两种转向的原理。

6.1 滑移转向运动学的简化分析

如图6-1所示，采用滑移转向的履带式车辆，其转弯特性取决于作用在内外侧履带上的推力F_o和F_i、合成阻力R_{tot}、地面作用在履带上的转向阻力矩M_r以及车辆参数。

$$m\frac{d^2 s}{dt^2}=F_o+F_i-R_{tot} \tag{6-1}$$

$$I_z\frac{d^2\theta}{dt^2}=\frac{B}{2}(F_o-F_i)-M_r \tag{6-2}$$

其中，s是车辆重心的位移，θ是车辆的角位移，B是车辆两轨间距（即两条履带中心线之间的距离），I_z和m分别为车辆关于通过重心的垂直轴线的转动惯量和车辆质量。根据已知的初始条件，按照Bekker所描述的方法，可以对上述两个微分方程积分，求解车辆的重心轨迹以及车辆方位[6.3]。

在稳态条件下，不存在线加速度和角加速度：

$$F_o+F_i-R_{tot}=0 \tag{6-3}$$

$$\frac{B}{2}(F_o-F_i)-M_r=0 \tag{6-4}$$

因此，为达到稳态，车辆外侧履带和内侧履带所需要的推力表达式如下所示：

$$F_o=\frac{R_{tot}}{2}+\frac{M_r}{B}=\frac{f_r W}{2}+\frac{M_r}{B} \tag{6-5}$$

$$F_i=\frac{R_{tot}}{2}-\frac{M_r}{B}=\frac{f_r W}{2}-\frac{M_r}{B} \tag{6-6}$$

其中，f_r 是车辆在纵向方向上的运动阻力系数，W 是车辆重量。

为了确定推力 F_o 和 F_i 的取值，必须要知道转向阻力矩 M_r；这可以通过实验和分析来确定。如果法向压力沿履带均匀分布，那么作用在单位履带长度上的横向阻力可表示为

$$R_l = \frac{\mu_t W}{2l} \tag{6-7}$$

其中，μ_t 是横向阻力系数，l 是每条履带的接地长度。

μ_t 的取值不仅与地面有关，而且与履带的结构设计有关。在松软地面上，车辆沉入地面；在转向过程中，履带和履齿（也可称为履刺）在地面上滑移，同时将土壤移向侧方。由于向侧方移动土壤而作用在履带和履齿上的横向阻力形成了横向阻力的一部分。文献[6.4]表明，在某些情况下，履带上的横向阻力可能也与履带横向方向上的滑动以及转弯半径有关。表 6-1 示出了钢履带和橡胶履带在不同地面上的 μ_t 的平均值[6.5]。

表 6-1　不同地面上的履带横向阻力系数取值

履带材料	横向阻力系数		
	水泥	（未整备的）硬地面	草
钢	0.50~0.51	0.55~0.58	0.87~1.11
橡胶	0.90~0.91	0.65~0.66	0.67~1.14

数据来源：参考文献 6.5。

假设横向阻力系数 μ_t 为常数，参看图 6-4 可知，横向阻力关于两条履带中心的合成力矩 M_r（即转向阻力矩）可表示如下：

$$M_r = 4\frac{W\mu_t}{2l}\int_0^{l/2} x\,dx = \frac{\mu_t W l}{4} \tag{6-8}$$

因此，式（6-5）和式（6-6）可改写为如下形式：

$$F_o = \frac{f_r W}{2} + \frac{\mu_t W l}{4B} \tag{6-9}$$

$$F_i = \frac{f_r W}{2} - \frac{\mu_t W l}{4B} \tag{6-10}$$

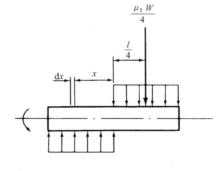
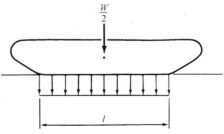

图 6-4　均匀压强分布时的履带转向阻力矩

应当强调的是，使用公式（6-8）计算得出的 M_r 值，是针对一台法向压力均匀分布的车辆在水平地面上低速转向时的情况。在其他工作状况下，例如履带具有梯形或三角形法向压力分布，或者法向载荷集中分布在履带轮下方，研究人员提出或开发出了不同方法来预测履带的转向阻力矩 M_r。

公式（6-9）和公式（6-10）极为重要，根据它们可以得出有关履带车辆转向能力的具有实际意义的结论。正如第 2 章所述，履带的最大推力受地面性质和车辆参数的限制。对于

外侧履带，我们有

$$F_o \leq cbl + \frac{W\tan\phi}{2} \quad (6-11)$$

其中，b 为履带宽度，c 和 ϕ 分别为地面的内聚力和内抗剪阻力角。

将公式（6-9）代入到公式（6-11）中，得到

$$\frac{f_r W}{2} + \frac{\mu_t W l}{4B} \leq cbl + \frac{W\tan\phi}{2}$$

和

$$\frac{l}{B} \leq \frac{1}{\mu_t}\left(\frac{4cA}{W} + 2\tan\phi - 2f_r\right)$$

其中，A 是履带的接地面积。这说明，若要在不转动外侧履带的情况下使履带车辆转向，履带长度对车辆轨距的比值 l/B 必须满足以下条件：

$$\frac{l}{B} \leq \frac{2}{\mu_t}\left(\frac{c}{p} + \tan\phi - f_r\right) \quad (6-12)$$

其中，p 是履带上的平均法向压强，它等于 $W/2A$。

在 $c=0$、$\phi=30°$、$\mu_t=0.5$ 和 $f_r=0.1$ 的沙土地面上，l/B 的值应该小于 1.9。换言之，如果履带式车辆的接地长度相对于其轨距之比大于 1.9，则该车辆将不能在该地面上转向。在 $c=3.45\text{kPa}(0.5\text{lbf/in}^2)$、$\phi=10°$、$p=6.9\text{kPa}(1\text{lbf/in}^2)$、$\mu_t=0.4$ 和 $f_r=0.1$ 的黏土地面上，l/B 的值必须小于 2.88。这些实例表明，履带式车辆的接地长度与其轨距之比对其转向能力具有重要意义。

从公式（6-10）还可以看出，如果 $\mu_t l/2B > f_r$，则内侧履带推力 F_i 将为负值。这意味着，为了达到稳态转向，需要制动内侧履带。例如，当 $\mu_t=0.5$、$f_r=0.1$ 且 $l/B=1.5$ 时，$\mu_t l/2B$ 之值将大于 f_r，这意味着在转向时必须对内侧履带施加制动力。如公式（6-11）所示，由于转向时给定车辆的外侧履带的前进推力受到地面性质的限制，若内侧履带施加制动力，则车辆的最大前进推进合力减小，从而使车辆在较差地面上的机动性受到不利影响。给定某履带车辆，其 $l/B=1.5$，行驶在参数为 $c=0$、$\phi=30°$ 和 $f_r=0.1$ 的地面上；图 6-5 示出了由于在转向时受履带与地面相互作用限制而导致的履带车辆最大前进推进合力相对于直线运动时最大前进推进合力的

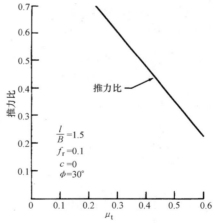

图 6-5 横向阻力系数对转向时最大推力的影响

比值，随横向阻力系数 μ_t 而变化的函数关系。可以看出，当 μ_t 从 0.2 增加到 0.5 时，在稳态转向时的最大前进推进合力将从直线运动时的约 74% 减小到约 35%。

履带车辆在硬地面上转向时，可以假设作用在履带上的纵向力与横向力的合力服从库仑摩擦定律。履带-地面界面之间的剪切应力的合力，受到摩擦系数和作用在履带上的法向载荷的限制，其方向与履带和地面之间的相对运动方向相反。基于这些假设，Steeds 详细分析了履带车辆的转向特性[6.8]。不过，基于 Steeds 分析而得出的预测结果与实地试验结果严重

偏离。因此，本章 6.4 节详细讨论了一个关于硬地面上滑移转向的通用理论；根据这个新理论推导预测的履带车辆转向特性结果，相比较于 Steeds 的方法有了长足进步。

例题 6-1：一个履带式车辆，车重 155.68kN（35000lbf），轨距为 203.2cm（80in）。每条履带的接地长度为 304.8cm（120in），履带宽度为 76.2cm（30in）。假定其接地压力分布均匀。车辆行驶于内聚力为 $c = 3.45$kPa（0.5lbf/in^2）和内抗剪阻力角为 $\phi = 25°$的地面上；该地面的运动阻力系数f_r为 0.15，横向阻力系数平均值μ_t为 0.5。

解：

1）根据公式（6-12），履带接地长度相对于轨距之比的极限值为

$$\frac{l}{B} = \frac{2}{\mu_t}\left(\frac{c}{p} + \tan\phi - f_r\right) = 1.67$$

由于履带接地长度相对于其轨距之比 l/B 为 1.5，该值小于极限值 1.67，该履带车辆在上述地面上可以转向。

2）在稳态转向过程中，外侧履带与内侧履带的推力可以用式（6-9）和式（6-10）确定：

$$F_o = \frac{f_r W}{2} + \frac{\mu_t W l}{4B} = 40.87\text{kN}(9188\text{lbf})$$

$$F_i = \frac{f_r W}{2} - \frac{\mu_t W l}{4B} = -17.52\text{kN}(-3938\text{lbf})$$

结果表明，转向时必须对内侧履带施加制动力。

6.2 滑移转向的运动学

图 6-1 示出了一履带车辆绕中心 O 转向。如果外侧驱动轮以角速度ω_o转动、内侧驱动轮以角速度ω_i转动，且履带无滑转时，车辆的转向半径 R 和横摆角速度Ω_z的表达式如下所示：

$$R = \frac{B(r\omega_o + r\omega_i)}{2(r\omega_o - r\omega_i)} = \frac{B(K_s + 1)}{2(K_s - 1)} \tag{6-13}$$

$$\Omega_z = \frac{r\omega_o + r\omega_i}{2R} = \frac{r\omega_i(K_s - 1)}{B} \tag{6-14}$$

其中，r 是履带车辆驱动轮半径，K_s 是角速度之比ω_o/ω_i。

不过应当指出，如前所述，在转向过程中需要在履带上施加适当的推力或制动力。其结果是，取决于作用力是前进推力或是制动力，履带将会发生滑转（slip）或滑移（skid）。外侧履带总是产生前进推力，因而它是滑转的。另一方面，内侧履带可能产生前进推力或是制动力，这取决于转向阻力矩M_r的大小以及公式（6-6）所示的其他因素。当考虑到履带的滑转（或滑移）时，转向半径 R' 和横摆角速度 Ω_z' 由下式给出：

$$R' = \frac{B[r\omega_o(1-i_o) + r\omega_i(1-i_i)]}{2[r\omega_o(1-i_o) - r\omega_i(1-i_i)]} = \frac{B[K_s(1-i_o) + (1-i_i)]}{2[K_s(1-i_o) - (1-i_i)]} \tag{6-15}$$

$$\Omega_z' = \frac{r\omega_o(1-i_o) + r\omega_i(1-i_i)}{2R'} = \frac{r\omega_i[K_s(1-i_o) - (1-i_i)]}{B} \tag{6-16}$$

其中，i_o和i_i分别为外侧履带和内侧履带的滑转率。一辆给定车辆在某地面上通过时，i_o和i_i的值取决于推力F_o和F_i。推力和滑转（或滑移）之间的关系可以通过第2章中所述的方法来确定。当内侧履带上作用有制动力时，该履带发生滑移。但式（6-15）和式（6-16）仍然保持不变；只不过此时i_i将是负值。

为了说明履带滑转对履带式车辆转向性能的影响，在图6-6中示出了履带滑转时的转向半径R'相对于无滑转转向半径R的比值随速度比率$K_s = \omega_o/\omega_i$而变化的曲线。曲线1表示当外侧履带滑转率为20%时，通过用（分离转向）离合器使内侧履带与变速器分离的情况下R'/R与K_s之间的关系。曲线2表示外侧履带滑转而内侧履带滑移时的R'/R随K_s的变化关系。当外侧履带产生前进推力、而内侧履带有制动力作用时，会发生这种情况。

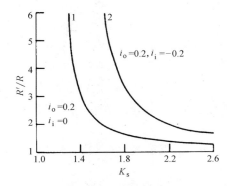

图6-6 履带滑转时对转向半径的影响

该图表明，R'/R的比值总大于1。因此，对于某给定的速度比K_s，履带的滑转（或滑移）作用增大了车辆的转向半径。

6.3 高速时的滑移转向

在上述的滑移转向力学分析中，假定车辆为低速行驶，因而略去离心力的影响。如果履带式车辆以中等速度或高速转向时，或者其转向半径较小时，此时离心力可能很大，这时应当考虑离心力的影响。

考虑一履带车辆在水平地面上做稳态转向。如图6-7所示，为使在横向的作用力达到平衡，地面作用在履带上的横向力的合力必须等于离心力。假定沿履带的法向压力均匀分布，横向阻力系数μ_t为常数，那么为了满足横向方向的力平衡条件，转向中心必须位于履带与地面接触面积横向中心线AC前方的某一距离s_0处；该距离s_0可通过下式确定[6.3]：

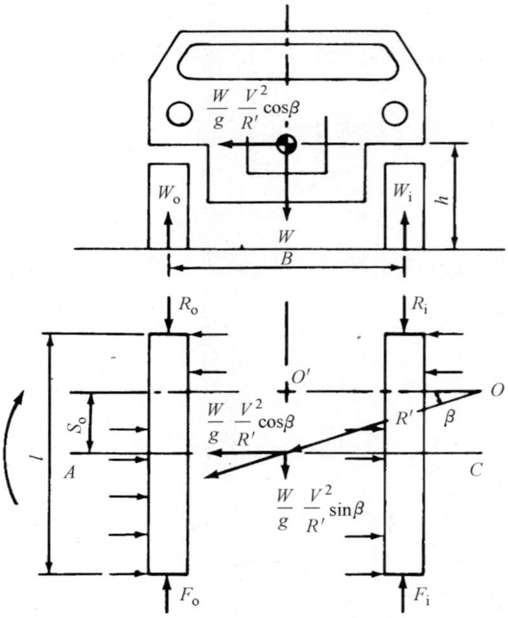

$$\left(\frac{l}{2}+s_0\right)\frac{\mu_t W}{l} - \left(\frac{l}{2}-s_0\right)\frac{\mu_t W}{l} = \frac{WV^2}{gR'}\cos\beta \tag{6-17}$$

$$s_0 = \frac{lV^2}{2\mu_t gR'}\cos\beta = \frac{la_y}{2\mu_t g}\cos\beta$$

图6-7 高速转向时作用在履带车辆上的力（出自 M.G. Bekker 博士的 Theory of Land Locomotion，版权©密歇根大学，1956年；密歇根大学出版社许可使用）

其中，a_y为车辆中心的横向加速度（即侧向加速度）。

由于转向半径 R' 通常大于履带接地长度 l，β 很小，可以假定 $\cos\beta$ 等于 1。公式（6-17）可改写为如下形式：

$$s_0 = \frac{la_y}{2\mu_t g} \tag{6-18}$$

由于转向中心移动，等效转向阻力矩 M_r 将有以下两个分量：一个是地面作用在履带上的横向阻力绕 o' 的力矩，另一个是离心力关于点 o' 的力矩：

$$M_r = \frac{\mu_t W}{l}\left[\int_0^{l/2+s_0} x\mathrm{d}x + \int_0^{-(l/2-s_0)} x\mathrm{d}x\right] - \frac{WV^2 s_0}{gR'} = \frac{\mu_t W}{2l}\left(\frac{l^2}{2} + 2s_0^2\right) - \frac{WV^2 s_0}{gR'} \tag{6-19}$$

将公式（6-18）带入到式（6-19）中，等效转向阻力矩 M_r 变为

$$M_r = \frac{\mu_t Wl}{4}\left(1 - \frac{V^4}{g^2 R'^2 \mu_t^2}\right) = \frac{\mu_t Wl}{4}\left(1 - \frac{a_y^2}{g^2 \mu_t^2}\right) \tag{6-20}$$

上式表明，当考虑离心力时，等效回转阻力矩减小。

离心力也引起横向载荷转移。因此，外侧履带和内侧履带上的纵向阻力 R_o 和 R_i 将不相等：

$$R_o = \left(\frac{W}{2} + \frac{hWV^2}{BgR'}\right)f_r \tag{6-21}$$

$$R_i = \left(\frac{W}{2} - \frac{hWV^2}{BgR'}\right)f_r \tag{6-22}$$

其中，h 为车辆的重心高度。

此外，离心力沿车辆纵向轴线有一分量 $WV^2 s_0/gR'^2$。此力分量必须由履带产生的推力来平衡。因此，在考虑离心力时，为保证车辆稳态转向所需的推力有以下表达式[6.3]：

$$F_o = \left(\frac{W}{2} + \frac{hWV^2}{BgR'}\right)f_r + \frac{WV^2 s_0}{2gR'^2} + \frac{\mu_t Wl}{4B}\left[1 - \left(\frac{V^2}{gR'\mu_t}\right)^2\right]$$

$$= \left(\frac{W}{2} + \frac{hWa_y}{Bg}\right)f_r + \frac{Wa_y s_0}{2gR'} + \frac{\mu_t Wl}{4B}\left[1 - \left(\frac{a_y}{g\mu_t}\right)^2\right] \tag{6-23}$$

$$F_i = \left(\frac{W}{2} - \frac{hWV^2}{BgR'}\right)f_r + \frac{WV^2 s_0}{2gR'^2} - \frac{\mu_t Wl}{4B}\left[1 - \left(\frac{V^2}{gR'\mu_t}\right)^2\right]$$

$$= \left(\frac{W}{2} - \frac{hWa_y}{Bg}\right)f_r + \frac{Wa_y s_0}{2gR'} - \frac{\mu_t Wl}{4B}\left[1 - \left(\frac{a_y}{g\mu_t}\right)^2\right] \tag{6-24}$$

图 6-8 表明，当某给定车辆在一特定地面上转向时，外侧和内侧履带上所需的推力和车重之比 F_o/W 和 F_i/W 与侧向加速度 a_y/g（以 g 为单位）的函数关系。可以看出，当侧向加速度增加时，外侧履带推力对车重之比 F_o/W 减小。这主要是因为离心力绕转向中心的力矩随侧向加速度的增加而增大。因此，等效转向阻力矩随侧向加速度的增大而减小。还可以看出，内侧履带推力对车重之比 F_i/W 一般为负值。这意味着为保持稳态转向需要制动内侧履带。然而，当侧向加速度增大时，内侧履带的制动力减小。这主要是因为等效转向阻力矩随侧向加速度的增大而减小的缘故。

公式（6-23）和公式（6-24）确定了以给定的车速和转向半径进行稳态转向时，外侧

履带和内侧履带上所需的推力。然而，为获得一定的转向半径和车速，必须满足一定的运动学关系。这包括转向半径、车速、履带滑转率以及驱动轮速度之间的关系。为确定在给定的转向半径和车速下所需的驱动轮速度，需要确定外侧和内侧履带的滑转率 i_o 和 i_i。为此，应首先用公式（6-23）和公式（6-24）来计算所需推力 F_o 和 F_i，然后根据第 2 章所讨论的推力和滑转率之间的关系来得到 i_o 和 i_i 的值。对于给定转向半径 R'，其所需要的角速度之比 K_s 可通过公式（6-25）确定。

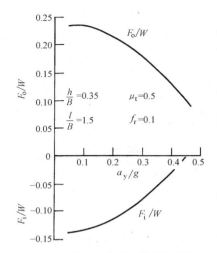

$$K_s = \frac{(2R'+B)(1-i_i)}{(2R'-B)(1-i_o)} \qquad (6-25)$$

图 6-8　转向时作用在外侧履带和内侧履带上所需的推力相对于侧向加速度的函数曲线

对于给定的车辆前进速度 V，其所需的驱动轮角速度 ω_o 和 ω_i 可通过公式（6-16）求得：

$$\omega_i = \frac{2V}{r[K_s(1-i_o)+(1-i_i)]}, \omega_o = K_s \omega_i \qquad (6-26)$$

可以看出，当考虑离心力时，履带车辆的转向操控特性分析也将变得更为复杂。

6.4　硬地面上滑移转向的通用理论

如前所述，Steeds 已经研究了履带车辆在坚实地面上滑移转向的力学机制，其中履带的沉陷量可以忽略不计。在他的分析中，假设在履带-地面分界面上所产生的剪切应力服从库仑摩擦定律。摩擦可以是各向同性的（isotropic）或各向异性的（anisotropic）。在后一种情况中，我们为履带的纵向和横向方向分配不同的摩擦系数值。库仑摩擦定律意味着，履带元素上的合成剪切应力沿与履带元素和地面间相对运动方向的反方向作用。该定律还假定一旦履带和地面间小的相对运动开始，剪切应力立即达到其最大值。实验证据表明，在履带-地面间界面上产生的剪切应力取决于剪切变形，如第 2.4.3 节所述。这表明，只有在发生一定的剪切变形之后，剪切应力才达到其最大值，如图 6-9 所示。

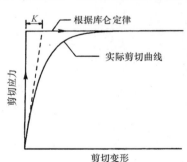

图 6-9　实地测量得到的剪切应力-剪切变形关系与库仑摩擦定律所得到的剪切应力-剪切变形关系之间的对比

现场试验表明，关于履带车辆在铺设道路上的转向行为，使用 Steeds 的方法预测得到的结果与实际测量结果之间存在相当大的差异。因此，人们开发了与坚实地面上滑移转向的力学机制有关的通用理论[6.9]。该理论基于以下假设：

1）地面是坚实的。因此，在转向操控期间，履带沉陷量及与之相关的履带在横向方向上的推土效应可以忽略不计。

2）在转向期间，在履带-地面间界面上的给定点处所产生的剪切应力取决于在该点处的剪切变形，该剪切变形从该点与地面接触时开始计量。对于橡胶履带或带有橡胶垫的钢链履带，剪切应力在橡胶和地面之间产生。

3）在履带-地面间界面上的一点处的剪切应力的方向，与在该点处履带和地面间相对滑动的速度方向相反。

4）沿履带纵向方向的剪切应力分量构成了牵引力或制动力，而横向分量构成了履带的横向阻力。围绕履带转弯中心的横向阻力的力矩构成了转向阻力矩。

下面给出该通用理论的概要。

6.4.1 履带-地面交界处的剪切变形

如前所述，在履带元素上所产生的剪切应力与其剪切变形有关，该剪切变形从其与地面的初始接触点测量得到。因此，在转向操作期间分析履带元素剪切变形的发展很重要。

图6-10a所示为考虑履带宽度为b的一台履带车辆关于点O的稳态转向。令O_1为参考坐标系x_1y_1的原点，其中坐标系x_1y_1固定到车体上并随其一起运动，点O_1位于外侧履带纵向中心线上距车辆重心（CG，center of gravity）纵向距离为s_0的地方。如第6.3节所述，s_0由转向过程中车辆在横向方向上的动态平衡决定。当车体围绕转动中心O以角速度（横摆角速度）Ω_z转动时，点O_1在y_1方向上的绝对速度$V_{o_1y_1}$可以表示为[图6-10a和b]

$$V_{o1y1} = \left(R'' + \frac{B}{2} + c_x \right) \Omega_z \tag{6-27}$$

其中，R''是转向中心和车辆重心之间的横向距离，它等于$R'\cos\beta$（或$\sqrt{R'^2 - S_0^2}$），如图6-10a所示；R'是车辆的转弯半径；c_x是车辆重心与车辆纵向中心线之间的横向距离，即车辆重心相对于车辆几何中心的横向偏移；B是履带间距，即内外侧履带中心线之间的距离。

如图6-10c所示，外侧履带上一接地点o_{t1}，它在平面视图中与点O_1重合，点O_{t1}相对于点O_1的相对速度为$V_{t1/o1}$，其表达式为

$$V_{t1/o1} = r\omega_o \tag{6-28}$$

其中，r和ω_o分别为外侧履带链轮的节圆半径和角速度。

因此，地面上点O_{t1}相对于外侧履带纵向方向的滑移速度V_{t1j}，其表达式为

$$V_{t1j} = V_{o1y1} - r\omega_o \tag{6-29}$$

考虑外侧履带上与地面相接触区域内的任意一点(x_1, y_1)，如图6-10a和b所示。由于履带随车辆绕转向中心O以角速度Ω_z旋转，点(x_1, y_1)相对于点O_{t1}的相对速度沿履带纵向和横向方向上的分量分别由$x_1\Omega_z$和$y_1\Omega_z$给出。

基于上述分析，如图6-11所示，在外侧履带上与地面相接触的一点(x_1, y_1)，其相对于固连到地面的参考系XY（以下称为固定参考系）的滑移速度V_{jo}，其表达式（图6-10b和图6-11）如下所示，其中滑移速度V_{jo}的X分量为

$$\begin{aligned} V_{jXo} &= -V_{o1y1}\sin\theta + r\omega_o\sin\theta - x_1\Omega_z\sin\theta - y_1\Omega_z\cos\theta \\ &= -\left[\left(R'' + \frac{B}{2} + c_x + x_1 \right)\Omega_z - r\omega_o \right]\sin\theta - y_1\Omega_z\cos\theta \end{aligned} \tag{6-30}$$

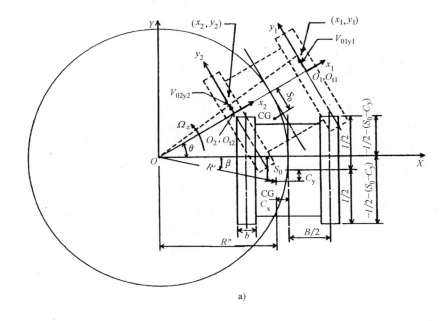

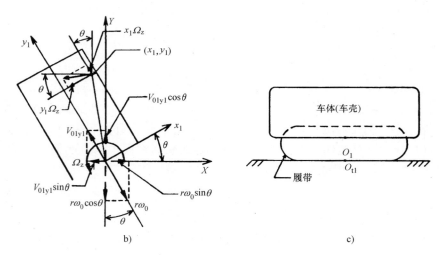

图 6-10 在转向操控期间,履带-地面分界面上一履带元素的运动

其中滑移速度 V_{jo} 的 Y 分量为

$$V_{jyo} = V_{o1y1}\cos\theta - r\omega_o\cos\theta + x_1\Omega_z\cos\theta - y_1\Omega_z\sin\theta$$

$$= \left[\left(R'' + \frac{B}{2} + c_x + x_1\right)\Omega_z - r\omega_o\right]\cos\theta - y_1\Omega_z\sin\theta \tag{6-31}$$

图 6-11 中的 O' 和 O'' 分别为外侧履带和内侧履带与地面接触并滑移时的瞬时中心,如 Steeds 所讨论的那样[6.8]。

图 6-10a 和 b 中的角度 θ 是车辆的角位移,其值可以通过将横摆角速度相对于时间 t 积分得到,其中,t 是点 (x_1, y_1) 从履带前方(位置为 $y_1 = l/2 + c_y - s_0$)的初始接触点运动到

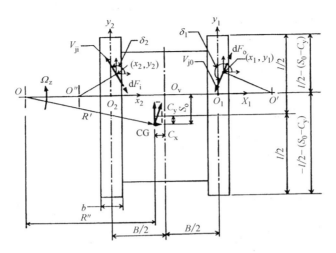

图 6-11 在稳态转向过程中内外侧履带的运动学

当前位置所花的时间,即

$$\theta = \int_0^t \Omega_z \mathrm{d}t = \Omega_z t \tag{6-32}$$

和

$$t = \int_0^t \mathrm{d}t = \int_{y_1}^{l/2+c_y-s_0} \frac{\mathrm{d}y_1}{r\omega_0} = \frac{l/2+c_y-s_0-y_1}{r\omega_0} \tag{6-33}$$

式中,c_y 是车辆重心与车体横向中心线之间的纵向距离,即车辆重心相对于车辆几何重心的纵向偏移,参见图 6-10a。

因此,外侧履带上与地面相接触的一点 (x_1, y_1) 处,其相对于固定参考系 XY 的剪切变形的 X 方向分量 j_{Xo},其表达式为

$$\begin{aligned} j_{Xo} &= \int_0^t V_{jXo} \mathrm{d}t = \int_{y_1}^{l/2+c_y-s_0} \left\{ -\left[\left(R''+\frac{B}{2}+c_x+x_1 \right) \Omega_z - r\omega_o \right] \sin\theta - y_1 \Omega_z \cos\theta \right\} \frac{\mathrm{d}y_1}{r\omega_o} \\ &= \left(R''+\frac{B}{2}+c_x+x_1 \right) \left\{ \cos\left[\frac{(l/2+c_y-s_0-y_1)\Omega_z}{r\omega_o} \right] - 1 \right\} - y_1 \sin\left[\frac{(l/2+c_y-s_0-y_1)\Omega_z}{r\omega_o} \right] \end{aligned} \tag{6-34}$$

沿 Y 方向的剪切变形分量 j_{Yo},其表达式为

$$\begin{aligned} j_{Yo} &= \int_0^t V_{jYo} \mathrm{d}t = \int_{y_1}^{l/2+c_y-s_0} \left\{ \left[\left(R''+\frac{B}{2}+c_x+x_1 \right) \Omega_z - r\omega_o \right] \cos\theta - y_1 \Omega_z \sin\theta \right\} \frac{\mathrm{d}y_1}{r\omega_o} \\ &= \left(R''+\frac{B}{2}+c_x+x_1 \right) \sin\left[\frac{(l/2+c_y-s_0-y_1)\Omega_z}{r\omega_o} \right] - \left(\frac{l}{2}+c_y-s_0 \right) \\ &\quad + y_1 \cos\left[\frac{(l/2+c_y-s_0-y_1)\Omega_z}{r\omega_o} \right] \end{aligned} \tag{6-35}$$

外侧履带上与地面接触区域内一点 (x_1, y_1) 的合成剪切变形 j_o 为

$$j_o = \sqrt{j_{Xo}^2 + j_{Yo}^2} \tag{6-36}$$

类似地，如图 6-10a 和图 6-11 所示，令 O_2 为参考坐标系 x_2y_2 的原点，其中坐标系 x_2y_2 固定到车体上并随其一起运动，点 O_2 位于内侧履带的纵向中心线上。点 O_2 在 y_2 方向上的绝对速度 V_{o2y2} 可以表示为

$$V_{o2y2} = \left(R'' - \frac{B}{2} + c_x\right)\Omega_z \tag{6-37}$$

根据与前述相类似的方法，如图 6-11 所示，在内侧履带上与地面相接触的一点 (x_2, y_2)，其相对于固定参考系 XY 的滑移速度 V_{j_i} 的表达式如下所示：

滑移速度 V_{ji} 的 X 分量为

$$\begin{aligned}V_{jXi} &= -V_{o2y2}\sin\theta + r\omega_i\sin\theta - x_2\Omega_z\sin\theta - y_2\Omega_z\cos\theta \\ &= -\left[\left(R'' - \frac{B}{2} + c_x + x_2\right)\Omega_z - r\omega_i\right]\sin\theta - y_2\Omega_z\cos\theta\end{aligned} \tag{6-38}$$

滑移速度 V_{ji} 的 Y 分量为

$$\begin{aligned}V_{jYi} &= V_{o2y2}\cos\theta - r\omega_i\cos\theta + x_2\Omega_z\cos\theta - y_2\Omega_z\sin\theta \\ &= \left[\left(R'' - \frac{B}{2} + c_x + x_2\right)\Omega_z - r\omega_i\right]\cos\theta - y_2\Omega_z\sin\theta\end{aligned} \tag{6-39}$$

式中，ω_i 为内侧履带链轮角速度。

点 (x_2, y_2) 从开始接触地面运动到现有位置所经过的时间 t（称为接触时间）将等于 $(l/2 + c_y - s_0 - y_2)/r\omega_i$。因此，内侧履带相对于固定参考系 XY 的 X 方向剪切变形分量 j_{Xi}，其表达式为

$$\begin{aligned}j_{Xi} &= \int_0^t V_{jXi}\,dt = \int_{y_2}^{l/2+c_y-s_0}\left\{-\left[\left(R'' - \frac{B}{2} + c_x + x_2\right)\Omega_z - r\omega_i\right]\sin\theta - y_2\Omega_z\cos\theta\right\}\frac{dy_2}{r\omega_i} \\ &= \left(R'' - \frac{B}{2} + c_x + x_2\right)\left\{\cos\left[\frac{(l/2+c_y-s_0-y_2)\Omega_z}{r\omega_i}\right] - 1\right\} - y_2\sin\left[\frac{(l/2+c_y-s_0-y_2)\Omega_z}{r\omega_i}\right]\end{aligned} \tag{6-40}$$

Y 方向的剪切变形分量 j_{Yi} 由下式给出：

$$\begin{aligned}j_{Yi} &= \int_0^t V_{jYi}\,dt = \int_{y_2}^{l/2+c_y-s_0}\left\{\left[\left(R'' - \frac{B}{2} + c_x + x_2\right)\Omega_z - r\omega_i\right]\cos\theta - y_2\Omega_z\sin\theta\right\}\frac{dy_2}{r\omega_i} \\ &= \left(R'' - \frac{B}{2} + c_x + x_2\right)\sin\left[\frac{(l/2+c_y-s_0-y_2)\Omega_z}{r\omega_i}\right] - \left(\frac{l}{2} + c_y - s_0\right) + y_2\cos\left[\frac{(l/2+c_y-s_0-y_2)\Omega_z}{r\omega_i}\right]\end{aligned}$$

$$\tag{6-41}$$

内侧履带上与地面接触区域内一点 (x_2, y_2) 的合成剪切变形 j_i 为

$$j_i = \sqrt{j_{Xi}^2 + j_{Yi}^2} \tag{6-42}$$

6.4.2 稳态转向时的运动学

如上所述，在履带-地面分界面上的某给定点处所产生的剪切应力取决于该点处的剪切

变形。对于不同类型的地面，剪切应力和剪切变形之间的关系将有不同的形式，如第 2.4.3 节中所述。在某些情况下，履带和地面之间的滑移速度也可能影响这些关系。例如，如果剪切应力-剪切变形之间的关系由式（2-56）描述，滑移速度和履带-地面间界面的黏附作用所带来的影响可以忽略不计，那么剪切应力-剪切变形间的关系可以表示为

$$\tau = \sigma\tan\phi(1-e^{-j/K}) = \sigma\mu(1-e^{-j/K}) \tag{6-43}$$

其中，σ 是法向压力，μ 是履带和地面之间的摩擦系数，j 是剪切变形，K 剪切变形参数。因此，在履带与地面接触的一个微元 dA 上所产生的剪切力可以表示为（图 6-11）

在外侧履带上：

$$dF_o = \tau_o dA = \sigma_o\mu(1-e^{-j_o/K})dA \tag{6-44}$$

在内侧履带上：

$$dF_i = \tau_i dA = \sigma_i\mu(1-e^{-j_i/K})dA \tag{6-45}$$

其中，τ_i 和 τ_o 分别为内、外侧履带上的剪切应力，σ_i 和 σ_o 分别为内、外侧履带的法向应力，j_i 和 j_o 分别为内、外侧履带上元素的剪切变形。

在 Steeds 的模型中所采用的"履带和地面之间的剪切力服从库仑摩擦定律"这一假设，其实是公式（6-43）的一种特殊情况。库仑定律假定：一旦履带和地面之间发生小的相对运动，摩擦力就立即达到其最大值。这等效于公式（6-43）中的 K 值等于零。这表明，公式（6-43）是履带和地面之间的剪切力特性的一种更为通用的表示。

如图 6-12 所示，作用在外侧履带的纵向力 F_{yo} 和作用在内侧履带上的纵向力 F_{yi} 分别为

$$F_{yo} = \int dF_o\sin(\pi+\delta_1) = -\int_{-l/2+c_y-s_0}^{l/2+c_y-s_0}\int_{-b/2}^{b/2}\sigma_o\mu(1-e^{-j_o/K})\sin\delta_1 dx_1 dy_1 \tag{6-46}$$

$$F_{yi} = \int dF_i\sin(\pi+\delta_2) = -\int_{-l/2+c_y-s_0}^{l/2+c_y-s_0}\int_{-b/2}^{b/2}\sigma_i\mu(1-e^{-j_i/K})\sin\delta_2 dx_2 dy_2 \tag{6-47}$$

其中，图 6-11 所示的 σ_1 和 σ_2 分别为外侧履带和内侧履带上点的合成滑移速度与对应履带的横向方向（即 x_1 轴和 x_2 轴）之间的夹角。根据库仑摩擦定律，作用在履带上的剪切力的方向将与合成滑移速度反向。

作用在外侧履带上的横向力 F_{xo} 和作用在内侧履带上的横向力 F_{xi} 分别为

$$F_{xo} = \int dF_o\cos(\pi+\delta_1) = -\int_{-l/2+c_y-s_0}^{l/2+c_y-s_0}\int_{-b/2}^{b/2}\sigma_o\mu(1-e^{-j_o/K})\cos\delta_1 dx_1 dy_1 \tag{6-48}$$

$$F_{xi} = \int dF_i\cos(\pi+\delta_2) = -\int_{-l/2+c_y-s_0}^{l/2+c_y-s_0}\int_{-b/2}^{b/2}\sigma_i\mu(1-e^{-j_i/K})\cos\delta_2 dx_2 dy_2 \tag{6-49}$$

由作用在外侧履带和内侧履带上的纵向剪切力而引起的关于点 O_v（图 6-12）的转向力矩 M_{Lo} 和 M_{Li} 分别为

$$M_{Lo} = -\int_{-l/2+c_y-s_0}^{l/2+c_y-s_0}\int_{-b/2}^{b/2}\left(\frac{B}{2}+x_1\right)\sigma_o\mu(1-e^{-j_o/K})\sin\delta_1 dx_1 dy_1 \tag{6-50}$$

$$M_{Li} = -\int_{-l/2+c_y-s_0}^{l/2+c_y-s_0}\int_{-b/2}^{b/2}\left(\frac{B}{2}-x_2\right)\sigma_i\mu(1-e^{-j_i/K})\sin\delta_2 dx_2 dy_2 \tag{6-51}$$

如图 6-12 所示，由作用在外侧履带上的横向剪切力引起的关于点 O_1 的转向阻力矩 M_{ro} 以及由作用在内侧履带上的横向剪切力引起的关于点 O_2 的转向阻力矩 M_{ri}，它们的表达式分

别为

$$M_{ro} = \int dF_o \cos(\pi+\delta_1) y_1 = -\int_{-l/2+c_y-s_0}^{l/2+c_y-s_0} \int_{-b/2}^{b/2} y_1 \sigma_o \mu (1-e^{-j_o/K}) \cos\delta_1 dx_1 dy_1 \quad (6\text{-}52)$$

$$M_{ri} = \int dF_i \cos(\pi+\delta_2) y_2 = -\int_{-l/2+c_y-s_0}^{l/2+c_y-s_0} \int_{-b/2}^{b/2} y_2 \sigma_i \mu (1-e^{-j_i/K}) \cos\delta_2 dx_2 dy_2 \quad (6\text{-}53)$$

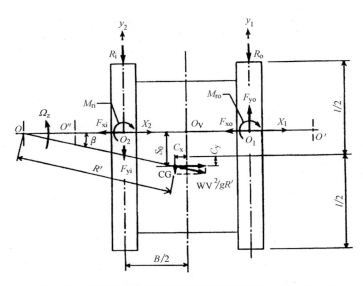

图 6-12 在稳态转向过程中作用在履带车辆上的力和力矩

为了确定 δ_1 和 δ_2，首先分别计算外侧履带和内侧履带上的元素相对于移动参考坐标系 $x_1 y_1$ 和 $x_2 y_2$ 的纵向滑移速度 V_{jyo} 和 V_{jyi}，如下（参见图 6-11）：

$$V_{jyo} = \left(R'' + \frac{B}{2} + c_x + x_1\right) \Omega_z - r\omega_o \quad (6\text{-}54)$$

$$V_{jyi} = \left(R'' - \frac{B}{2} + c_x + x_2\right) \Omega_z - r\omega_i \quad (6\text{-}55)$$

外侧履带和内侧履带上的履带元素的横向滑移速度 V_{jxo} 和 V_{jxi} 可以分别表示为

$$V_{jxo} = -y_1 \Omega_z \quad (6\text{-}56)$$

$$V_{jxi} = -y_2 \Omega_z \quad (6\text{-}57)$$

因此，角度 δ_1 和 δ_2 可以分别通过如下公式定义：

$$\sin\delta_1 = \frac{V_{jyo}}{\sqrt{V_{jxo}^2 + V_{jyo}^2}} = \frac{(R''+B/2+c_x+x_1)\Omega_z - r\omega_o}{\sqrt{[(R''+B/2+c_x+x_1)\Omega_z - r\omega_o]^2 + (y_1\Omega_z)^2}} \quad (6\text{-}58)$$

$$\sin\delta_2 = \frac{V_{jyi}}{\sqrt{V_{jxi}^2 + V_{jyi}^2}} = \frac{(R''-B/2+c_x+x_2)\Omega_z - r\omega_i}{\sqrt{[(R''-B/2+c_x+x_2)\Omega_z - r\omega_i]^2 + (y_2\Omega_z)^2}} \quad (6\text{-}59)$$

$$\cos\delta_1 = \frac{V_{jxo}}{\sqrt{V_{jxo}^2 + V_{jyo}^2}} = \frac{-y_1\Omega_z}{\sqrt{[(R''+B/2+c_x+x_1)\Omega_z - r\omega_o]^2 + (y_1\Omega_z)^2}} \quad (6\text{-}60)$$

$$\cos\delta_2 = \frac{V_{jxi}}{\sqrt{V_{jxi}^2 + V_{jyi}^2}} = \frac{-y_2\Omega_z}{\sqrt{[(R''-B/2+c_x+x_2)\Omega_z - r\omega_i]^2 + (y_2\Omega_z)^2}} \quad (6\text{-}61)$$

根据上述分析，可以推导出履带车辆在稳态转向过程中的平衡方程，如下（图6-12）：

$$\sum F_x = 0 \quad F_{xo} + F_{xi} = \frac{WV^2}{gR'}\cos\beta \quad (6\text{-}62)$$

$$\sum F_y = 0 \quad F_{yo} + F_{yi} = \frac{WV^2}{gR'}\sin\beta + (R_o + R_i) \quad (6\text{-}63)$$

$$\sum M_{ov} = 0 \quad M_{Lo} - M_{Li} - \frac{B}{2}(R_o - R_i) + (s_0\cos\beta + c_x\sin\beta)\frac{WV^2}{gR'} = M_{ro} + M_{ri} \quad (6\text{-}64)$$

其中，R_o 和 R_i 分别为作用在外侧履带和内侧履带上的外部运动阻力。

上述这些力和力矩是理论速度 $r\omega_o$ 和 $r\omega_i$ 以及偏置 s_0 的函数。当已知或给出其他参数时，例如摩擦系数 μ、剪切变形参数 K、运动阻力系数 f_r、履带间距 B、履带的接地长度 l、履带宽度 b、前进速度 V、转弯半径 R'、车辆重量 W、车辆重心相对于其几何中心的纵向偏移 c_y 和横向偏移 c_x 以及车辆重心高度 h，可以通过求解三个联立方程 [式（6-62）~式（6-64）] 来确定 $r\omega_o$、$r\omega_i$ 和 s_0 这三个未知参数。因此，在给定的稳态转向期间的所有力和力矩可以被完全确定。

对于履带下方法向压力的多种分布方式，该通用理论均可适用。法向压力分布方式包括：履带上的法向负载集中分布于负重轮的下方，法向载荷仅由负重轮正下方的履带链节支承，法向载荷在整个履带的接地长度上连续分布，等等。

6.4.3 实验验证

为了展示上述通用理论的实际应用，我们仿真了一台捷豹（Jaguar）[6.10]军用履带车辆的转向性能，并将仿真结果与 Ehlert、Hug 和 Schmid 等人在铺设道路上所获得的实验数据[6.11]进行对比。

使用文献 [6.10] 中给出的车辆设计参数和从文献 [6.11] 推导出的地面参数 $\mu = 0.9$、$K = 0.075\text{m}(3\text{in})$，可以求解决定履带车辆的稳态转向行为的三个联立方程 [式（6-62）~式（6-64）]，从而求得外侧履带的链轮圆周速度 $r\omega_o$、外侧履带的链轮圆周速度 $r\omega_i$ 以及用于定义转向中心纵向位置的偏移 s_0。然后，可以以转弯半径函数的方式确定履带链轮转矩和转向阻力矩。图6-13示出了在不同车辆前进速度和不同类型的法向载荷分布下，预测得到的内外侧履带的链轮转矩随理论转向半径（由外侧履带和内侧履带的圆周速度 $r\omega_o$ 和 $r\omega_i$ 推导得出）的变化曲线。在图中还示出了参考文献 [6.11] 中给出的履带车辆（捷豹）在铺设道路上的测量数据。为了对比，图中还给出了使用 Steeds 的理论所获得的预测结果。

使用通用理论得到的预测结果与测量数据之间具有很强的相似性。两者都表明，履带链轮转矩的大小通常随理论转弯半径的增加而减小。相比之下，Steeds 理论的预测结果与测量数据有很大的不同。由 Steeds 方法预测得到的链轮转矩在大的转弯半径范围内基本上保持恒定，特别是在低速情况下。

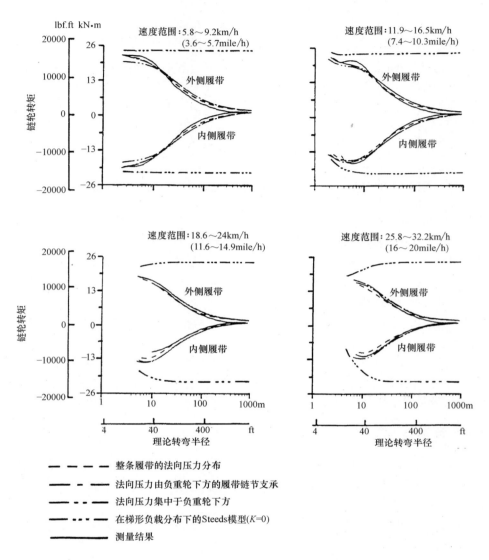

图 6-13　在不同前进速度下，使用通用理论得到的履带车辆的链
轮转矩和理论转弯半径间关系的预测值与测量数据的比较

使用 Steeds 理论预测结果差的原因主要是由于以下假定引起的：履带和地面之间一旦有小的相对运动发生时，履带-地面间界面上的剪切应力立即达到其最大值。图 6-14a 和 b 分别示出了在不同转弯半径下沿外侧履带和内侧履带的纵向中心线上的横向剪切应力分布。即使在履带元素刚开始与地面接触的前接触点处，横向应力也处于其最大值。相比之下，基于通用理论，外侧履带和内侧履带的前接触点处的横向剪切应力为零，如图 6-15a 和 b 所示。当转弯半径大于某一取值时，例如图 6-14 所示的 50m(164ft)，使用 Steeds 理论预测得到的在外侧履带和内侧履带上的横向剪切应力分布保持基本相同。由于横向剪切力关于履带转向

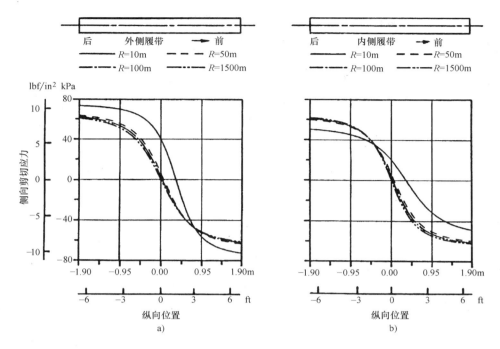

图 6-14 在不同转弯半径下，根据 Steeds 理论得到的沿外侧履带
（图 a）和内侧履带（图 b）的纵向中心线的横向剪切应力分布

中心（即图 6-12 中的 O_1 或 O_2）的力矩构成了转向阻力矩，这导致基于 Steeds 理论得到的外侧履带和内侧履带的转向阻力矩在大范围的转弯半径内基本恒定。

在稳态转向期间，在外侧履带和内侧履带中的链轮转矩将产生所需的牵引力和制动力，从而形成履带车辆的转向力矩，用以克服主要由履带在地面上横向滑移而引起的合成转向阻力矩。因此，如图 6-13 所示，基于 Steeds 的理论，当转弯半径大于某一值时，外侧履带和内侧履带的链轮转矩基本上保持恒定。相比之下，基于通用理论，侧向剪切应力的大小随着转向半径的增加而减小，如图 6-15 所示；其结果是，外侧履带和内侧履带的链轮转矩的大小随转向半径的增加而减小，如图 6-13 所示。这表明，对于履带车辆的转向行为，通用理论的预测结果比 Steeds 理论所得到的结果更加逼真和准确。

从图 6-13 中还可以注意到，履带上的法向载荷分布对链轮转矩没有显著影响。在三种不同类型的法向载荷分布下（即法向负载集中分布于负重轮的下方，法向载荷仅由负重轮正下方的履带链节支承，法向载荷在整个履带的接地长度上连续分布、其压力分布为梯形）下，预测得到的链轮转矩都非常接近。

6.4.4 横向阻力系数

在第 6.1 节中给出的滑移转向的简化分析中，引入了横向阻力系数 μ_t（也称为横向摩擦系数）用以预测在转向操控期间作用在履带上的横向力和转向阻力矩。因此，如果假定法向压力沿履带均匀分布，则由于履带在地面上横向滑移而产生的转向阻力矩 M_r 由公式（6-8）给出。公式（6-8）表明，转向阻力矩 M_r 与转弯半径无关。然而，实验证据表明，在

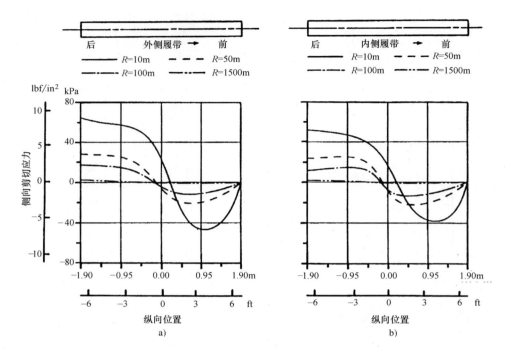

图 6-15 在不同转弯半径下，根据通用理论得到的沿外侧履带（图 a）
和内侧履带（图 b）的纵向中心线的横向剪切应力分布

实践中 M_r 会随转弯半径变化。作为一种权宜之计，有研究建议将公式（6-8）中的 μ_t 表示为转弯半径的函数。人们已经提出了许多经验公式用以将 μ_t 与转弯半径关联起来[6.11]。由于这些公式中包含许多经验系数，并不确定这些经验关系是否可以普遍应用。

如第 6.4.2 节中所述，使用通用理论，可以使用公式（6-52）和公式（6-53）以解析形式预测外侧履带和内侧履带的转向阻力矩。在使用这些公式预测转向阻力矩时，所需的地面参数只有摩擦系数 μ 和剪切变形参数 K。这意味着使用通用理论，不需要引入横向阻力系数 μ_t 来预测转向阻力矩。事实上，公式（6-8）中的横向阻力等效系数 μ_t 可以通过以下方式定量得出：将由式（6-52）和式（6-53）计算得到的转向阻力矩 M_{ro} 和 M_{ri} 之和等于公式（6-8）中的 M_r。图 6-16 示出了一履带车辆（捷豹坦克）在不同前进速度下，使用该方法得出的横向阻力等效系数 μ_t 随理论转向半径的变化曲线。

由 Ehlert、Hug 和 Schmid[6.11] 所报道的实验数据推导得出的横向阻力等效系数的相应变化也示于图中。它们是根据履带链轮转矩的测量数据，以及由车辆前进速度和转向半径计算得到的外部运动阻力和离心力，然后使用公式（6-64）计算得到的。从图中可知，测试结果和使用通用理论得到的预测结果相当接近。

上述分析表明，如果使用简化方法［即公式（6-8）］来预测转向阻力矩，在给定地面条件下，可以根据已知的摩擦系数 μ 和剪切变形参数 K，使用通用理论推导出 μ_t 和转弯半径之间的关系。这意味着通过使用通用理论，可以免掉用于定义 μ_t 和转弯半径间关系的耗时场地实验。

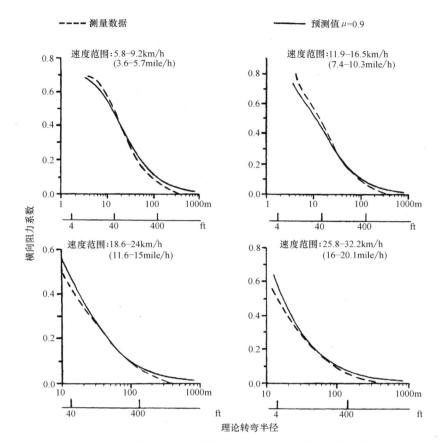

图 6-16 一辆履带车辆在不同前进速度下，横向阻力系数与转向半径间关系的实验结果和预测结果对比（$\mu=0.9$、$K=0.075m$）

作为示例，图 6-17 示出了在不同地面条件下，一辆以 7.5km/h（4.7mile/h）速度行驶的履带车辆（捷豹），其横向阻力等效系数随理论转弯半径的变化曲线，其中地面的摩擦系数 μ 在 0.3~0.9 范围内变化，剪切变形参数 $K=0.075m$（3in）。从图中可知，横向阻力等效系数随理论转弯半径的增加而减小。这一趋势与文献 [6.11] 中报道的实验观察结果一致。

综上所述，上述的通用理论为研究履带车辆滑移式转向的力学机理提供了一种统一方法。

6.5 滑移转向的功率消耗

当履带车辆直线行驶时，由于运动阻力 R_{tot} 而引起的功率消耗 P_{st} 为

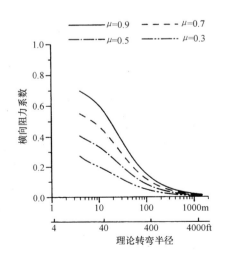

图 6-17 对于一辆行驶在具有不同摩擦系数值的地面上的履带车辆，使用通用理论预测得到的横向阻力系数随转弯半径的变化曲线

$$P_{st} = R_{tot}V_{st} = f_r W V_{st} \tag{6-65}$$

其中，V_{st} 是车辆的直线运动速度。

应当指出，当车辆在未整备过的地面上行驶时，因车辆行走装置滑转而损失的功率也可能很大。但是，在下面分析车辆转向操作时的功率消耗时，为简化分析，略去滑转功率损耗不计。

当履带车辆进行稳态转向时，运动阻力、转向阻力矩和转向系统中的制动力矩都会消耗功率。转向时所需功率 P_t 可表示为[6.12]

$$P_t = R_{tot}V + M_r\Omega_z + M_b\omega_b \tag{6-66}$$

其中，V 是转向时车辆重心的速度，M_b 是转向系统中的制动器（或离合器）的摩擦力矩，ω_b 是制动器（或离合器）中摩擦元件的相对角速度（或者驱动元件相对于被驱动元件的相对速度）。当制动器抱死（或离合器完全啮合）时，摩擦元件之间无相对运动，制动器（或离合器）的功率损失为零。

稳态转向所消耗的功率相对于直线运动时所消耗的功率之间的比率可用下式表示：

$$\frac{P_t}{P_{st}} = \frac{V}{V_{st}} + \frac{M_r\Omega_z}{f_r W V_{st}} + \frac{M_b\omega_b}{f_r W V_{st}} = \frac{V}{V_{st}}\left(1 + \frac{M_r}{f_r WR} + \frac{M_b\omega_b}{f_r WV}\right) \tag{6-67}$$

当给定履带车辆在特定地面上行驶时，其功率比 P_t/P_{st} 取决于 V/V_{st}、$M_r/f_r WR$ 以及 $M_b\omega_b/f_r WV$ 的比值；而这三者又在很大程度上取决于所采用的转向系统的特性。某些典型履带车辆的转向系统的特性及其相应功率比值将在下节中讨论。

6.6 履带车辆的转向机构

有多种不同类型的转向机构，可被用于基于滑移转向原理的履带式车辆中。

6.6.1 离合器/制动器转向系统

图 6-18 示出了这种转向系统的原理简图。为进行转向，通常使用分离离合器将内侧履带与传动系统分离，同时施加制动力。外侧履带通过发动机的驱动而产生前进推力。作用在外侧履带上的推力和作用在内侧履带上的制动力，形成一个能够转向的转向力矩。这种转向系统非常简单；但在转向时，转向制动器通常会吸收相当大的功率。因此，离合器/制动器转向系统主要用于低速行驶的履带车辆，如农场拖拉机或建筑车辆。

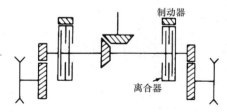

图 6-18 离合器/制动器转向系统的原理示意图

在某些情况下，离合器/制动器转向系统可能会导致所谓的反向转向（即设置控制输入以产生期望的向右转向，但是车辆实际上却向左转向；反之亦然）。例如，如果车辆在节气门关闭的情况下下坡时，把车辆一侧的转向离合器分离，将会释放与其相关的履带，而来自发动机的减速力矩则会施加到另一履带上（如果在转向时，初始车速比关闭节气门时发动机转速所对应的车速要快）。如果横向阻力系数小，这将导致车辆沿着与预期方向相反的方向产生滑移。可以通过叠合转向离合器的分离操作和施加制动力的操作来消除反向转向，使得离合器在分离之后紧接着在链轮上施加制动力。

考虑下面一种转向情况，即通过离合器将内侧履带与传动系统分离，同时在其上施加制动力。此时内侧履带的前进速度为零；车辆将绕内侧履带的中心转向，最小转向半径 $R_{\min}$ 将等于 $B/2$。假设在转向时发动机仍以转向前的速度运转。显然采用离合器/制动器转向系统时，在最小转向半径下，车辆重心的转向速度将是其转向前的一半，且 $V/V_{\mathrm{st}} = 0.5$。由于内侧履带已经完全抱死，制动器中将无功率损失。因此，使用离合器/制动器转向系统的履带车辆在最小转弯半径下的功率比 $P_{\mathrm{t}}/P_{\mathrm{st}}$ 可用下式表示：

$$\frac{P_{\mathrm{t}}}{P_{\mathrm{st}}} = 0.5\left(1 + \frac{M_{\mathrm{r}}}{f_{\mathrm{r}}WB/2}\right) \tag{6-68}$$

假定履带的法向压力均匀分布且车辆以低速转向。此时，转向阻力矩 M_{r} 由公式（6-8）给出，而公式（6-68）可改写为如下形式：

$$\frac{P_{\mathrm{t}}}{P_{\mathrm{st}}} = 0.5\left(1 + \frac{\mu_{\mathrm{t}} l}{2 f_{\mathrm{r}} B}\right) \tag{6-69}$$

一台装有离合器/制动器转向系统的履带式车辆，其 $l/B = 0.5$，行驶于横向阻力系数 $\mu_{\mathrm{t}} = 0.5$、且运动阻力系数 $f_{\mathrm{r}} = 0.1$ 的地面上；当其以最小转向半径进行稳态转向时，所消耗的功率为车辆直线行驶时所消耗功率的 2.375 倍。这说明，转向时所消耗的功率比直线行驶时的功率要大得多。如果另外计入履带滑转时的功率损失，转向时的总功率消耗将会更大。

6.6.2 受控差动转向系统

图 6-19 给出了这种转向系统的简图。发动机通过齿轮箱来驱动齿轮 A。在直线行驶时，不使用制动器 B_1 和 B_2，齿轮 C_1、C_2、D_1 和 D_2 组成了一个普通的差速器。为进行转向，内侧履带制动器，例如 B_2 被起动；这使得内侧履带速度降低，相应地会使外侧履带速度增加。因此，对于给定的发动机转速，车辆重心在转向时的前进速度与直线行驶时的车速相同。对受控差动转向系统进行的运动学分析将表明，外侧履带驱动轮角速度 ω_{o} 和内侧履带驱动轮角速度 ω_{i} 如下式所示：

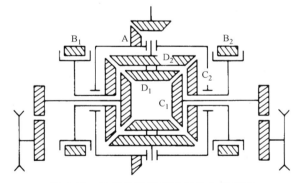

图 6-19 受控差动转向系统的示意简图

$$K_{\mathrm{s}} = \frac{\omega_{\mathrm{o}}}{\omega_{\mathrm{i}}} = \frac{K_{\mathrm{di}} + 1 - K_{\mathrm{di}} \omega_{B2}}{K_{\mathrm{di}} - 1 + K_{\mathrm{di}} \omega_{B2}} \tag{6-70}$$

其中，K_{di} 是差速器的传动比，它等于 $N_{D2} N_{C1} / N_{D1} N_{C2}$，其中 N_{C1}、N_{C2}、N_{D1} 和 N_{D2} 分别是差速器中齿轮 C_1、C_2、D_1 和 D_2 的齿数；ω_{B2} 是制动鼓 B_2 的角速度。如果制动器 B_2 被完全抱紧且制动鼓不滑转，公式（6-70）可被重写为如下形式：

$$K_{\mathrm{s}} = \frac{K_{\mathrm{di}} + 1}{K_{\mathrm{di}} - 1} \tag{6-71}$$

当制动器 B_2 抱住，则会达到最小转向半径。因此，根据公式（6-13），装有受控差速转向系统的履带车辆，其最小转向半径的表达式如下所示：

$$R_{\min} = \frac{B}{2}\left(\frac{K_s+1}{K_s-1}\right) = \frac{BK_{di}}{2} \qquad (6\text{-}72)$$

装有受控差速转向系统的履带车辆，其以最小半径转向时的功率比率 P_t/P_{st} 由下式给出：

$$\frac{P_t}{P_{st}} = \frac{V}{V_{st}}\left(1+\frac{M_r}{f_r W R_{\min}}\right) = 1+\frac{M_r}{f_r W B K_{dt}/2} \qquad (6\text{-}73)$$

其中，如前所述，$V/V_{st}=1$。

如果履带下方的法向压力均匀分布，转向阻力矩的表达式如公式（6-8）所示；如果此时车辆以低速转向，公式（6-73）可重写为如下形式：

$$\frac{P_t}{P_{st}} = 1+\frac{\mu_t l}{2f_r B K_{di}} \qquad (6\text{-}74)$$

一台行走于 $\mu_t/f_r=5$ 的地面上的履带车辆，其 $l/B=1.5$，$K_{di}=2.0$；其以最小半径稳态转向时的功率消耗将是其直线行驶时的 2.875 倍。

6.6.3 行星齿轮转向系统

图 6-20 是履带车辆所采用的一种最简单形式的行星齿轮转向系统的原理简图。来自发动机的功率输入经锥齿轮传给轴 A，然后再通过行星齿轮系传给履带驱动轮。

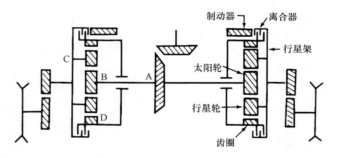

图 6-20　行星齿轮转向系统的原理简图

在所示系统中，（功率）通过轮系中的太阳轮 B 输入，通过行星架 C 输出，行星架与驱动轮相连。转向行驶时，两个履带的离合器均啮合而制动器则松开。转向时，内侧履带的离合器分离，制动器制动齿圈 D（也称内齿环）。如果齿圈被制动器完全抱死不动，内侧履带驱动轮的角速度可通过下式确定：

$$\omega_i = \omega_a\left(\frac{N_B}{N_B+N_D}\right) \qquad (6\text{-}75)$$

其中，ω_a 是轴 A 的角速度，N_B 和 N_D 分别是行星齿轮系中太阳轮和齿圈的齿数。由于外侧履带驱动轮的角速度等于 ω_a，速度比 K_s 可表示为

$$K_s = \frac{\omega_o}{\omega_i} = \frac{N_B+N_D}{N_B} \qquad (6\text{-}76)$$

应该说明，如果发动机转速保持不变，那么车辆重心的前进速度将比直线行驶时速度要小。车辆在转向时的前进速度 V 可用下式确定：

$$V = \frac{(\omega_o + \omega_i)r}{2} = \frac{\omega_i r(K_s + 1)}{2} \qquad (6\text{-}77)$$

还应说明，当一侧制动器被完全抱死，即可得最小转向半径。最小转向半径 $R_{\min}$ 可表示如下：

$$R_{\min} = \frac{B}{2}\left(\frac{K_s + 1}{K_s - 1}\right) = \frac{B}{2}\left(\frac{2N_B + N_D}{N_D}\right) \qquad (6\text{-}78)$$

当装有行星齿轮转向系统的履带车辆以最小半径转向时，功率比 P_t/P_{st} 可表示如下：

$$\frac{P_t}{P_{st}} = \frac{V}{V_{st}}\left(1 + \frac{M_r}{f_r W R_{\min}}\right) = \frac{(K_s + 1)}{2K_s}\left(1 + \frac{M_r}{f_r W B (K_s + 1)/2(K_s - 1)}\right) \qquad (6\text{-}79)$$

如果发现法向压力分布不均匀，转向阻力矩由公式（6-8）给出；此时如果车辆以低速转向，公式（6-79）可改写为如下形式：

$$\frac{P_t}{P_{st}} = \frac{1}{2K_s}\left[(K_s + 1) + \frac{\mu_t l(K_s - 1)}{2 f_r B}\right] \qquad (6\text{-}80)$$

如果系数为 $K_s = 2$、$l/B = 1.5$ 且 $\mu_t/f_r = 5$，车辆以最小半径做稳态转向时的功率消耗将会是直线行驶时的 1.68 倍。

对上述各种转向系统的特性分析结果表明，转向时所消耗的功率比直线行驶时要大得多。为了减少基于滑移转向原理车辆转弯时的功率需求，已有多种针对高速履带车辆的（能源）再生转向系统（regenerative steering system）被研发出来[6.13,6.14]。

在再生转向系统中，转向过程中通过内侧履带制动力而产生的功率，能够通过系统传输到外侧履带。这提供了外侧履带驱动轮所需的一部分功率。此时，发动机仅需提供外侧和内侧履带驱动轮功率之间的差值。早期开发的再生转向系统完全是机械式的。后来液压机械系统被广泛使用，其结合了无级变速驱动的优点，以及静液压变速器的易于控制和机械变速器的高效率等多种优点[6.14]。

6.7　铰接式转向

对包括有两个或两个以上单元部分的车辆，其在转向时，可将一个单元部分相对于另一个单元部分转动，以使车辆按所需要的曲线路径行驶。这种转向方法被称为"通过铰接转向"（steering by articulation）或"铰接转向"（articulated steering）。铰接转向有两种主要结构形式。一种通常被称为车厢转向（wagon steer），如图 6-21 所示。这种结构形式适用于具有共同车架和两个独立底盘的车辆。转向通过使两个或其中一个履带底盘绕垂直轴转动而实现。通常情况下，履带底盘带有俯仰自由度，以使车辆在粗糙不平表面上行驶时能够保持底盘与地面之间的良好接触。车厢转向这种结构形式已经被用于某些重型履带运输车上，如图 6-22 所示。在另一种铰接式转向结构中，一个铰接式关节（articulation joint）被用来连接相互独立的车辆单元，如图 6-21 所示；通过将一个单元相对于另一个单元转动来实现转向。通常情况下，铰接关节容许两个单元部分具有一定范围内的俯仰和侧倾自由度。如图 6-23 所示，列车铰接式铰接转向已被用于行驶于边远地带的地面车辆上。铰接转向也被用于轮式越野车辆中，如图 6-24 所示[6.15,6.16]。

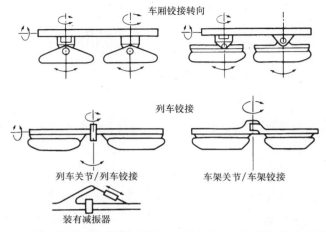

图 6-21 铰接式转向的不同结构形式（经版权方允许摘自参考文献 6.1）

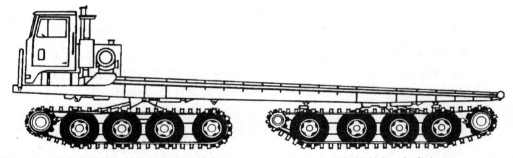

图 6-22 具有车厢转向结构的越野运输车 Foremost Husky Eight（版权所有：加拿大 Foremost Ltd.）

a) Volvo BV 202(版权所有:Volvo BM AB)

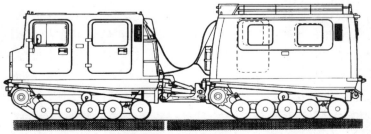

b) Hagglunds BV 206(版权所有:Hagglunds Venicle AB)

图 6-23 具有列车铰接结构的铰接车辆

与滑移式转向方法相比，铰接转向为实现转向所需要的功率要小得多。此外，采用铰接转向，车辆在转向过程中可以保持前进推力合力不变；而滑移转向则会伴随前进推力最大合力的减小。因此，在边远地带的地面上，铰接转向比滑移转向能够为车辆提供更好的机动性。此外，采用滑移转向时，为了满足可转向准则，车辆的接地长度与其轨距之间的比率必须在一定范围内。对于重型运输车，为达到所需的接地长度与轨距之比，车辆就会变得很宽而在现实中无法使用。这就是重型履带式运输车广泛采用铰接转向的原因。铰接转向还可使重型履带车辆获得更合理的外形，这是因为在未整备过的地面上行驶时，当履带接地面积相同时，长而窄的车辆比短而宽的车辆具有较小的障碍阻力和运动阻力。现场实验也表明，铰接车辆的操纵性能令人满意，即使是在速度高达72km/h（45mile/h）时的某些情况之下[6.1]。

给定具有相同前后部单元的某铰接式履带车辆，其转弯半径相对于履带接地长度的比值为 R/l，图 6-25 示出了其外侧履带和内侧履带的推力-车重比的变化曲线，F_o/W 和 F_i/W[6.17]。该铰接车辆的前后单元的驱动轴均装有简单的差速器，这使外侧履带和内侧履带上推动力均匀分布。图中所示的符号表示在水平硬地面上行驶的模型车辆所获得的测量数据。作为比较，图 6-25 也示出了单体的滑移转向式履带车辆的情况，图中以转弯半径-履带接地长度比值 R/l 的函数曲线的形式表示了外侧履带和内侧履带的推力-车重比，F_o/W 和 F_i/W。可以看出，滑移转向车辆在外侧履带和内侧履带上分别产生大的推力和制动力；相比之下，铰接转向车辆在执行给定转向时所需的推力要小很多。

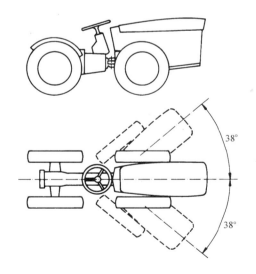

图 6-24　采用铰接转向的轮式越野车辆

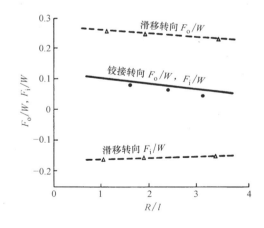

图 6-25　滑移式转向和铰接式转向车辆，其推重比与转向半径相对于履带长度之比之间的关系（经版权方允许，摘自参考文献 6.17）

应该说明，与大小相当的滑移转向式履带车辆相比，铰接转向式履带车辆的最小转向半径要大。铰接车辆的原始成本通常高于滑移转向的履带车辆，特别是对于小型车辆来讲；这是因为铰接式车辆至少有两个分隔的底盘部分，它们需要两套悬架和履带系统[6.1]。

参 考 文 献

6.1　C. J. Nuttall, "Some Notes on the Steering of Tracked Vehicles by Articulation," *Journal of Terramechanics*, vol. 1, no. 1, 1964.

6.2　L. F. Little, "The Alecto Tracklayer," *Journal of Terramechanics*, vol. 1, no. 2, 1964.

6.3　M. G. Bekker, *Theory of Land Locomotion*. Ann Arbor, MI: University of Michigan Press, 1956.

6.4　M. K. Kar, "Prediction of Track Forces in Skid-steering of Military Tracked Vehicles," *Journal of Terramechanics*, vol. 24, no. 1, 1987.

6.5　I. Hayashi, "Practical Analysis of Tracked Vehicle Steering Depending on Longitudinal Track Slippage," in *Proc. 5th Int. Conf of the International Society for Terrain-Vehicle Systems*, Vol. II, Detroit-Houghton, MI, 1975.

6.6　J. E. Crosheck, "Skid-steering of Crawlers," Society of Automotive Engineers, paper 750552, 1975.

6.7　M. Kitano and M. Kuma, "An Analysis of Horizontal Plane Motion of Tracked Vehicles," *Journal of Terramechanics*, vol. 14, no. 4, 1978.

6.8　W. Steeds, "Tracked Vehicles," *Automobile Engineer*, April 1950.

6.9　J. Y. Wong and C. F. Chiang, "A General Theory for Skid-steering of Tracked Vehicles on Firm Ground," in *Proc. Institution of Mechanical Engineers*, Part D, *Journal of Automobile Engineering*, vol. 215, D3, 2001.

6.10　C. F. Foss, *Jane's Armour and Artillery*, 14th ed. Jane's Information Group, Surrey, UK, 1993.

6.11　W. Ehlert, B. Hug, and I. C. Schmid, "Field Measurements and Analytical Models as a Basis of Test Stand Simulation of the Turning Resistance of Tracked Vehicles," *Journal of Terramechanics*, vol. 29, no. 1, 1992.

6.12　I. D. Lvov, *Theory of Tractors* (in Russian), Moscow. National Scientific and Technical Publishers, 1960.

6.13　W. Steeds, *Mechanics of Road Vehicles*. London: Iliffe & Sons, 1960.

6.14　R. M. Ogorkiewicz, *Technology of Tanks*. Jane's Information Group, Surrey, UK, 1991.

6.15　P. A. Dudzinski, "Problems of Turning Process in Articulated Terrain Vehicles," in *Proc. 7th Int. Conf of the International Society for Terrain-Vehicle Systems*, Vol. 1, Calgary, Canada, 1981.

6.16　A. Oida, "Turning Behavior of Articulated Frame Steering Tractor, Parts 1 and 2," *Journal of Terramechanics*, vol. 20, no. 3/4, 1983 and vol. 24, no. 1, 1987.

6.17　K. Watanabe and M. Kitano, "Study on Steerability of Articulated Tracked Vehicles, Part 1: Theoretical and Experimental Analysis," *Journal of Terramechanics*, vol. 23, no. 2, 1986.

习　题

习题6.1：一台采用滑移转向的履带车辆，被设计用于多种类型地面上的操作，从$c=0$，$\phi=35°$的砂土到$c=20.685 \text{kPa}(3 \text{lbf/in}^2)$，$\phi=6°$的重黏土。运动阻力系数的平均值为0.15，横向阻力系数为0.5；车辆的接地压力平均分布，其值为$13.79 \text{kPa}(2 \text{lbf/in}^2)$。使用第6.1节中所描述的简化方法，为该车辆选择适当的接地长度与轨距比值。

习题6.2：一履带车辆，其重量为$155.68 \text{kN}(35000 \text{lbf})$，接地长度为$304.8 \text{cm}(120 \text{in})$，轨距为$203.2 \text{cm}(80 \text{in})$。该车辆的接地压力分布均匀，且装有离合器/制动器转向系统。在砂地上的运动阻力系数为0.15，横向阻力系数为0.5。地面的内抗剪阻力角ϕ等于30°。

1）使用第6.1节中所描述的简化方法，确定执行稳态转向时内外侧履带所需的推动力。

2）如果在转向过程中，半径为0.305m（1ft）的外侧履带的驱动轮的转速为10rad/s；通过离合器将内侧履带与传动系统分离，同时在其上施加制动力。确定车辆在转向过程中的转弯半径和横摆角速度。在计算中可以将行走装置的滑转忽略不计。

习题6.3：参考习题6.2，使用第6.1节中所描述的简化方法，估算稳态转向过程中履带车辆所能产生的最大牵引力。同时计算稳态转向时的最大牵引力相对于直线行驶时的最大牵引力之比。

习题6.4：一台履带车辆装有受控差速转向系统；差速器的传动比为3∶1。该车辆重量为155.68kN（35000lbf），轨距为203.2cm（80in），接地长度为304.8cm（120in）。假设履带的接地压力均匀分布。在某特定地面上，运动阻力系数值为0.15，横向阻力系数为0.5。确定该车辆的最小转向半径。同时计算当车辆重心速度为10km/h（6.2mile/h）时，为保持以最小转弯半径进行稳态转向时所需的功率。

第 7 章

车辆的行驶平顺性

　　行驶平顺性与乘客在运动车辆环境中的感觉或感受有关。乘坐舒适性问题主要由车身振动所引起；引起车身振动有多种原因，包括路面不平、空气动力学作用力、发动机与传动系统的振动以及轮胎/车轮总成质量的不平衡。通常，地面不平，包括从路面上的坑洼到地表高程轮廓（surface elevation profile）的随机变化，是引起车身振动的主要原因；这些因素通过轮胎/车轮总成以及悬架系统传递到车身。空气动力学作用力引起的激励直接作用到车身，由发动机与传动系统振动引起的激励则通过发动机/变速器支架传递到车身。而由轮胎/车轮总成的质量分布不均以及尺寸和刚度变化所引起的激励则通过悬架传递到车身。

　　研究车辆行驶平顺性的目的在于为控制车辆振动而提供指导原则，使得乘客的不舒适感能被控制在一定程度之内。为了达到这个目的，我们必须要对人体对振动的响应、车辆的振动特性以及地面不平度的特性有一个基本认识。

7.1　人体对振动的响应

　　一般来说，乘客的乘坐舒适性（或不舒适）的界限难以确定，这是因为个体对振动的敏感度不同，并且缺少一个被大众所接受的方法来评价人体对振动的响应。不过为了尝试确定乘坐舒适性极限，很多研究人员做了大量工作。多年来人们已经开发了多种方法来评价人体对振动的耐受程度[7.1,7.2]。它们包括主观乘坐评价、振动台试验、驾驶模拟器试验和实车行驶试验等方法。

　　1. **主观乘坐评价**（Subjective Ride Measurements）

　　过去在汽车工业中比较车辆行驶平顺性的传统方法是：利用受过训练的评审人员在相对的基础上来评定不同车辆在一定范围的路面上行驶时的乘坐舒适度。通过使用足够多的评审人员和精心设计的评估方案，这种方法可以对不同车辆的行驶平顺性进行有意义的比较。但是，行驶平顺性的差异程度却无法通过这种类型的主观评价得到定量的确定。

　　2. **振动台试验**（Shake Table Tests）

　　多年来，为了定量地研究人体对振动的反应，人们进行了大量的振动台试验。这项研究通常研究人体对正弦激励的反应。它通过在特定频率范围内、在给定方向上（例如，从脚到头、从一侧到另一侧或从背到胸）的振动幅度、速度或加速度来识别人体的舒适区（或不舒适区）。

3. 驾驶模拟器试验（Ride Simulator Tests）

在这些测试中，驾驶模拟器被用于复制车辆在不同路面上行驶时的振动。在一些设施中，一个真实车身安装在液压执行器上，利用液压执行器再现车辆的纵向角振动、横向角振动和垂直振动。将道路输入送入液压执行器。使用模拟器能够在振动参数方面建立人体的容忍极限。

4. 实车行驶试验（Ride Measurements in Vehicles）

因为上述的振动台测试和驾驶模拟器测试是在实验室条件下进行的，它们不一定能提供与驾驶人实车行驶时相同的振动环境。所以还要在车辆行驶时进行实车振动测试，尤其是对乘用车。这些测试方法企图把使用定性术语（如"不舒适"和"极不舒适"）描述的实验对象的响应，与测试对象在实际驾驶条件下测得的振动参数联系起来。

评价人体对振动的响应之所以复杂，是由于其效果受个体敏感度的差异和受不同研究者所采用的试验方法的影响。多年来，人们提出了很多乘坐舒适性指标。图7-1所示是其中的一种。它是SAE在行驶与振动资料手册（Ride and Vibration Data Manual J6a）中所推荐的一种垂直振动的指标[7.3]。该图所推荐的极限也称Janeway舒适性指标，它给出了振动的容许振幅随频率而变的函数关系。可以看出，随着频率的增加，容许振幅显著减小。Janeway舒适性指标包括三个简单关系，其中的每种关系包含一个确定的频率范围。如图7-1所示，频率 1~6Hz 范围内的急冲（jerk）峰值不应超过 $12.6m/s^3$（$496in/s^3$），其中急冲是振幅与圆频率三次方的乘积。例如，在频率为1Hz（$2\pi rad/s$）时，所推荐的振幅极限为 $12.6m \cdot s^{-3}/(2\pi s^{-1})^3 = 0.0508m$（2in）。频率在 6~20Hz 范围内时，加速度峰值应小于 $0.33m/s^2$（$13in/s^2$），其中加速度峰值是振幅与圆频率二次方的乘积，而频率在 20~60Hz 范围内时，速度峰值不应超过 2.7mm/s（0.105in/s），其中速度峰值是振幅与圆频率的乘积。

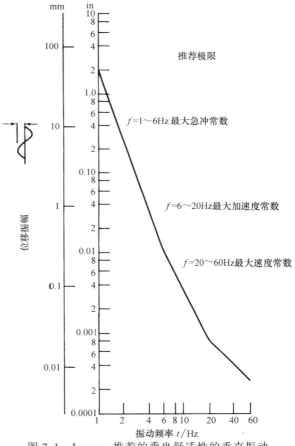

图 7-1 Janeway 推荐的乘坐舒适性的垂直振动极限（经SAE允许，摘自参考文献7.3）

Janeway舒适性标准是基于单一频率下垂直正弦振动的数据。当存在两个或更多不同频率的分量时，没有既定的标准来评估所得到的效果。然而，有可能代表最高感觉水平的单个分量将主宰整体的感觉。此外，所有用于建立乘坐舒适性边界的数据，都是通过对站立或坐在硬座椅上的对象进行测试而得到的。

7.1.1 国际标准 ISO 2631—1：1985

基于经验和研究结果，国际标准化组织（ISO）提出了国际标准 ISO 2631，它适用于对机械振动和人体处于全身振动环境时的振动进行评估。该标准包括了很多部分，用于评估人体在不同环境下对振动的承受程度，这些环境包括运输车辆、固定导轨运输系统和建筑物等。ISO 2631 第一部分——通用要求（该部分称为 ISO 2631—1）提供了用于评价人体对特定振动的承受程度的通用指南，该振动与评估车辆行驶平顺性相关。随着该领域的发展和可利用数据的不断增加，ISO 2631—1 的修订版会时常发布[7.4,7.5]。在 ISO 2631—1：1985 中有四个最重要的用于确定人体对振动反应的物理因素：振动的强度、频率、方向和持续时间（接振时间，exposure time）。对于物理描述可由上述四个因素给出的任何振动而言，在实际评估中，我们需要区分三种人因标准（即三种极限）。这些标准包括[7.4]：

- 保持工作效率，即"疲劳致工效降低界限"；它被用于如驾驶道路车辆或拖拉机这类工作。
- 保持健康或安全，即"承受极限"（exposure limit）；无特殊理由不得超出。
- 保持舒适度，即"舒适度降低界限"；在运输车辆中，该界限与在车内读写等动作相关。

【译注：①在本书第一版的中译本中，"fatigue-decreased proficiency boundary"翻译为"疲劳或工效降低界限"，我们将其翻译为"疲劳致工效降低界限"，意为由疲劳而引起的工效降低的界限。②第一版中将"exposure time"翻译为"承受时间"，这一翻译可能较为费解；exposure time 常被翻译为曝光时间或作用时间，我们将其翻译为"接振时间"，意为接触振动的时间。③第一版中将"exposure limit"翻译为"承受极限"，我们使用同一名称。】

图 7-2a 示出了垂直振动（从头到脚或沿图 7-3 中 z 轴方向）所对应的疲劳致工效降低界限；它被定义为不同接振时间下加速度 a_z 的均方根值随频率而变的关系；图中接振时间的变化范围从每日 1min 到 8h。对于处于坐姿或立姿的乘客，图 7-2b 示出了横向振动（从胸到背或从一侧到另一侧，它们分别对应于图 7-3 中的 x 轴和 y 轴）所对应的疲劳致工效降低界限。该界限被定义

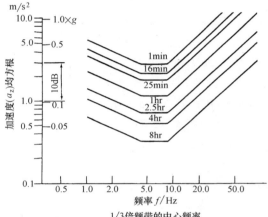

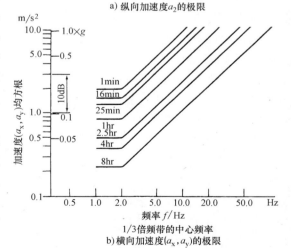

图 7-2 ISO 2631—1：1985 "疲劳致工效降低界限"随频率和接振时间变化的函数关系

为在不同接振时间下加速度a_x或a_y的均方根值随频率而变的关系；图中的接振时间的变化范围从每日1min到8h。可以看出，随着每天的接振时间增加，疲劳致工效降低界限也在降低。该界限有一个极限值，一般认为当超过该极限时，在诸如车辆驾驶等很多作业任务中会出现工作效率显著降低的风险。实际中，作业任务受干扰的程度取决于许多因素，其中包括个体特征以及任务的性质和难度。尽管如此，图7-2a和b示出了这种干扰发生的一般水平。这些极限所依据的数据主要来自对飞机驾驶员和车辆驾驶人的研究[7.4]。

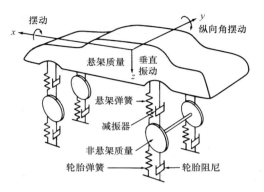

图7-3 乘用车的7自由度振动模型

应当注意，人体对z轴振动最敏感的频率范围是4~8Hz；而对于x轴和y轴方向的振动，人体最敏感的频率范围则在2Hz以下。因此，这些频率范围的极限值被设置得最低。结果表明，人体对振动的耐受性会随着接振时间的增加而以特定方式降低。通过比较图7-2a和b可知，在较低的频率下，人体对横向振动的忍受程度要低于其对纵向振动的忍受程度，即，此时人体对横向振动更敏感；但对高于2.8Hz以上的频率，情况刚好相反。

出于为保证健康或安全而定义的承受极限（exposure limit）是关于频率和接振时间的函数，它与疲劳致工效降低界限的一般形式相同，但其相应的水平是后者的2倍（高6dB）。换言之，对于任何频率、持续时间和方向的振动而言，将图7-2a和b所示的疲劳致工效降低界限提高两倍，即可得到最大的安全承受极限。没有特殊理由或者预防措施的话，不推荐超过此安全承受极限，即便此时处于该环境中的个体不需要进行任何工作。

根据对运输行业所进行的多项研究，人们通常将舒适度降低界限设定为疲劳致工效降低界限的相应水平的1/3，并且遵循与其相同的时间和频率关系。将图7-2a和b示出的疲劳致工效降低界限减少10dB，即可得到相应的舒适度降低界限值。在运输车辆中，舒适度降低界限与诸如吃饭、阅读和书写等人体活动的困难程度有关。

如果振动在多个方向上同时发生（"多轴"或"多平面"振动），则相应的界限分别适用于三个轴中的各矢量分量。

应当注意，上面给出的承受极限的数值适用于1~80Hz频率范围内从固体表面传输到人体的振动。这些数值可被用于指定频率范围内的周期性振动以及具有分布式频谱的随机或非周期性振动。注意ISO 2631—1：1985标准中不包括低于约1Hz的振动，该频率范围内的振动与晕车等症状相关，其特性与高频振动的影响不同。

7.1.2 国际标准 ISO 2631—1：1997

最新的国际标准是ISO 2631—1：1997【译注：本书英文版于2008年出版，在此之后该标准又经历了一些修订】，它取代了以前的旧版本（ISO 2631—1：1985）；新版本综合了文献中新发表的经验和研究结果。这些结果使我们有必要改变测量方法、对振动环境的分析以及对结果的应用方式。尽管有这些重大变化，大多数报告或研究表明，旧版标准ISO 2631—

1：1985中所推荐的指导和承受边界其实是安全的，它们可以预防不良影响[7.5]。

新版标准ISO 2631—1：1997中定义了用于测量和评估周期性、随机性和瞬态全身振动的方法。该标准指出了主要的影响因素，这些因素合起来可用来确定什么程度的振动接触是可承受的。对于下列可能由振动引起的影响，该标准反映了人们的当前意见并提供了指导：

- 在0.5~80Hz频率范围内振动对健康、舒适度和感知的影响。
- 在0.1~0.5Hz频率范围内振动对晕动病的影响。【译注：晕动病是汽车、轮船或飞机运动时所产生的颠簸、摇摆或旋转等任何形式的加速运动，刺激人体的前庭神经而引发的疾病。由于运输工具不同，可分别称为晕车病、晕船病、晕机病（航空晕动病）以及宇宙晕动病。】

它适用于以整体形式通过支承面传递到人体的振动。这种类型的振动存在于车辆及其他类型的机械中。因为在新版标准ISO 2631—1：1997中删除了接触振动（vibration exposure），所以新版本中并不包括承受界限或承受极限，也不包括"工作效率"的概念，即旧版标准ISO 2631—1：1985中提到的"疲劳致工效降低界限"。

在新版标准ISO 2631—1：1997中，加速度的频率加权均方根值被用于评估在接触振动时就健康、舒适度，感知和晕动病等方面而言可接受的振动程度。它适用于评估峰值系数（crest factor）小于或等于9的振动。其中峰值系数定义为频率加权的加速度信号的最大瞬时峰值与其均方根值比率的模量；应该在整个测量时间长度，也就是均方值积分的时间周期中确定峰值。

推荐两种方法来确定振动接触中加速度的频率加权均方根值（简称为加权加速度均方根值）。

1）根据ISO 2631—1：1997，测量加权加速度均方根值随时间变化的（时程）函数关系。若已知持续时间，可根据公式（7-1）计算出总的加权加速度均方根值。要求测量的持续时间足够长，确保合理的数据统计精度，并保证所测振动对拟评估的振动接触具有典型性。加权加速度均方根值在平移振动中用米每秒平方（m/s²）来表示，在扭转振动中用弧度每秒平方（rad/s²）来表示。

$$a_\omega = \left[\frac{1}{T}\int_0^T a_\omega^2(t)\,dt\right]^{1/2} \tag{7-1}$$

其中 $a_\omega(t)$ 为在平移振动或扭转振动中的加权加速度，作为时间的函数，它以米每秒平方（m/s²）或弧度每秒平方（m/s²）为单位，T 是测量的持续时间（振动分析时间），以秒为单位。

各方向推荐的频率加权系数见表7-1。频率从0.1~80Hz的频率加权系数（W_k，W_d 和 W_f）的数值示于表7-2。频率从0.016~250Hz的频率加权曲线示于图7-4。

表7-1 各主要频率加权系数曲线的应用指南

频率权重	健康	舒适度	感知	晕动症
W_k	z轴,座椅表面	z轴,座椅表面	z轴,座椅表面	
		z轴,立姿	z轴,立姿	
		垂直,卧姿(头部除外)	垂直,卧姿(头部除外)	
		x、y、z轴,坐姿脚部		

(续)

频率权重	健康	舒适度	感知	晕动症
W_d	x 轴,座椅表面	x 轴,座椅表面	x 轴,座椅表面	
	y 轴,座椅表面	y 轴,座椅表面	y 轴,座椅表面	
		x、y 轴,立姿	x、y 轴,立姿	
		水平,卧姿	水平,卧姿	
		y、z 轴,座椅靠背		
W_f				垂直

来源：ISO 2631—1：1997。

表 7-2　1/3 倍频带的主要加权系数

频率 f /Hz	W_k		W_d		W_f	
	系数×1000	dB	系数×1000	dB	系数×1000	dB
0.1	31.2	−30.11	62.4	−24.09	695	−3.16
0.125	48.6	−26.26	97.3	−20.24	895	−0.96
0.16	79.0	−22.05	158	−16.01	1006	0.05
0.2	121	−18.33	243	−12.28	992	−0.07
0.25	182	−14.81	365	−8.75	854	−1.37
0.315	263	−11.60	530	−5.52	619	−4.17
0.4	352	−9.07	713	−2.94	384	−8.31
0.5	418	−7.57	853	−1.38	224	−13.00
0.63	459	−6.77	944	−0.50	116	−18.69
0.8	477	−6.43	992	−0.07	53	−25.51
1	482	−6.33	1011	0.10	23.5	−32.57
1.25	484	−6.29	1008	0.07		
1.6	494	−6.12	968	−0.28		
2	531	−5.49	890	−1.01		
2.5	631	−4.01	776	−2.20		
3.15	804	−1.90	642	3.85		
4	967	−0.29	512	−5.82		
5	1039	0.33	409	−7.76		
6.3	1054	0.46	323	−9.81		
8	1036	0.31	253	−11.93		
10	988	−0.10	212	−13.91		
12.5	902	−0.89	161	−15.87		
16	768	−2.28	125	−18.03		
20	636	−3.93	100	−19.99		
25	513	−5.80	80.0	−21.94		
31.5	405	−7.86	63.2	−23.98		

(续)

频率 f /Hz	W_k		W_d		W_f	
	系数×1000	dB	系数×1000	dB	系数×1000	dB
40	314	-10.05	49.4	-26.13		
50	246	-12.19	38.8	-28.22		
63	186	-14.61	29.5	-30.60		
80	132	-17.56	21.1	-33.53		

来源：ISO 2631—1：1997。

分贝（dB）定义如下：dB=20log10。

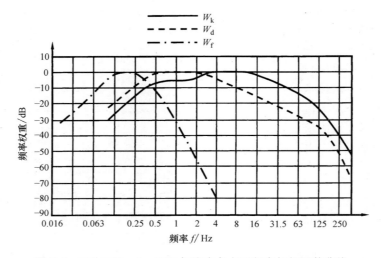

图 7-4　ISO 2631—1：1997 标准中各主要频率加权函数曲线

2）当以时间函数的形式（时程函数）来测量未加权的加速度时，可以将加速度作为具有恒定带宽或比例带宽（例如，1/3 倍频带）的信号来分析。在 1/3 倍频带的情况下，中心频率见表 7-2。对于一个已知的中心频率，其 1/3 倍频带上加速度均方根计算的更多信息，请参见 7.3.3 节。

加权加速度均方根值应通过在感兴趣的频率范围上加权和适当增加窄带或 1/3 倍频带的数据来确定。如前所述，选取频率范围为 0.5~80Hz 的振动来评估对健康、舒适度和感知的影响；而选取频率范围为 0.1~0.5Hz 的振动来评估对晕动病的影响。

对于 1/3 倍频带数据的转换，应使用表 7-2 中给出的加权系数。总加权加速度应根据以下公式确定：

$$a_\omega = \left[\sum_i (W_i a_i)^2 \right]^{1/2} \tag{7-2}$$

其中，a_ω 是基于加权加速度均方根值；W_i 是表 7-2 中给出的第 i 个 1/3 倍频带的加权系数；a_i 是第 i 个 1/3 倍频带的加速度均方根。

加权加速度均方根值的方法不足以评价峰值系数大于 9 的振动。对于具有高峰值系数的振动、偶发冲击或瞬态振动的评价，请参见文献 [7.5]。

对于峰值系数低于或等于 9 的振动，可利用下述指南来评估振动对健康、舒适度、感知和晕动病的影响。该指南适用于周期性的振动、随机振动以及瞬态振动。

健康（Health）

下述评估振动对健康影响的指南，它针对正常健康的人在旅行、工作和休闲活动期间所接触到的全身振动。它主要适用于处于坐姿状态的人体，因为人体处于站立、斜倚或躺卧状态时振动对健康的影响是未知的。该指南适用于 0.5~80Hz 的频率范围内整体通过座椅传递到人体的振动。

对于坐姿状态，在评估振动对健康的影响时，应使用下列的频率权重和额外的轴向加权系数 k：

x 轴：W_d，$k = 1.4$

y 轴：W_d，$k = 1.4$

z 轴：W_k，$k = 1$

我们应确定沿人体支承面上各轴（x，y 和 z）的平移振动所对应的加权加速度均方根值。振动对健康的影响应根据每个轴单独地进行评估。应根据座椅底盘上各轴线中所确定的最高加权加速度均方根值来评估振动的影响。

图 7-5 示出两个健康指导警示区域，它们表明加权加速度均方根值是接振时间的函数。如图 7-5 中的阴影区域所示，该指南主要基于接振时间在 4~8h 范围内的振动。虚线所限定的健康警示区域基于如下考虑，当两种不同的日常振动接触满足下列条件时它们是等效的：

$$a_{\omega 1} T_1^{1/2} = a_{\omega 2} T_2^{1/2} \qquad (7-3)$$

其中，$a_{\omega 1}$ 和 $a_{\omega 2}$ 分别是两个振动接触的加权加速度均方根值；T_1 和 T_2 分别是两个振动接触的持续时间，即接振时间。方程（7-3）表明在警示区域中，加权加速度均方根值随着接振时间平方根的增加而减小。

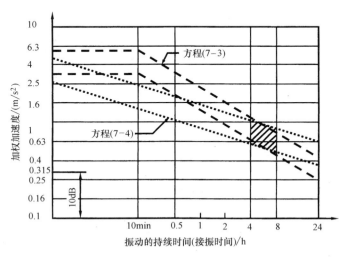

图 7-5 ISO 2631—1：1997 中的健康指导警示区域

图 7-5 中点线所包围的另一个健康指导警示区域基于如下考虑，当两种不同的日常振动接触满足下列条件时它们是等效的：

$$a_{\omega 1} T_1^{1/4} = a_{\omega 2} T_2^{1/4} \qquad (7-4)$$

其中，$a_{\omega 1}$ 和 $a_{\omega 2}$ 分别是两个振动接触的加权加速度均方根值；T_1 和 T_2 分别是两个振动接触的持续时间，即接振时间。方程 (7-4) 表明在警示区域内，加权加速度均方根值随着接振时间的 1/4 次方的增加而减小。

当接振时间在 4~8h 的范围内时，这两种方法定义的警示区域基本相同。然而，超过该范围时，由这两种方法确定的警示区域是不同的。当接触到的振动处于该区域中时，应注意潜在的健康风险；超出该区域将很可能有健康风险。当接触到的振动低于该区域时，还没有清晰地记载和（或）客观地观测到对健康的影响。对于由上述两种方法中任何一种所确认的短期振动，我们都应极为谨慎地对待其影响。

舒适度（Comfort）

下述评估振动对舒适影响的指南，是目前对振动幅度（以加权加速度均方根值来表示）与人体舒适度之间关系的共识。它适用于人体处于坐姿、立姿和卧姿等状态。没有证据支持振动对舒适度的影响具有普遍的时间依赖性。应确定人体支承面上各轴（x，y 和 z 轴）的平移振动的加权加速度均方根值。对于处于坐姿状态的人员，在评估振动对人体舒适度的影响时，应使用如下频率权重和额外的轴向加权系数 k：

x 轴（座面支撑振动）：W_d，$k = 1$
y 轴（座面支撑振动）：W_d，$k = 1$
z 轴（座面支撑振动）：W_k，$k = 1$

对于立姿状态，应使用如下频率权重和额外的轴向加权系数 k：

x 轴（地板振动）：W_d，$k = 1$
y 轴（地板振动）：W_d，$k = 1$
z 轴（地板振动）：W_k，$k = 1$

对于卧姿状态，当在人体骨盆下测量时，应使用如下频率权重和额外的轴向加权系数 k：

水平轴：W_d，$k = 1$
垂直轴：W_k，$k = 1$

当振动在多个方向上发生时，总加权加速度均方根值 a_v 应通过在正交坐标中的振动来确定，其计算公式如下：

$$a_v = (k_x^2 a_{\omega x}^2 + k_y^2 a_{\omega y}^2 + k_z^2 a_{\omega z}^2)^{1/2} \tag{7-5}$$

其中，$a_{\omega x}$，$a_{\omega y}$ 和 $a_{\omega z}$ 分别是 x，y 和 z 轴（三轴正交）的加权加速度均方根值。k_x，k_y 和 k_z 是加权系数，如前所述，其具体值取决于所选择的频率加权。对各个测量点，点振动的总值应按公式 (7-5) 中的和方根（平方和的平方根）形式来计算。当舒适度受到不止一个振动点的影响时，综合振动总值可通过对各点振动总值（例如，在座椅、背部和脚部的平移）求和方根来确定。

下面的数值给出了在公共交通中人体对各种综合振动总值的可能反应的近似描述。然而，人体主观感觉取决于乘坐的时间、所期望完成的活动类型（例如阅读、进食、书写）和许多其他因素（噪声、温度等）。

小于 0.315m/s² （1.0ft/s²）　　　　　　没有不舒适
0.315~0.63m/s² （1.0~2.0ft/s²）　　　　有一些不舒适

0.5~1m/s² （1.6-3.2ft/s²）	比较不舒适
0.8~1.6m/s² （2.6-5.2ft/s²）	不舒适
1.25~2.55m/s² （4.1-8.4ft/s²）	很不舒适
大于2m/s² （6.6ft/s²）	极不舒适

感知（Perception）

下面给出的振动评价指南适用于坐姿、立姿和卧姿。应该确定支承人体的主表面上各轴（x，y和z轴）的加权加速度均方根值。根据在任何时刻、任何接触点处的任一坐标轴上确定的最大加权加速度均方根值来评估对振动的感知能力。通过两种频率加权方式来预测对振动的感知能力；其中垂直振动和水平振动的加权系数分别为W_k和W_d。这些加权系数可被应用于以下姿态与振动轴的组合：

人体坐姿状态座椅支承面上的 x,y 和 z 轴	$k=1$
人体立姿状态地板下的 x,y 和 z 轴	$k=1$
人体卧姿状态支承面上的 x,y 和 z 轴（头部除外）	$k=1$

50%的机警、健壮的人能察觉到加权系数为W_k，峰值幅度为 0.015m/s²（0.05ft/s²）的加权振动。不同个体之间感知振动的能力存在很大差异。当平均感知阈值约为 0.015m/s²（0.05ft/s²）时，反应的四分位距（IQR，interquartile range，统计学名词）可以扩展到 0.01~0.02m/s²（0.03~0.06ft/s²）。当振动持续时间在1s以内时，感知阈值随持续时间的增加略有下降；在超过1s之后继续增加持续时间，则阈值的下降趋势不再明显。虽然感知阈值随持续时间的增加不再继续降低，但由高于阈值的那部分振动所引起的感觉可能会继续增加。

晕动病（Motion Sickness）

频率在 0.5Hz 以下的振动易造成晕动病。频率在 0.1~0.5Hz 之间的振动，应根据人体支承面 z 轴的加权加速度均方根值进行评估。评估时仅考虑 z 轴的加权加速度。

ISO 2631—1：1997 标准中评估振动对晕动病影响的方法主要适用于船舶和其他海上交通工具的运动情形（对应于晕船病），而不一定适用于地面车辆（对应于晕车病）。因此，这里不再详细描述。有关评估振动对晕动病发病率影响的方法，请参见文献 [7.5]。

"吸收功率"（absorbed power）是振动力与传播到人体的速度的乘积，也被作为评价人体对振动响应的重要参数[7.2]。它是人类吸收振动能量速率的量度，并且已被用于定义在崎岖地形行驶的军用车辆上人体对振动的耐受性。吸收功率的概念已经被美国陆军 AMM-75 地面移动性模型采用，随后被北约参考移动性模型（NRMM, NATO Reference Mobility Model）用于评估军用车辆的乘坐舒适性。目前，驾驶人位置处吸收功率的承受极限为6W，而驾驶限速（ride-limiting speed）为驾驶人在总时间上平均吸收功率的持续水平达到6W时的速度。

在定义了特定的乘坐舒适性指标后，设计者应当选择合适的悬架系统，以确保在特定环境下驾驶车辆时的振动水平低于指定的极限。

7.2 车辆振动模型

为研究地面车辆的行驶平顺性，现已提出各种振动模型。对前独立悬架的乘用车，可采用图 7-3 所示的七自由度模型。该模型考虑了车身的纵向角振动、垂直振动、横向角振动以及两前轮的垂直振动和刚性后轴的垂直振动与横向角振动（tramp）。车身质量一般称为悬架质量，而行走装置及其附属零件称为非悬架质量。图 7-6 所示的军用越野车辆可采用一种具有 15 个自由度的模型，其中包括车身纵向角振动、垂直振动、横向角振动和各个支重轮的垂直振动。

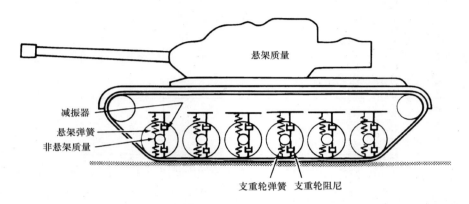

图 7-6　一种军用履带车辆的振动模型

为了研究车辆的振动特性，必须根据牛顿第二定律，列出各个质量的运动方程。自然频率和振幅比可借分析系统振动（或自由振动）的主振型（固有模态）来确定。若已知系统激励，从原则上讲通过求解运动方程即可确定响应。然而，当系统的自由度增加时，分析就变得越来越复杂。通常采用数字计算机来仿真。

一台车辆是一个多自由度的复杂振动系统。然而，可以只考虑车辆的某些主要运动以简化这一系统。例如，为了定量了解悬架的作用，特别是悬架质量和非悬架质量、弹簧刚度和阻尼对车辆振动的影响，可采用图 7-7 和图 7-8 所示的线性两自由度模型。另一方面，为更好地了解车身的纵向角振动和垂直振动，可采用图 7-9 所示的两自由度模型。

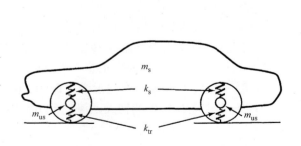

m_s=1814kg，4000lb
m_{us}=181kg，400lb，合成
k_s=88kN/m，500lbf/in，合成
k_{tr}=704kN/m，4000lbf/in，合成

图 7-7　悬架质量和非悬架质量的两自由度振动模型

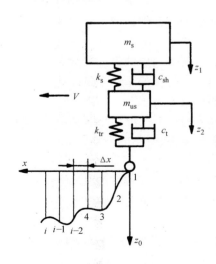

图 7-8　1/4 汽车模型

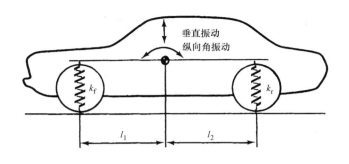

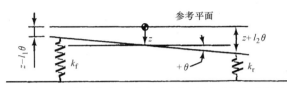

图 7-9 悬架质量的纵向角振动和垂直振动的两自由度振动模型

7.2.1 悬架质量和非悬架质量的两自由度车辆模型

图 7-7 和图 7-8 所示的两自由度模型，包括一个代表各车轮及其附属零件的非悬架质量和一个代表车身的悬架质量。它们在垂直方向的运动，可分别用以悬架质量和非悬架质量的静平衡位置为原点的坐标 z_1 和 z_2 来描述（图 7-8）。这个模型可以用来表示汽车的 1/4；因此，它通常被称为"1/4 车"（quarter-car）模型。对悬架质量和非悬架质量分别应用牛顿第二定律可得系统的运动方程。

对于由道路表面起伏激发的振动，运动方程如下：

对于悬架质量

$$m_s \ddot{z}_1 + c_{sh}(\dot{z}_1 - \dot{z}_2) + k_s(z_1 - z_2) = 0 \tag{7-6}$$

对于非悬架质量

$$m_{us} \ddot{z}_2 + c_{sh}(\dot{z}_2 - \dot{z}_1) + k_s(z_2 - z_1) + c_t \dot{z}_2 + k_{tr} z_2 = F(t) = c_t \dot{z}_0 + k_{tr} z_0 \tag{7-7}$$

式中，m_s 为悬架质量；m_{us} 为非悬架质量；c_{sh} 为减振器的阻尼系数；c_t 为轮胎的阻尼系数；k_s 为悬架弹簧刚度；k_{tr} 为轮胎的等效弹簧刚度；$F(t)$ 为激励，它通常由地面不平度引起并作用在车轮上。若 z_0 是路面纵向位移（也称路面高程），$\dot{z}_0$ 表示轮胎在地面接触点处的垂直速度，它是表面轮廓的斜率与车辆前进速度的乘积。如公式（7-7）所示，由路面不平引起的激励可以表示为 $c_t \dot{z}_0 + k_{tr} z_0$。由于空气动力学作用力和发动机与传动系统的振动引起的激励施加于悬架质量，而由于轮胎/车轮总成的不均匀性引起的激励施加于非悬架质量。如果已知系统激励，在原则上通过求解方程（7-6）和方程（7-7）即可确定悬架质量和非悬架质量的合成振动。

为了确定图 7-8 所示两自由度系统的自然频率，要考虑系统的自由振动（或考虑主振型）。自由振动的运动方程是通过将式（7-6）和式（7-7）这两个方程的右手边设置为零得到的。对于无阻尼系统，根据方程（7-6）和方程（7-7），自由振动的运动方程如下：

$$m_s \ddot{z}_1 + k_s z_1 - k_s z_2 = 0 \tag{7-8}$$

$$m_{us}\ddot{z}_2 + k_s z_2 - k_s z_1 + k_{tr} z_2 = 0 \tag{7-9}$$

上述微分方程的解可假定为以下形式：

$$z_1 = Z_1 \cos \omega_n t \tag{7-10}$$

$$z_2 = Z_2 \cos \omega_n t \tag{7-11}$$

其中，ω_n 是无阻尼自然圆频率，Z_1 和 Z_2 分别是悬架质量和非悬架质量的振幅。将假定的解代入方程（7-8）和方程（7-9），得到以下振幅方程：

$$(-m_s \omega_n^2 + k_s) Z_1 - k_s Z_2 = 0 \tag{7-12}$$

$$-k_s Z_1 + (-m_{us} \omega_n^2 + k_s + k_{tr}) Z_2 = 0 \tag{7-13}$$

如果以下行列式为零，则对任何 Z_1 和 Z_2 都满足这些方程：

$$\begin{vmatrix} (-m_s \omega_n^2 + k_s) & -k_s \\ -k_s & (-m_{us} \omega_n^2 + k_s + k_{tr}) \end{vmatrix} = 0 \tag{7-14}$$

将行列式展开得到系统的特征方程：

$$\omega_n^4 (m_s m_{us}) + \omega_n^2 (-m_s k_s - m_s k_{tr} - m_{us} k_s) + k_s k_{tr} = 0 \tag{7-15}$$

根据特征方程的解得到系统的两个无阻尼自然频率 ω_{n1}^2 和 ω_{n2}^2：

$$\omega_{n1}^2 = \frac{B_1 - \sqrt{B_1^2 - 4 A_1 C_1}}{2 A_1} \tag{7-16}$$

$$\omega_{n2}^2 = \frac{B_1 + \sqrt{B_1^2 - 4 A_1 C_1}}{2 A_1} \tag{7-17}$$

其中

$$A_1 = m_s m_{us}$$
$$B_1 = m_s k_s + m_s k_{tr} + m_{us} k_s$$
$$C_1 = k_s k_{tr}$$

虽然这些频率都为 $\pm \omega_{n1}$ 和 $\pm \omega_{n2}$，但是负值因为没有物理意义而被舍弃。相应的自然频率以 Hz 为单位（cycles/s）按照下式表示。

$$f_{n1} = \frac{1}{2\pi} \omega_{n1} \tag{7-18}$$

$$f_{n2} = \frac{1}{2\pi} \omega_{n2} \tag{7-19}$$

对于一辆典型的北美乘用车，如图 7-7 所示，悬架质量 m_s 比非架挂质量 m_{us} 要大一个数量级，而悬架弹簧刚度 k_s 则比轮胎的等效刚度 k_{tr} 要小一个数量级。有鉴于此，我们可以使用一种近似方法来确定系统的两个自然频率。因而，悬架质量和非悬架质量的无阻尼自然频率 f_{n-s} 和 f_{n-us} 可用下式进行初步近似计算：

$$f_{n-s} = \frac{1}{2\pi} \sqrt{\frac{k_s k_{tr} / (k_s + k_{tr})}{m_s}} \tag{7-20}$$

$$f_{n-us} = \frac{1}{2\pi} \sqrt{\frac{k_s + k_{tr}}{m_{us}}} \tag{7-21}$$

根据图 7-7 所示的 m_s、m_{us}、k_s 和 k_{tr} 的值，利用方程（7-18）和方程（7-19）计算得到的两个自然频率分别为 1.04Hz 和 10.5Hz；这与利用方程（7-20）和方程（7-21）获得的数值实际上相同。非悬架质量的自然频率比悬架质量的自然频率要高一个数量级。对于乘用车，由减振器提供的阻尼比通常在 0.2~0.4 的范围之内，而轮胎的阻尼相对并不显著。因此，无阻尼自然频率和有阻尼自然频率之间几乎没有差别，通常用无阻尼自然频率来表征系统。

悬架质量和非悬架质量的自然频率相差悬殊，这对悬架系统的隔振特性具有显著的意义。例如，如果车轮碰到一个地面凸起，冲击将使车辆产生振动。当车辆驶过凸起地面后，非悬架质量将以其自己的自然频率 f_{n-us} 进行自由振动。而非悬架质量的振动就是对悬架质量的激励。因此，对悬架质量的激励频率与悬架质量的自然频率之比为 f_{n-us}/f_{n-s}，由于 f_{n-us} 比 f_{n-s} 大一个数量级，传给悬架质量的振动的振幅就非常小。由图 7-10 可以看出，当激励频率与系统的自然频率相差很大时，传输比（transmissibility）就非常小；这里的传输比是指振动系统输出与输入之比。在这种情况下，就实现了悬架质量（车身）的良好隔振。

通常，当车辆驶过起伏不平路面时，其激励频率范围宽广。由图 7-10 可以看出，由于悬架质量的自然频率低，高频输入可通过悬架的作用而被有效隔绝。然而，当激励的频率接近系统的自然频率时，传输比很大，低频激励可以无阻碍地甚至放大地传给车身。

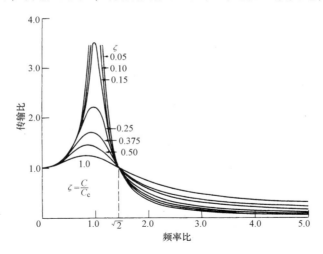

图 7-10 单自由度系统的传输比随频率比变化的函数关系

如果路面激励为正弦信号，则可以利用振动分析中的经典方法来确定悬架质量和非悬架质量的响应。对于图 7-8 所示的两自由度系统，在忽略轮胎阻尼的情况下，悬架质量的振幅 Z_1 与表面轮廓的振幅 Z_0 之比表示为

$$\frac{Z_1}{Z_0} = \frac{\sqrt{A_2}}{\sqrt{B_2 + C_2}} \tag{7-22}$$

其中

$$A_2 = (k_s k_{tr})^2 + (c_{sh} k_{tr} \omega)^2$$
$$B_2 = [(k_s - m_s \omega^2)(k_{tr} - m_{us} \omega^2) - m_s k_s \omega^2]^2$$
$$C_2 = (c_{sh} \omega)^2 [m_s \omega^2 + m_{us} \omega^2 - k_{tr}]^2$$

非悬架质量的振幅 Z_2 与表面轮廓的振幅 Z_0 之比由下式给出：

$$\frac{Z_2}{Z_0} = \frac{\sqrt{A_3}}{\sqrt{B_2 + C_2}} \tag{7-23}$$

其中，$A_3 = [k_{tr}(k_s - m_{us}\omega^2)]^2 + (c_{sh}k_{tr}\omega)^2$。

在上述方程中，ω 是激励的圆频率，它等于 $(2\pi V/l_w)$，其中 V 是车辆速度，l_w 是路面轮廓的波长。

如果忽略减振器的阻尼（即 $c_{sh} = 0$），则悬架质量和非悬架质量对正弦路面激励的响应的表达式将简化为以下关系：

$$\frac{Z_1}{Z_0} = \frac{k_s k_{tr}}{(k_s - m_s\omega^2)(k_{tr} - m_{us}\omega^2) - m_s k_s \omega^2} = \frac{k_s k_{tr}}{m_s m_{us}(\omega_{n1}^2 - \omega^2)(\omega_{n2}^2 - \omega^2)} \tag{7-24}$$

$$\frac{Z_2}{Z_0} = \frac{k_{tr}(k_s - m_s\omega^2)}{m_s m_{us}(\omega_{n1}^2 - \omega^2)(\omega_{n2}^2 - \omega^2)} \tag{7-25}$$

其中，ω_{n1} 和 ω_{n2} 是系统的无阻尼自然圆频率。当激励频率 ω 与其中一个自然频率一致时，将会产生共振。通常将非悬架质量（轮胎/车轮总成）的共振称为"轮跳"（wheel hop）共振。在对悬架系统的整体性能评估中，应考虑以下三个方面：隔振，悬架行程和抓地能力。

隔振（Vibration Isolation）

这可以通过悬架质量对来自地面的激励（输入）所产生的响应（输出）来评估。通常，传输比（或传递函数）可被当作评估线性悬架系统隔振特性的基础。

图 7-11 示出了非悬架质量与悬架质量之比 m_{us}/m_s 对两自由度系统的传输比的影响，其中 $m_s = 454.5\text{kg}(1000\text{lb})$，$k_{tr} = 176\text{kN/m}(1000\text{lbf/m})$，$k_{tr}/k_s = 8$，阻尼比 $\zeta = 0.3$。在低于悬架质量自然频率（大约 1Hz）的频率范围之内，非悬架质量对悬架质量振动的影响非常小。当激励频率接近非悬架质量的自然频率（约 10Hz）时，非悬架质量越小，传输比就越低；这意味着在相同的激励水平下，非悬架质量越小，悬架质量的振动就越小。然而，在高于非悬架质量的自然频率的频率范围内，非悬架质量减小，则传输比略有增加。

基于上述结果，可以看到，在低频范围内，非悬架质量对悬架质量的振动影响很小。在中频范围内，较轻的非悬架质量确实会提供更好的隔振效果。然而，在高于非悬架质量自然频率的频率范围中，隔振效果略有下降。

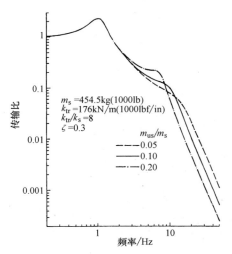

图 7-11 在 1/4 车模型中，不同非悬架质量与悬架质量比值的传输比随频率而变化的函数关系

图 7-12 示出了等效轮胎刚度 k_{tr} 与悬架弹簧刚度 k_s 之比（即 k_{tr}/k_s）对系统传输比的影响。若轮胎刚度给定，较大的 k_{tr}/k_s 比值表示较小的悬架弹簧刚度。可以看出，在低于悬架质量自然频率的频率范围内，k_{tr}/k_s 的值越小，传输比就越低。在悬架质量和非悬架质量的自然频率之间的频率区间内，更软的悬架弹簧（或更大的 k_{tr}/k_s 比值）能取得更好的隔振效

果。在高于非悬架质量自然频率的频率范围内,悬架弹簧刚度对悬架质量振动的影响不显著,并且传输比在一定程度上与 k_{tr}/k_s 的比值无关。基于上述结果,可以看出,较软的悬架弹簧在中频至高频范围内有更好的隔振效果,但是在低于悬架质量自然频率的频率范围内,其隔振效果有所下降。

图 7-13 示出了阻尼比 ζ 对系统传输比的影响。在接近悬架质量自然频率的范围内,阻尼比越高,传输比就越低。在介于悬架质量和非悬架质量的自然频率之间的频率范围内,阻尼比越低,传输比就越低。在接近非悬架质量自然频率的范围内,阻尼比对悬架质量的响应几乎没有影响。然而,在高于非悬架质量自然频率的范围内,阻尼比越低,传输比就越低。

基于上述结果,可以看出,为了在接近悬架质量自然频率的频率区间内达到良好的隔振效果,就需要较高的阻尼比。然而,在中频至高频范围中,较低的阻尼比效果更好。

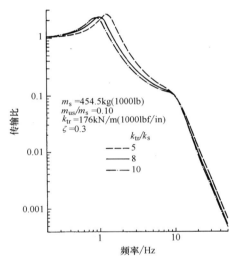

图 7-12 在 1/4 车模型中,不同轮胎刚度与悬架弹簧刚度比率的传输比随频率而变化的函数关系

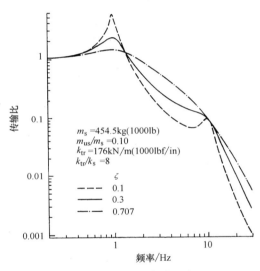

图 7-13 在 1/4 车模型中,不同阻尼比的传输比随频率而变化的函数关系

悬架行程(Suspension Travel)

悬架行程可以通过测量悬架弹簧的变形或由悬架质量和非悬架质量之间的相对位移 (z_2-z_1) 来确定。它限定了碰撞和反弹止点之间容纳悬架弹簧运动所需的空间,通常称为"轮跳空间"(rattle space)。

图 7-14 示出了非悬架质量与悬架质量之比 m_{us}/m_s 对系统的悬架行程比的影响,悬架行程比被定义为悬架质量和非悬架质量之间的最大相对位移 $(z_2-z_1)_{max}$ 与正弦路面振幅 Z_0 之比。对于给定的路面轮廓振幅 Z_0,在低于悬架质量自然频率的频率范围内,质量比 m_{us}/m_s 对悬架行程几乎没有影响。在悬架质量和非悬架质量的自然频率之间的范围内,悬架行程随质量比的增加而增加。然而,在高于非悬架质量自然频率的频率范围内,质量比越高,悬架行程就越小。

基于上述结果,可以看出,在低频范围内非悬架质量对悬架行程几乎没有影响。在中频范围内,非悬架质量越小,悬架行程也越小。在高于非悬架质量自然频率的频率范围内,悬架行程随质量比的增加而减小。

图 7-15 示出了等效轮胎刚度 k_{tr} 与悬架弹簧刚度 k_s 之比对悬架行程比的影响。在低于悬架质量自然频率的范围内，悬架弹簧越软，则悬架行程越大。在超过非悬架质量自然频率的频率范围内，悬架弹簧刚度对悬架行程几乎没有影响。在悬架质量和非悬架质量自然频率之间的中频范围内，最初悬架行程随悬架弹簧刚度的减小而减小；而在接近非悬架质量的自然频率时，悬架行程随悬架弹簧刚度的减小而增加。发生这种转换时的频率称为"交叉"（crossover）频率，对于被检测的系统，这一频率约为 3Hz。

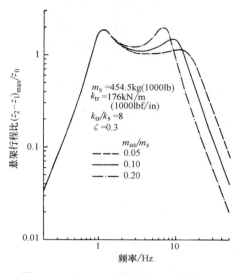

图 7-14 在 1/4 车模型下，不同非悬架质量与悬架质量比率的悬架行程比随频率而变的函数关系

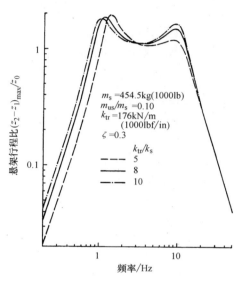

图 7-15 在 1/4 车模型中，不同轮胎刚度与悬架弹簧刚度比率的悬架行程比随频率而变化的函数关系

基于上述结果，可以看出，在较低频率范围内，越软的悬架弹簧通常意味着更大的悬架行程。在高频范围内，悬架弹簧刚度对悬架行程几乎没有影响。从悬架质量自然频率到交叉频率（对于被检测的系统，频率范围为 1~3Hz）的中频范围内，悬架弹簧越软，则悬架行程越小。在从交叉频率到非悬架质量自然频率的频率范围中，悬架弹簧越软，则悬架行程越大。

图 7-16 示出了阻尼比 ζ 对悬架系统行程比的影响。在高于非悬架质量自然频率和低于悬架质量自然频率的频率范围，阻尼比越高，悬架行程就越小。为了减小悬架行程，需要更高的阻尼比。

抓地能力（Roadholding）

当车辆系统振动时，作用在轮胎和道路之间的法向力开始波动。由轮胎产生的侧偏力、牵引力和制动力与轮胎上的法向负载密切相关，所以轮胎的振动影响到抓地能力以及车辆的操纵和性能。在振动期间，轮胎和道路之间的法向力，可以由动态轮胎变形或非悬架质量相对于路面的位移来表示。

图 7-17 示出了非悬架质量与悬架质量之比 m_{us}/m_s 对轮胎动态变形率（dynamic tire deflection ratio）的影响，它是非悬架质量和路面之间的最大相对位移 $(z_0-z_2)_{max}$ 与正弦路面振

幅 Z_0 之比。在低于悬架质量自然频率的频率范围内，质量比 m_{us}/m_s 对轮胎动态变形率（或抓地能力）几乎没有影响。在悬架质量和非悬架质量自然频率之间的中频范围内，如果非悬架质量越小，则轮胎动态变形率也越小。在超过非悬架质量自然频率的频率范围内，非悬架质量对轮胎动态变形率的影响并不显著。需要注意的是，如果在振动期间非悬架质量与路面之间的相对位移使得轮胎静态变形（轮胎在静态载荷下的变形）完全恢复，则轮胎与路面之间的法向力将减少到零，此时称轮胎处于将要离地状态。这不是我们所期望的情况，因为轮胎正在失去与地面的接触，而且车辆的抓地能力将受到不利的影响。对图 7-17 所示的系统，其中悬架质量为 454.4kg（1000lb），质量比 m_{us}/m_s = 0.2，轮胎静变形量约为 3cm [5.345kN/(176kN/m)] 或 1.2in。如果车辆以适当的速度行驶在正弦路面上产生接近非悬架质量自然频率的激励频率（即 $f = V/l_w = f_{n-us}$ = 8Hz，其中 V 是车辆速度，l_w 是路面轮廓的波长），那么通过图 7-17 可知轮胎最大动态变形与路面的振幅之比约为 2。这表明如果路面的振幅为 1.5cm（0.6in），轮胎最大动态变形将为 3cm（1.2in）。由于轮胎静态变形为 3cm（1.2in），轮胎将在部分振动周期中与地面脱离接触。

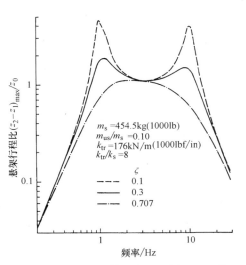

图 7-16　在 1/4 车模型中，不同阻尼比的
悬架行程比随频率而变化的函数关系

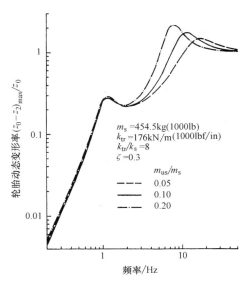

图 7-17　在 1/4 车模型中，不同非悬架质量
与悬架质量比率的轮胎动态变形
率随频率而变化的函数关系

图 7-18 示出了等效轮胎刚度 k_{tr} 与悬架弹簧刚度 k_s 之比对轮胎动态变形率的影响。在低频和高频范围，悬架弹簧刚度对轮胎动态变形率影响不显著。在悬架质量的自然频率和交叉频率（对于所示系统为 1~6Hz）之间的中频范围内，悬架弹簧越软，轮胎动态变形率越低。然而，在接近非悬架质量自然频率的范围内，悬架弹簧越硬，轮胎动态变形率越低，从而获得更好的抓地能力。

基于上述结果，可以看出，通常较软的悬架弹簧有更好的隔振效果。然而，为了在接近非悬架质量自然频率的激励频率下获取更好的抓地能力，优先选用较硬的悬架弹簧。因此，用于高性能车辆的悬架弹簧的刚度通常比普通乘用车的要大。而高性能车辆悬架质量的自然频率（高达 2 或 2.5Hz）要高于普通乘用车的自然频率（通常在 1~1.5Hz 的范围内）。

图 7-19 示出了阻尼比对轮胎动态变形率的影响。在低于悬架质量自然频率或接近非悬架质量自然频率的范围内，为了保持良好的抓地能力，需要更高的阻尼。然而，在悬架质量和非悬架质量自然频率之间的中频范围内，选择较小的阻尼效果更好。

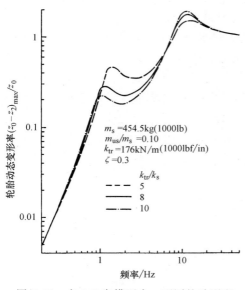

图 7-18 在 1/4 车模型中，不同轮胎刚度与悬架弹簧刚度比率的轮胎动态变形率随频率而变化的函数关系

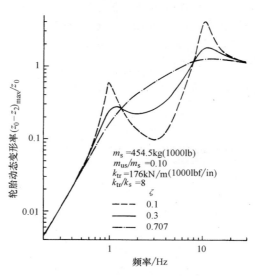

图 7-19 在 1/4 车模型中，不同阻尼比的轮胎动态变形率随频率而变化的函数关系

7.2.2 确定 1/4 车辆模型在不规则地表轮廓激励下响应的数值方法

实际上，路面轮廓通常是不规则的，并且很少是正弦性的。为了确定图 7-8 所示两自由度系统在不规则路面激励下的响应，我们可以使用数值方法。

如前所述，图 7-8 中 z_0 表示路面纵向位移，$\dot{z}_0$ 表示轮胎在地面接触点处的垂直速度，其表达式为

$$\dot{z}_0 = V \frac{\mathrm{d}z_0}{\mathrm{d}x} \tag{7-26}$$

其中 V 是车辆的前进速度，$\mathrm{d}z_0/\mathrm{d}x$ 是路面轮廓的斜率。

当车辆以恒定速度在已知表面轮廓的路面上行驶时，z_0 和 $\dot{z}_0$ 都可被认为是时间的函数。在不同的位置处（图 7-8）的悬架质量和非悬架质量的响应 z_1、$\dot{z}_1$、$\ddot{z}_1$、z_2、$\dot{z}_2$ 和 $\ddot{z}_2$ 都可以使用下列数值方法来求解，该方法基于泰勒级数[7.8]。

如果在初始点（图 7-8 所示的 1 号位置处）$(z_0)_1$ 和 $(\dot{z}_0)_1$ 为零，则 $(z_1)_1 = (\dot{z}_1)_1 = (\ddot{z}_1)_1 = (z_2)_1 = (\dot{z}_2)_1 = (\ddot{z}_2)_1 = 0$（括号外的下标表示位置编号）。

在 2 号位置处，

$$(z_1)_2 = (\dot{z}_1)_2 \Delta t/3 = (\ddot{z}_1)_2 (\Delta t)^2/6 \tag{7-27}$$

$$(\dot{z}_1)_2 = (\ddot{z}_1)_2 \Delta t/2 \tag{7-28}$$

$$(z_2)_2 = (\dot{z}_2)_2 \Delta t/3 = (\ddot{z}_2)_2 (\Delta t)^2/6 \tag{7-29}$$

$$(\dot{z}_2)_2 = (\ddot{z}_2)_2 \Delta t/2 \tag{7-30}$$

根据公式 (7-6) 和公式 (7-7) 并忽略轮胎的阻尼，得到

$$m_s(\ddot{z}_1)_2 = c_{sh}[(\dot{z}_2)_2 - (\dot{z}_1)_2] + k_s[(z_2)_2 - (z_1)_2] \tag{7-31}$$

$$m_{us}(\ddot{z}_2)_2 = c_{sh}[(\dot{z}_1)_2 - (\dot{z}_2)_2] + k_s[(z_1)_2 - (z_2)_2] + k_{tr}[(z_0)_2 - (z_2)_2] \tag{7-32}$$

将方程 (7-27)~方程 (7-30) 代入到上述两个公式中，同时求解它们得到：

$$(\ddot{z}_1)_2 = \frac{k_{tr}(z_0)_2 A_4}{B_4 C_4 - A_4^2}$$

$$(\ddot{z}_2)_2 = \frac{(\ddot{z}_1)_2 B_4}{A_4}$$

其中

$$A_4 = c_{sh}\Delta t/2 + k_s(\Delta t)^2/6$$

$$B_4 = m_s + c_{sh}\Delta t/2 + k_s(\Delta t)^2/6$$

$$C_4 = m_{us} + c_{sh}\Delta t/2 + (k_s + k_{tr})(\Delta t)^2/6$$

以上方程组能够通过 2 号位置处给定的路面纵向位移 $(z_0)_2$ 来确定该位置处 $(\ddot{z}_1)_2$、$(\dot{z}_1)_2$、$(z_1)_2$、$(\ddot{z}_2)_2$、$(\dot{z}_2)_2$ 和 $(z_2)_2$ 的参数值。上述公式中的时间增量 Δt 被视为图7-8 所示的水平位移增量 Δx 除以车辆速度 V，即 $\Delta t = \Delta x/V$。根据所需的精度选取 Δt 的值。一般来讲，Δt 应小于悬架质量的自由振动周期 τ_{us} 的 5%，其中 $\tau_{us} = 1/f_{n-us}$，f_{n-us} 是悬架质量的无阻尼自然频率。

在后续的 i 号位置处，

$$(z_1)_i = (\ddot{z}_1)_{i-1}(\Delta t)^2 + 2(z_1)_{i-1} - (z_1)_{i-2} \tag{7-33}$$

$$(\dot{z}_1)_i = [3(z_1)_i - 4(z_1)_{i-1} + (z_1)_{i-2}]/2\Delta t \tag{7-34}$$

$$(\ddot{z}_1)_i = \{c_{sh}[(\dot{z}_2)_i - (\dot{z}_1)_i] + k_s[(z_2)_i - (z_1)_i]\}/m_s \tag{7-35}$$

$$(z_2)_i = (\ddot{z}_2)_{i-1}(\Delta t)^2 + 2(z_2)_{i-1} - (z_2)_{i-2} \tag{7-36}$$

$$(\dot{z}_2)_i = [3(z_2)_i - 4(z_2)_{i-1} + (z_2)_{i-2}]/2\Delta t \tag{7-37}$$

$$(\ddot{z}_2)_i = \{k_{tr}[(z_0)_i - (z_2)_i] - c_{sh}[(\dot{z}_2)_i - (\dot{z}_1)_i] - k_s[(z_2)_i - (z_1)_i]\}/m_{us} \tag{7-38}$$

例如，图 7-20a 示出了 1/4 车模型在图 7-20b 所示的不规则路面上以 80km/h (50mile/h) 的车速行驶时，使用上述计算方法求得的悬架质量的加速度响应。在仿真中 1/4 车模型的参数为 $m_s = 454.5$kg(1000lb)，$m_{us}/m_s = 0.10$，$k_{tr} = 176$kN/m(1000lbf/in)，$k_{tr}/k_s = 8$ 和 $\zeta = 0.3$。

7.2.3 纵向角振动和垂直振动的两自由度车辆模型

由于悬架和非悬架质量的自然频率相差悬殊，车身的上下直线运动（垂直振动）和转

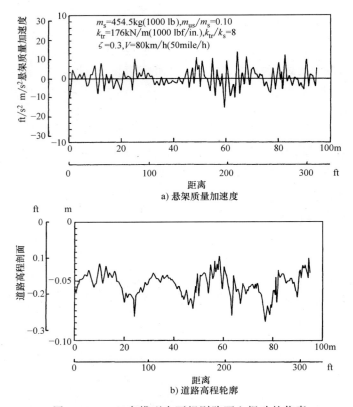

a) 悬架质量加速度

b) 道路高程轮廓

图 7-20　1/4 车模型在不规则路面上振动的仿真

动运动（纵向角振动）以及车轮的运动几乎可以被视为是独立存在的。因此，可用图 7-9 所示模型研究车身的纵向角振动和垂直振动。在这个模型中，忽略阻尼的影响。

应用牛顿第二定律列出系统的运动方程。车身的直线位移 z 及其角位移 θ 皆以各自的平衡位置作为原点。

对于自由振动，垂直振动的运动方程为

$$m_s \ddot{z} + k_f(z - l_1\theta) + k_r(z + l_2\theta) = 0 \tag{7-39}$$

纵向角振动的运动方程为

$$I_y \ddot{\theta} \ (\text{或} \ m_s r_y^2 \ddot{\theta}) - k_f l_1 (z - l_1\theta) + k_r l_2 (z + l_2\theta) = 0 \tag{7-40}$$

式中 k_f 为前弹簧刚度，k_r 为后弹簧刚度，I_y 和 r_y 分别为车身绕 y 轴（图 7-3）的转动惯量和回转半径。

令

$$D_1 = \frac{1}{m_s}(k_f + k_r)$$

$$D_2 = \frac{1}{m_s}(k_r l_2 - k_f l_1)$$

$$D_3 = \frac{1}{I_y}(k_f l_1^2 + k_r l_2^2) = \frac{1}{m_s r_y^2}(k_f l_1^2 + k_r l_2^2)$$

则方程（7-39）和方程（7-40）可改写为

$$\ddot{z}+D_1z+D_2\theta=0 \tag{7-41}$$

$$\ddot{\theta}+D_3\theta+\frac{D_2}{r_y^2}z=0 \tag{7-42}$$

显然，D_2是垂直振动的纵向角振动的耦合系数。当$k_f l_1 = k_r l_2$时，这些运动并无耦合。若$k_f l_1 = k_r l_2$，作用在车辆重心上的力只引起垂直振动；当车身上作用一个力矩时，只产生纵向角振动。这时，互不耦合的垂直振动和纵向角振动的自然频率各为

$$\omega_{nz}=\sqrt{D_1} \tag{7-43}$$

$$\omega_{n\theta}=\sqrt{D_3} \tag{7-44}$$

可以看出，这会使行驶平顺性变差。

一般来说，纵向角振动和垂直振动是耦合的，作用在前轮或后轮上的冲量激起前轮或后轮的运动。为得到耦合的纵向角振动和垂直振动的自然频率，要分析振动的主振型。运动方程［即公式（7-39）和公式（7-40）］的解可表示为

$$z=Z\cos\omega_n t \tag{7-45}$$

$$\theta=\Theta\cos\omega_n t \tag{7-46}$$

式中，ω_n是自然频率；Z和Θ分别为垂直振动和纵向角振动的振幅。

将上述两个公式带入到公式（7-41）和公式（7-42）中，得到下列幅值公式：

$$(D_1-\omega_n^2)Z+D_2\Theta=0 \tag{7-47}$$

$$\left(\frac{D_2}{r_y^2}\right)Z+(D_3-\omega_n^2)\Theta=0 \tag{7-48}$$

根据与第7.2.1节所述相类似的方法，得到系统的特征方程：

$$\omega_n^4-(D_1+D_3)\omega_n^2+\left(D_1D_3-\frac{D_2^2}{r_y^2}\right)=0 \tag{7-49}$$

根据公式（7-49），可得两个自然频率ω_{n1}和ω_{n2}：

$$\omega_{n1}^2=\frac{1}{2}(D_1+D_3)-\sqrt{\frac{1}{4}(D_1-D_3)^2+\frac{D_2^2}{r_y^2}} \tag{7-50}$$

$$\omega_{n2}^2=\frac{1}{2}(D_1+D_3)+\sqrt{\frac{1}{4}(D_1-D_3)^2+\frac{D_2^2}{r_y^2}} \tag{7-51}$$

耦合运动的频率ω_{n1}和ω_{n2}总是落在非耦合运动的频率ω_{nz}和$\omega_{n\theta}$之外。

根据公式（7-47）和公式（7-48），可以确定两个自然频率ω_{n1}和ω_{n2}的垂直振动和纵向角振动之间的振幅比：

对ω_{n1}而言，

$$\left.\frac{Z}{\Theta}\right|_{\omega_{n1}}=\frac{D_2}{\omega_{n1}^2-D_1} \tag{7-52}$$

对ω_{n2}而言，

$$\left.\frac{Z}{\Theta}\right|_{\omega_{n2}}=\frac{D_2}{\omega_{n2}^2-D_1} \tag{7-53}$$

可以看出，两个振幅之比的符号相反。

为进一步说明垂直振动和纵向角振动的振型特性，而引入振动中心的概念。振动中心的位置用它与重心的距离 l_0 表示，且可根据振幅比来确定。因此，一个中心与 ω_{n1} 有关，另一个中心与 ω_{n2} 有关。

对 ω_{n1} 而言，

$$l_{O1} = \frac{D_2}{\omega_{n1}^2 - D_1} \tag{7-54}$$

对 ω_{n2} 而言，

$$l_{O2} = \frac{D_2}{\omega_{n2}^2 - D_1} \tag{7-55}$$

根据图 7-21 所示的 z 和 θ 的惯用符号，当振幅比为负值时，振动中心将位于车身重心的右侧。另一方面，当振幅比为正值时，振动中心将位于车身重心的左侧。一般说来，作用在前轮和后轮上的道路输入，将产生绕各个振动中心的力矩，从而引起垂直振动和纵向角振动。换言之，车身运动将是绕两个振动中心的振动之和。

一般说来，位于轴距之外的振动中心称为垂直振动中心。与之相应的振动频率称为垂直振动频率。另一方面，位于轴距之内的振动中心称为纵向角振动中心。与之相应的振动频率称为纵向角振动频率。

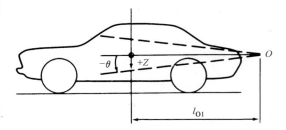

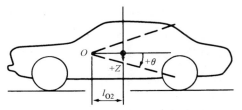

例题 7-1 试确定一辆汽车的纵向角振动和垂直振动的频率及其振动中心的位置。该汽车的数据如下。

悬架质量 $m_s = 2120\text{kg}$（重量 4676lb）
回转半径 $r_y = 1.33\text{m}$（4.36ft）
重心距前轴距离 $l_1 = 1.267\text{m}$（4.16ft）
重心距后轴距离 $l_2 = 1.548$（5.08ft）
前弹簧刚度 $k_f = 35\text{kN/m}$（2398lbf/ft）
后弹簧刚度 $k_r = 38\text{kN/m}$（2604lbf/ft）

图 7-21 悬架质量的纵向角振动和垂直振动的振动中心

解：首先确定计算常数 D_1、D_2 和 D_3。

$$D_1 = \frac{k_f + k_r}{m_s} = \frac{35000 + 38000}{2120} = 34.43\text{s}^{-2}$$

$$D_2 = \frac{k_r l_2 - k_f l_1}{m_s} = \frac{38000 \times 1.548 - 35000 \times 1.267}{2120} = 6.83\text{s}^{-2}$$

$$D_3 = \frac{k_f l_1^2 + k_r l_2^2}{m_s r_y^2} = \frac{35000 \times 1.267^2 + 38000 \times 1.548^2}{2120 \times 1.33^2} = 39.26\text{s}^{-2}$$

$$\left(\frac{D_2}{r_y}\right)^2 = 26.37\text{s}^{-4}$$

$$D_3 + D_1 = 73.69\text{s}^{-2}$$

$$D_3 - D_1 = 4.83\text{s}^{-2}$$

可得自然频率为

$$\omega_{n1}^2 = \frac{1}{2}(D_1+D_3) - \sqrt{\frac{1}{4}(D_1-D_3)^2 + \frac{D_2^2}{r_y^2}} = 36.85 - \sqrt{5.83+26.37} = 31.17 \text{s}^{-2}$$

$$\omega_{n1} = 5.58 \text{ s}^{-1} \text{ 或} f_{n1} = 0.89\text{Hz}$$

$$\omega_{n2}^2 = \frac{1}{2}(D_1+D_3) + \sqrt{\frac{1}{4}(D_1-D_3)^2 + \frac{D_2^2}{r_y^2}} = 36.85 + \sqrt{5.83+26.37} = 42.52 \text{s}^{-2}$$

$$\omega_{n2} = 6.52 \text{ s}^{-1} \text{ 或} f_{n2} = 1.04\text{Hz}$$

使用公式（7-54）和公式（7-55）可以确定振动中心的位置。

对ω_{n1}而言，

$$l_{01} = \frac{Z}{\Theta}\bigg|_{\omega_{n1}} = \frac{D_2}{\omega_{n1}^2 - D_1} = \frac{6.83}{31.17-34.43} = -2.09\text{m}(82\text{in})$$

对ω_{n2}而言，

$$l_{02} = \frac{Z}{\Theta}\bigg|_{\omega_{n2}} = \frac{D_2}{\omega_{n2}^2 - D_1} = \frac{6.83}{42.52-34.43} = +0.84\text{m}(33\text{in})$$

这表明一个振动中心位于图7-21所示的重心右侧2.09m(82in)处。而另一个振动中心位于重心左侧0.84m(33in)处。

对大多数车辆来说，垂直振动的自然频率在1.0~1.5Hz范围内。而纵向角振动的自然频率略高于垂直振动的自然频率。对前后悬架交联系统，纵向角振动的自然频率可低于垂直振动的自然频率。对横向角振动来说，由于对横向角振动的振动角度的限制和横向角振动稳定杆的作用，其自然频率常大于垂直振动和纵向角振动的自然频率。横向角振动的自然频率常在1.5~2.0Hz之间变化。

振动中心的位置对振动特性具有实际意义。一种值得注意的情况是垂直振动与纵向角振动不相耦合（即$k_f l_1 = k_r l_2$）。这时，一个振动中心位于重心处，另一个位于距离重心无穷远的地方。另一种值得注意的情况是$r_y^2 = l_1 l_2$。这时，一个振动中心位于前弹簧和车身的连接点（或其等效的）处。另一个振动中心位于后弹簧与车身的连接点处，若将$l_{01} = l_2$和$l_{02} = l_1$分别代入式（7-54）和公式（7-55）即可证明上述一点。还应注意，在这种情况下，图7-9所示的纵向角振动与垂直振动的两自由度模型，可用图7-22所示的在前后连接点（或其等效的）处具有两个集中质量的等效动力系统来表示。前端的等效集中质量等于$m_s l_2/(l_1+l_2)$，后端的等效集中质量等于$m_s l_1/(l_1+l_2)$。实际上，等效系统是两个单自由度系统。

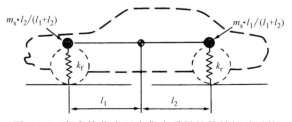

图7-22 车身简化为两个集中质量的等效振动系统

前端的自然频率为 $\omega_{nf} = \sqrt{k_f(l_1+l_2)/m_s l_2}$。

后端的自然频率为 $\omega_{nr} = \sqrt{k_r(l_1+l_2)/m_s l_1}$。

因此，前后悬架间并无相互作用。一端的输入（前或后）并不引起另一端的运动，这是优良的平顺性所要求的条件。然而，对实际车辆来说，此条件一般不能满足。目前，比值 $r_y^2/l_1 l_2$ 在从赛车的约为 0.8 到常规乘用车的为 0.9~1.0 和某些前轮驱动车辆的大于或等于 1.2 之间变化。

在研究车辆前、后端的自然频率时，应当注意，经道路作用给运动车辆的激励首先作用给前轮，然后作用给后轮。因此，作用给前、后轮的激励具有时差。这就引起车辆的纵向角振动。为尽量减小这一纵向角振动，前端的等效弹簧常数和自然频率应略低于后端。换言之，前端的振动周期 ($2\pi/\omega_{nf}$) 应大于后端的振动周期 ($2\pi/\omega_{nr}$)。这就保证了在车辆前端受到激励后的一个极短时间内，车辆前、后端将同相运动（即车身只做垂直振动）。从乘客的乘坐舒适性的观点看，纵向角振动比垂直振动更令人讨厌。车辆前、后端理想的自然频率比取决于车辆轴距、平均行驶速度和道路条件。

如前所述，近年来各种多刚体动力学软件（如 MSC.ADAMS，DADS 等）已经商业化。它们可以详细地模拟地面车辆的振动。

7.3 随机振动简介

7.3.1 用随机函数表示地表高程轮廓

在研究车辆行驶特性（此处指振动）的早期，人们曾经使用正弦波、阶跃函数或三角波作为地面激励。尽管这些激励能为比较评价各种不同结构提供依据，然而，由于地表轮廓很少具有简单的波形，它们不能作为研究车辆的实际动态特性的确切依据。其后发现，采用图 7-23 所示的随机函数来描述地表轮廓更为实际。随机函数的特性是其瞬间值不能用确定性方法进行预测。例如，就术语的一般意义来说，如果地表确实是随机的，那么地表轮廓上的任一确定点（如 A 点）相对于参考平面的高度 z，就不能作为图 7-23 所示的从原点至所讨论点间的距离 x 的函数来进行预测。然而，对随机函数的某些特性可进行统计描述。例如，可用平均的方法确定随机函数的平均值或均方值，使用基于傅里叶变换的方法可确定随机函数的频率组成。

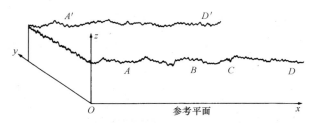

图 7-23 用随机函数形式表示的地表高程轮廓

随机函数的某些概念具有重要的实际意义。参看图 7-23 所示的地表轮廓，如果 A 与 B 间道路部分的统计特性与任何其他部分，如 CD 间的统计特性相同，那么在实际上，就将代表地表轮廓的随机函数称为是平稳的。这意味着，在这种情况下，根据道路的一部分所确定的地表轮廓的统计特性，即可被用于确定全部路面的统计特性。如果在一个平面上（如 AD）的地表轮廓统计特性和任何与之平行的平面（如 $A'D'$）的统计特性相同，则在实际上，代表地表轮廓的随机函数就称为各态历经的（ergodic）。因此，如果随机函数既平稳又各态历经，则分析将大为简化。

随机函数的频率组成具有重要意义，可根据傅里叶分析予以确定。例如，在得到图 7-23 所示的地表轮廓之后，可进行频率分析，从而对所出现的不同波长的振幅进行估计[7.9]。然后就可画出图 7-24 所示的振幅随波长而变的函数关系。在许多情况下，很少有任何独特的波长，因此，在某一波段上的振幅的平均值就被确定。在某些情况下，可使振幅与波长的关系变得平滑。振幅可表示为波长的连续函数，如图 7-24 中的虚线所示。

在随机振动中，幅值的均方值而非幅值本身具有重要意义，这是因为均方值与平均能量有关。对一个振幅为 Z_n、波长为 $l_{\omega n}$ 的简谐分量 $z_n(x)$ 可表示为

$$z_n(x) = Z_n \sin\left(\frac{2\pi x}{l_{\omega n}}\right) = Z_n \sin \Omega_n x$$

其中，$\Omega_n = 2\pi/l_{\omega n}$，是简谐分量的空间圆频率，其单位为 rad/m（rad/ft）。分量的均方值 $\bar{z}_n^2$ 为

$$\bar{z}_n^2 = \frac{1}{l_{\omega n}} \int_0^{l_{\omega n}} \left[Z_n \sin\left(\frac{2\pi x}{l_{\omega n}}\right) \right]^2 dx = \frac{Z_n^2}{2} \qquad (7\text{-}56)$$

对含有离散频率成分的函数，其频率组成可用各分量的均方值来表示。其结果就是图 7-25 所示的离散频谱。一般说来，在每一频率间隔 $\Delta\Omega$ 内均方值的组成有重要意义。令 $S(n\Omega_0)$ 为频率 $n\Omega_0$ 处在频率间隔 $\Delta\Omega$ 内的均方值的密度，可得如下关系：

$$S(n\Omega_0)\Delta\Omega = \frac{Z_n^2}{2} = \bar{z}_n^2 \qquad (7\text{-}57)$$

离散功率谱密度变为

$$S(n\Omega_0) = \frac{Z_n^2}{2\Delta\Omega} = \frac{\bar{z}_n^2}{\Delta\Omega} \qquad (7\text{-}58)$$

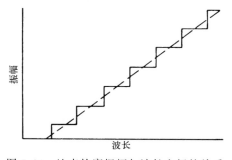

图 7-24　地表轮廓振幅与波长之间的关系

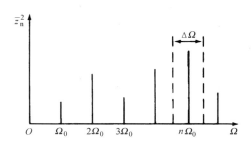

图 7-25　一个随机函数的离散频谱

如果函数含有大量频率成分，离散的谱密度函数 $S(n\Omega_0)$ 大体上就变成一个连续的谱密度函数 $S(\Omega)$，如图 7-26 所示。这时函数 $z(x)$ 的均方值由下式给出：

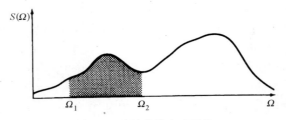

图 7-26 连续的谱密度函数

$$\bar{z}^2 = \int_0^\infty S(\Omega)\,d\Omega \qquad (7\text{-}59)$$

应当指出，函数在任何所考虑的频带（如图 7-26 所示的 Ω_1-Ω_2）内的均方值可按下式计算：

$$\bar{z}^2_{\Omega_1 \to \Omega_2} = \int_{\Omega_1}^{\Omega_2} S(\Omega)\,d\Omega \qquad (7\text{-}60)$$

应当说明，数字谱密度分析仪的应用，使确定随机函数的谱密度大为简化[7.10]。对一定的中心频率，分析仪使混合的随机数据通过一个具有高选择性的窄带带通滤波器进行滤波，将滤出信号的瞬时值平方后，取平均即得均方值。用带宽除均方值即得已知中心频率的平均谱密度。改变窄带带通滤波器的中心频率，即可确定对所选各中心频率的一系列的谱密度，从而得到谱密度随频率变化的曲线。另一方面，可集中共同覆盖所讨论频率范围的窄带带通滤波器组成分析仪。用这种复式滤波分析仪，无须频率扫描即可获得谱图。在实际中，复式滤波器已被广泛应用。

如将地表轮廓看成随机函数，则可用谱密度函数来表征。图 7-27 示出某些跑道和公路的地表轮廓的谱密度随空间频率而变的函数关系。而图 7-28 示出两种未整备过的地面的谱密度函数[7.11,7.12]。空间频率 Ω 与波长 l_ω 成反比（即 $\Omega = 1/l_\omega$），用 cycle/m（或 cycle/ft）来表示。地表轮廓的谱密度以 m^2/cycle/m（或 ft^2/cycle/ft）来表示。

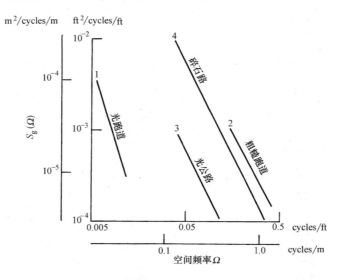

图 7-27 在不同道路和跑道上的功率谱密度随空间频率的变化关系（得到汽车工程师协会允许摘自参考文献 7.11）

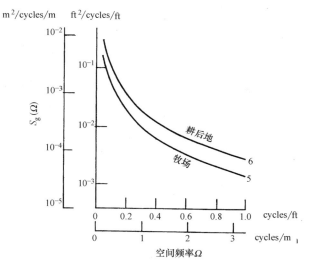

图 7-28 两种未整备过的地面的功率谱密度随空间频率的变化关系

表 7-3 各种地面的功率谱密度函数的 C_{sp} 和 N 值

序 号	地面描述	N	C_{sp}	C'_{sp}
1	光跑道	3.8	4.3×10^{-11}	1.6×10^{-11}
2	粗糙跑道	2.1	8.1×10^{-6}	2.3×10^{-5}
3	光公路	2.1	4.8×10^{-7}	1.2×10^{-6}
4	碎石路	2.1	4.4×10^{-6}	1.1×10^{-5}
5	牧场	1.6	3.0×10^{-4}	1.6×10^{-3}
6	耕后地	1.6	6.5×10^{-4}	3.4×10^{-3}

数据来源：参考文献 7.11，7.12。

注：C_{sp} 用于计算以 $m^2/cycles/m$ 为单位的 $S_g(\Omega)$，C'_{sp} 用于计算以 $ft^2/cycles/ft$ 为单位的 $S_g(\Omega)$。表中的数字代表图 7-27 和图 7-28 所示的曲线。

可以看出，图 7-27 和图 7-28 所示的地表轮廓的谱密度与空间频率间的关系可近似用下式表示：

$$S_g(\Omega) = C_{sp}\Omega^{-N} \tag{7-61}$$

上式中，$S_g(\Omega)$ 为地表轮廓的谱密度函数；C_{sp} 与 N 为常数。将上式对图 7-27 和图 7-28 所示曲线进行拟合，得到表 7-3 所示的 C_{sp} 与 N 之值。N 为无量纲常数，C_{sp} 的量纲随 N 而变。

多年来，多个组织尝试对道路粗糙度（不规则性）进行分类。如图 7-29 所示，国际标准化组织（ISO）提出了基于功率谱密度的道路粗糙度分类（A~H 级）[7.13]。在该分类中，不同类别道路粗糙度的功率谱密度 $S_g(\Omega)$ 和空间频率 Ω 之间的关系近似为双对数坐标上具有不同斜率的两条直线。其关系是：

对于 $\Omega \leqslant \Omega_0 = 1/2\pi$ cycles/m，

$$S_g(\Omega) = S_g(\Omega_0)(\Omega/\Omega_0)^{-N_1} \tag{7-62}$$

对于 $\Omega > \Omega_0 = 1/2\pi$ cycles/m，

$$S_g(\Omega) = S_g(\Omega_0)(\Omega/\Omega_0)^{-N_2} \qquad (7\text{-}63)$$

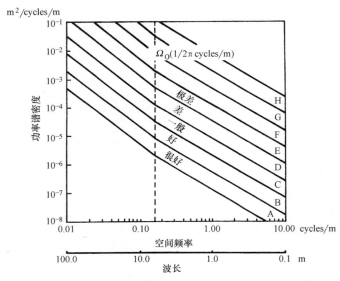

图 7-29 ISO 道路粗糙度分类

对不同类别的道路，表 7-4 中给出了空间频率 $\Omega_0 = 1/2\pi$ cycles/m 处 $S_g(\Omega)$ 的取值范围，N_1 和 N_2 的值分别为 2.0 和 1.5。

表 7-4 ISO 提出的道路粗糙度分类

路面等级	粗糙度程度 $S_g(\Omega)/10^{-6}\,\mathrm{m^2/cycles/m}$	
	范围	几何平均值
A（很好）	<8	4
B（好）	8~32	16
C（一般）	32~128	64
D（差）	128~512	256
E（极差）	512~2048	1024
F	2048~8192	4096
G	8192~32768	16384
H	>32768	

例如，对于 B 类道路（从道路粗糙度的角度来看是"好"道路），如表 7-4 所示，空间频率 $\Omega_0 = 1/2\pi$ cycles/m 处 $S_g(\Omega)$ 的值在 8×10^{-6} ~ 32×10^{-6} m²/cycles/m 范围内变化。根据公式（7-62）和公式（7-63），功率谱密度 $S_g(\Omega)$ 和上下界限处的空间频率 Ω 之间的关系可以由下式表示。

对于下界

对 $\Omega \leqslant \Omega_0$ $S_g(\Omega) = 8\times10^{-6}(2\pi\Omega)^{-2}$ m²/cycles/m

对 $\Omega > \Omega_0$ $S_g(\Omega) = 8\times10^{-6}(2\pi\Omega)^{-1.5}$ m²/cycles/m

对于上界

对 $\Omega \leqslant \Omega_0$ $S_g(\Omega) = 32\times10^{-6}(2\pi\Omega)^{-2}$ m²/cycles/m

对 $\Omega > \Omega_0$ $\quad S_g(\Omega) = 32 \times 10^{-6}(2\pi\Omega)^{-1.5} \mathrm{m^2/cycles/m}$

在车辆的振动分析中,由于车辆振动是时间的函数,将地表轮廓的谱密度表示为以 Hz 为单位的时间频率的函数,要比表示为空间频率更为方便。将以 cycle/m(或 cycle/ft)为单位的空间频率 Ω 换算为以 Hz 为单位的时间频率 f 就是用车辆速度换算:

$$f(\mathrm{Hz}) = \Omega(\mathrm{cycles/m})V(\mathrm{m/s}) = \Omega(\mathrm{cycles/ft})V(\mathrm{ft/s}) \tag{7-64}$$

将以空间频率表示的地表轮廓的谱密度 $S_g(\Omega)$ 换算为以时间频率表示的谱密度 $S_g(f)$ 就是用车辆速度换算:

$$S_g(f) = \frac{S_g(\Omega)}{V} \tag{7-65}$$

7.3.2 频率响应函数

对线性系统,输入和输出具有线性关系。这一关系示于图 7-30 所示车辆系统的方框图中,该关系对随机函数也适用。用传递函数表征的车辆系统,将代表地面不平度的输入转换为代表车辆振动的输出。传递函数或频率响应函数被定义为在稳态条件下的输出与输入之比。例如,如果将车辆简化为单自由度系统,由路面不平度产生的输入和代表悬架质量振动的输出,都用同一单位表示(即位移、速度或加速度),传递函数 $H(f)$ 的模表示为

$$|H(f)| = \left|\sqrt{\frac{1+(2\zeta f/f_n)^2}{[1-(f/f_n)^2]^2+(2\zeta f/f_n)^2}}\right| \tag{7-66}$$

式中,f 是激励频率,f_n 是系统的自然频率,ζ 是阻尼比。可以看出,在这种情况下,传递函数 $H(f)$ 只是图 7-10 中的传输比。如将作为输入的地面不平度用位移表示,且将作为输出的悬架质量的振动以加速度度量,则传递函数 $H(f)$ 的模将取如下形式:

$$|H(f)| = \left|(2\pi f)^2 \sqrt{\frac{1+(2\zeta f/f_n)^2}{[1-(f/f_n)^2]^2+(2\zeta f/f_n)^2}}\right| \tag{7-67}$$

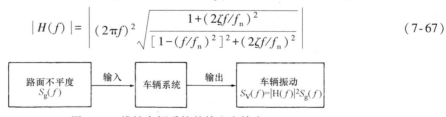

图 7-30 线性车辆系统的输入和输出

图 7-31 示出两个简化为单自由度车辆模型的传递函数的模的平方:一台车辆的垂直振动的自然频率为 3.5Hz,阻尼比为 0.1;另一车辆的垂直振动的自然频率为 1.0Hz,阻尼比为 0.5[7.12]。该图中的传递函数用于预测以位移为输入、以加速度为输出的车辆响应。

如果系统的传递函数已知或给出,那么一般来说,系统的输入 $z_g(t)$ 和输出 $z_v(t)$(皆可表示为时间的函数)的关系可表示为

$$z_v(t) = |H(f)|z_g(t) \tag{7-68}$$

因此,输入与输出的均方值 $\bar{z}_g^2$ 和 $\bar{z}_v^2$ 有如下关系:

$$\bar{z}_v^2 = |H(f)|^2 \bar{z}_g^2 \tag{7-69}$$

根据式(7-58)给出的谱密度的定义,并根据上式,系统的输入谱密度 $S_g(f)$ 和输出谱密度 $S_v(f)$ 的关系如下:

$$S_v(f) = |H(f)|^2 S_g(f) \qquad (7\text{-}70)$$

这表明，对线性系统来说，输出谱密度 $S_v(f)$，通过传递函数的模的平方与输入谱密度 $S_g(f)$ 相联系。

无论输入和输出谱密度所定义的是何种量，式 (7-70) 均适用。例如，只要应用一个适当的传递函数，那么，如果 $S_g(f)$ 是地表轮廓的谱密度，则 $S_v(f)$ 就是车辆悬架质量的加速度的谱密度。评价车辆行驶平顺性时，悬架质量的加速度的谱密度随频率而变的函数关系最为重要。

7.3.3　与乘坐舒适性指标相关的车辆振动评价

在得到车辆加速度的谱密度函数之后，需做进一步分析。将它与任何可被选定的乘坐舒适性指标相联系。例如采用图 7-2 所示的国际标准 ISO 2631—1：1985 中所推荐的垂直振动的疲劳或工效降低界限，这时需将谱密度函数转换为加速度的均方根值随频率而变的函数。

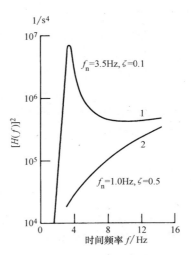

图 7-31　经简化的具有不同自然频率和阻尼比的两台车辆模型传递函数模的平方

如前所述，在一定频带内的加速度的均方根值，可在同一频率范围内对与之相应的谱密度函数进行积分来确定。实际上，首先在所讨论的频率范围内选定一系列离散的中心频率。为了对一定的中心频率 f_c 确定其加速度的均方值，在 1/3 倍频带上积分谱密度函数，该 1/3 倍频带的上限截止频率为其下限的 $\sqrt[3]{2}$ 倍。换言之，就是在 $(0.89 \sim 1.12)f_c$ 的频带上积分谱密度函数，可得对一定中心频率 f_c 的加速度均方值。然后，用下式算出对每一中心频率的加速度的均方根值 (rms)。

$$\text{加速度均方根值} = \left[\int_{0.89f_c}^{1.12f_c} S_v(f)\,df \right]^{1/2} \qquad (7\text{-}71)$$

式中，$S_v(f)$ 是车辆加速度的谱密度函数。求得车辆在所讨论频率范围内的一系列中心频率的加速度的均方根值后，即可根据所规定的极限评价车辆振动。

图 7-32 示出的是一辆北美乘用车在光滑的公路上以 80km/h (50mile/h) 的车速行驶时，在其驾驶座处测出的垂直和侧向加速度的均方根值与国际标准 ISO 2631—1：1985 所推荐的舒适降低界限所做的对比[7.14]。

应当指出，上述方法是针对简化为单自由度系统的车辆模型而言的。实际车辆具有多个自由度，而且在驾驶人与车辆间有驾驶座悬架。此外，作用在车辆上的随机输入不止一个。对乘用车有四个输入，每个车轮一个输入。在确定输入时，随机输入的相互作用有重要意义，必须考虑互谱密度，而且

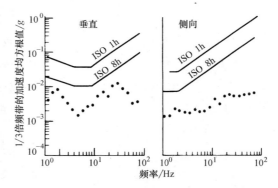

图 7-32　测得的一辆以 80km/h (50mile/h) 速度行驶于光跑道上的乘用车的垂直和侧向加速度（经美国机械工程师协会允许，摘自参考文献 7.14）

还必须考虑后轮相对前轮的输入时间滞后。所有这些都使分析要比上述复杂得多。然而，以随机振动理论为依据的分析技术，正发展成为一种在各种工作条件下评价车辆行驶平顺性的实际工具[7.11]。

7.4 主动悬架和半主动悬架

如第 7.2.1 节所述，为了在较宽的频率范围内达到对悬架质量良好的隔振效果，通常需要较软的悬架弹簧，而在接近非悬架质量固有频率（"轮跳"频率）时，应选用较硬的悬架弹簧，以提供良好的抓地能力。为了在接近其固有频率处减小悬架质量振动的振幅，需要较大的阻尼比，而在高频范围内，应选用较小的阻尼比来达到对悬架质量良好的隔振效果。另一方面，为了在高频范围内实现良好的牵引能力，需要较大的阻尼比。这些互相冲突的要求无法由常规（被动）悬架系统实现，因为其弹簧和减振器的特性是固定的，并且不能根据车辆的工作条件来调节。

为了在各种工作条件下使车辆具有良好的平顺性、操纵和性能，主动悬架的概念应运而生。各种主动系统也已被提出或开发出来[7.16]。图 7-33 为主动悬架系统的概念。常规系统中的弹簧和减振器被主动系统中的力发生器代替。力发生器也可以与常规悬架弹簧并联安装。车辆的工作条件会被传感器持续监测。根据传感器获得的信号和规定的控制策略来调节力发生器中的力，进而达到更好的平顺性、操纵和性能。一般来说，最佳的控制策略被定义为将以下值最小化的策略：

1) 悬架质量加速度的均方根值。
2) 悬架行程的均方根值。
3) 轮胎动态变形的均方根值。

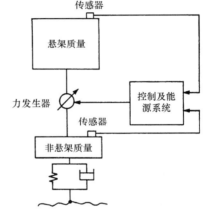

图 7-33 主动悬架系统的概念

通常，这些量乘以加权系数，然后组合成一个评估函数。各种控制理论已被用于建立最佳控制策略，使评估函数最小化。

主动悬架还可以用于控制车身的高度、侧倾、首倾（前俯）和尾倾（后仰）。通过进行高度控制，在负载变化的情况下，也可保持车身高度恒定。这确保了足够的悬架行程以适应颠簸冲击。为了在高速情况下降低空气动力学阻力和空气动力学升力（见第 3.2 节），可以通过主动系统便捷地调整离地间隙和车身的迎角。在崎岖的地形上，离地间隙和悬架行程可进行调节以适应工作要求。在转弯期间，侧倾控制可以通过调节阻尼力或通过在左右悬架中产生抗侧倾力来实现。使用主动系统，可以完全消除车身的侧倾和相应的侧倾转向（由于车身相对于轮胎的侧倾而引起的转向），从而在转弯期间保持期望的操纵特性。在加速或制动期间，可以通过调节阻尼力或通过在前悬架和后悬架中产生抗俯仰力以保持车身的期望姿态和轮胎所需的正常载荷，进而实现对首倾或尾倾的控制。然而，主动悬架系统外部输入需要大量的功率能量来工作，并且在复杂性、可靠性、成本和重量方面也存在相当大的不足。

为了降低复杂性和成本，同时改善平顺性、操纵和性能，出现了半主动悬架的概念。在这种系统中，通常保持常规的悬架弹簧，同时可以根据工作条件调节减振器中的阻尼力。图

7-34 显示了一个半主动悬架系统的示意图。阻尼力可以通过改变减振器中的孔口面积进而改变流体流动的阻尼力来调节。目前，电流变（electrorheological）流体和磁流变（magnetorheological）流体在可控减振器发展中的应用引起了很大的关注[7.17-7.21]。

电流变流体是介电基油和精细半导体颗粒组成的一种混合物。加入电场后，该流体变稠，从而可以连续控制其表观黏度以控制其流动阻力。该过程是连续和可逆的，并且响应几乎是瞬时的。通过调节在减振器中施加于电流变流体上的电压，来控制阻尼力。这种新型系统面临的主要挑战之一是开发具有足够剪切强度并可在 $-40\sim+120$℃ 的温度范围内有效运行的电流变流体。图 7-35 示出了电流变减振器的概念[7.18]。电压被施加到同心圆柱体以产生电场。当减振器运行时，电流变流体流过气缸之间的间隙。改变施加的电压引起流体表观黏度的变化，进而改变阻尼力。整个间隙中的电场强度可高达几千伏每毫米。图 7-36 示出了电流变减振器控制 1/4 车模型悬架质量振动的测试性能[7.18]。当电流变减振器被激活并且根据特定的控制策略施加适当的电压时，与用于被动系统和未施加电场的减振器相比，悬架质量的加速度得到了显著降低。

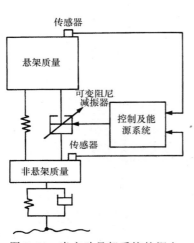

图 7-34 半主动悬架系统的概念

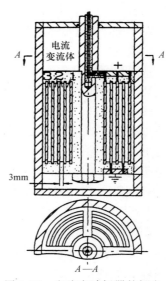

图 7-35 电流变减振器的概念

使用磁流变流体作为工作介质的可控减振器也已被开发出来。磁流变流体是将微米尺寸的磁极化颗粒分散于载流体（例如硅油）中形成的悬浮液。这种类型流体的表观黏度及其流动阻力可以通过磁场而改变。与电流变流体相比，磁流变流体可在更宽的温度范围内保持更好的稳定性，并且其剪切强度也高很多。图 7-37 示出了磁流变减振器的概念。通过改变电磁体中的电流，进而改变活塞中孔口周围的磁场强度，最后控制流过孔口的流体的表观黏度，来控制阻尼力。

与完全主动系统相比，半主动悬架只需要更少的功率，而且不太复杂。此外，设计得当时，半主动系统的性能可以媲美完全主动悬架[7.22]。

为了成功地开发半主动悬架系统，除了减振器的设计和减振器中工作介质的性质外，用于各种工作条件下调节阻尼力的控制策略至关重要。现已提出下述两个代表性的控制策略，即开关控制策略和连续控制策略。

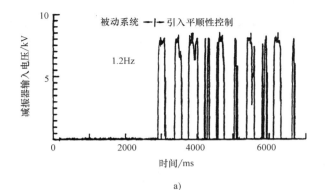

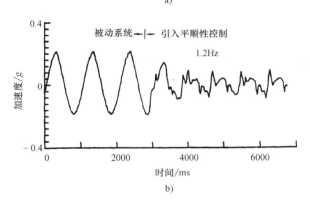

图 7-36 一个 1/4 车模型在电流变减振器激活前后悬架质量振动的比较

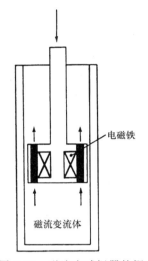

图 7-37 磁流变减振器的概念

1) Krasnicki[7.23]、Margolis 和 Goshtasbpour[7.24] 提出了开关控制策略。该控制策略可描述如下：①如果 $\dot{z}_1(\dot{z}_1-\dot{z}_2)>0$，则需要最大的阻尼（有时称为"硬"阻尼）；②如果 $\dot{z}_1(\dot{z}_1-\dot{z}_2)<0$，则需要最小的阻尼（有时称为"软"阻尼），其中 $\dot{z}_1$ 和 $\dot{z}_2$ 分别为悬架和非悬架质量的速度。该策略表明如果悬架质量相对于非悬架质量的速度与悬架质量绝对速度的方向相同，则应施加最大的阻尼力以减小悬架质量的加速度。另一方面，如果两个速度方向相反，则阻尼力应取最小值以使悬架质量的加速度最小化。

移动车辆上悬架质量的绝对振动速度是难以精确测量的。由加速度计信号进行积分获得的速度通常不够精确，特别是在低频范围。

在一些悬架系统中，可控减振器中的阻尼水平是由驾驶人根据驾驶条件以离散步长形式设置，而不是连续调节阻尼力。例如，在相对平滑的高速公路上高速行驶时，阻尼可以设置在较低水平以提供良好的平顺性。另一方面，在崎岖的道路上低速行驶时，可以将阻尼设定在较高水平，以减小车体的振动幅度。

2) Alanoly 和 Sankar[7.25]、Jolly 和 Miller[7.26] 提出了一种连续控制的策略，这种连续调节阻尼力的策略可描述如下：①如果 $(\dot{z}_1-\dot{z}_2)(z_1-z_2)>0$，则需要最小阻尼；②如果 $(\dot{z}_1-\dot{z}_2)(z_1-z_2)<0$，则期望的阻尼系数为 $c_{sh}=k_s(z_1-z_2)/(\dot{z}_1-\dot{z}_2)$，其中 z_1 和 z_2 分别是悬架和非悬架质量的位移；$\dot{z}_1$ 和 $\dot{z}_2$ 分别是悬架和非悬架质量的速度；k_s 是悬架弹簧刚度。

该控制策略仅需要测量悬架质量和非悬架质量之间的相对位移和速度，这些量在实践中可以很容易地测得。该控制策略表明，如果施加在悬架质量上的弹簧力和阻尼力方向相同，则为了减小悬架质量的加速度，阻尼力应取最小值。另一方面，如果弹簧力和阻尼力方向相反，则应调节阻尼力使阻尼力与弹簧力大小相等，进而使悬架质量的加速度变成零。

图 7-38 示出了使用连续控制策略（策略 2）的主动式减振器与具有固定阻尼比 $\zeta = 0.3$ 的被动式减振器的悬架质量加速度均方根值之比，将其作为车速的函数进行表示。该函数关系基于仿真的结果，其道路轮廓如图 7-20b 所示。主动式减振器的阻尼比可以根据需要在 0.1~1.0 之间连续地变化。该图还示出了在调节阻尼力时的时间延迟（1~5ms）对悬架质量响应的影响。以上表明使用控制策略 2 的半主动悬架在较宽的车速范围内能提供比被动悬架系统更好的隔振效果。然而，该控制策略不一定能提供最佳的抓地能力。如图 7-39 所示，除低于 20km/h（12.5mile/h）的速度之外，使用主动式减振器的轮胎动态变形要大于被动式减振器的轮胎动态变形。

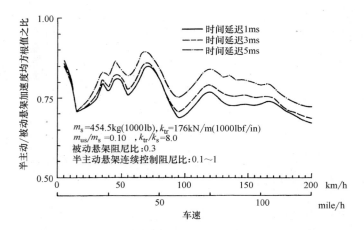

图 7-38　将半主动悬架与被动悬架系统的悬架质量加速度均方根值之比作为车速的函数（道路轮廓如图 7-20b 所示）

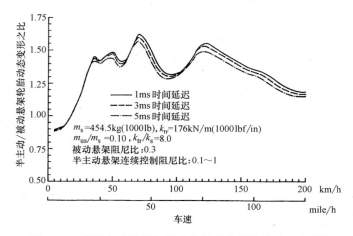

图 7-39　将半主动悬架与被动悬架系统的轮胎动态变形之比作为车速的函数（道路轮廓如图 7-20b 所示）

若要控制非悬架质量的运动（或轮胎和道路之间法向力的波动），就必须给悬架施加足以抵抗（或传递到）悬架质量的力方可达到目的，因而会增加车身的振动。这就约束了主动或半主动系统同时提供最佳隔振效果和抓地能力的基本条件。这表明，在制定控制策略时，必须适当地平衡乘坐舒适度和抓地能力。

参 考 文 献

7.1　B. D. VanDeusen, "Human Response to Vehicle Vibration," *SAE Transactions*, vol. 77, paper 680090, 1969.

7.2　R. A. Lee and F. Pradko, "Analytical Analysis of Human Vibration," *SAE Transactions*, vol. 77, paper 680091, 1969.

7.3　*Ride and Vibration Data Manual*, *SAE J6a*, Society of Automotive Engineers, 1965.

7.4　*International Standard ISO 2631/1-1985*, *Evaluation of Human Exposure to Whole-body Vibration*, *Part 1: General Requirements*. International Organization for Standardization, 1985.

7.5　*International Standard ISO 2631-1: 1997*, *Mechanical Vibration and ShockEvaluation of Human Exposure to Whole-body Vibration*, *Part 1: General Requirements*, 2nd ed., International Organization for Standardization, 1997.

7.6　L. F. Stikeleather, G. O. Hall, and A. O. Radke, "A Study of Vehicle Vibration Spectra as Related to Seating Dynamics," *SAE Transactions*, vol. 81, paper 720001, 1973.

7.7　N. R. Murphy Jr., and R. B. Ahlvin, "Ride Dynamics Module for AMM-75 Ground Mobility Model," in *Proc. 5th Int. Conf of the International Society for Terrain-Vehicle Systems*, vol. IV, Detroit, MI, 1975.

7.8　R. K. Vierck, *Vibration Analysis*, 2nd ed. New York: Harper & Row, 1979.

7.9　M. A. Macaulay, "Measurement of Road Surfaces," in G. H. Tidbury, Ed., *Advances in Automobile Engineering*, *Part I*. Oxford, UK: Pergamon Press, 1963.

7.10　J. S. Bendat and A. G. Piersol, *Random Data: Analysis and Measurement Procedures*. New York: Wiley-Interscience, 1971.

7.11　B. D. Van Deusen, "Analytical Techniques for Design Riding Quality into Automotive Vehicles," *SAE Transactions*, vol. 76, paper 670021, 1968.

7.12　J. Y. Wong, "Effect of Vibration on the Performance of Off-road Vehicles," *Journal of Terramechanics*, vol. 8, no. 4, 1972.

7.13　ISO/TC108/SC2/WG4 N57, "Reporting Vehicle Road Surface Irregularities," 1982.

7.14　A. J. Healy, "Digital Processing of Measured Random Vibration Data for Automobile Ride Evaluation," *ASME Publication*, AMD-Vol. 24, 1977.

7.15　D. E. Cole, *Elementary Vehicle Dynamics*, Department of Mechanical Engineering, University of Michigan, Ann Arbor, 1971.

7.16　R. M. Chalasani, "Ride Performance Potential of Active Suspension Systems, Part Ⅰ and Part Ⅱ," in *Proc. ASME Symp. on Simulation and Control of Ground Vehicles and Transportation Systems*, L. Segel, J. Y. Wong, E. H. Law, and D. Hrovat, Eds., American Society of Mechanical Engineers, AMD-Vol. 80, DSC-Vol. 2, 1986.

7.17　J. Y. Wong, X. M. Wu, M. Sturk, and C. Bortolotto, "On the Applications of Electro-rheological Fluids to the Development of Semi-active Suspension systems for Ground Vehicles," *Transactions of Canadian*

Society for Mechanical Engineering, vol. 17, no. 4B, 1993.

7.18 X. M. Wu, J. Y. Wong, M. Sturk, and D. L. Russell, "Simulation and Experimental Study of a Semiactive Suspension with an Electrorheological Damper," *International Journal of Modem Physics B*, vol. 8, nos. 20 and 21, 1994; also in *Electrorheological Fluids-Mechanisms, Properties, Technology, and Applications*, R. Tao and G. D. Roy, Eds., Singapore: World Scientific, 1994.

7.19 M. Sturk, X. M. Wu, and J. Y. Wong, "Development and Evaluation of a High Voltage Supply Unit for Electrorheological Fluid Dampers," *Vehicle System Dynamics*, vol. 24, no. 2, 1995.

7.20 G. Mui, D. L. Russell, and J. Y. Wong, "Nonlinear Parameter Identification of an Electro-rheological Fluid Damper," *Journal of Intelligent Material Systems and Structures*, vol. 7, no. 5, 1996.

7.21 N. K. Petek, "Shock Absorber Uses Electrorheological Fluid," *Automotive Engineering*, June 1992.

7.22 D. L. Margolis, "Semi-active Heave and Pitch Control for Ground Vehicles," *Vehicle System Dynamics*, vol. 11, no. 1, 1982.

7.23 E. J. Krasnicki, "The Experimental Performance of an 'On-Off Active Damper," *Shock and Vibration Bulletin*, vol. 51, part 1, 1981.

7.24 D. L. Margolis and W. Goshtasbpour, "The Chatter of Semi-active On-Off Suspension and Its Cure," *Vehicle System Dynamics*, vol. 13, no. 3, 1984.

7.25 J. Alanoly and S. Sankar, "A New Concept in Semi-active Vibration Isolation," *Journal of Mechanisms, Transmissions and Automation in Design, Transactions of the ASME*, June 1987.

7.26 M. R. Jolly and L. R. Miller, "The Control of Semi-active Dampers Using Relative Feedback Signals," Society of Automotive Engineers, paper 892483, 1989.

7.27 T. D. Gillespie, *Fundamentals of Vehicle Dynamics*, Society of Automotive Engineers, 1992.

习　题

习题 7.1：一辆乘用车的悬架部分重 11.12kN(2500lbf)，非悬架部分重 890N(200lbf)。悬架弹簧的合成刚度为 45.53kN/m(260lbf/in)。轮胎的合成刚度为 525.35kN/m(3000lbf/in)。试确定悬架和非悬架质量的垂直振动的自然频率。假定车辆以 48km/h(30mile/h) 的速度行驶于具有波长为 9.15m(30ft)，振幅 5cm(2in) 的正弦波的道路上。试计算悬架和非悬架部分的振幅，并确定轮胎不再与路面继续保持接触时的速度。

习题 7.2：由于悬架与非悬架部分的自然频率相差悬殊，车身的垂直振动和纵向角振动以及车轮的运动几乎都独立存在。车辆的悬架部分重 9.79kN(2200lbf)，重心位于前轴后 106.7cm(42in) 处，轴距为 228.6cm(90in)。前悬架弹簧的合成刚度为 24.52kN/m(140lbf/in)。后悬架弹簧的合成刚度为 26.27kN/m(150lbf/in)。悬架部分绕通过重心的水平横轴的回转半径为 102.6cm(40.4in)。试计算车身的纵向角振动和垂直振动的自然频率，并确定振动中心的位置。

习题 7.3：如果习题 7.2 中所述车辆驶过每 15.24m(50ft) 有一个伸缩缝的水泥公路时，试计算最易引起车身垂直振动和纵向角振动的车速。

习题 7.4：如果习题 7.2 中所述车辆的悬架部分的回转半径可以改变，试确定车辆的振动中心位于前、后弹簧连接点的条件，并计算悬架部分的自然频率。

习题 7.5：一台拖拉机，其垂直振动频率为 3.5Hz，阻尼比为 0.1，以 5km/h (3.1mile/h) 的速度驶于耕后地上，其路面不平度特性示于表 7-3。试确定拖拉机在 1Hz

频率范围的垂直加速度的均方根值。根据国际标准 ISO 2631—1：1985 评定车辆振动是否允许持续 8h。

习题 7.6：一辆乘用车的独立前悬架承载的质量（悬架质量）为 454.5kg（或 1000lb 的等效质量）。悬架弹簧刚度为 22kN/m（125lbf/in）。轮胎/车轮总成的质量（非悬架质量）为 45.45kg（或等效质量为 100lb），等效轮胎刚度为 176kN/m（1000lbf/in）。由减振器产生的悬架的阻尼比为 0.3。如果汽车在波长为 5m（16.4ft）、振幅为 5cm（2in）的正弦波道路上行驶，试估计轮胎可能与道路失去接触时的最低车速。

第 8 章

气垫车辆简介

气垫车辆可被定义为由压缩空气垫支承的地面车辆。气垫有两个主要功用：使车辆与地面相分离以减小或消除与地面的接触和附加阻力；为车辆提供悬架系统。

实际的气垫概念出现于 20 世纪 50 年代，气垫已被用于水上及陆地运输。本章将讨论主要类型气垫系统的工作特性，亦将分析气垫车辆的特性。

8.1 气垫系统及其工作特性

气垫系统有两种主要类型：通气室和周边喷管。

8.1.1 通气室

图 8-1 所示为简单通气室的主要特点[8.1]。大多数现代气垫车辆主要采用通气室这种结构构型。用风扇或压气机将压缩空气泵入室内，从而形成支承车辆的气垫。在稳态条件下，泵入室内的空气恰好足够补充在周边气隙的空气漏泄。车重 W 等于由气垫压力 p_{cu} 产生的升力 F_{cu}：

$$F_{cu} = W = p_{cu} A_c \tag{8-1}$$

其中，A_c 是有效气垫面积。

在现代的最新设计中，对陆地和水上车辆，气垫压力变化在 1.2~3.3kPa(25~70lbf/ft²) 范围内。对高速有轨地面车辆，曾用过 4.2kPa(87lbf/ft²) 的气垫压力。

假定通气室内空气基本上是静止的。由伯努利（Bernoulli）定理，空气从周边气隙的逸出速度 V_c 由下式给出：

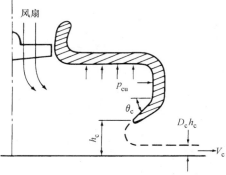

图 8-1 简单通气室的几何结构（经版权方允许复制自 G. H. Elsley 和 A. J. Devereux 编写的《气垫船设计和建造》（Hovercraft Design and Construction），1968 年）

$$V_c = \sqrt{\frac{2 p_{cu}}{\rho}} \tag{8-2}$$

式中，ρ 为空气密度。空气从气垫流出的总的体积流量 Q 由下式给出：

$$Q = h_c l_{cu} D_c V_c = h_c l_{cu} D_c \sqrt{\frac{2p_{cu}}{\rho}} \qquad (8\text{-}3)$$

式中，h_c 为气隙高度；l_{cu} 为气垫周长；D_c 为流量系数。流量系数主要为气垫侧壁倾角 θ_c（图 8-1）和气垫壁长度的函数。对长的气垫壁和非黏滞性的流体，D_c 之值为

θ_c	0	45°	90°	135°	180°
D_c	0.50	0.537	0.611	0.746	1.000

在实际中，由于空气的黏滞性，D_c 之值比上表所示略小。

在周边气隙为维持气垫所需的功率 P_a 由下式给出：

$$P_a = p_{cu} Q = h_c l_{cu} D_c p_{cu}^{3/2} \left(\frac{2}{\rho}\right)^{1/2} \qquad (8\text{-}4)$$

将公式（8-1）代入到上式中，得到

$$P_a = h_c l_{cu} D_c \left(\frac{W}{A_c}\right)^{3/2} \left(\frac{2}{\rho}\right)^{1/2} \qquad (8\text{-}5)$$

上式表明，为了维持通气室中的气垫所需功率，随气隙高度和周长而变，而且对给定车辆，该功率正比于车重的 3/2 次幂。应当注意，在确定风扇所需功率时，应考虑进气损失、管道损失、扩散损失和风扇效率。

假若一个空气喷管具有相等的体积流量 Q，并且具有与直接用于产生升力的气垫的空气流速相同的空气流速 V_c，而改变空气喷管动量所产生的升力 F_1 由下式确定：

$$F_1 = \rho Q V_c \qquad (8\text{-}6)$$

用放大系数 K_a 度量气垫系统作为产生升力装置的效能，它可被定义为

$$K_a = \frac{F_{cu}}{F_1} = \frac{p_{cu} A_c}{\rho Q V_c} = \frac{A_c}{2 h_c l_{cu} D_c} \qquad (8\text{-}7)$$

引入水力半径 D_h 的概念：

$$D_h = \frac{4 A_c}{l_{cu}} \qquad (8\text{-}8)$$

则公式（8-7）变为

$$K_a = \frac{D_h}{8 h_c D_c} \qquad (8\text{-}9)$$

上式表明，水力半径 D_h 与气隙高度 h_c 之比越大，气垫系统的效能就越高。从这一简单的式子可得到选择气垫车辆的结构和尺寸的有用原则。

目前，所采用的通气室有两种主要形式。一种具有软围裙，另一种具有软围裙与侧壁相结合的形式，如图 8-2 所示。采用软围裙的主要原因是使车辆的硬质结构和支承表面具有较大的间隙，

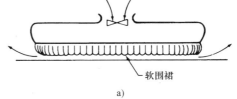
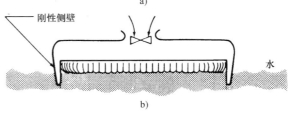

图 8-2 软围裙通气室与刚性侧壁通气室

而同时又要保持围裙下具有足够小的气隙高度，以使产生升力的功率能保持在合理的限度内。软围裙与侧壁相结合的结构形式用于船舶气垫车辆。这时，空气只能从车辆的前方和后方的气隙逸出。用浸入水中的刚性侧壁阻止气垫内的空气从两侧逸出。这样就减小了为维持气垫所需的功率。侧壁也能起稳定车辆方向的辅助作用。

具有软围裙通气室的构型有多种变型。图 8-3 示出用在 Bertin 气垫车 BC7 型上的多锥围裙系统[8.2]。锥口保证围裙在压力作用下形状稳定。该系统可使车辆有足够的俯仰和侧倾稳定性。当车辆侧倾时，在下倾一侧的锥口气隙减小，结果该侧空气流量减小，气垫压力增加。这种现象伴随着上倾一侧锥口的气垫压力的减小而提供一个企图使车辆回到原始位置的恢复力矩。这种系统对过壕沟时损失的升力，比单通气室结构的敏感性要小。然而，对图 8-3 所示的多锥系统，其总的气垫周长 l_{cu} 与气垫面积 A_c 的比值比单通气室的要大，所以与相应的单通气室相比需要更多的功率来维持气垫。换言之，多锥围裙系统的水力半径要比与之相当的单通气室的要小。为了减小体积流量。在多锥系统的周围加一个如图 8-4 所示的周边围裙。这虽使各锥口间的气垫压力低于锥口内部，但也增加了有效气垫面积。

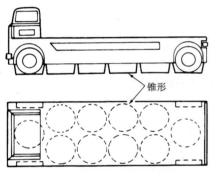

图 8-3 用于 Bertin 气垫车 BC7 型的多锥围裙系统

（转载自参考文献 8.2）

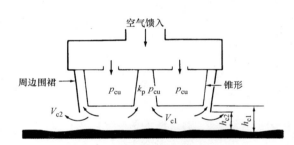

图 8-4 具有周边围裙的多锥系统

具有周边围裙的多锥系统的工作特性可用黄祖永提出的解析方法进行计算[8.3]。假定锥口内部气垫压力为 p_{cu}，周边围裙与锥口间的压力为 $k_p p_{cu}$，并假定气垫内部空气基本保持静止。这时，根据伯努利定理，在周边围裙下的空气逸出速度 V_{c2} 可由下式给出：

$$V_{c2} = \left(\frac{2k_p p_{cu}}{\rho}\right)^{1/2} \tag{8-10}$$

通过周边围裙的总的体积流量 Q_2 由下式给出：

$$Q_2 = h_{c2} l_{c2} D_{c2} \left(\frac{2k_p p_{cu}}{\rho}\right)^{1/2} \tag{8-11}$$

式中，h_{c2}、l_{c2}、D_{c2} 分别为气隙高度、周长和周边围裙的流量系数。

在稳态条件下，系统所产生的总升力由下式给出：

$$F_{cu} = W = p_{cu} A_{c1} + k_p p_{cu} A_{c2} \tag{8-12}$$

式中，A_{c1} 为多锥口的总气垫面积，A_{c2} 为周边围裙与锥口间的气垫面积。支承车重所需的气垫压力 p_{cu} 可由下式给出：

$$p_{cu} = \frac{W}{A_{c1}+k_p A_{c2}} \tag{8-13}$$

根据无黏滞性不可压缩流体的假设，从锥口下逸散的空气总体积 Q_1，等于从周边围裙逸出的空气总体积 Q_2：

$$Q_1 = n_c h_{c1} l_{c1} D_{c1} \left[\frac{2(1-k_p)p_{cu}}{\rho}\right]^{1/2} = Q_2 \tag{8-14}$$

式中，n_c 是锥口数目；h_{c1}、l_{c1} 和 D_{c1} 各为锥口的气隙高度、周长和流量系数。

维持气垫所需功率由下式给出：

$$P_a = p_{cu}Q_1 = p_{cu}Q_2 = h_{c2} l_{c2} D_{c2} \left(\frac{W}{A_{c1}+k_p A_{c2}}\right)^{3/2} \left(\frac{2k_p}{\rho}\right)^{1/2} \tag{8-15}$$

根据公式（8-11）和公式（8-14）可推导出压力比 k_p 的表达式如下：

$$k_p = \frac{n_c^2 h_{c1}^2 l_{c1}^2 D_{c1}^2}{n_c^2 h_{c1}^2 l_{c1}^2 D_{c1}^2 + h_{c2}^2 l_{c2}^2 D_{c2}^2} \tag{8-16}$$

可以看出，由上式算出的 k_p 值与现有文献中引用的极为接近。应注意到，气隙高度 h_{c1} 与 h_{c2} 之差会影响压力比 k_p，从而影响气垫系统特性。

具有周边围裙的多锥系统的放大系数 K_a 由下式给出：

$$K_a = \frac{A_{c1}+k_p A_{c2}}{2 k_p h_{c2} l_{c2} D_{c2}} \tag{8-17}$$

上式表明，当其他条件相同时，具有周边围裙的多锥系统的放大系数，将大于与之相当的无周边围裙系统的放大系数。

另一种通气室型软围裙系统是气垫车发展有限公司（Hovercraft Development Ltd.，HDL）研制的隔段（Segment）围裙[8.4,8.5]，如图 8-5a 所示，这种形式围裙系统的特点是隔段彼此独立。因此，当驶过粗糙表面时，只有接触到障碍的围裙产生变形。当一个隔段遭到损坏甚至脱落时，在气垫作用下调节各隔段使膨胀以充满气隙。此外，已经得知，由于隔段围裙的高度柔性，其阻力小于连续围裙阻力。隔段围裙系统的工作特性可用前述的简单通气室理论进行预测。

图 8-5b 所示是英国气垫车股份有限公司（British Hovercraft Corporation，BHD）研制的囊指（bag and finger）围裙[8.4]。这种围裙系统中的指（finger）与隔段围裙的隔段具有相同的特点。气垫空气从囊袋通过孔馈入指。用囊袋内所装隔板来阻止围裙系统的垂直振动。

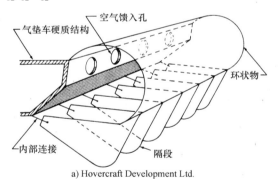

a) Hovercraft Development Ltd. 的隔段围裙（经 R.L.Trillo 允许摘自参考文献 8.5）

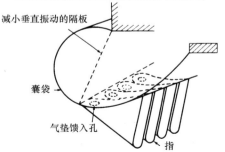

b) British Hovercraft Corporation 的囊指围裙（经 SAE 允许摘自参考文献 8.4）

图 8-5 气垫车围裙

例题 8-1 一个与图 8-4 所示相似的具有周边围裙系统的多锥气垫系统具有下列参数：

英文原文	中文翻译	数值
• Gross vehicle weight, W	车辆总重 W	48.93kN(11000lbf)
• Number of cones, n_c	锥口数目 n_c	8
• Perimeter of each cone, l_{c1}	每个锥口的周边长 l_{c1}	3.6m(11.8ft)
• Perimeter of the peripheral skirt, l_{c2}	周边围裙的周长 l_{c2}	17.5m(57.5ft)
• Total cushion area of the cones, A_{c1}	锥口下的奇点总面积 A_{c1}	8.2m²(88.3ft²)
• Cushion area between the cones and the peripheral skirt, A_{c2}	锥口与周边围裙间的气垫面积 A_{c2}	9.6m²(103.3ft²)
• Clearance heights, h_{c1} and h_{c2}	气隙高度 h_{c1} 和 h_{c2}	2.5cm(1in.)
• Discharge coefficients, D_{c1} and D_{c2}	流量系数 D_{c1} 和 D_{c2}	0.60

试确定产生升力所需的功率和放大系数。

解： 由式（8-16），以及 $D_{c1}=D_{c2}$ 和 $h_{c1}=h_{c2}$ 得到压力比 k_p：

$$k_p = \frac{n_c^2 l_{c1}^2}{n_c^2 l_{c1}^2 + l_{c2}^2} = 0.73$$

由式（8-13），所需气垫压力 p_{cu} 由下式确定：

$$p_{cu} = \frac{W}{A_{c1}+k_p A_{c2}} = 3.22\text{kPa}(67\text{lbf/ft}^2)$$

由式（8-15），为维持气垫所需功率由下式确定：

$$P_a = h_{c2} l_{c2} D_{c2} \left(\frac{W}{A_{c1}+k_p A_{c2}}\right)^{3/2} \left(\frac{2k_p}{\rho}\right)^{1/2} = 52.2\text{kW}(70\text{hp})$$

由式（8-17），放大系数 K_a 由下式确定：

$$K_a = \frac{A_{c1}+k_p A_{c2}}{2k_p h_{c2} l_{c2} D_{c2}} = 39$$

8.1.2 周边喷管

在气垫技术发展的早期，采用过周边喷管系统。这种系统的简图示于图 8-6。在该系统中，从喷口向下、向内喷射空气，围绕周边形成一个空气膜。该空气膜有助于容纳车辆下的

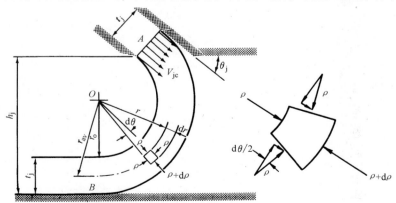

图 8-6 周边喷管系统的几何结构

气垫，以减小空气逸散。这可提供比简单通气室更高的工作效率。

除气垫产生升力外，空气喷管也提供少量的垂直升力。在稳态条件下，车重 W 由升力 F_{cu} 平衡：

$$F_{cu} = W = p_{cu}A_c + J_j l_j \sin\theta_j$$

式中，J_j 为单位喷口长度空气喷射的动量通量，它等于喷射速度和单位喷口长度的质量流量的乘积；l_j 为喷口周长；θ_j 为喷口相对水平面的倾角。

预测周边喷管的工作特性有多种理论。其中，所谓"指数理论"是最常用的一种。在这一理论中，假定从喷出口（A 点）到地面接触点（B 点）的空气射束保持其厚度和圆形路径；还假定空气无黏滞性且不可压缩；假定总压力 p_j 在喷管内横截面上有静压梯度，而总压力则保持为常数。喷管横截面上有静压力 p 的分布必须满足边界条件，即在外侧 $p=0$，在气垫一侧 $p=p_{cu}$。

考虑喷管内距曲率中心 O 的距离为 r 的一个小单元体。该单元体在横向的压力差由离心力平衡。该单元体的平衡方程如下式：

$$(p+\mathrm{d}p)(r+\mathrm{d}r)\mathrm{d}\theta - pr\mathrm{d}\theta - 2p\sin\left(\frac{\mathrm{d}\theta}{2}\right)\mathrm{d}r = \frac{\rho V_{jc}^2}{r}r\mathrm{d}r\mathrm{d}\theta$$

其中，V_{jc} 为单元体的速度。

略去二阶项并做简化，例如 $\sin(\mathrm{d}\theta/2) \approx \mathrm{d}\theta/2$，上式可以改写为：

$$\frac{\mathrm{d}p}{\mathrm{d}r} = \frac{\rho V_{jc}^2}{r} \tag{8-18}$$

由于假定喷管横截面上的总压力 p_j 为常数，根据伯努利定理，得到如下关系：

$$p_j = p + \frac{\rho V_{jc}^2}{2} \tag{8-19}$$

将公式（8-19）代入到公式（8-18）中，得到

$$\frac{\mathrm{d}p}{p_j - p} = \frac{2\mathrm{d}r}{r} \tag{8-20}$$

因 r 的改变受到限制，可将上式中的 r 视为常数并等于路径的平均曲率半径 r_{av}。积分式（8-20），并将积分限 $r=r_0$，$p=0$；$r=r_0+t_j$，$p=p_{cu}$ 代入到式（8-20），得到如下的联系气垫压力 p_{cu} 和喷射总压力 p_j 的表达式：

$$\frac{p_{cu}}{p_j} = 1 - e^{-2t_j/r_{av}} \tag{8-21}$$

式中，t_j 是喷管厚度或喷口宽度。令 $r_{av} \approx h_j/(1+\cos\theta_j)$，得

$$\frac{p_{cu}}{p_j} = 1 - e^{-2t_j(1+\cos\theta_j)/h_j} \tag{8-22}$$

其中，h_j 为气隙高度。

总体积流量 Q_j 由下式给出：

$$Q_j = \int_{r_0}^{r_0+t_j} l_j V_{jc} \mathrm{d}r = \frac{l_j h_j}{1+\cos\theta_j} \sqrt{\frac{2p_j}{\rho}} \left[1 - \sqrt{1-p_{cu}/p_j}\right] \tag{8-23}$$

所需功率为

$$P_{aj} = p_j Q_j = \frac{l_j h_j (1-e^{-x}) p_{cu}^{3/2} (2/\rho)^{1/2}}{(1+\cos\theta_j)(1-e^{-2x})^{3/2}} \quad (8\text{-}24)$$

其中，$x = t_j(1+\cos\theta_j)/h_j$。

若 h_j、l_j、p_{cu} 和 θ_j 之值皆为已知，则下式成立所需功率为最小：

$$\frac{\partial P_{aj}}{\partial x} = 0$$

由上式得 $x = 0.693$。最小功率 P_{ajmin} 的表达式为

$$P_{ajmin} = \frac{4}{3} \frac{l_j h_j p_{cu}^{3/2} (2/\rho)^{1/2}}{\sqrt{3}(1+\cos\theta_j)} \quad (8\text{-}25)$$

对具有相同气垫压力和相同尺寸（$l_j = l_c$ 和 $h_j = h_c$）的简单通气室所需功率 P_a 和周边喷管最小功率 P_{ajmin} 进行比较，可得如下功率比：

$$\frac{P_a}{P_{ajmin}} = \frac{3\sqrt{3} D_c (1+\cos\theta_j)}{4} \quad (8\text{-}26)$$

假定 $\theta_j = 45°$，$D_c = 0.6$，简单通气室将比与之相当的周边喷管系统所需的功率大 33%。周边喷管的放大系数 K_{aj} 用下式表示：

$$K_{aj} = \frac{p_{cu} A_c + J_j l_j \sin\theta_j}{J_j l_j} = \frac{p_{cu} A_c}{J_j l_j} + \sin\theta_j = \frac{p_{cu} D_h}{4 J_j} + \sin\theta_j \quad (8\text{-}27)$$

单位喷口长度的动量通量 J_j 可用下式确定：

$$J_j = \int_{r_0}^{r_0+t_j} \rho V_{jc}^2 dr = \int_{r_0}^{r_0+t_j} 2(p_j - p) dr = \int_0^{p_{cu}} r dp = r_{av} p_{cu} \quad (8\text{-}28)$$

将公式（8-28）代入到公式（8-27）中，得到

$$K_{aj} = \frac{D_h}{4 r_{av}} + \sin\theta_j = \frac{D_h}{4 h_j}(1+\cos\theta_j) + \sin\theta_j \quad (8\text{-}29)$$

将具有相同水力半径和气隙高度的简单通气室和周边喷管的放大系数进行比较，可得如下比值：

$$\frac{K_{aj}}{K_a} = 2 D_c \left(1 + \cos\theta_j + 4\sin\theta_j \frac{h_j}{D_h}\right) \quad (8\text{-}30)$$

假定 $D_c = 0.6$，$\theta_j = 45°$，$h_j/D_h = 0.001$，则周边喷管的放大系数近似等于与之相当的简单通气室的两倍。

尽管从理论上讲周边喷管系统似乎优于通气室，但实际上并不一定如此。现已得知，在周边喷管系统中，采用软喷嘴时会使保持喷管宽度和角度变得困难，并使喷嘴过度磨损。另一方面，若采用较硬喷嘴将引起大的地面阻力。此外，在保持硬结构与支承表面间具有足够间隙的前提下，软围裙使气隙高度降低，从而使得升力所需功率显著减小。在某些现代车辆上，设计气隙高度仅为几个毫米。这使得周边喷管系统在节省功率方面更无意义。所有这些必然导致几乎所有现代气垫车辆采用通气室这种构型。

8.2 气垫车辆的阻力

气垫车辆具有特殊的阻力分量，应给以特殊注意。对陆地行驶，除空气动力阻力外，还

有动量阻力、倾斜阻力和围裙接地阻力。对水上行驶，必须计入附加的波致阻力（wave-making drag）、湿阻力和波浪阻力（drag due to waves）。

如前所述，软围裙的出现容许气隙高度显著减小，从而减小了升力功率。然而应当指出，气隙高度的减小可能增加围裙接地阻力。这就增加了为推进所需的功率。显然，在减少升力功率和推进功率的相应增加之间，必须适当平衡以使所需总功率最小。

气垫车辆的空气动力阻力可用第 3 章所述方法进行计算。空气动力阻力系数 C_D 的典型数值得自风洞试验。其值的变化范围根据迎面面积从 SP. N2 的 0.25 至 SP. N5 的 0.38[8.1]。据报道，对有表面效应的船，其 C 值为 0.5[8.5]。

动量阻力

为了维持气垫，空气不断被吸入气垫系统。当车辆运动时，空气实际上被加速到车辆的速度。这就在空气相对于车辆的方向上产生一个阻力，一般称为动量阻力，以 R_m 表示。动量阻力可用下式表示：

$$R_m = \rho Q V_a \tag{8-31}$$

其中，V_a 为空气对车辆的相对速度，Q 为气垫系统的体积流量。动量阻力是气垫车辆所特有的。

应当注意，利用产生气垫压力的风扇入口处的气流动量，可以部分回收用以克服动量阻力的功率。风扇进气气流动压 p_d 由下式给出：

$$p_d = \frac{\rho V_a^2}{2} \tag{8-32}$$

假定包括风扇和管道在内的气垫系统效率为 η_{cu}，则从产生气垫压力可以回收的功率由下式确定：

$$p_r = \frac{\eta_{cu} \rho Q V_a^2}{2} \tag{8-33}$$

由于克服动量阻力所需的功率 P_m 等于 $\rho Q V_a^2$，则 P_r 与 P_m 之比为

$$\frac{P_r}{P_m} = \frac{\eta_{cu} \rho Q V_a^2}{2 \rho Q V_a^2} = \frac{\eta_{cu}}{2} \tag{8-34}$$

这表明，如果气垫系统效率 η_{cu} 为 100%，则用于克服动量阻力功率的一半可以回收。

倾斜阻力

如果车辆气垫的基底并非水平，则垂直于气垫基底的升力将有一水平分量。该水平分量由下式确定：

$$R_{tr} = p_{cu} A_c \sin\theta_t \tag{8-35}$$

其中，θ_t 为气垫基底与水平面间的夹角；R_{tr} 为阻力分量或推力分量，这取决于车辆头部上仰或下俯。

围裙接地阻力

在陆地行驶中，裙部不可避免地要与地面相接触，特别是在气隙高度小的情况下更是这样。这就引起了一个阻力分量，通常称为围裙接地阻力 R_{sk}。这一阻力分量的物理来源主要来自下述方面：裙部与地面之间的摩擦，裙部的变形和地面的变形，其中包括由于裙部-地面相互作用所引起的植被的变形[8.6]。尽管从经验得知，气垫压力、气隙高度、围裙材料、

地表强度和几何形状对围裙接地阻力具有明显影响,但还没有一种能可靠预测围裙接地阻力的方法。围裙接地阻力的数值通常由试验得到。表 8-1 给出了两种气垫挂车和一种自走气垫车辆在不同类型地面上的拖曳阻力系数之值[8.7,8.8]。其中一个气垫挂车装有由 HoverJak 制造的 Bertin 型具有周边围裙的多锥系统。另一个由 Terracross 制造,装有气垫发展有限公司(HDL)的隔段围裙[8.8]。自走气垫车辆是 Bell SK-5 型,它装有英国气垫股份有限公司(British Hovercraft Corporation)研制的囊指围裙[8.8]。拖曳阻力系数被定义为拖曳阻力与车辆总重之比。

应当说明,对 HoverJak 制造的气垫挂车,有 2% 的车辆总重由导轮承受,而由 Terracrosss 制造的气垫挂车,有 7% 的车重由导轮承受。所以表 8-1 的值对气垫挂车既包括围裙接地阻力又包括导轮的滚动阻力。表 8-1 中的值对 Bell SK-5 可以认为是围裙接地阻力系数,因为它未用导轮。

在有树桩的伐木区,装有 Bertin 型具有周边围裙的多锥系统的气垫挂车的拖曳阻力系数的平均值在 0.06~0.24 范围内[8.9]。

表 8-1 拖曳阻力系数

车辆类型	气垫系统类型	地 面	拖曳阻力系数	车辆总重/kN
HoverJak 制造的气垫挂车	具有周边围裙的多锥系统	水泥地(干)	0.002~0.005	148.3 (34000lbf)
		平整石块(干)	0.014~0.018	
		干淤泥	0.011~0.016	130.8 (30000lbf)
		沙土路	0.023	
Terracross 制造的气垫挂车	H.D.L 型围裙	湿的平整石块	0.018	143.5 (30000lbf)
		水或淤泥	0.015	
		湿淤泥	0.019	206.9 (50000lbf)
		干淤泥	0.022~0.037	
		翻腾过的沼泽	0.035	
自走气垫车辆 Bell SK-5	B.H.C 型囊指围裙	被磨坚硬了的粗糙被状雪地	0.002	58.1 (13060lbf)
		粗糙的铺有岩石的河床	0.012~0.022	
		倾斜的铺有岩石的河床	0.020~0.030	
		在沼泽中簇生的草地	0.008~0.034	
		粗糙地面上的小灌木	0.075~0.25	

数据来源:参考文献 8.7 和 8.8。

已知围裙接地阻力系数 C_{sk},即可根据下式计算围裙接地阻力 R_{sk}:

$$R_{sk} = C_{sk} W \tag{8-36}$$

其中,W 是车辆总重。

如上所述,在各种因素中,围裙的气隙高度对围裙接地阻力具有相当大的影响。为了在各种表面上对围裙的气隙高度和围裙接地阻力系数之间建立定量关系,Fowler 在加拿大国家研究委员会进行了一系列实验[8.10]。使用隔段围裙在各种地形上以约 2m/s(6.6ft/s)的低速进行实验。实验的地形包括混凝土地面、覆盖有长草的地形、具有碎岩的粗糙多孔地面。图 8-7 示出了基于测量数据的围裙接地阻力系数随气隙高度 h_c 和系数 K_{por} 的变化曲线。系数 K_{por} 考虑了地面孔隙度对气垫系统体积流量的影响。例如,在具有碎石的多孔地面上,气垫空气不仅通过围裙和表面之间的间隙,还通过气垫下碎石之间的空隙逸出。这表明气垫的空气总体积流量将比使用公式（8-3）、公式（8-11）、公式（8-14）或公式（8-23）计算的总体积流量高 K_{por} 倍。因此，维持气垫所需的功率也将更高。表 8-2 示出了不同表面 K_{por} 的近似值[8.10]。可以看出，在光的混凝土地面上，K_{por} 的值为 1，这表明气垫空气仅通过围裙和混凝土表面之间的间隙逸出。在碎石地面上，K_{por} 的值高达 6，这表明通过岩石之间的空隙逸出的空气体积是通过围裙和表面之间间隙的五倍。

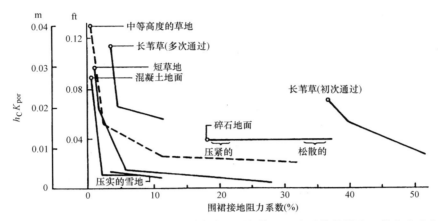

图 8-7 气隙和地面孔隙度参数 $h_c K_{por}$ 对不同表面上围裙接地阻力系数的影响（摘自参考文献 8.10）

表 8-2 不同表面的系数值

地面	K_{por}
光的混凝土地面	1
压实的雪地	1.5
短草地	6
中等高度的草地	6
长苇草（初次通过）	6
长苇草（第 10 次通过）	6
碎石地面	6

数据来源：参考文献 8.10。

根据图 8-7 可以看出，当 $h_c K_{por}$ 的值低于阈值时，围裙接地阻力系数显著增加。例如，在光的混凝土地面上，如果 $h_c K_{por}$ 的值低于大约 0.0035m(0.14in)，围裙接地阻力系数将显著增加。对于长苇草（多次通过后），$h_c K_{por}$ 的阈值约为 0.02m(0.79in)。$h_c K_{por}$ 的值确定了升力的体积流量和功率，而围裙接地阻力系数影响推进功率。为了达到陆上气垫车的最佳行驶条件，必须仔细选择 $h_c K_{por}$ 的值，使得总功率要求（包括用于升力和推进的功率）最小化。

陆地总阻力

对于完全由气垫支承驶于陆地上的车辆，其总阻力包括空气动力阻力、动量阻力、倾斜阻力和围裙接地阻力。应当指出，尽管全由气垫支承的车辆可以作为陆地行驶之用，但在狭小地面上和横坡上较难操纵与控制。这种类型的车辆所能通过的纵坡也受一定限制。为了解决这些问题，可采用如车轮、履带诸如此类的地面接触装置。在这种类型的布置中，用气垫支承部分车重，而为了进行导向、位置控制，以及可以牵引和制动而保持足够的地面接触。一台同时采用气垫和地面接触装置支承的车辆称为混合车辆。

对混合车辆，在计算陆地总阻力时，必须计入地面接触装置的阻力。车辆和履带在未整备过的地面上的阻力，可用第 2 章所述方法进行预测。已经查明，在设计参数中，气垫与地面接触装置间的载荷分配对混合车辆所耗的总功率具有显著影响[8.3]。图 8-8 示出了一台确定的装有轮胎的混合车辆在黏土地面上所耗功率随气垫支承的载荷 W_a 与车辆总重 W 之比而变化的关系[8.3]。可以看出，对已知混合车辆在确定类型的地面上，有一个使功率损耗达到最小的载荷分配最佳值。图 8-9 示出了对装有轮胎的已知混合车辆的最佳载荷分配随地面条件而变化的关系[8.3]。

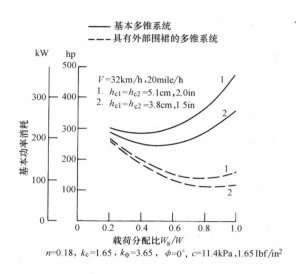

图 8-8　一台混合车辆在黏土地面上的基本功率消耗随载荷分配比而变化的关系（k_c 和 k_ϕ 之值采用美国惯用单位）

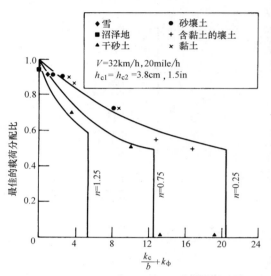

图 8-9　一台装有周边围裙多锥系统的混合车辆的最佳载荷分配比随地面条件而变化的关系（k_c 和 k_ϕ 之值采用美国惯用单位）

另一类采用气垫技术的陆地车辆系统是气垫挂车-牵引车系统[8.11]。该系统有两个单独的部分，即气垫挂车和牵引车。图 8-10 示出了由 Terracoss 制造的气垫挂车的简图[8.7]。牵引车辆通常是一台普通的履带和轮式车辆。该系统提供了普通的牵引车-挂车系统的便利。

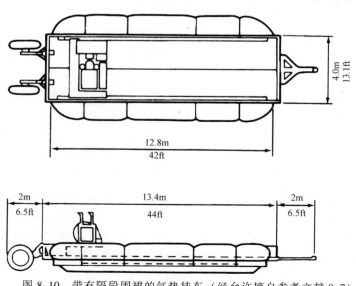

图 8-10　带有隔段围裙的气垫挂车（经允许摘自参考文献 8.7）

但应当说明，因气垫挂车不能自走，该系统的机动性取决于牵引车。这就使得该系统被限用于普通牵引车有效工作的地区内。牵引车必须产生足够的牵引力，以克服作用在气垫挂车上的总阻力。其中包括围裙接地阻力、导轮阻力和倾斜阻力。这一类型的系统通常以低速行驶。作用在气垫挂车上的空气动力阻力和动量阻力无重要意义，可予忽略。

如前所述，支承重量是气垫系统的主要功用之一，因而需要产生气垫升力的功率。因此为了在合理的基础上比较气垫车辆和普通地面车辆的相对优劣，应当将产生气垫升力所需功率，考虑为普通车辆为了克服运动阻力所需功率的一个等效部分。对完全由气垫支承的车辆推荐等效运动阻力系数 f_{eq} 的概念，它被定义为

$$f_{eq} = \frac{P_a}{WV} + \frac{R_m + R_a + R_{sk}}{W} \qquad (8-37)$$

式中，P_a 为维持气垫所需功率，W 为车辆总重，V 为车辆速度。要注意，气垫车辆等效运动阻力系数取决于行驶速度。

对于部分由气垫支承，部分由地面接触装置（如履带、车轮）支承的混合车辆，其等效运动阻力系数被定义为

$$f_{eq} = \frac{P_a}{WV} + \frac{R_m + R_a + R_{sk} + R_r}{W} \qquad (8-38)$$

式中，R_r 为地面接触装置的运动阻力。图 8-11 示出了对装有轮胎的确定的混合车辆在泥土、松沙土和雪地上的等效运动阻力系数随行驶速度而变的关系[8.11]。

波致阻力

当气垫车辆驶过水面时，将产生图 8-12 所示的波。车辆企图使自己与波找平，则气垫基底将要倾斜。这样，升力产生一个向后的水平分力，通常称为波致阻力。

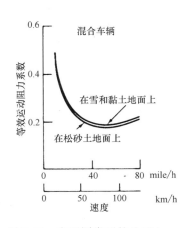

图 8-11 在不同类型的地面上，某混合车辆的等效运动阻力系数随车速而变化的关系

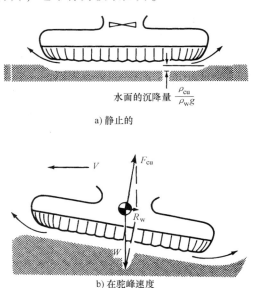

图 8-12 波致阻力的形成

为了充分了解产生波致阻力的机理，分析气垫与水面的相互作用具有启发意义。如图 8-12a 所示，当车辆在水面的气垫上且前进速度为零，水面被压下的沉降量为 $p_{cu}/p_\omega g$，这里 g 是重力加速度，p_ω 是水密度。当车辆向前行驶时，车辆前部下面的水面承受气垫压力作用，而位于车辆后部下面的水面，已经承受气垫压力一段时间。因此，水面向后倾斜。由于车辆企图使自己与水面找平，气垫基底的前方翘起，如图 8-12b 所示。气垫基底的升力的水平分力引起了波致阻力。此阻力分量的大小随速度增加并在某一速度处达到最大值。此时的速度称为"驼峰速度"（hump speed）。当车速进一步增加时，气垫与水面相互作用的时间变得更短，从而使水面的沉降量变得更小。车辆下部水面又趋于水平，因而波致阻力减小。

波致阻力可用不同方法进行足够准确的预测。对于长而窄的气垫车辆，Crews 和 Egginton 推荐根据 Lamb 著作中的二维理论预测波致阻力 R_ω[8.1,8.12]：

$$R_\omega = \frac{2 p_{cu}^2 A_c}{l \rho_\omega g}\left(1-\cos\frac{gl}{V^2}\right)$$

或

$$\frac{R_\omega l}{p_{cu}^2 A_c} = \frac{2}{\rho_\omega g}\left(1-\cos\frac{gl}{V^2}\right) \tag{8-39}$$

式中，l 为气垫长度；p_{cu} 为气垫压力；A_c 为气垫面积；V 为车辆前进速度；$V/\sqrt{gl}$ 为弗劳德数（Froude number）。图 8-13 示出了 $R_\omega l/p_{cu}^2 A_c$ 随弗劳德数而变的关系[8.1]。可以看出，当弗劳德数为 0.56 或 $\cos(gl/V^2)$ 等于 -1 时，波致阻力最大。这一条件通常称为"驼峰"（hump），其相应阻力称为"驼峰阻力"（hump drag）。注意到，波致阻力与气垫压力的平方成正比。

Newman 和 Poole 导出了考虑车辆平面图形状的预测波致阻力更精确的方法[8.13]。应当说明，水深也影响波致阻力。在浅水上的波致阻力大于在深水上的波致阻力。

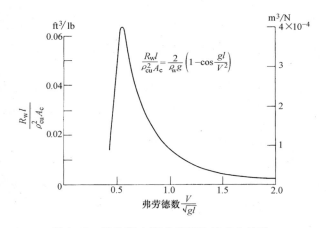

图 8-13 波致阻力随弗劳德数的变化关系

湿阻力

湿阻力是波浪冲击围裙和围裙与水的接触所形成的阻力分量。虽然已知气隙高度、气垫压力、车辆的尺寸和形状以及车速影响湿阻力的大小，但尚无预测这一阻力分量的有效方法。在实用上一般是用模型或原型试验。在静止的水面上测定总的阻力，然后减去那些已知或计算出的阻力分量以计算湿阻力。这样，湿阻力 R_{wet} 由下式给出[8.1,8.5]：

$$R_{wet} = R_{tot}(\text{静止水面}) - R_d - R_m - R_\omega - R_{tr} \tag{8-40}$$

其中，R_{tot} 是在静止水面上测定的总阻力。

波浪阻力

到目前为止，尚无预测波浪阻力的理论方法。波浪阻力之值得自原型和模型试验[8.1,8.5]，在相同速度下取在波浪水面上的总阻力 R_{tot}（在波浪水面）和在平静水面上的总阻力 R_{tot}（在平静水面上）之差即得波浪阻力 R_{wave}：

$$R_{wave} = R_{tot}(在波浪水面) - R_{tot}(在平静水面上) \tag{8-41}$$

已经得知，波浪高度、气垫压力、围裙吃水深度和车辆速度对波浪阻力有显著影响。

水上总阻力

水上行驶时，气垫车辆的总阻力由空气动力阻力、动量阻力、波致阻力、湿阻力和波浪阻力组成。图 8-14 示出各阻力分量大小的相对数量级随车辆在水中行驶速度而变的函数关系[8.5]。对具有侧壁的车辆还应计入附加的侧壁阻力。该阻力主要由沉入水中表面的表面摩擦所引起。

应当注意，气垫车辆所耗功率包括两个主要部分，即升力功率和推进功率。因而在设计气垫车辆时，升力功率和推进功率不应分开考虑。例如增加气隙高度或体积流量，将会减小围裙接地阻力，从而减小了推进功率。然而，如前所述，升力功率与气隙高度成正比。这样，在选择气隙高度时必须进行折衷，既要使所需功率最小，又不应与其他指标（如围裙磨损、乘坐舒适性）相矛盾。

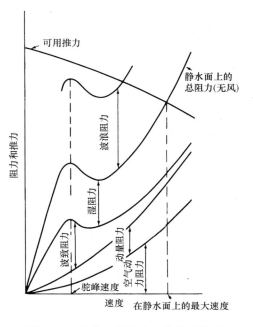

图 8-14 气垫车辆在水上的拖曳特性
（经 R. L. Trillo 允许摘自参考文献 8.5）

例题 8-2 如例 8-1 所示，气垫车辆用于陆地运输。车辆的迎风面积为 $6.5 m^2 (70 ft^2)$，空气动力阻力系数为 0.35，围裙接地阻力系数估算为 0.04。试确定车辆以 20km/h (12.4mile/h) 的速度驶过水平地面的总阻力。

解：地面总阻力包括动量阻力、空气动力阻力和围裙接地阻力。

1) 由式（8-31），动量阻力 R_m 由下式确定：

$$R_m = \rho Q V_a = \rho \left[h_{c2} l_{c2} D_{c2} \left(\frac{2k_p p_{cu}}{\rho} \right)^{1/2} \right] V_a$$

将相应数值代入上式得

$$R_m = 110.8N(24.9lbf)$$

2) 空气动力阻力 R_a 可用式（3-20）确定

$$R_a = \frac{\rho}{2} C_D A_f V^2 = 43.2N(9.7lbf)$$

3) 围裙接地阻力 R_{sk} 可用式（8-36）估算

$$R_{sk} = C_{sk} W = 1957N(440lbf)$$

总的陆地阻力是上述三个阻力分量之和：

$$R_{tot} = R_m + R_a + R_{sk} = 2.111kN(474.6lbf)$$

此结果表明，低速时，动量阻力和空气动力阻力无重要意义。

8.3 气垫系统的悬架特性

气垫的主要功用之一是作为车辆的悬挂系统（悬架系统）。为了确定气垫作为悬架系统的特性，必须确定垂直的、侧倾的和俯仰的刚度。

8.3.1 起伏刚度/垂直刚度

起伏刚度可从升力和垂直位移的关系导出。对简单通气室，该关系在很大程度上取决于风扇特性。对一个实际的通气室系统，在风扇与气垫间的飞尘和气垫的馈入装置，对其刚度与阻尼特性也具有重要影响。假定一个简单通气室处于平衡位置，这时的原始气隙高度为 h_{c0}，初始气垫压力为 p_{c0}，体积流量为 Q_0。假定略去飞尘损失，风扇将在 A 点工作，如图 8-15 所示。假定气垫系统自其平衡位置受到扰动，气隙高度减小了 Δ_{hc}，从而体积流量将减小 ΔQ_0，压力将从 p_{c0} 增大到 $p_{c0}+\Delta p_c$，风扇的工作点从 A 点移到 A' 点。这样，就产生一个气垫系统回到其原始平衡位置的恢复力矩，系统在垂直方向就稳定。

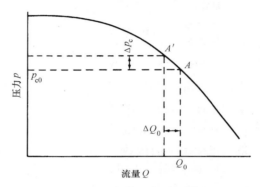

图 8-15 风扇的压力-流量特性

如果气垫系统参数与风扇特性为已知，即可预测对平衡位置的垂直刚度[8.14]。预测一个简单通气室刚度的近似方法叙述于下。

通常，气垫车辆所用的压力与风扇体积流量间的一般关系用下式表示：

$$p=f(Q)$$

和

$$\frac{\mathrm{d}p}{\mathrm{d}Q}=f'(Q) \quad f'(Q)<0 \tag{8-42}$$

式中，$f'(Q)$ 为风扇的压力-流量特性曲线的斜率。

简单通气室的气垫体积流量由式（8-3）确定。而气垫压力和空气逸出速度由式（8-2）确定。对式（8-2）和式（8-3）取微分可得下式关系：

根据式（8-2），得

$$\mathrm{d}V_c = \frac{\mathrm{d}p_{cu}}{\rho V_c} \tag{8-43}$$

根据式（8-3），得

$$\mathrm{d}Q = h_c l_{cu} D_c \mathrm{d}V_c + V_c l_{cu} D_c \mathrm{d}h_c \tag{8-44}$$

将式（8-43）代入到式（8-44）中，得到

$$\mathrm{d}Q = h_c l_{cu} D_c \frac{\mathrm{d}p_{cu}}{\rho V_c} + V_c l_{cu} D_c \mathrm{d}h_c \tag{8-45}$$

略去风扇与气垫间的压力和流量损失（即 $p=p_{cu}$）并将式（8-42）与式（8-45）合并得

$$\mathrm{d}p_{cu}\left[\frac{1}{f'(Q)}-\frac{h_c l_{cu} D_c}{\rho V_c}\right]=V_c l_{cu} D_c \mathrm{d}h_c$$

或

$$\frac{\mathrm{d}p_{cu}}{\rho V_c^2/2}\left[\frac{\rho V_c}{h_c l_{cu} D_c f'(Q)}-1\right]=\frac{2l_{cu} D_c \mathrm{d}h_c}{h_c l_{cu} D_c} \tag{8-46}$$

由于 $p_{cu}=\rho V_c^2/2$，上式可改写为

$$\frac{\mathrm{d}p_{cu}}{p_{cu}}=\left[\frac{2}{\rho V_c/h_c l_{cu} D_c f'(Q)-1}\right]\frac{\mathrm{d}h_c}{h_c} \tag{8-47}$$

气垫产生的升力 F_{cu} 等于 $p_{cu}A_c$；因而上式可改写为

$$\frac{\mathrm{d}F_{cu}}{\mathrm{d}h_c}=\left[\frac{2}{\rho V_c/h_c l_{cu} D_c f'(Q)-1}\right]\frac{F_{cu}}{h_c}=K_h\frac{F_{cu}}{h_c} \tag{8-48}$$

式（8-48）给出了简单通气室在平衡位置的等效垂直刚度。由上式可知，垂直刚度极大地依赖于风扇的压力-流量特性曲线的斜率 $f'(Q)$。由于 $f'(Q)$ 随风扇的工作点而变，垂直刚度是工作条件的函数。简单通气室在稳态条件下的升力-位移关系的一般特性示于图 8-16[8.5]。可以看出，气垫实质上是个非线性系统。然而，对于在平衡位置附近的小幅度运动，可将系统线性化。对于周边喷管系统，等效垂直刚度基本上与气垫压力相对于气隙高度的导数成正比，该导数可从式（8-22）中求得。

气垫系统的阻尼特性可由试验确定，例如，采用动力垂直振动台[8.5]。被测气垫系统装在垂直振动台上，该振动试验台能以不同的振幅和频率相对气垫做上下运动。对一个确定的振幅和频率，测定在一个整周期中的升力随位移而变的关系。如图 8-16 所示，如果系统具有阻尼，在振动台向上和向下的行程中，升力随位移而变的关系将按不同路径变化。由曲线 ABCDA 所包围的面积代表气垫系统所具有的阻尼。气

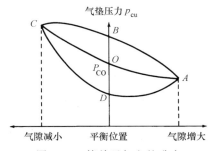

图 8-16 简单通气室的升力随气隙高度的变化关系（经 R. L. Trillo 允许摘自参考文献 8.5）

垫阻尼通常并非是简单的黏滞阻尼，它是非对称的而且取决于运动的频率。然而，为了简化分析，根据能量耗散相等的原则，可以导出气垫系统的等效黏滞阻尼系数 c_{eq}：

$$c_{eq}=\frac{U}{\pi \omega Z^2} \tag{8-49}$$

式中，U 是在一个周期中气垫实际耗散的能量，它用图 8-16 中曲线 ABCDA 所包围的面积来表示；ω 和 Z 分别为垂直振动台的圆频率和振幅。

图 8-17 是为高速气垫车辆设计的气垫系统的简图[8.15]。它的一个特点是包含一个使车辆具有足够阻尼的减振器，以获得所需的行驶平顺性。

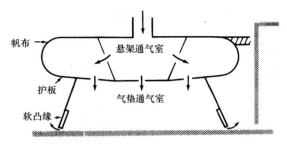

图 8-17　为高速有轨车辆而设计的气垫系统（经许可摘自参考文献 8.5）

8.3.2　侧倾刚度

气垫车辆的侧倾和俯仰稳定性可用两种方法获得，即压差法和面积差法。由 Bertin 研制的多锥系统的俯仰和侧倾稳定性是用围裙系统的升高一侧和降低一侧的压差获得的，如图 8-18 所示。根据前述分析可知，车辆侧倾时，下倾一侧的气隙高度减小，体积流量将减小，气垫压力增加。而在上倾一侧，由于气隙高度和体积流量增加，气垫压力将减小。而恢复力矩企图使气垫回到平衡位置，使下倾一侧的升力增加，上倾一侧的升力减小。

假定示于图 8-18 中的简单通气室系统相对其平衡位置侧斜一个小的角度 $\Delta\theta$。在下倾一侧的气隙高度平均减小 Δh_c：

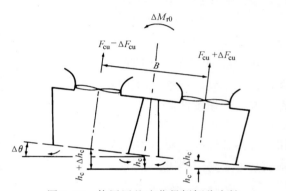

图 8-18　使用压差法获得侧倾稳定性

$$\Delta h_c = (B/2)\Delta\theta \tag{8-50}$$

其中 B 为气垫宽度。

在上倾一侧，气隙高度将增加同样一个值。由式（8-48），相应于角位移 $\Delta\theta$ 的恢复力矩 ΔM_{r0} 由下式表示：

$$\Delta M_{r0} = B\Delta F_{cu} = \frac{BF_{cu}K_h}{h_c}\Delta h_c = \frac{B^2 F_{cu}K_h}{2 h_c}\Delta\theta \tag{8-51}$$

在极限情况下，系统的侧倾刚度 K_r 由下式给出：

$$K_r = \frac{dM_{r0}}{d\theta} = \frac{B^2 F_{cu}K_h}{2 h_c} \tag{8-52}$$

图 8-19 示出了 Bertin BC8 型气垫车辆的 1/5 比例模型的恢复力矩系数 C_{ro}（$C_{ro} = 2M_{r0}/WB'$）随侧倾角而变的关系[8.16]。图中还示出了在锥口与周边围裙间的气隙高度之差对侧倾特性的影响。当侧倾角超出某一范围，围裙的下倾一侧开始与地面接触，多锥系统的侧倾特性可能显著变化并可观察到具有显著的滞后[8.17]。

采用气囊将气垫分成几个部分也可获得俯仰和侧倾稳定性。这种方法已被用在图 8-20a 所示的英国气垫车股份有限公司的围裙系统中。风扇通气系统的压力和所有部分的皆相同。

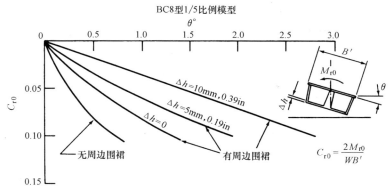

图 8-19 Bertin BC8 型气垫系统的侧倾特性（经允许摘自 "French Air Cushion Vehicle Developments," by J. Bertin, Canadian Aeronautics and Space Journal, January 1968）

但当车辆侧倾时，上倾一侧的流量增加，从而由于通过图 8-5b 所示的气垫馈入孔的压力损失增加，而使气垫压力降低。而在下倾一侧流量降低，因而气垫压力增加。结果产生使系统回到其原始平衡位置的恢复力矩。这种方法主要是根据压差原理获得侧倾和俯仰稳定性。

气垫车发展有限公司（HDL）在它们设计的围裙系统中，已经采用面积差法来获得俯仰和侧倾稳定性。如图 8-20b 所示，向外移动下倾一侧的围裙，这就增加了下倾一侧的气垫面积以达到稳定性[8.7]，从而使下倾一侧的升力增加而产生了恢复力矩。

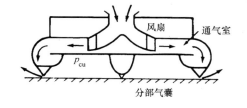

a) 使用分部气囊获得侧稳定性（经SAE许可，摘自参考文献8.4）

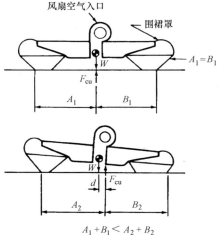

b) 使用面积差方法获得侧倾稳定性（经许可摘自参考文献8.7）

图 8-20 获得侧倾稳定性的方法

8.4 气垫车辆的方向控制

完全由气垫支承的车辆相对于行驶表面较为自由，从而在方向控制方面具有特殊的问题。控制方向的方法主要可分为四种：空气动力控制面、推力差、推力导航和控制喷口。这些方法示于图 8-21 中[8.2]。

采用空气动力控制面就如同处于空气螺旋桨滑流中的舵。它可为完全由气垫支承的车辆提供一种有效的方向控制方法。然而，在推力小的情况下，其效能随滑流速度的降低而减小。如果这些控制面的压力中心高度高于车辆重心，控制面也会产生一个相反的侧倾反力矩。

应用图 8-21 所示的并排安装的两个螺旋桨所产生的推力之差，也可获得相当程度的方向控制。控制螺旋桨的俯仰和（或）其旋转速度可得推力差。然而应当注意，减小其中一个螺旋桨的推力，就要减小总的可用前进推力，也就降低了车辆速度。在这种并排安装的螺

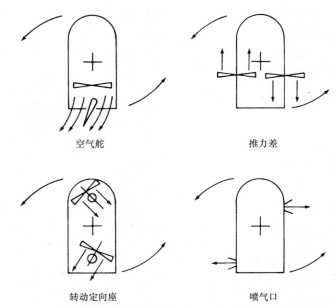

空气舵　　　　　　　　　推力差

转动定向座　　　　　　　喷气口

图 8-21　气垫车辆的方向控制方法（经许可摘自参考文献 8.2）

旋桨的构造形式中，推力与车辆纵轴平行。为了提供一个侧倾力以平衡转向时产生的离心力，车辆必须以图 8-22 所示的某一个横摆角行驶[8.2]。

利用装在前方和后方的转动定向座上的螺旋桨，可以产生为方向控制所必需的横摆力矩和侧向力。对某些现有设计，为了限制侧倾反力矩，转动角度被限制在纵轴左右两侧各为 30°的范围内。与并排安装的螺旋桨的结构布置相比，装在转动定向座的螺旋桨可产生较大的横摆力矩。因为螺旋桨可装在离车辆重心更远处，从而对一定的横摆力矩来说，前进推力损失较小。

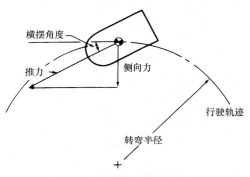

图 8-22　气垫车辆横摆一个角度进行转向
（摘自参考文献 8.2）

从位于车辆每个角上的所谓"喷气口"（puff-ports）或通过安装在车辆合适位置的喷嘴来泄放压缩空气，便可以得到横摆力矩和侧向力。其通常被用在一个辅助装置来补充其他控制装置。

为了进一步改进气垫车辆的方向控制，采用一种行驶表面接触装置，例如，在陆地行驶中采用车轮，在水上行驶时采用可以收缩的涉水竿（water rods）。对陆地行驶车辆，车轮承受部分车重并对车辆提供方向控制所需的侧向力。在现有结构中，车轮承受 2%~3% 的总车重，这要看车轮是否也被用为驱动装置。现已得出，采用车轮作为方向控制装置甚为有效[8.3]。

为了达到控制的目的，车轮所能产生的侧向力主要由两个分量组成：作用在接地面积上的剪切力；作用在车轮侧壁上的法向压力所产生的侧向力，它与作用在推土铲与挡土板上的性质相似，如图 8-23 所示。该力大小取决于车轮沉陷和地面性质，并可用第 2 章所讨论的土壤力学中的土压理论进行预测。

作为一个例子，图 8-24 示出，一个确定的装有轮胎的混合车辆，在黏土地面上进行稳定转向所能保持的最大侧向加速度 a_y 随载荷而变的关系[8.3]。图中所示的最大侧向加速度，是根据车辆所能产生的最大侧向力算出的。在行驶速度为 16km/h（10mile/h）的情况下，车辆可能的最小转向半径随载荷分配而变的函数关系也示于图 8-24。

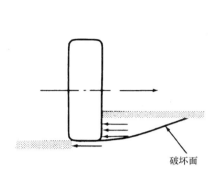

图 8-23 在变形表面上车轮侧向力的形成

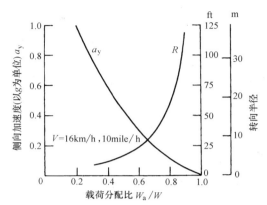

图 8-24 具有导向轮的气垫车辆在黏土地面上转向时的特性

对行驶于水面上的气垫车辆，可采用类似于控制船的方向的方法。例如，为达到控制方向的目的，在具有刚性侧壁的气垫车上已经采用浸在水中的舵。

参 考 文 献

8.1 G. H. Elsley and A. J. Devereux, *Hovercraft Design and Construction*. Cornell Maritime Press, 1968.

8.2 National Research Council of Canada, "Air Cushion Vehicles-Their Potential for Canada," Dec. 1969.

8.3 J. Y. Wong, "Performance of the Air-cushion-Surface-contacting Hybrid Vehicle for Overland Operation," *Proc. Institution of Mechanical Engineering*, vol. 186, no. 50/72, 1972.

8.4 P. A. Sullivan, "A Review of the Status of the Technology of the Air Cushion Vehicle," *SAE Transactions*, vol. 80, paper 710183, 1971.

8.5 R. L. Trillo, *Marine Hovercraft Technology*. London: Leonard Hill, 1971.

8.6 H. S. Fowler, "The Air Cushion Vehicle as a Load Spreading Transport Device," *Journal of Terramechanics*, vol. 12, no. 2, 1975.

8.7 P. L. Eggleton and J. Laframboise, "Field Evaluation of Towed Air Cushion Rafts," Report of Transportation Development Agency, TDA-500-166, Ministry of Transport, Ottawa, Ont., Canada, 1974.

8.8 R. A. Liston, "Operational Evaluation of the SK-5 Air Cushion Vehicle in Alaska," U. S. Army Cold Regions Research and Engineering Laboratory, Report TR 413, 1973.

8.9 C. R. Silversides, T. B. Tsay, and H. M. Mucha, "Effect of Obstacles and Ground Clearance upon the Movement of an ACV Platform," Forest Management Institute, Information Report FMR-X-62, Department of the Environment, Ottawa, Ont., Canada, 1974.

8.10 H. S. Fowler, "On the Lift-Air Requirement of Air Cushion Vehicles and Its Relation to the Terrain and Operational Mode," Report of the National Research Council of Canada No. 17492 (ME-246), 1979.

8.11 J. Y. Wong, "On the Applications of Air Cushion Technology to Overland Transport," *High Speed Ground*

Transportation Journal, vol. 6, no. 3, 1972.

8.12 P. R. Crewe and W. J. Egginton, "The Hovercraft – A New Concept in Maritime Transport," *Quarterly Transactions of Royal Institute of Naval Architects*, no. 3, July 1960.

8.13 J. N. Newman and F. A. P. Poole, "The Wave Resistance of a Moving Pressure Distribution in a Canal," *Schiffstechnik*, vol. 9, no. 45, 1962.

8.14 P. Guienne, "Stability of the Terraplane on the Ground," *Hovering Craft and Hydrofoil*, July 1964.

8.15 J. P. Morel and C. Bonnat, "Air Cushion Suspension for Aerotrain: Theoretical Schemes for Static and Dynamic Operation," in H. B. Pacejka, Ed., *Proc. IUTAM Symp. on the Dynamics of Vehicles on Roads and Railway Tracks*. Amsterdam, The Netherlands: Swets & Zeitlinger, 1975.

8.16 J. Bertin, "French Air Cushion Vehicle Developments," *Canadian Aeronautics and Space Journal*, vol. 14, no. 1, Jan. 1968.

8.17 P. A. Sullivan, M. J. Hinckey, and R. G. Delaney, "An Investigation of the Roll Stiffness Characteristics of Three Flexible Skirted Cushion Systems," Institute for Aerospace Studies, University of Toronto, Toronto, Ont., Canada, Report 213, 1977.

8.18 J. Y. Wong, "On the Application of Air Cushion Technology to Off-road Transport," *Canadian Aeronautics and Space Journal*, vol. 19, no. 1, Jan. 1973.

习 题

习题 8.1：气垫车辆总重 80.06kN(18000lbf)，其平面图基本上为矩形。宽为 6.09m(20ft)，长为 12.19m(40ft)。气垫系统属于通气室型，气垫侧壁倾角为 45°。它在平均间隙为 2.54cm(1in) 的情况下工作。试确定维持气垫所需功率，并计算放大系数。

习题 8.2：一个气垫车辆具有与习题 8.1 中所述车辆相同的车重和平面图，但配备周边围裙的多锥系统。它具有 8 个直径为 2.44m(8ft) 的锥口，锥口的平均间隙为 2.54cm(1in)。周边围裙的间隙为 1.9cm(0.75in)。锥口和周边围裙的气垫侧壁倾角为 85°。试确定采用相应的周边围裙产生气垫升力所需的功率。

习题 8.3：习题 8.2 所述气垫车辆用于陆地运输。车辆的迎风面积为 16.26m²(175ft²)。空气动力阻力系数为 0.38，在一定地面上，围裙接地阻力系数为 0.03。试确定车速在 5~30km/h(3.1~18.6mile/h) 范围内的车辆总陆地阻力。并在整个速度范围内计算包括升力和驱动力在内所需的总功率。

习题 8.4：试确定习题 8.3 所述气垫车辆在 20km/h(12.4mile/h) 范围内的等效运动阻力系数。

习题 8.5：习题 8.1 所述气垫车辆用于水上运输。车辆的迎风面积为 16.26m²(175ft²)。空气动力阻力系数为 0.38，略去湿阻力。试确定车辆在驼峰速度下在深水的静止水面上总的水上阻力，并计算车辆在该速度范围内所需要的总功率。

习题 8.6：一辆被推荐的履带气垫车辆，车重为 195.71kN(44000lbf)，具有 8 个升举基座，每个长为 4.27m(14ft)，宽为 1.3m(4.25ft)。并具有周边喷管型气垫，喷管厚 6.35mm(0.25in)，喷管相对水平面的角度为 50°，在平衡时，气隙为 6.35mm(0.25in)。如将车辆简化为单自由度系统，估算气垫座的等效刚度与车辆相对平衡位置做垂直振动的自然频率。